해양에서의 군사활동과 국제해양법

이민효 지음

개정2판 서문

본 서의 개정1판이 출간된 지 5년이 넘었다. 사관생도 교육과 실무 장병들의 참고를 위해 개정 2판을 출간하기로 하였다. 다만 제5장에 하나의 절을 추가하여 해양법상의 도서의 법적 지위를 추가하는 수준이다. 이는 2016년 남중국해와 관련한 필리핀과 중국 간의 분쟁에서 유엔해양법협약 상설중재재판소가 판정한 남중국해 해양지형들의 법적 지위를 살펴보고, 이번 판정이 독도의 법적 지위에 어떠한 영향을 미치는지를 살펴보기 위함이었다. 많은 곳에서 개정해야 할 내용들이 있지만, 이를 다루지 못해 아쉽고도 독자들께 미안할 따름이다. 다음 기회를 기약할 뿐이다.

어려운 여건에도 불구하고 졸고를 흔쾌히 출간해 주신 연경문화사 이정수 사장님과 편집과 교정에 수고해주신 모든 분들께 감사드린다.

2018년 6월

이 민 효

개정판 서문

본서의 초판이 출간된 지, 만 5년이 흘렀다. 초판에서 해양에서의 군사활동 전반을 다루지 못하고 대륙붕과 심해저 부분이 생략되어 있어 그동안 마음 한구석 허전함을 어찌할 수 없었는데, 이번에 개정판을 내면서 이를 보완하였다. 개정판은 제2장과 제3장에서 각각 대륙붕과 심해저 제도의 일반과 이들 해역에서의 군사활동을 추가하였으며, 제5장 제3절의 '해양법상의 추적권 : 한·일 간 사례를 중심으로'를 '해양법상 추적권 행사의 정당성과 무력사용의 합법성'으로 대체하였다. 추적권 제도의 법적 내용을 보다 자세하게 설명할 필요도 있었거니와 관련사례도 한·일 간에 국한하지 않고 보다 광범위하게 다룸으로써 독자들의 추적권에 대한 이해를 돕기 위해서였다. 또한 '타국 정부선박에 대한 관할권 제한'이라는 하나의 절을 추가하였다. 시간에 쫓겨 처음 의도했던 전면적 개정에서 멀리 뒤처져 버렸다. 능력의 한계가 안타깝고 타성에 젖은 게으름이 부끄럽다. 많은 질책과 조언을 바란다. 끝으로 본 개정판의 발간을 흔쾌히 허락하여 주신 연경문화사의 이정수 사장님께 감사를 드린다.

2013년 1월

이 민 효

머리말

1982년 유엔해양법협약은 변화하는 해양현실에 발맞추어 국가 관할 수역에 관한 전통국제법을 대폭 수정하여 내수, 영해 및 공해와 같은 전통적인 해양체제 외에 다양한 수역(zones), 즉 군도수역, 배타적 경제수역, 심해저 등을 포함하는 새로운 해양체제를 확립하였다. 기존의 해양법에 비하여 내용적으로도 많은 면에서 발전이 있었다. 영해 범위가 최초로 12해리까지로 확정되었고, 대륙붕의 범위를 최대 350해리까지로 확대하였으며, 군도수역 및 배타적 경제수역제도가 신설되었고, 국제해협에서의 통과통항제도가 도입되는 등 해양법 질서에 중요한 변화를 가져왔다.

새로운 해양법질서가 형성되고 과학기술이 고도로 발달하고 있는 오늘날 해양의 이용은 점차 활성화되고, 그 중요성이 더욱 증대되고 있다. 하지만 오늘날 해양은 그 중요성의 증대 못지않게 분쟁의 근원이 되기도 한다. 협약 규정의 불충분성과 그 내용의 불명확성은 해양 이용을 둘러싼 각국들의 이해와 맞물려 분쟁이 발생될 가능성을 내포하고 있는 것이다.

유엔해양법협약의 채택 및 발효는 우리의 해양안보 및 해군작전에도 상당한 영향을 미쳤다. 특히 배타적 경제수역제도의 채택으로 우리나라의 주권적 권한이 미치는 영역이 확대되었을 뿐만 아니라 동 수역 내에서의 불법어로 및 환경오염행위에 대한 단속이 가능해지고, 타국의 군사활동 시 아국의 이익을 정당히 고려할 수 있도록 요구할 수 있게 되었다.

21세기에 접어든 현재 우리나라는 새로운 해양질서에 대한 능동적이고 적극적인 참여를 통한 선진 해양국가 건설이라는 절박한 시대적 과제를 안고 있다. 해양법협약의 발효에 따라 우리나라가 당면한 가장 큰 해양 문제는 주변국가와의 협의에 따라 해양경계를 획정하고, 배타적 경제수역 체제에 입각한 어업질서의 재편에 따른 어족자원의 합리적 보존 및 해양 환경의 보호 등이다.

이러한 현안들을 해결하고 해양이익을 지속적으로 보장하기 위해서는 해양법에 대한 철저한 연구로 국가해양정책을 뒷받침하고, 안전한 수출입을 보장하기 위한 해상교통로를 확보·보호하며, 해양경계획정 및 어업 문제 등 주변국 간의 이해관계를 해결하기 위한 지역적 협력체제를 구축하여야 하고, 다양한 분야들에서 요구되는 해양활동을 수행할 수 있는 능력과 태세를 갖추어야 하며, 상호신뢰에 바탕을 둔 해양안보협력을 강화하여야 할 것이다.

또한 해군은 평시 작전수행 시 국익보호를 위하여 해상감시활동을 강화하여야 하며, 각 수역에서의 타국 선박의 불법어로 및 환경오염사례 등 발생 가능한 상황에 대비한 세부행동지침을 수립하여야 하고, 아국 군함의 타국 관할수역에서의 군사활동상의 제한사항과 타국 군함의 아국 관할수역에서의 군사활동상의 제한사항을 연구하여 군사작전에 참고하며, 관할권 확대와 관련된 실질적 권한 행사를 위해 국제적 해난구조 능력을 갖추고, 원해 작전능력 구비 및 작전소요 증가에 따른 세력 확보 등 적정 해군력 건설을 추진하여야 할 것이다.

이러한 정책 및 전략의 추진에 있어 해양법협약 각 수역에서의 군사활동의 가능성 및 한계에 대한 법적인 검토가 필요하다. 왜냐하면 협약상의 각 수역들에서의 군사활동의 허용 및 그 한계를 보다 명확히 하는 것은 '해양의 평화적 이용'이라는 해양법 본래의 근본 취지를 달성하고, 장차 발생 가능성이 있는 해양분쟁을 사전에 예방하며 예견 가능한 상황에 대처하는 효과가 있기 때문이다.

또한 본서 후반부에서는 해상에서의 무력사용과 관련하여 제기될 수 있는 문제들을 작전법적 측면에서 분석한 자료들을 첨부하였다. 해양에서 임무를 수행하다 보면 불가피하게 무력을 사용하는 경우도 발생할 수 있기 때문에 사전에 이러한 문제들에 대해 확인하고 논의하는 것도 필요하기 때문이다.

사실 본 저서의 집필은 저자의 전공이 국제인도법이라는 사실을 고려해 볼 때 적절하지 않을 뿐만 아니라 그동안의 학문적 성과를 보아도 무모한 만용임을 스스로 너무 잘 알고 있다. 그러나 시간이 흐른다고 해서 저자의 우둔함과 게으름이 나아질 것 같지도 않고, 연구와 교육에 전념할 허용된 시간이 길지도 않은 척박한 현실이 객기를 부리게 하였다. 부끄러울 따름이다. 도도하게 흐르는 강에 조그만 돌다리를 놓는다는 심정이다. 누군지는 알 수 없으나 후임자가 보완, 발전시켜 정책부서 및 해상에서 근무하는 분들께 작은 지침이라도 되었으면 더 이상 바랄 게 없다.

끝으로 부족한 글을 흔쾌히 출판해 주신 연경문화사의 이정수 사장님과 편집과 교정에 수고해 주신 모든 분들께 감사드린다.

2007년 5월

이민효

▌목 차 ▌

시작하며

해양은 전통적으로 사람과 상품을 수송하는 효과적인 통항로로 인식되어 왔을 뿐만 아니라 식민지 획득, 무역독점, 국부의 보호수단 및 분쟁해결의 수단 등으로 그 효용성이 강조되어 왔다. 국가의 부는 해양지배에 비례한다는 해양가치에 대한 강대국들의 입장은 해양을 국가의 권력과 부의 증진을 위한 국가 간의 경쟁과 분쟁의 주요 분야가 되게 하였을 뿐만 아니라 해양강국들의 해양에 대한 통제와 지배논리를 강화시켜 주는 근거를 제공하기도 하였다.[1]

해양의 자유를 확대하려는 해양국가와 자국 해안의 관할권을 강조하는 연안국가의 대립과 타협의 과정에서 발전되어 온 해양법은 19세기 말까지 관습법 형태를 벗어나지 못하고 있었지만, 20세기 들어 해상 교통량과 국제교역이 늘어나고, 특히 제2차 세계대전 이후 국제사회의 구조적 변화와 더불어 전통적 해양법 질서에 도전하여 이를 개혁하려는 다수의 비서구 국가들의 등장으로 이의 정비 및 성문화가 요구되었다.

1) W. Ritzel, "Mahan on the Use of the Sea", *Naval War College Review*, May-June, 1973, pp. 75-76.

1948년 국제연합 산하에 국제법위원회(International Law Commission : ILC)가 설립되어 국제법의 법전화 작업을 전담하면서 이러한 요구와 각국 간의 해양이익의 충돌을 예방하고 조정하기 위하여 그 첫 번째 과업으로 1950년부터 해양법의 법전화를 시작하였다. 그 결과 1958년 제네바에서 제1차 유엔해양법회의가 개최되어 4개 협약이 채택되었지만, 가장 핵심적 내용이었던 영해의 폭에 관한 합의를 도출하지 못하였으며, 이는 1960년 제2차 유엔해양법회의에서도 실패하였다.

해양법에 관한 제네바협약의 불완전성과 과학기술의 발달에 기인한 생물자원의 보존, 해양환경의 보호 및 해저 광물자원 개발 문제 등과 같은 해양문제들을 기존 법규만으로 해결할 수 없는 상황이 되자, 1973년 제3차 유엔해양법회의가 개최되어 10여 년간에 걸친 각국들 간의 지속적이고도 험난한 협상 끝에[2] 해양에 관한 마그나 카르타(Magna Carta)로 일컬어지는 국제연합 해양법협약(United Nations Convention on the Law of the Sea)[3]이 1982년에 채택되고 1994년 11월 16일 발효되었다.[4]

---

2) John R. Stevenson and Bernard H. Oxman, "The Future of the United Nations Convention on the Law of the Sea", 88 *American Journal of International Law(AJIL)*, 1994, p. 490 참조.

3) United Nations Convention on the Law of the Sea, opened for signature Dec. 10, 1982, UN Doc. A/CONF. 62/122(1982), reprinted in United Nations, Official Text of the United Nations Convention on the Law of the Sea with Annexes and Inde, UN Sales No. E. 83. V. 5, 1983.

4) 해양법협약은 60개국이 비준한 날로부터 12개월이 지나면 발효한다는 규정(협약 제308조 제1항)에 따라 1993년 11월 16일 가이아나(Guyana)가 60번째로 비준함에 따라 1994년 11월 16일 발효하였다. 동 협약은 전문, 17개 장(章), 320개 조문과 9개의 부속서 그리고 4개의 결의를 비롯한 6개 특별문서로 이루어진 최종의정서로 구성되어 있으며, 심해저 제도(제11장)와 경계성 어종 및 고도회유성 어종의 어업제도에 관한 2개의 이행협정이 추가된 형태로 발효하였다.

1982년 유엔해양법협약(이하 해양법협약)은 기존 1958년 제네바 4개 협약에 비하여 영해범위를 최초로 12해리까지로 확정하였으며, 대륙붕의 범위를 최대 350해리까지로 확대하였고, 군도수역 및 배타적 경제수역제도를 신설하고, 국제해협에서는 통과통항제도를 도입되는 등 해양법 질서에 중요한 변화를 가져왔지만, 협약 규정의 불충분성과 그 내용의 불명확성뿐만 아니라 해양이용을 둘러싼 각국들의 이해가 맞물려 분쟁이 발생될 가능성을 내포하고 있다.[5] 오늘날 해양은 국제관계를 긴밀화시키는 매개적 수단에 머무르지 않고 그 자체가 사활적인 자산으로 간주되고 있으며, 나아가 해양분쟁을 논할 때 더 이상 분쟁의 '장소'가 아니라 분쟁의 '대상'으로 인식되고 있는 것이다.[6]

이처럼 해양법협약은 오랜 협상과정을 통해 각국의 국가이익을 조정하는 데 일단 성공하였지만 새로운 해양수역들에서의 군함의 통항 및 각 수역의 군사적 이용 등과 같은 각국의 해양정책에 있어 상반되는 이해의 충돌과 갈등을 모두 아우를 수는 없었으며, 이러한 충돌과 갈등은 오늘날 규정의 해석을 둘러싼 이론적 대립에서부터 해양법협약의 국내적 시행과정에서의 특별제한의 강제 등 현실 문제로 나타나고 있다.

그런데 해양법협약의 기본취지는 안정적 해양법질서의 확립이었기 때문에 협약의 대부분은 기본적으로 평시 통항, 해양자원의 관리, 해양환경의 보호 및 보존 등 해양의 평화적 사용에 관련된 것이었다. 해양법협약의

---

5) J. Guoxing, "Missions and Contributions of the PLA Navy in the Post-Cold War and the EEZ Era", Choon Kun Lee (ed.), *The Middle Power Navies*, The Korean Institute for Maritime Strategy, 1998, pp. 81-86 참조.

6) Harold J. Kearsley, *Maritime Power and the Twenty-first Century, Brookfield*, Dartmouth Publishing Co. Ltd., 1992, p. 13.

협상 과정에서 해양의 군사적, 전략적 사용 문제 혹은 해양군비통제에 관한 논의는 비교적 적었으며, 따라서 해양의 군사적 사용 문제에 대한 직접적인 규정은 그리 많지 않다. 제3차 해양법회의에서 군사적 측면에서 다루었던 문제라면 해저의 군사적 활용과 관련된 군비축소협상 정도이다.[7]

이처럼 '인류공동의 유산'으로서의 해양 개발 및 이용에 관한 각국의 이해관계를 조정하여 단일 법전으로 채택된 해양법협약은 평시의 해양제도를 규정한 것이다. 이러한 해양법협약의 평시법적 성격은 옥스먼(Oxman) 교수의 다음과 같은 견해에 잘 나타나 있다.

> 국제공법을 계속해서 두 개의 고전적인 카테고리——전시법과 평시법——로 구별하는 한, 해양법협약은 의심의 여지없이 후자에 속한다. 또한 해양법협약은 해양을 서로 다른 관할권을 갖는 수역으로 구분하는 규칙들을 포함하고 있다. 전투행위와 중립에 관한 일부 규칙은 지리적인 구분에 따른 각 수역의 지위에 따라 변한다. 해양법에 있어서 한편으로는 내수와 영해, 다른 한편으로는 공해라는 고전적 2분법은 특히 해협, 군도수역, 배타적 경제수역 및 대륙붕 제도에서 볼 수 있는 새로운 세분된 구별과 양태에 그 지위를 양보하였다.[8]

해양법협약의 평시법적 성격에도 불구하고 연안국의 주권 또는 기타 국가관할권의 행사에 따르는 협약상의 각 수역들은 무력분쟁 시 교전국과

---

7) 이수근·강한구·김광식, 유엔해양법협약 발효에 따른 국방정책 연구, 한국국방연구원, 1997. 9, p. 30.

8) Bernard H. Oxman, "The Regime of Warships under the United Nation Convention on the Law of the Sea", *Virginia Journal of International Law*, vol. 24, 1984, p. 809, at p. 811.

중립국 쌍방의 권리행사에 상당한 영향을 미쳤다. 오늘날 성문화되어 있는 대부분의 해상 무력분쟁법은 주로 19세기와 20세기 전반, 즉 해양법협약이 채택되기 이전에 결정화된 것으로 '좁은 영해'와 '넓은 공해'로 이해되던 기존 해양법 체제를 기초로 한 것이었기 때문에 과거 공해의 일부로 인정되었거나 아무런 법적 규제가 확립되지 않았던 수역들이 군도수역, 배타적 경제수역, 국제해협 및 심해저 등으로 새로이 승인됨에 따라 이들 수역의 해전수역으로서의 지위가 중요한 관심사로 대두되고 있다.

해양법협약에서 채택된 이러한 새로운 수역들은 해전법규, 특히 교전국과 중립국 간의 관계를 규율하는 중립법규에 심대한 영향을 미쳤는데, 그러한 영향은 그 폭이 12해리로 확대된 영해에서 가장 뚜렷했다. 기존 3해리 영해에 적용되던 규칙들이 관할권이 확대된 12해리 영해에 그대로 적용됨으로써 분쟁지역을 확대시키고 중립국을 분쟁에 끌어들이는 등 교전국과 중립국 간에 새로운 긴장을 가져왔다. 또한 영해 외에도 접속수역 및 배타적 경제수역 등 연안국의 관할권이 행사되는 수역의 확대와 국제해협에서의 새로운 통항질서도 해전법규에 영향을 미쳤다.

따라서 유엔해양법협약상의 각 수역들에서의 군사활동의 허용 및 그 한계를 보다 명확하게 하는 것은 '해양의 평화적 이용'이라는 해양법협약 본래의 근본 취지를 달성하고, 장차 발생 가능성이 있는 해양분쟁을 사전에 예방하는 효과도 가져올 수 있으리라고 본다.

이에 본 저서는 1982년 해양법협약상 각 수역들의 법적 지위를 고찰하고, 이들 수역에서의 군사활동상의 문제들을 분석하여 해양에서 군사력을 직접 관리, 운용하는 국가기관 및 개인들에게 합법적이고도 정당한 판단을 내릴 수 있는 준거를 제공하고자 한다.

또한 기존 영해 외에도 해양법협약에서 새로이 승인된 수역들의 해전수역으로서의 지위, 즉 이들 수역에서의 중립국 및 교전국의 권리의무를 살펴보고자 한다.

이는 불명확하게 남아있는 해양법의 발전에 따른 해전법규의 변화를 보다 명료하게 하여 이를 둘러싼 국가 간 갈등을 예방하고 신설되었거나 확대된 수역들에서 비약적으로 발달된 전투수단과 방법에 의해 수행되는 현대전에서 중립국과 교전국의 이익을 조정하고 분쟁희생자의 인도적 보호를 최대한 달성함에 그 목적이 있다.

제1장

국제해양법의 발전 과정과 해양법협약의 채택

제1절 국제해양법의 발전 과정

해양은 옛날부터 교통과 통상의 요로, 자원의 채취, 과학조사, 폐기물 처리 나아가서는 군사활동 등의 많은 목적을 위하여 이용되었으며, 국가 상호 간의 경쟁과 대립의 장소가 되어왔다. 이러한 해양문제들을 규율하는 해양법은 국제법 중에서도 가장 오랜 전통을 가진 분야의 하나로서 해양의 이용관계를 둘러싼 각 시대의 요청을 반영하여 그 규제 내용에 현저한 변화를 가져왔다.[1)]

17세기 초 네덜란드의 그로티우스(Hugo Grotius)가 자유해론(Mare Liberum, 1609)을 주장하여 국제법상 항해는 모든 사람의 자유임을 강조하자, 영국의 셀던(Selden)은 폐쇄해론(Mare Clausum, 1635)을 주장하여 그로티

1) 박배근(역), 『최신국제법』, 국제해양법학회, 1999, p. 355.

우스의 주장을 공격하였다. 셀던은 주로 성경과 역사적 실행을 근거로 하느님의 법이 바다의 사적 점유를 허용한다는 것과 역사적으로 많은 나라들이 인접 바다를 소유하고 지배하여 왔다고 주장하였다.

그러나 그 후 영국은 우월한 해군력을 기초로 막강한 해양국가로 부각됨에 따라 입장을 바꾸어 다시 해양의 자유를 주장하였다. 특히 주목할 것은 이 당시부터 영해와 공해의 구분이 확고해졌으며, 영해는 실효적 지배개념을 기초로 연안으로부터 포탄의 사정거리(약 3해리)만큼 인정되었으며, 이 수역에서는 연안국의 배타적 관할권이 행사되었다.[2)]

20세기 중반 해양을 둘러싼 국제정세는 급격하게 변화하였다. 1945년 트루먼 선언[3)] 이후 세계 각 연안국들은 자국의 관할권을 보다 많이 확보하려는 경향을 서슴없이 드러내 보이기 시작하였다. 그로티우스 이후 공해자유의 원칙을 표방한 자본과 기술력을 앞세운 서구 선진열강에 대항하

---

2) 박춘호·유병화, 『해양법』, 민음사, 1986, p. 18. 17세기 포탄의 사정거리가 대체로 3해리였으므로 3해리가 영해의 한계로서 굳어졌다가, 그 후 포탄의 사정거리가 점차 확대됨에 따라 영해의 폭에 대하여 각국의 주장이 다양하게 나타났는데, 영국 등 해양국가들은 3해리를 고수하여 3해리 규칙이 20세기 초까지 해양법을 지배하였다. *Ibid.*, pp. 18~19.

3) 1945년 9월 28일 미국 트루먼 대통령은 이후 해양법 발전에 중대한 영향을 미친 "대륙붕의 자연자원에 대한 미국 정책에 관한 대통령 선언(제2667호)"과 "공해 일정 지역의 연안어로에 대한 미국의 정책에 관한 대통령 선언(제2668호)"이라는 2개의 정책선언을 발표한 바 있다. 전자는 미국 연안 수심 약 180미터까지 대륙붕에서의 천연자원은 미국의 관할권과 통제권에 복종한다는 내용이었다. 단 상부수역은 공해로서의 성격을 유지한다. 후자는 미국 연안에 인접한 일정한 공해수역을 어업자원 보존수역으로 선포하고, 다만 타국도 이 수역에서 어업활동을 하고 있던 경우에는 그 국가와의 협정을 통하여 어족자원을 보존하겠다는 내용이었다. 단 이 수역의 공해로서의 성격과 자유항해는 보장된다고 첨부하였다. 트루먼 선언은 훗날 국제사회에서 대륙붕 제도와 배타적 경제수역 제도가 정립되는 계기를 제공하였다. 정인섭, "1952년 평화선 선언과 해양법의 발전", 『서울국제법연구』, 2006, pp. 12~13.

여 신생독립국을 비롯한 제3세계 국가들은 자국의 해양관할권과 그 부존자원을 지키기 위한 조치들을 취하는 동시에 국제해양질서의 재편을 요구하였다.[4)]

오랫동안 관습법의 형식으로 존재해오던 해양법은 19세기 말부터 국제사회의 변화와 과학의 발전에 따라서 여타 국제법 분야와 마찬가지로 점차 성문화가 요구되었지만 당시에는 별다른 진전이 없었으며, 20세기에 들어 결실을 맺었다.

해양법의 법전화를 위한 노력은 1930년 헤이그에서 개최되었던 국제법전편찬회의에서부터 시작되었다. 동 회의에서 영해의 법적 지위와 만, 항 및 해협 등에 대해서는 합의가 이루어졌으나 영해 문제에서 가장 중요한 영해의 폭은 합의에 이르지 못하여 전체적으로 해양법을 법전화하기 위한 노력은 실패로 돌아갔다. 그러나 일반적 국제조직인 국제연맹이 그 회의를 주도하였다는 점에서 해양법의 법전화에 있어 매우 중요한 의의가 있었다.

제2차 세계대전 이후 새로이 설립된 국제연합은 국제법의 점진적 발전과 그 법전화를 장려하기 위하여(국제연합 헌장 제13조) 1947년에 국제법위원회(ILC)를 설치하였는데, 동 위원회는 1949년부터 활동을 개시하여 국제법 전 분야에 걸친 19개 연구 과제를 설정하고 이에 관하여 연구하고 초안을 작성하였다. 그 중에도 공해 및 영해제도에 관한 문제는 우선적으로 토의되어 1956년에 73개 조항에 달하는 초안이 작성되었다. 국제법위원회는 이 초안을 총회에 보고하는 동시에 이것을 국제조약이나 기타 형식

4) 권문상, "UN해양법협약상 기선제도에 관한 연구", 정일영·박춘호 공편, 『한일관계 국제법 문제』, 백상재단, 1998, p. 240.

으로 명문화하기 위한 국제회의를 소집할 것을 건의하였다.[5)]

국제법위원회의 건의에 따라 제11차 UN총회는 1958년에 제네바(Geneva)에서 제1차 유엔해양법회의를 개최할 것을 결정하였다. 이 회의는 국제법위원회가 제출한 초안에 의거해서 9주간(1958. 2. 24~4. 27) 계속되어 해양에 관한 4개 협약[6)]을 채택하였다. 이러한 4개 협약은 그때까지의 해양법에 관한 관습규칙을 전반적으로 성문화한 것으로 국제해양법의 법전화에 신기원을 이루었지만, 영해에 있어 핵심 문제인 영해의 폭에 관한 규칙을 채택하지 못했다는 큰 결점을 남겼을 뿐만 아니라 자국 연안에서 타국의 활동을 통제하고자 하는 연안국의 이익과 간섭 없이 타국 연안에서 자유로운 활동을 보호받고자 하는 해양 이용국 간의 이익을 조화시키지 못했다.[7)]

제1차 유엔해양법회의에서 합의되지 못한 영해의 폭에 관한 문제를 해결하기 위하여 1960년 제2차 유엔해양법회의가 제네바에서 개최되었다. 이 회의에서는 영해의 폭을 6해리로 하고 그 외측의 6해리는 어업수역으로 하자는 강대국을 포함한 다수 국가의 주장과 영해를 12해리로 하자는 소수 국가의 주장이 대립되어 결국 결정을 보지 못하고 말았다.

그 후 해양관련 국제관계는 급격히 변화하였으며, 그 결과 얼마 지나

---

5) 김현수·이민효, 『현대국제법』, 연경문화사, 2005, p. 103 참조.

6) 제1차 해양법회의에서 채택된 4개 해양 관련 협약은 ① 영해 및 접속수역에 관한 협약(The Convention on the Territorial Sea and the Contiguous Zone), ② 공해에 관한 협약(The Convention on the High Seas), ③ 공해의 어업 및 생물자원보호에 관한 협약(The Convention on the Fishing and Conservation of the Living Resources of the High Seas), ④ 대륙붕에 관한 협약(The Convention on the Continental Shelf)이다.

7) John R. Stevenson and Bernard H. Oxman, "The Future of the United Nations Convention on the Law of the Sea", 88 *AJIL*, 1994, p. 401.

지 않아 1958년 제네바 4개 협약도 상당부분 그 의미를 상실하게 되었다. 그러한 상황에서 특히 1967년 몰타(Malta)의 파르도(Pardo) 주(駐) 유엔 대사의 '해저자원의 평화적 공동개발 및 이용에 관한 제의'는 매우 큰 파문을 일으켰다. UN총회는 이 제의를 받아들여 국가관할권 밖에 있는 심해저의 평화적 이용 문제를 의제로 채택하고, 1968년에 이 문제를 전담할 '국가관할권 밖에 있는 심해저 및 해상(海床)의 평화적 이용에 관한 위원회'(Committee of the Peaceful Uses of the Sea-Bed and the Ocean Floor beyond the Limits of National Jurisdiction)를 설치하였다. 유엔 총회는 동 위원회의 연구결과를 기초로 하여 1970년 '국가관할권 밖에 있는 심해저·해상 및 그 지하를 지배하는 원칙'(Principles Governing the Sea-Bed and the Ocean Floor and the Subsoil there-of, beyond the Limits of National Jurisdiction)을 선언하면서 제3차 UN해양법회의를 1973년에 개최하기로 결의하였다.[8)]

제2절 해양법협약의 채택 및 주요 내용

'국가관할권 밖 심해저 및 해상의 평화적 이용에 관한 위원회'는 3년간에 걸친 준비작업 끝에 1973년 12월 3일 뉴욕에서 제1기 회의가 개최됨으로써 1958년 제네바 4개 협약 채택 이후 급격히 변화하는 국제관계 속에서 해양법 분야의 새로운 요구를 충족하고 해양법을 재정립하기 위한 제3차 유엔해양법회의(the Third Unied Nations Conference on the Law of the Sea :

8) 김현수·이민효, *op. cit.*, pp. 104~105.

UNCLOS III)가 시작되었다.[9)]

일부 국가는 1958년 제1차 유엔해양법회의에서 어렵게 구축해 놓은 해양법체계를 혼란시킬 것을 염려하여 제3차 유엔해양법회의의 개최를 반대하였지만, 1960년대 이후 국제사회에 대거 등장한 자국의 독립 이전에 형성된 전통국제법에 대한 부정적 입장을 취하던 신생 개발도상국들은 해양법의 포괄적인 검토와 진보적 입법을 위한 제3차 유엔해양법회의의 개최를 지지하였다. 더구나 공해에서의 어족자원 남획 문제, 연안에 인접한 해양오염 등 새롭게 제기된 해양법상의 문제들은 1958년 협약체계만을 가지고는 해결할 수 없는 것들이어서 제3차 유엔해양법회의의 개최는 필연적인 것이었다.[10)]

제3차 유엔해양법회의가 1973년 처음 개최된 이래 9년 만에 1982년 4월 30일 표결에 부친 결과 찬성 130, 반대 4(미국, 터키, 이스라엘, 베네수엘라),[11)] 기권 17[12)]로 해양법협약이 채택되었다. 1982년 9월 22일 뉴욕에서 개최된 최종회의에서는 해양법협약의 서명식을 1982년 12월 6일에서 10일까지 자메이카의 몬테고베이(Montego Bay)에서 갖기로 결정하였으며, 예정

9) 제3차 유엔해양법회의는 3개의 주요한 분과위원회로 구성되어 회의가 진행되었는데 제1위원회는 심해저 문제를, 제2위원회는 영해·접속수역·군도수역·배타적 경제수역·대륙붕 및 공해 문제를 그리고 제3위원회는 해양환경 및 과학적 조사 문제를 다루었다.

10) 김영구, 『한국과 바다의 국제법』, 한국해양전략연구소·효성출판사, 2002, p. 15.

11) 미국은 심해저개발제도가 자국의 이익에 반한다는 이유로, 터키와 베네수엘라는 인접국과의 해양경계획정에 관한 분쟁을 사전에 해결해야 한다는 이유로 그리고 이스라엘은 팔레스타인 민족해방기구에게 옵서버 지위를 부여하고 있다는 이유로 각각 해양법협약에 반대하였다.

12) 기권국은 다음과 같다. 소련, 우크라이나, 체코슬로바키아, 동독, 헝가리, 벨로루시, 몽고, 폴란드, 불가리아, 벨기에, 서독, 이탈리아, 룩셈부르크, 네덜란드, 스페인, 타이, 영국이다.

대로 몬테고베이 회의가 개최되어 1982년 12월 10일 역사적인 서명식이 있었다(119개국 서명). 동 협약은 60개국이 비준한 날로부터 12개월이 지나면 발효한다는 규정(협약 제308조 제1항)에 따라 1993년 11월 16일 가이아나가 60번째로 비준함에 따라 1994년 11월 16일 효력을 발생하였다.[13)]

한편 1990년대부터 진행되어온 미국 등 선진국들을 포함한 25개국 간의 비공식협의에서 심해저조항(협약 제11부 및 제3, 4 부속서)의 대폭적인 개정에 합의하고, 1994년 7월 29일 '1982년 12월 10일자 유엔해양법협약 제11부의 이행에 관한 협정'(Agreement relating to the Implementation of Part XI of the UN Convention on the Law of the Sea of 10 December 1982)을 채택하였다(1996년 7월 28일 발효).

해양법협약의 발효는 일부 국가들의 국내법 및 관행과 협약규정 간의 괴리를 줄이는 역할을 하였을 뿐만 아니라, 이로써 해양공간과 활동에 적용되는 법의 안정이라는 효과가 창출되었다. 이러한 법의 안정성은 해양법협약의 발효로 인해 과거 관습법으로 어렵게 유지되어 왔던 중요한 규범들이 협약상의 기술적이고도 정밀한 규정에 의해 또는 협약에 마련되어 있는 통제장치들에 의해 효과적으로 적용될 수 있게 되었다는 점에서 보다 더 확고히 확보될 수 있었다.[14)]

역사상 가장 규모가 큰 국제협상의 산물인 해양법협약은 국제사회의 합의를 나타내는 것으로 개별국가들의 해양이용에서의 준거가 되는 기초

---

13) 우리나라는 1983년 3월 14일 세계에서 122번째로 서명하고, 1995년 12월 1일 국회의 비준을 거쳐 1996년 1월 28일 유엔사무국에 통고하였으며, 통고 1개월 후인 1996년 2월 28일 국내 발효되었다.

14) 김석현(역), "새로운 해양법의 도래", 『국제법평론』, 통권 제4호, 1995, p. 2.

적인 규범들을 제공하고 있다.[15] 전문과 본문 17부 320개조, 9개 부속서[16] 및 4개의 결의안[17]으로 구성되어 있는 동 협약은 이른바 '해양헌장'으로서 해양에 관한 국가관할권, 해양환경보호, 해양과학조사 및 해양분쟁 해결 등 연안국과 해양이용국의 권리·의무를 망라하는 한편, 협약당사국의 이해관계를 조정하고 해결하기 위한 제반 기구 설립을 규정하고 있다.

1958년 제네바 4개 협약을 수용·보완하고 새로운 해양제도를 창설한 해양법협약의 주요 내용은 다음과 같이 요약, 정리될 수 있다.

첫째, 1960년 제2차 유엔해양법회의 때까지 합의되지 못하고 있던 영해(Territorial Sea)의 범위에 관하여 최초로 12해리까지로 확정하고(해양법협약 제3조) 연안국의 영해에 대한 권능을 명확히 하였으며, 연안국은 그 영토 및 영해 내에서의 관세·재정·출입국 관리 및 위생에 관한 법령 위반을 방지하기 위하여 영해기선으로부터 24해리 이내의 범위에서 접속수역(Contiguous Zone)을 설정할 수 있게 되었다(동 제33조).

둘째, 군도국가의 이익을 보호하기 위하여 그 외측 섬을 연결한 직선기선 내의 내측수역을 법적 지위에 있어 내수와 유사한 군도수역(Archipelagic Water)으로 인정하고 이 수역에는 당해 군도국가의 주권이 미치도록 하였

---

15) Robin R. Churchill and Alan V. Lowe, *The Law of the Sea*, Manchester, Manchester University Press, 1983, p.14.

16) 9개 부속서는 다음과 같다. 제1부속서 : 고도회유성 어종, 제2부속서 : 대륙붕한계위원회, 제3부속서 : 탐사와 개발의 기본조건, 제4부속서 : 개발청 정관, 제5부속서 : 조정, 제6부속서 : 국제해양법재판소 규약, 제7부속서 : 중재, 제8부속서 : 특별중재, 제9부속서 : 국제기구의 참여.

17) 제3차 유엔해양법회의 최종회의에서 채택된 4개 결의서는 국제해저기구와 국제해양법재판소 설립준비위원회 규정(결의 1), 복합금속단괴에 대한 선행투자활동 규제 규정(결의 2), 완전한 독립을 달성하지 못한 인민의 영토(나미비아)에 관한 규정(결의 3) 및 민족해방운동(PLO)에 관한 규정(결의 4)이다.

다(동 제4부 제46조~제54조).

셋째, 중남미 및 아프리카 국가들에 의해 제창된 영해 밖 연안해역의 천연자원에 대한 연안국의 영구적 주권을 수용한 200해리 배타적 경제수역(Exclusive Economic Zone : EEZ)제도를 신설하여 연안국에게 동 수역의 개발 및 관리에 관한 주권적 권리 및 배타적 관할권을 부여하였다(동 제5부 제55조~제75조).

넷째, 1958년 제네바 4개 협약에서 수심 200미터까지를 기준으로 하던 대륙붕(Continental Shelf)의 범위를 원칙적으로 영해기선으로부터 200해리까지로 하되, 해저지형에 따라 350해리 또는 수심 2,500미터 등심선(等深線)으로부터 100해리까지의 해저지역까지 확장 가능토록 하였다(동 제76조).

다섯째, 국제해협(International Straits)에서는 영해 확장에 따른 선박통항권 보장을 위해 해양강대국 측의 자유통항안과 연안국 측의 무해통항안을 절충한 통과통항권(right of transit passage)이라는 기존의 통항제도보다 자유로운 통항을 보장한 새로운 해협통항제도를 신설하였다(동 제3부 제37조~제44조).

여섯째, 국가관할권 밖의 심해저(Deep Sea-Bed)에 대해서는 동 지역과 그 자원을 '인류공동유산'(common heritage of mankind)으로 규정하여 어느 국가도 심해저 또는 그 자원의 어떤 부분에 대하여도 주권 또는 주권적 권리를 주장 또는 행사할 수 없으며, 어떤 국가나 자연인 및 법인도 이를 전유할 수 없도록 하고, 심해저 자원의 개발에 관한 권한을 갖는 '국제해저기구'(International Sea-Bed Authority)를 설립토록 규정하고 있다(동 제11부 제136

조, 제137조, 제156조~제158조).[18)]

일곱째, 해양환경의 보호 및 보존, 해양과학조사 및 해양기술의 개발 및 이전 분야에 있어서 기본원칙을 수립하였다. 또한 이들 기본원칙의 이행을 위한 국가의 노력 및 국가 간 협력을 강조하였다(동 제12부~제14부, 제192조~제278조).

여덟째, 해양분쟁 해결 제도를 수립하여 국제사법법원(International Court of Justice : ICJ), 중재재판, 특별중재재판을 통한 평화적 해결 외 해양분쟁 해결을 위한 국제해양법재판소(International Tribunal for the Law of the Sea : ITLOS) 설립을 규정하여 분쟁해결제도의 효율화를 추구하였다(동 제15부 제279조~제299조, 제5부속서~제8부속서).[19)]

이처럼 해양법협약은 1982년에 채택된 후 국제해양질서에 관한 새로운 관습법 형성에 중요한 역할을 담당했을 뿐만 아니라 해양제도에 관련되는 국제관행의 근거와 기준이 되고 있다. 하지만 한편에서는 협약의 내용과 기능에 관한 실질적인 비판이 계속되고 있는 것도 사실이다. 따라서 동 협약에 관련되는 문제점을 파악하는 것은 장래의 해양법 발전방향을 예측하는 데 있어서 중요한 의미를 갖는다.[20)]

한편, 해양법협약이 갖고 있는 문제점으로는 다음과 같은 것들이 지적될 수 있다.[21)]

---

18) 이용희, "심해저활동 관리를 위한 규범의 제정과 국제해저기구의 동향에 관한 고찰", 『국제법학회논총』, 제45권 제1호, 2000. 6, pp. 143~161 참조.

19) 해양법협약상의 분쟁해결제도에 대한 자세한 설명은 E. D. Brown, "Dispute settlement and the law of the sea: the UN Convention regime", 21 *Marine Policy*, No. 1, 1997, pp. 17–23 참조.

20) 최종화, 『현대국제해양법』, 세종출판사, 2004, p. 41.

21) 이병조·이중범, 『국제법신강』, 일조각, 2003, p. 403.

첫째, 무해통항(innocent passage) 내지 통과통항(transit passage) 제도와 관련하여 미·영·불 등 선진국을 위시한 다수 국가는 협약의 발효와 관계없이 영해와 해협에서의 통항제도는 관습국제법화 되었다고 주장하나, 상당수의 연안국들은 군함의 무해통항에 관해 사전허가 내지 통고를 요구할 수 있다고 주장한다.

둘째, 직선기선과 역사만 관련 협약상 관련조항이 너무 모호하여 협약이 발효되어도 계속 문제로 남게 되어 국가관행과 ICJ의 규범형성 활동으로 보완되어야 할 것이다.

셋째, 현재 일부 연안국은 자국의 EEZ 내에서 제3국에 의한 군사연습, 무기실험권을 부인하며 잉여어획량의 제3국 할당을 거부하고 있는바, 새로이 창설된 EEZ 제도를 운영함에 있어서 각 연안국들은 법률적, 기술적 측면에서 미숙함을 드러내고 있어 이 제도가 보편적인 국제법 제도로 정착되기 위해서는 더 많은 시행착오를 거쳐야 할지도 모른다.[22]

넷째, 협약의 발효와 관계없이 해양경계획정에 관한 규칙은 국가관행과 ICJ의 규범형성 활동으로 보완되어야 하고, 해양환경보호 조항의 효율적 시행을 위해 국제해사기구(International Maritime Organization : IMO)와 UN환경계획의 활동이 활성화되어야 할 것이다.

다섯째, 협약은 법원에 의한 구속력 있는 강제적 분쟁해결절차를 도입했으나 경계분쟁, 어업분쟁, 과학적 조사분쟁 및 군사활동분쟁 등에 대해 제외 내지 유보조항을 두고 있다.

22) 최종화, *op. cit.*, p. 42.

제2장

해양법협약의 국가안보적 의의

제1절 해양법협약과 국가안보

해양에 대한 국가권력의 작용정도에 따라 각종 수역의 법적 지위를 확정하고, 해양의 이용에 관한 국제법 질서를 유지하며, 그 이용과정에서 발생되는 분쟁의 평화적 해결을 규율하는 해양법은 각국의 국가안보에 직·간접적인 영향을 미칠 수 있기 때문에 각국은 제3차 유엔해양법회의에서 자국 이익의 극대화뿐만 아니라 해양안보적 측면에서의 입장을 반영시키고자 노력했었다.

회의에서 각국들은 승인되지 않은 역사적 수역 주장, 부적절하게 획선된 기선, 12해리를 넘어서는 영해 주장, 해양법에서 인정되지 않는 여러 형태의 안보수역, 항행 및 상공비행을 부정하는 취지의 선언, 협약규정에 합치되지 않은 군도수역 주장 및 무해통항 및 통과통항의 과도한 제한 등 여러 범주의 과도한 국가관할권을 주장했다.[1)]

---

1) US Department of States, Pub. No. 112, *Limits in the Sea: United States*

이러한 주장들을 국가별로 살펴보면, 아르헨티나·이탈리아·파나마·러시아는 국제적 규범과 일치하지 않는 역사적 권원에 바탕을 둔 주장을 하였으며, 캐나다·코스타리카·포르투칼·북한·중국·베트남 등은 연안국 통제가능 수역을 해양외측으로 과도하게 확대하는 기선을 주장하였으며, 카보베르데(Cape Verde)·인도네시아·필리핀은 협약과 일치하지 않는 군도해로통항(archipelagic sea lanes passage)에 대한 제한을 부과하고자 하였고, 파키스탄·지부티·이집트·중국·북한·인도네시아·필리핀은 무해통항에 관한 다양한 허용되지 않는 제한들을 발했으며, 스페인·아르헨티나·이탈리아·스웨덴·캐나다 및 기타 국가들은 국제항행에 이용되는 해협(straits used for international navigation)에 대해 제한을 부과하고자 하였으며, 핀란드·스웨덴·카보베르데·이란 등은 타국 군함이 준수해야 하는 특별한 규정을 공표하였다.[2] 많은 국가들에 의해 제기된 이러한 과도한 주장들은 해양과 관련된 전 분야를 포함하고 있었기 때문에 특별한 관심을 야기하였다.[3]

유엔 해양법회의에서 연안해군국들은 자국의 안전, 해양오염의 방지, 항행의 안전 및 경제적 이익 등을 이유로 해양에 대한 연안국의 관할권을

Response to Excessive Maritime Claims, 1992, p. 5.

2) J. Bateman, "Build a WESTPAC Naval Alliance", 1993 *U.S. Naval Inst. Proc.* p. 78; Panel on the Law of Ocean Uses, "U.S. Interests in the United Nations Convention on the Law of the Sea", 21 *Ocean Development and International Law*, 1990, p. 374.

3) 해양문제가 국제사회의 주요 관심사로 부각되고 있는 이유는 첫째, 식량공급원 및 자원보고로서의 해양의 중요성 인식 증대와 해양자원을 둘러싼 국제분규의 증가, 둘째, 과학기술 발달에 힘입은 이용가능 해양영역의 확대, 셋째, 해양환경·오염에 대한 범세계적 관심 증대, 넷째, 해양의 군사적 이용 증대에 따른 새로운 국제해양체제의 형성으로부터 기인한다. 이서항, "유엔해양법과 세계 해양문제", 이춘근 편, 『한국의 해양문제』, 한국해양전략연구소, 1997, pp. 122~123.

확대하고 해양의 자유를 제한하려고 노력했었다. 반면에 해양강대국들은 해군의 기동력을 확보하는 것이 해양전략상 절대적으로 필요하기 때문에 해양의 자유를 유지하려고 노력하였다.[4] 그런데 해양강대국들은 우세한 해군력을 보유하고 있었지만 해양법회의에서 투표의 우위를 차지하고 있지는 못하고 있었으며, 오히려 연안해군국들은 약소연안국과 개발도상국들이 대다수를 차지하고 있었다. 따라서 이들의 타협으로 해양법협약은 탄생될 수밖에 없었다.[5]

이처럼 해양법협약의 협상과정에서 자국의 해군이익을 신해양법에 반영시키려는 대양해군국과 연안해군국 간의 대립과 타협은 연안국의 입장을 고려하여 해양에 대한 연안국의 관할권 확대를 인정하는 동시에 통항문제에서는 보다 신축적인 입장을 보여 해양강대국의 입장을 수용함으로써 양자를 조정하였다.[6]

그 결과 해양법협약에서는 영해의 범위가 영해기선으로부터 12해리까지 인정되고, 연안국에게 200해리 배타적 경제수역의 개발 및 관리에 대

---

4) O. Bring, "Naval Arms Control and the Convention on the Law of the Sea", Richard Fieldhouse (ed.), *Security at Sea: Naval Forces and Arms Control*, SIPRI, Oxford University Press, 1990, p. 138.

5) 강영훈, 『군함의 법적 지위』, 연경문화사, 1984, p. 130. 모든 국가는 해양법 문제에 대하여 다양한 이익을 갖고 있었으며, 그러한 여러 이익 중에서 어느 이익이 우선하느냐는 문제는 그 국가의 해양정책 수립과정에서 상반되는 이익의 조정과 타협을 통하여 해양정책으로 결정되고, 결정된 해양정책은 해양법 협상에 반영되었다.

6) 해양법은 해군활동을 제한하거나 촉진시킬 수 있기 때문에 각국은 자국 해군의 효과적 임무수행에 유리한 법규가 해양법에 반영되기를 기대했었다. 그리하여 제3차 유엔해양법회의에는 150여 국가가 참여하여 새로운 해양법협약에 자국의 해군이익이 반영시키기 위하여 모든 외교적 역량을 경주하였다. 이는 대양해군국뿐만 아니라 연안해군국도 마찬가지였다.

한 주권적 권리 및 배타적 관할권을 부여하였으며, 최대 350해리까지 대륙붕의 외측한계를 연장하는 등 연안국의 주권 및 관할권이 미치는 수역이 확장되었다. 한편, 영해에서의 무해통항제도에서 통항의 자유를 보다 강화하였으며, 해양교통의 위축을 줄이기 위하여 연안국 관할권하의 국제항행용 해협에 있어 기존의 통항제도보다 자유로운 통과통항제도가 성립되었다.

해양에서의 주권적 권리에 대한 관심의 증대는 주권 및 관할권이 미치는 수역의 확장이 자국의 안전보장 및 경제발전에 필수적이라고 믿는 연안국들의 생각에 따른 것이었다. 그러나 그 이면에는 새로운 부담도 증가하였다. 주권 및 관할권이 미치는 영역이 확대된다는 것은 동시에 국가 방위부담의 증가와 그 영역의 온전한 보전이 용이하지 않음을 의미한다. 연안국의 규제가 미칠 수 있는 수역이 넓어지면 넓어질수록 타국이 자유로이 항행할 수 있는 공간과 이용하거나 개발할 수 있는 자원이 줄어든다는 것은 자명한 것이었다. 해양법협약에 따라 확대된 관할수역에서 연안국과 국제사회는 관련 법규를 강제시킬 수 있는 능력을 가져야 하며, 만약에 이를 강제할 의지나 능력을 확보하지 못하면 이는 그 법에 대한 무시로 이어질 것이며, 나아가 국제분쟁의 한 원인이 될 것이다.

일국의 국가안보는 각국의 해군(양)력과 해군(양)정책에 크게 좌우된다. 오늘날 해군을 보유하고 있는 대부분의 국가는 소형함정으로 구성된 연안해군으로써 주로 자국의 연안수역에서 임무를 수행하고 있으며, 원양에서 지속적으로 활동할 수 있는 대형함정을 보유하고 있는 미·영·불·러 등 일부 국가들만이 자국 연안으로부터의 보호나 지원이 없이도 장기간 활동할 수 있는 능력을 가지고 있다.

강대국의 세계전략과 연안해군의 해양정책 간에는 상반되는 이해의 충돌이 있을 수 있고 그것이 현실문제로 제기되어 분쟁의 원인이 되기도 한다. 이러한 상황 속에서 제3차 유엔해양법회의는 오랜 협상과정을 거쳐 각국의 해군이익을 조정하는 데 일단 성공하였으나 그것이 통일된 해양법 질서로 정립, 발전될 수 있을 것인지에 대해서는 많은 의문이 제기되고 있다. 이는 동 협약이 이른바 일괄타결이라는 형식으로 채택되어 불명확한 규정이 많고 해군이익에 대한 해양강대국과 약소국 간에 협약 내용에 대한 해석에는 계속하여 기본적인 견해와 시각의 차이가 존재하고 있기 때문이다. 따라서 동 협약이 발효된 후에도 계속하여 해양법질서의 정립 과정에서 각국의 관행, 특히 해양강대국의 해군의 임무수행(절차 및 내용 등에 있어서의 관행)이 주는 영향은 매우 중요한 요인으로 작용하게 될 것이다.[7]

제2절 해양법협약과 한국의 국가안보

우리의 주변해역은 러시아·중국·북한 등 사회주의 국가가 아니면 일본처럼 복잡하고 장구한 역사적 대립관계를 이어온 만만치 않은 강대국들과 첨예한 이해가 얽힌 수역이다.[8] 특히 반도의 북반부에 위치한 북한과

7) 김종헌, 『해양과 국제정치』, 세종출판사, 1997, pp. 104~105 참조.

8) 한국과 주변국들의 해양문제에 대해서는 백진현, "한국·중국 간의 해양문제", 이춘근 편, 『한국의 해양문제』, 한국해양전략연구소, 1997, pp.125~144; 강영훈, "한국-일본 간의 해양문제", 위의 책, pp. 145~211; 김영구, "한·일간 해양경계획정을 위한 법적 문제 고찰", 『Strategy 21』, No.1, 1998, pp. 85~137; 김현수, "한·중어업협정의 영향과 향후과제에 관한 법적 고찰", 『해양전략』, 제105호, 1999. 12, pp. 59~85; 권문상·이용희·박성욱, "한·중·일 EEZ 어업관리체제 및 새로운 어업협정에 관한 고찰", 『국제법학회논

의 대치 상황은 한국의 국가안보 그 자체에 대한 집요하고도 강력한 위협을 내포하는 긴장상태 바로 그것이다. 이러한 안보적 여건에서 한국에게 있어 해양이란 유사시에 8,000킬로미터나 멀리 떨어져 있는 우방 미국으로부터의 국가안전보장의 공약을 위한 통로이다.[9]

1990년대에 들어와 냉전체제가 해소된 이후 동아시아는 지역국가 간의 군비경쟁이 재연되고 있는 특수한 양상을 보이고 있다. 한반도의 주변 해역, 특히 동해와 서해는 일본 및 중공의 해군력이 실력으로 대립하고 있는 현장이다. 중국은 1992년 2월 25일의 '영해 및 접속수역에 관한 법'[10]에서 본토 및 그 연안도서, 대만 및 조어도(Diaoyu Island)와 그 부속도서, 팽호열도(Penhu Islands), 동사군도(Dongsha Islands), 서사군도(Xisha Islands), 중사군도(Zhongsha Islands), 남사군도(Nansha(Spratly) Islands)와 중국에 속하는 그 밖의 일체의 도서가 중국의 영토라는 것과 영해의 범위는 기선으로부터 12해리로 하며 기선으로는 직선기선 방법을 규정(직선기선을 명시하지는 않음)하고 영해를 침범한 외국 군함을 중국의 함정 또는 항공기가 추적할 수 있다는 것을 명확히 규정하였으며, 1996년 5월 15일 본토 연안 및 서사군도 주변에 영해기선을 선포하여 중국의 과도한 직선기선을 둘러싼 한·중 간의 갈등을 야기하였다.[11]

총』, 제44권 제1호, 1999. 6, pp. 1~18; 김영구, "서해에서의 어자원 관리와 '한·중어업협정'", 『해양전략』, 제108호, 2000. 9, pp. 1~49 참조.

9) 김영구, 『한국과 바다의 국제법』, 한국해양전략연구소·효성출판사, 2002, pp. 25~26.

10) 제7차 전국인민대표회의 상무위원회 제24차 회의에서 채택된 동 법률의 영어본 텍스트는 U.S. Department of State, Bureau of Oceans and International Environmental and Scientific Affairs, Limits in the Seas No. 117, 9. July 1996, pp. 11-14 참조.

11) 중국의 해양정책 및 해양전략에 관해서는 김현수, "중국의 해양정책에 관한 소고", 『해

또한 일본은 1996년 6월 해양법협약을 비준하여 당사국이 된 후 200해리 배타적 경제수역을 설정하면서도 한·일, 한·중 어업협정을 의식하여 대한민국과 중국에 대하여는 그 적용을 배제하던 1977년에 제정된 '어업수역에 관한 잠정조치법'을 폐지하고, 200해리 배타적 경제수역을 설정하기 위하여 '배타적 경제수역 및 대륙붕에 관한 법률'과 동 수역에서의 어업과 해양생물자원의 보존 및 관리를 위하여 '배타적 경제수역에서의 어업 등에 관한 주권적 권리의 행사 등에 관한 법률'과 '해양생물자원의 보존 및 관리에 관한 법률'을 제정하였다. 그리고 '영해 및 접속수역에 관한 법률 시행령'(1996. 7)에서 무려 194개에 이르는 기점을 채택함으로써 거의 모든 연안에 직선기선을 설정하여 기존 영해 이원수역을 영해로 편입시키고 이 수역에서 아국 어선이 조업을 한다는 이유로 나포하여 벌금을 부과하는 등 한·일 간 심각한 외교마찰을 빚어 왔다.[12] 게다가 1965년 체결된 한·일 어업협정 개정교섭이 결렬되자, 1998년 1월 23일 동 어업협정의 종료를 일방적으로 우리 측에 통고하여 1999년 1월 2일 '대한민국과 일본 간의 어업에 관한 협정'을 발효시켰으며,[13] 최근에는 쿠릴열도 꽁치조업을 둘러싼

양전략』, 제108호, 해군대학, 2000. 9, pp. 50~94; 김경민, "중국의 해양전략", 『중소연구』, 제24권 제4호, 한양대학교 아태지역학대학원 부설 아태지역 연구센터, 2000/2001, pp. 95~110 참조.

12) 박배근, "1965년 한일어업협정과 일본의 신영해법에 관한 법적 문제점 : 909 대동호 사건과 제3만구호 사건을 소재로", 『서울국제법연구』, 제6권 제1호, 1999, pp. 95~118 참조.

13) 1965년 한·일어업협정은 어느 일방의 종료통고가 있으면 그로부터 1년 후에 종료하도록 되어 있었기 때문에(제10조 제2항) 일본의 일방적인 종료통고로 동협정은 1999년 1월 22일 종료가 예정되어 있었다. 이에 양국 정부는 새로운 협정을 체결할 것인지 아니면 무협정 상태로 갈 것인지의 기로에서 양국 간의 어업질서를 규율하기 위해서는 무협정 상태는 바람직하지 않다는 데 공감하고 1998년 4월부터 교섭을 재개하여 새로운 한·일 어업협정을 체결하였다.

외교적 마찰 등 자국 이익을 확보하기 위해 인접국과의 해양분쟁을 피하지 않고 있다. 따라서 우리나라가 국가안전을 유지하기 위한 생존전략을 구상함에 있어서는 우선 이 새롭게 발전해 나가고 있는 해양법 질서를 그 기초적인 고려사항으로 소화해야만 한다.[14)]

이처럼 한반도 주변 국가들은 자국의 이익을 최대한 확대시키기 위하여 인접국과의 갈등과 마찰을 예상하면서도 해양법협약에 인정된 연안국의 권리들을 최대한 확대 적용하고 있으며, 이러한 해양질서의 변혁을 가져온 해양법협약 체제하에서의 국가안보 문제는 우리의 경우 더욱 구체적인 현실문제로 대두되고 있다. 독도영유권 문제, 한·일, 한·중 간 배타적 경제수역 및 대륙붕 경계획정, 중·일 양국과의 어업협정[15)]에 따른 어업질서 유지 등이 그것이다.[16)]

이러한 현안문제들의 해결은 관련국들의 국익과 밀접하게 관련된 민감한 사안으로 외교적 마찰 및 군사적 충돌 가능성을 상존하고 있어 우리의 주장을 확인시키기 위해서는 단기적으로는 실질적 권한행사 의사표시 및 확보의지 전달을 위한 관심해역에의 초계활동을 강화하여야 할 것이며, 장기적으로는 해양권익의 자주적 확보에 필요한 해군의 역할과 임무를 정립하고 이에 부응하는 균형 있는 해군력을 건설하여야 할 것이다.

---

14) 김영구, 『한국과 바다의 국제법』, p. 26.

15) 한·일, 한·중어업협정에 대한 자세한 설명은 김현수, "한·중, 한·일어업협정의 법적 고찰", 『해양전략』, 제102호, 1999. 3, pp. 1~38 참조.

16) 강덕동, "21세기 해양안보 환경 변화와 대응방향 : 해군과 해양경찰 역할을 중심으로", 김현기(편), 『21세기 해양시대 개막과 한국해양경찰(한국해양전략연구소 제7회 학술세미나 논문집)』, 2000. 12. 7, pp. 4~7 참조.

제3장

해양법협약 각 수역의 법적 지위

1982년 제3차 유엔해양법협약은 기존의 해양법에 비하여 많은 면에서 발전이 있었다. 변화하는 해양현실에 발맞추어 국가관할 수역에 관한 전통국제법을 대폭 수정하여 내수, 영해, 접속수역, 국제해협 및 공해와 같은 전통적인 해양체제 외에 다양한 수역(zones), 즉 군도수역, 배타적 경제

[그림 1] 직선기선

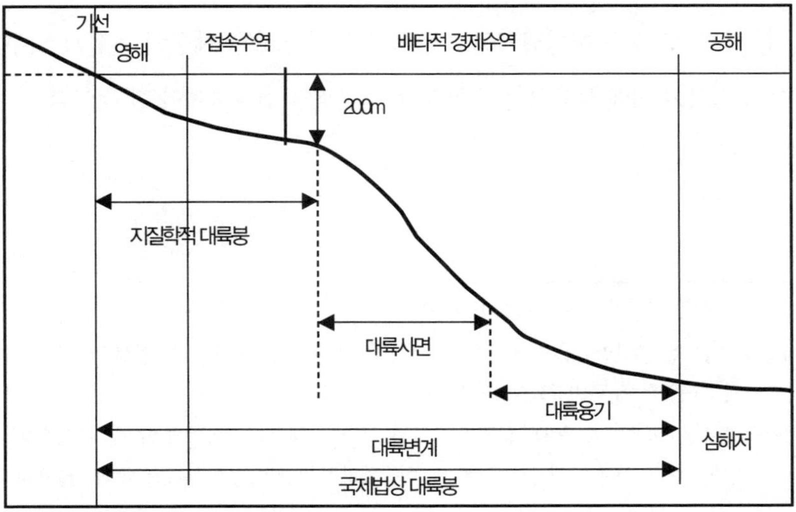

수역, 심해저 등을 포함하는 새로운 해양체제를 확립하였다[1]([그림 1] 참조).

이하에서는 이들 수역들 중 본서에서 그 대상으로 하고 있는 연안국 관할수역, 즉 영해, 군도수역, 접속수역, 배타적 경제수역, 국제해협및 공해의 법적 지위에 대해 간략하게 살펴보고자 한다([표 3-1] 참조).

제1절 영해

1. 영해의 개념 및 범위

영해(territorial sea)란 국가의 영토에 접속하고 있는 일정 범위의 수역으로서 연안국의 주권이 미치는 국가영역의 일부를 말한다(해양법협약 제2조). 영해는 원래 해양의 일부로서 어느 국가의 영유란 있을 수 없고 해양자유의 원칙이 지배했으나 연안국의 권익보호(예, 해적 등 해상범죄자 진압, 군사상 필요, 어업권 확보)를 위해 점차 오늘날의 영해제도가 확립되었다.[2]

---

1) Bernard H. Oxman, "United States Interests in the Law of the Sea Convention", 88 AJIL, 1994, pp. 167-178 참조.

2) 김현수 이민효, 현대국제법 , 연경문화사, 2005, p. 108. 대한민국은 1977년 12월 31일 '영해법'을 제정하여 1978년 4월 29일 대통령령 제8994호로 시행하였으나 1982년 해양법협약의 제정으로 영해법이 동 협약과 일치하도록 1995년 12월 6일 영해 및 접속수역법을 개정하여(법률 제4986호) 1996년 8월 1일부터 신 '영해 및 접속수역법'을 시행하고 있다.

[표 3-1] 해양법협약 각 수역에서의 연안국의 권리의무

구분	권 리	의 무
영해	① 어업권 ② 연안무역권 ③ 경찰권 ④ 추적권	① 항행위험 공시 ② 부과금 징수금지 ③ 무해통항 인정 ④ 재판관할권 제한
군도수역	군도기선에 의해 둘러싸인 수역의 상공, 해저 및 그 지하와 이에 포함된 자원에 주권 행사	① 모든 국가의 선박에 무해통항권 인정 ② 군도수역과 인접영해 또는 상공을 통과하는 외국 선박 및 항공기의 계속적이고 신속한 통항(군도해로통항권) 인정 ③ 타국과의 기존협정 및 기존 해저전선 존중 ④ 군도수역 내의 특정수역에 있어서의 인접국의 전통적 어업권 등 기존의 권리와 기타 합법적 이익과 권리 존중
접속수역	① 관세, 재정, 출입국, 위생에 관한 관할권 행사(정선, 검색, 나포 등 제반조치) ② 접속수역의 설정에 의하여 보호하려고 하는 권리의 침해가 있는 경우에 한하여 접속수역에서도 추적권 개시 가능	① 관할권 행사 과정에서 야기된 손해배상 ② 접속수역 위반선박 추적 과정에서의 직접적 공격 등의 무력행사 금지 ③ 항해의 자유 보장
배타적경제수역	① 생물, 비생물자원의 탐사, 이용, 보존 및 개발에 관한 주권적 권리 ② 조력(潮力), 풍력, 수력발전 등 경제적 이용, 탐사에 관한 주권적 권리 ③ 인공도서, 시설물, 구조물의 설치와 사용에 관한 관할권 ④ 해양과학조사 관할권 ⑤ 해양환경의 보호·보존 관할권	① 타국 선박의 항행 및 항공기의 비행방해 금지 ② 타국 해저전선 및 관선 부설 자유 인정

<table>
<tr><td>공
해</td><td>① 항행의 자유
– 선박충돌/해난구조 등 항행 관련 국제법 규칙 준수
② 어업 자유
③ 해저전선 및 관선 부설 자유
④ 상공비행 자유
⑤ 과학적 조사 자유
⑥ 인공도와 시설 건설 자유
⑦ 임검권 및 추적권 행사</td><td>① 타국 이익의 합리적 존중 또는 정당한 고려
② 임검권 및 추적권 행사요건 혐의 미발견 시 손해배상
③ 해상구조
④ 해저전선 및 관선의 보호
⑤ 해양환경의 보호 및 보존</td></tr>
</table>

영해에는 연안국의 주권이 미치기 때문에 그 범위는 연안국의 안보 및 이익에 매우 중요한 바, 영해의 범위를 될 수 있으면 좁게 하자는 해양강대국과 넓게 하여 국가이익을 도모하려고 하는 연안국들 간에 많은 대립과 갈등이 있어 왔다.

1702년 네덜란드의 빈켈스훅(Bynkershoek)이 그의 해양주권론에서 '국가의 권력은 무기의 힘이 미치는 곳에서 그친다'라고 주장한 후, 이탈리아의 갈리아니 및 아즈니가 대포의 착탄거리가 3해리이므로 3해리까지 영해로 해야 한다고 주장한 착탄거리설에서 영해 3해리설이 유래한 후 영·미 등 주요 해양국들이 3해리를 주장해 왔다.

그러나 해양생물자원과 해저광물자원의 개발이 과학적으로 가능해짐에 따라 주요 해군국가를 제외한 많은 국가들이 영해의 확장을 통하여 해양자원에 대한 주권행사를 주장하게 되었다. 1930년 헤이그 국제법전편찬회의와 1958년 제1차 유엔해양법회의에서 영해의 폭에 관한 토의가 있었으나 합의되지 못했다. 2년 후 개최된 제2차 유엔해양법회의를 거치면서 영해의 폭을 3해리에서 12해리로 확장하자는 주장이 개발도상국 및 신생 독립국들로부터 강하게 제기되었으며, 일부 남미국가들이 영해의 폭을

200해리까지 주장하여 혼란이 계속되었다.[3)]

그러나 배타적 경제수역의 등장으로 12해리 영해가 일반화되어 해양법협약에서는 '모든 국가는 본 협약에 따라 결정된 기선으로부터 12해리를 초과하지 않는 한계까지 영해의 폭을 설정할 권리를 갖는다'라고 하여 12해리 영해를 명백히 규정하고 있다.

2. 영해기선

영해범위를 측정하는 기준선인 기선(baseline)에는 연안국이 공인하는 대축적해도에 기재되어 있는 연안의 저조선인 통상기선(normal baseline)(동 제5조)과 해안선이 심히 굴곡되고(deeply intended) 돌입한(cut into) 경우나 인근 해안에 암초나 도서가 산재해 있는 경우 최원방의 적당한 점을 연결한 직선기선(straight baseline)[4)]이 있다(동 제7조 1항).

---

3) 1960년의 제2차 유엔해양법회의에서 미국과 캐나다는 타협안으로 영해의 폭은 6해리로 한정하고, 그 외측에 6해리의 어업전관수역을 설정하자는 안을 제안하였다. 그러나 어업전관수역에서 연안국이 배타적 관할권을 행사하는 것이 아니어서 전관수역에서 전통적으로 어업을 해온 타국에 대해서는 조업권리를 인정해야 하고, 분쟁은 강제중재에 회부되도록 되어 있었다. 이 타협안은 표결에서 1표 차이로 2/3 다수결을 얻지 못하고 부결되고 말았다. 우리나라는 이 투표에서 미국의 강력한 요청에도 불구하고 미국과 캐나다안에 반대하였다. 그 이유는 우리 정부가 선포한 '인접해양에 관한 주권 선언'에 대한 불리한 영향 때문이었다. 다시 말해 이 타협안에 따르면 우리 연안에서 일본 어선의 조업을 인정해야만 했던 것이다. 만약 우리나라가 미국의 요청을 받아들여 타협안에 찬성하였더라면 영해의 폭에 관한 국제적 합의는 무려 20년이나 앞서서 이루어질 수 있었을 것이다. 오윤경 외, 현대국제법 : 외교실무자들이 본 이론과 실제 , 박영사, 2000. p. 329.

4) 해양법협약 제7조 1항. 직선기선은 해안의 일반적 방향(general direction of the coast)으로부터 현저히 벗어나서는 안 되며(동 제3항) 항상 해면상에 있는 등대 또는 유사한 시설이 설치된 경우 외에는 어떠한 간출지(low-tide elevation)로부터 그을 수 없다(동 제4항). 이러한 직선기선제도는 1935년 노르웨이가 국왕령으로 처음 채택한 이후 1951년 영-노

3. 영해에 대한 국가권능

가. 법적 지위

영해에 대한 국가권능의 성질에 대해서는 주권설, 관할권설,[5] 소유권설[6] 및 국제지역설[7] 등 여러 학설이 최근까지 대립되었으나, 해양법협약 제2조의 규정에 의해 주권으로 보는 것이 현실적 견해이며 타당하다. 국가는 영해를 일반적으로 지배하며 영해에 관한 모든 사항에 대하여 법률을 제정·시행하는 바, 이는 이러한 행위에 대하여 타국의 간섭이나 제한을 받지 않는 주권과 다름없다.

이러한 주권설은 영해가 영토처럼 국가영역의 일부를 구성하므로 국

르웨이 어업분쟁사건에 관한 ICJ판결을 통하여 해양법상 확립된 제도이다.

5) 영해에 대한 국가의 권능을 관할권으로 보는 이 설은 영해에 대한 국권은 국가의 고유한 기본권이 아니고 다만 국제법에 의해 인정된 것이며, 그 권능은 절대적인 것이 아니라 영토권에 비해 중대한 제한(예, 영해 내의 무해통항권, 재판관할권)을 받고 있으므로 주권이라 할 수 없고 관할권이라는 것이다. 그러나 관할권설은 영해에 대한 국권이 국제법에 의해 인정된다고 보지만 이는 영토에 대한 국권도 마찬가지며, 또한 영토의 경우보다 비교적 많은 제한을 받긴 하지만 국권이 제한된다고 해서 국권의 본질이 변화한다고 볼 수 없기 때문에 타당하지 않다.

6) 소유권설은 연안국이 영해에 대하여 포괄적 지배권을 행사하며 연안국의 권리가 배타적으로 인정된다는 점에서 사실상 토지소유권과 유사한 것이라고 주장한다. 그러나 영해에 대한 국권은 그곳에 있는 사람에 대하여 통치권을 행사하고 다른 국가로부터 간섭을 받지 않는 권리라는 점에서 그 자체를 사용·수익·처분하는 권리인 소유권과는 다르다.

7) 국제지역설은 영해는 영역이 아니고 공해의 일부로서 연안국은 인접공해의 일부를 국익을 보호하기 위해 일정한 방법으로 이용할 수 있을 뿐이라고 주장한다. 즉, 국권은 관세·위생·국방·어업 등의 사항에 제한적으로 인정될 뿐이지 영해 그 자체에 대한 포괄적 기능은 아니라는 것이다. 그러나 국제지역권은 조약에 의해 특정 영역에 한해 적용되는 것이지 국제법상의 일반원칙이 아니고, 국제지역권은 타국 영역을 이용하는 것인데, 영해는 연안국 이외의 어떤 국가의 영역도 아니며 공해의 일부가 아니라 연안국 영역의 일부이다.

가의 영토에 대한 권리가 주권인 것처럼 영해에 대한 권리도 역시 주권이라고 본다. 그러나 이 설은 영해에 대한 국권에 중대한 제한을 받고 있으므로 엄격한 의미에서 주권이라고 볼 수 없다는 비판도 있다.

나. 국가권능의 내용

국가는 국제법상 제한이 없는 한 영해에 대하여 배타적인 주권, 즉 경찰권, 어업권, 연안무역권, 해양오염규제권 및 해양과학조사권을 행사한다. 이를 분설하여 살펴보면 다음과 같다.

첫째, 연안국은 영해에 대하여 경찰권을 행사한다. 즉 연안국은 영해에서 안전과 질서를 유지하기 위한 규칙을 제정하여 이를 실시할 수 있으며, 만일 외국 선박이 이를 위반하는 경우에는 그 규칙에 의하여 처벌할 수가 있다. 이러한 규칙이라는 것은 주로 관세·위생·항해 및 안전에 관한 것이다(경찰권).

둘째, 연안국은 영해에서 어업에 관한 국내법을 실시할 수 있고, 연안어업을 자국민에게 유보할 권리가 있다. 또한 조약에 의하여 자국의 영해를 타국의 어업에 개방할 수 있으며, 어족의 보호를 위해 보존수역을 설치할 수 있다(어업권).

셋째, 연안국은 연안무역(cabotage)을 자국민에게만 허가할 수 있다. 연안무역은 원래 동일한 연안에 있는 항구 간의 무역만을 의미하였으나 점차 이것이 확장되어 동일한 연안이 아니라도 동일한 정치적 지역 내의 항구 간의 교역이면 이를 연안무역이라 하여 자국 항해에만 허가하였다. 최근에 와서는 통상항해조약(예를 들면, 한미우호통상항해조약 제19조 3항)에서 거의 예외 없이 연안무역이 내국민대우로부터 제외된다는 점을 명백히 규정하고 있다(연안무역권).

넷째, 연안국은 영해에 있어서 해양오염규제를 위한 법령을 제한 실시하여 해양오염규제를 위한 기타 조치를 취할 수 있는 바(해양법협약 제210~211조), 연안국은 해양오염규제를 위한 국내법령이나 국제법규를 위반한 외국 선박에 대하여 벌금을 부과할 수 있다(동 제230)(해양오염규제권).

다섯째, 연안국은 영해에 있어서 해양과학조사에 대한 배타적 권리를 행사하며, 외국 선박은 연안국의 명시적 동의 없이는 영해 내에서 해양과학조사를 행할 수 없다(동 제245조)(해양과학조사권).

다. 국가권능의 제한

영해에 대한 국가권능에는 영토에 대한 것과 비하여 국제법상 일정한 제한을 받는데, 그러한 제한으로 무해통항권의 인정과 재판관할권의 행사에 대한 제한이 있다.

첫째, 연안국은 자국 영해를 통과하는 타국 선박에 대하여 무해통항권을 인정하여야 한다. 영해는 공해에 접속한 해상교통로이므로 공동이익을 위하여 항행의 자유를 확보할 필요에서 모든 국가의 선박은 타국의 영해 내에서 무해통항의 권리가 인정된다. 무해통항권은 영해에 대한 연안국 주권행사에 대한 제한을 의미하는데, 이에 관하여는 후술한다.

둘째, 외국의 군함과 비상업용 공선은 영해 내에서 관할권면제를 향유한다는 것은 확립된 국제법 원칙이므로 이는 연안국권능의 제한을 구성한다. 상업용 공선과 일반 상선의 경우, 선박 외부의 사건은 연안국이 관할권을 가지나 선박 내부의 사건에 관하여는 논의가 있다. 영국주의는 예외없이 연안국에 관할권을 인정하며, 프랑스주의는 원칙적으로 기국에 관할권이 있고 예외적으로 연안국에 협력을 요청하는 경우 및 연안국의 질서를 해하는 경우에만 연안국이 관할권을 갖는다고 한다. 1958년 영해 및 접속수역에 관한 협약은 프랑스주의에 따라 영해 내 외국 선박의 내부사건에 관하여 원칙적으로 연안국의 민사·형사재판관할권 행사를 제한하고 있다.[8)]

[표 3-2] 영해의 법적 지위

구분	내용
의의	국가의 영토와 내수에 접하는 해역으로서 주권이 미치는 국가 영역
범위	① 발달과정 ⓐ 3해리설(18세기) : 국가의 권력은 무기의 힘이 미치는 곳에서 그친다고 빈켈스훅이 주장(1702)한 후, 갈리아니 및 아즈니아가 대포의 착탄거리가 3해리이므로 3해리까지 영해로 해야 한다고 주장 ⓑ 국제법편찬회의(1930) : 영해의 법적 지위에 관한 조약 안이 작성되었으나 영해의 폭은 각국의 의견 대립으로 성문화되지 못하였음 ⓒ 제1차 해양법회의(1958) : 영해폭을 확대하려는 국가들의 압력으로 영해의 폭에 대한 합의 형성 실패 ⓓ 제2차 해양법회의(1960) : 6해리 영해+6해리 어업전관수역(미국-캐나다 공동수정안)안이 1표 부족으로 채택되지 못하였음 ⓔ 제3차 해양법회의(1982) : 12해리 이내에서 결정되어야 함 ② 우리나라의 경우 : 기선으로부터 12해리까지이며, 다만 대한해협에서는 3해리

8) 영국주의는 영해가 국가영역의 일부라는 전제하에서 연안국에 광범위한 권리를 인정하고 있지만, 영해가 영토와 다른 여러 가지 특성을 갖고 있다는 것을 간과하고 있다. 그러한 특성에 따라 영해에 대하여는 영토와 달리 연안국의 권리를 어느 정도 제한할 필요가 있으며, 그러한 제한이 영역권의 침해가 되지 않을 뿐 아니라 현실과도 합치된다고 하겠다. 나아가서 국제교통의 안전을 확보한다는 점에 비추어 볼 때에도 연안국의 재판관할권을 제한하는 프랑스주의가 타당하다고 본다.

<table>
<tr><td>접속
수역</td><td colspan="2">통상
기선</td><td>연안국이 공인하는 대축적해도에 기재되어 있는 연안의 저조선을 말함. 영해의 폭은 원칙적으로 통상기선으로부터 측정</td></tr>
<tr><td rowspan="3">기선</td><td colspan="2">통상
기선</td><td>해안선의 굴곡이 심한 경우나 인근 해안에 암초나 도서가 산재해 있는 경우 적당한 지점을 연결한 직선의 기선</td></tr>
<tr><td rowspan="2">직
선
기
선</td><td>의
의</td><td>해안선의 굴곡이 심한 경우나 인근 해안에 암초나 도서가 산재해 있는 경우 적당한 지점을 연결한 직선의 기선</td></tr>
<tr><td>요
건</td><td>① 저조시의 융기 간에 설정할 수 없음
② 해안의 일반적 방향으로부터 이탈할 수 없음
③ 직선기선 내의 수역은 본토와 밀접한 관련이 있어야 함
④ 부분적 특정기선의 결정에 있어서는 당해 지역에 특유한 경제적 이익의 실재와 중요성이 장기관행으로 증명되어야 함
⑤ 직선기선은 타국의 영해를 공해 또는 배타적 경제수역으로부터 차단하듯 적용되어서는 안 됨</td></tr>
<tr><td rowspan="3">국가
권능</td><td colspan="2">범위</td><td>연안국의 주권은 영해, 그 상공, 해저 및 하층토에 미침</td></tr>
<tr><td colspan="2">내용</td><td>① 어업권 ② 연안무역권
③ 경찰권 ④ 추적권</td></tr>
<tr><td colspan="2">제한</td><td>① 항행위험 공시의무 ② 부과금 징수금지의무
③ 무해통항의 인정 ④ 재판관할권의 제한</td></tr>
</table>

4. 무해통항권

가. 의의

해양법상 무해통항권(right of innocent passage)이란 영해 내에서 외국 선박이 연안국의 평화(peace)·질서(good order) 또는 안전(security) 등 국가의 제 권리를 해하지 않는 한 자유로이 항행할 수 있는 권리를 말하며, 연안국의 입장에서는 영해에 대한 국가권능의 제한을 의미한다. 해양법상 무해통항권을 인정하는 이유는 영해가 공해에 접속한 해상교통로이므로 공동의 이익을 위해 항행의 자유를 확보할 필요가 있기 때문이다.

[표 3-3] 영해에서의 재판관할권

<table>
<tr><th colspan="2">구분</th><th>내 용</th></tr>
<tr><td colspan="2">군함 및 비상업용 공선</td><td>① 외주권면제가 부여되기 때문에 연안국은 형사재판관할권 및 민사재판관할권을 행사할 수 없음
② 연안국은 영해통과에 관한 자국 법령을 위반한 군함에 법령 준수를 요청하고, 이를 거부할 경우 신속히 영해를 떠날 것을 요구할 수 있음
③ 연안국은 외국군함 및 비상업용 공선의 자국 법령 위반으로 인한 손해 및 손실에 대해서 당해 선박의 기국에게 국가책임을 추궁할 수 있음</td></tr>
<tr><td rowspan="2">상선 및 상업용 공선</td><td>형사</td><td>① 다음의 경우에 한해 연안국 형사재판관할권 인정
ⓐ 범죄의 결과가 연안국에 미치는 경우
ⓑ 범죄가 연안국 평화 또는 영해질서를 교란하는 경우
ⓒ 마약 또는 환각물질의 불법거래단속에 필요한 경우
ⓓ 선장 또는 기국의 외교사절, 영사가 연안국의 지방당국에 협조를 요청한 경우
② 연안국은 내수를 거쳐 영해를 통과하는 외국 선박에 대해서는 자국법에 따른 형사재판관할권을 행사할 수 있음
③ 영해 바깥에서 발생한 범죄의 경우 내수에 들어오지 않고 영해만을 통과할 때에는 형사재판관할권을 행사할 수 없음
④ 연안국의 관할권 행사와 외국 선박의 항행이익을 고려하여, 형사재판관할권의 행사방법 및 시기를 정하도록 하고, 선장의 요청이 있는 경우 기국의 외교사절과 영사에 사전통고 하여야 함</td></tr>
<tr><td>민사</td><td>① 연안국은 영해를 통과중인 외국상선 및 상업용 공선에 있는 자에 관한 민사재판관할권을 행사하기 위하여 정선 또는 항로를 변경시킬 수 없음
② 연안국은 선박이 항행중 또는 항행목적상 부담한 의무와 책임 외에는 민사소송절차를 이유로 강재집행이나 압류할 수 없다. 다만 영해에 정박중인 선박이나 내수를 거쳐 영해를 통과중인 선박에 대해서는 강제집행이나 압류할 수 있음</td></tr>
</table>

무해통항권은 연안국이나 무연안국을 불문하고(whether coastal or landlocked states) 모든 국가에 대하여 인정되고(해양법협약 제17조), 원칙적으로 평시에 한하며 전시에는 이러한 권리가 인정되지 않는다.[9)]

나. 무해와 통항

(1) 무해의 의미

무해란 연안국의 평화·질서 또는 안전을 해하지 않으며, 또한 해양법협약 및 기타 국제법상의 규칙에 합당함을 말하는 것으로(동 제19조 1항), 통항의 유해·무해를 판단함에 있어서 통항 자체를 기준으로 할 것인가, 통항 방법을 기준으로 할 것인가에 관하여 문제가 있다.

통항 자체에 기준을 두면 군함 및 무기수송선 등의 통항은 일정한 경우 연안국의 안전을 해하는 것으로 간주되어 무해통항권이 부정된다. 일부 국가들의 입법·관행은 통항 자체로부터 유·무해를 판단하고 있어 군함 및 핵추진선박 등의 특수선박에 대하여는 사전통고(prior notification) 또는 사전허가(prior authorization)를 조건으로 영해통항을 인정하고 있다. 통항 방법을 기준으로 하면 통항 자체만으로는 유해가 되지 않고 어떤 유해한 행위가 실제로 행해졌을 때 비로소 유해가 된다.

1949년 콜푸(Corfu) 해협 사건에 관한 ICJ 판결은 이 기준을 취한 바 있고 UN해양법협약 제19조 2항도 이 기준을 따라 유해한 것으로 간주되는 외국 선박의 통항중의 행위를 열거적으로 규정하고 있다.

---

9) 무해통항권은 원래 영해 내에서 인정되는 것이고 내수(internal waters)에서는 그 적용이 없다. 다만 종래에는 내수로서 인정되지 않았지만 직선기선을 채용함으로써 내수의 부분으로 포섭된 수역에 대해서는 무해통항권을 인정하도록 하고 있다.

(2) 통항의 의미

통항은 영해를 통과하는 항행을 말하는데, 내수에 들어오지 않고 공해로부터 영해를 횡단(traversing)하는 경우와, 공해로부터 내수로 또는 내수로부터 공해로 진행(proceeding)하는 경우가 있다.

통항은 원칙적으로 계속적이고 신속한(continuous and expeditious) 항행이어야 한다. 따라서 통상항해에 부수적이거나, 불가항력(force majeure) 또는 해난(distress)으로 인하여 필요하게 된 경우, 위험 또는 해난상태의 인명·선박·항공기를 구조할 목적 이외에는 정박과 투묘는 통항에 포함되지 않는다. 단, 영해 내에서 측량을 하거나 침해를 하는 것도 무해인 통항의 범위에 들지 않는다.

(3) 선박의 유형에 따른 차이

무해통항권은 선박에 대하여 인정될 뿐이고 항공기의 영해 상공비행(overflight)은 무해비행/통항으로 인정되지 않는다. 그러나 모든 종류의 외국 선박에 대하여 무해통항권을 인정해야 하는가는 논쟁의 여지가 있다.

무해통항권의 입법 취지는 선박의 해상통항을 최대한 보장하여 국제통상을 촉진시키는 데 있으므로, 통항 자체가 연안국의 안보이익 등에 영향을 미칠 수 있는 선박에까지 무해통항권을 부여하는 것은 충분히 고려될 필요가 있다.

선박의 유형에 따라 무해통항권의 인정 여부 및 조건을 살펴보면, 상선은 완전한 무해통항권이 인정되며, 외국 어선은 어업금지를 위한 연안국의 법령을 준수할 것을 조건으로 무해통항권이 인정되고(동 제19조 2항), 핵추진선박 또는 위험하거나 유해한 물질을 수송하는 선박은 문서의 휴대 및 국제적 협정에 따라 마련된 특별예방조치의 준수를 조건으로 무해통항권이 인정된다(동 제23조).

그리고 외국의 정부 선박 중 상업목적으로 사용되는 선박은 상선과 같이 무해통항권이 인정되나, 비상업목적으로 사용되는 공선은 종래의 관행으로는 군함과 같이 취급했지만 무해통항권에 관한 한 상선과 동일하게 취급하고 있다(동 제17조).

마지막으로 잠수함은 타국 영해를 통항하는 경우 부상하여 항행해야 하며 국기를 게양해야 한다(동 제20조).

라. 연안국의 권리의무

(1) 권리

연안국은 영해 내 무해통항과 관련하여 항행의 안전, 해저전선·송유관의 보호, 생물자원의 보존, 해양과학조사 및 수로측량, 어업 및 연안질서의 침해방지 등에 관한 법률과 규칙을 제정할 수 있는 권리(법률제정권)가 있고, 이에 대응하여 외국 선박은 무해통항권을 행사함에 있어서 그러한 법률과 규칙을 준수해야 할 의무가 있다(동 제21조).

연안국은 항행의 안전에 필요한 경우 무해통항권을 행사하는 외국 선박(특히 유조선, 핵추진잠수함, 핵 또는 위험·유독물질 수송선박)에 대하여 지정된 항로나 통항분리제도를 따르도록 요구할 권리가 있다(동 제22조).

또한 연안국이 영해 내에서 자국의 안전과 이익을 보호할 수 있는 권리(right of protection)를 갖는 것은 당연한 일이다. 따라서 연안국은 무해하지 아니한 통항을 방지하기 위하여 필요한 조치(necessary steps)를 취할 수 있다(보호권).

그리고 연안국은 외국 선박에 차별을 가함이 없이 영해의 특정 수역에 있어서 외국 선박의 무해통항을 일시적으로 정지할 수 있다(무해통항 일시정지권). 그러나 그러한 정지는 연안국의 안전보호에 불가결한 경우에 한하며 정당히 공시한 후가 아니면 실시할 수 없다. 그러나 국제해협을 통과하는 외국 선박의 무해통항은 이를 정지할 수 없다(동 제25조).

[표 3-4] 무해통항의 주요 내용

<table>
<tr><th colspan="2">구분</th><th>내 용</th></tr>
<tr><td colspan="2">의의</td><td>영해 내에서 외국 선박이 연안국의 평화, 질서 및 안전에 해를 끼치지 아니하며, 해양법협약 및 기타 국제규칙을 준수하면서 행하는 항행.</td></tr>
<tr><td colspan="2">적용 범위</td><td>① 모든 국가
② 평시의 영해</td></tr>
<tr><td colspan="2">적용 대상</td><td>① 선박 인정, 항공기 영해상공 무해통항권 불인정
② 상선, 공선 : 완전한 무해통항 인정
③ 어선 : 어업금지를 위한 연안국 법령 준수 조건으로 인정
④ 핵추진선박 또는 위험 및 유독한 물질 수송 특수선박 : 문서 휴대 및 국제협정상 특별예방조치 준수를 조건으로 인정
⑤ 잠수함 : 부상 항행
⑥ 군함 : 학설상 대립. 협약에 유보를 붙여 무해통항권을 부인하거나, 사전통고나 사전허가를 요구하는 국가도 있음</td></tr>
<tr><td rowspan="2">연안국 권리 · 의무</td><td>권리</td><td>① 법률, 규칙 제정권
② 항로지정 및 통항분리제도 실시권
③ 보호권
ⓐ 연안국이 영해 내에서 자국의 권리와 안전을 보호할 권리
ⓑ 연안국은 비(非)무해통항 방지를 위해 필요한 절차를 취할 수 있음
ⓒ 무해통항의 정지 : 연안국은 자국의 안전보호에 불가결한 경우에 차별 없이, 적당한 공시를 거쳐 특정 수역에 대하여 무해통항을 일시적으로 정지할 수 있으나 국제해협에서의 무해통항은 정지할 수 없음</td></tr>
<tr><td>의무</td><td>① 무해통항 방해금지의무
② 항행상 위험공시의무
③ 부과금 징수금지의무</td></tr>
</table>

(2) 의무

연안국은 외국 선박의 영해에 대한 무해통항을 방해해서는 안 된다(동 제24조 1항). 즉 연안국은 무해통항을 사실상 거부하거나 침해하는 결과를 초래하는 부담을 과해서는 안 되고, 특정국의 선박 또는 특정 화물의 적재국·행선국·소유국 간에 차별을 해서도 안 된다.

또한 연안국은 자국 영해 내에서 탐지한 항해상의 위험을 적절히 공시해야 할 의무가 있다(동 제24조 2항).

그리고 안국은 영해를 단순히 통과만 하는 외국 선박에 대해서는 부과금을 징수할 수 없지만, 영해통항 중 특별한 역무가 제공되는 경우에는 부과금을 징수할 수 있다(동 제26조).

제2절 군도수역

1. 군도기선

군도(archipelago)란 상호 밀접히 관련되어 있어서 고유의 지리적, 경제적 및 정치적 실체를 형성하거나 또는 역사적으로 그러한 실체로 인정되어 온 제 도서의 부분, 이들을 상호 연결하는 수역과 기타 자연적 지형(natural features)을 포함하는 도서군을 의미하며, 전체적으로 하나 또는 그 이상의 군도로 구성된 국가를 군도국가라 한다. 군도국가는 군도의 최외곽 도서 및 건암초의 최외곽점을 연결하는 직선군도기선(straight archipelagic baseline)을 그을 수 있다. 이것은 물론 군도국가들이 항상 원했고 또한 일부 군도국가는 이미 실시해 왔던 것이다.

군도기선이 유효하기 위해서는 첫째, 군도의 본도(main islands)는 군도기선 내에 포섭되어야 하며, 둘째, 군도기선 내의 수역 대 육지의 비율이 9대 1을 초과하지 않아야 하고, 셋째, 군도기선의 길이는 100해리를 초과할 수 없으며(다만 총기선 수의 3%까지는 최장 125해리까지 가능), 넷째, 군도기선은 군도의 전반적 형태에서 현저히 일탈해서는 안 된다.

상기 첫째의 조건은 군도의 중심을 이루는 본도(本島)가 기선 내에 포섭되는 것이 통상적이기 때문에 문제되지 않으며, 실제상으로도 군도국가들은 이것을 다투지 않았다. 둘째 조건인 수역 대 육지의 비율문제는 기선 내에 포섭되는 수역이 내수제도에 따를 만큼 육지영역에 충분히 밀접하게 연관되어야 함을 군도국가에게 요구하는 것이다. 셋째의 조건인 기선의 길이는 100해리로 규정하고 있으나, 총기선 수의 3%까지는 최장 125해리까지 허용하고 있다. 따라서 연안군도에 비하여 너무 과도하게 일탈하고 있다고 논의될 수 있다. 노르웨이가 채택한 직선기선의 경우에는 47개의 기선이 수백 야드에서 약 44해리까지 다양하다. 다른 조건들이 모두 충족되면 직선기선의 특정한 한계는 필요 없는 것으로 생각했던 것이다. 실제상 국가의 관행에 의하면 일반적으로 연안국들은 광범위하게 긴 기선을 채택하지 않았다.

그러나 일부 군도국가들은 광범위하게 산재해 있는 도서에 이르기까지 통상적이 아닌 긴 기선을 채택함으로써 광대한 해역을 내수화하였다. 인도네시아와 필리핀이 그와 같은 특별한 경우에 해당한다. 다만 군도기선 내의 수역 대 육지의 비율 문제와 마찬가지로 그 기선 내의 수역에서 통항권이 인정되는 범위를 고려할 때 기선의 최대 길이의 문제는 중요성을 상실하게 될 것으로 생각된다. 넷째 조건인 '군도의 전반적 형태'

는 연안군도에 적용되는 요건인 '해안의 일반적 방향'(general direction of the coast)을 단지 말만 바꾸어 표현한 것일 뿐이다. 영국·노르웨이 어업분쟁 사건의 판결에서는 직선기선이 합리적인 범위 내에서 해안선으로부터 일탈할 수 있다고 하였다. 이것은 물론 군도의 외변(outer periphery) 혹은 전반적 형태에 대해서도 동일하다. 더구나 연안군도의 경우에서와 마찬가지로 해안의 어느 한 부분에만 한정해서 전반적 형태로부터의 일탈여부를 판단해서는 안 된다.

2. 군도수역의 법적 지위

해양법협약은 군도수역(archipelagic waters)을 규정하기를 군도의 최외곽 도서 및 건암초의 최외곽점을 연결한 직선 군도기선 내측의 수역을 말한다고 한다. 그렇기 때문에 기선 내의 수역은 내수제도에 따를 수 있을 정도로 육지영역에 밀접히 연관되어 있어야 한다. 그런데 동 협약 제8조는 기선의 육지 측 수역은 연안국 내수의 일부를 구성한다고 규정하면서도, 직선기선의 설정으로 인하여 종래 영해 혹은 공해의 일부로 인정되던 수역이 내수로 포섭되는 경우에는 무해통항권이 그 수역에서 인정된다고 규정하고 있다.

해양법협약 제49조는 이 문제에 대하여, ① 군도국가의 주권은 군도수역의 깊이나 해안으로부터의 거리에 관계없이 군도수역이라고 부르는 제47조에 따라 획선된 군도기선으로 둘러싸인 수역에 미친다, ② 이 주권은 군도수역의 상공, 해저 및 하층토와 그 속에 포함된 자원에 미친다, ③ 이 주권은 본 장에 따라서 행사된다, ④ 본 장에 따라 제한되는 군도항로대 통항제도는 다른 점에 있어서(in other respects) 항로대를 포함한 군도수역의 지위 또는 군도수역, 그 상공, 해저 및 하층토와 그 속에 포함된 자원에 대한 군도국가의 주권행사에 영향을 미치지 아니한다고 규정하고 있다.

우선 주권이란 용어가 상기 제1항에서 제3항까지 각 항의 주어로 되어 있기 때문에 군도수역은 내수의 지위와 유사한 법적 지위를 갖는 것처럼 보인다. 그러나 제3항에 포함된 주권의 행사에 대한 제한은 대단히 광범하다. 첫째의 제한은 만약 군도국가의 군도수역 일정 부분이 바로 인접한 국가의 두 부분 사이에 있는 경우에는 그 인접국가가 그 수역에서 전통적으로 행사하여 온 기존의 권리와 모든 합법적 이익 및 관계국 간의 합의에 따라 정하여진 모든 권리는 계속되고 존중되어야 한다는 것이다. 셋째로 모든 국가의 선박은 군도수역에서 무해통항권을 향유한다는 것이다. 그러나 이 통항권은 통상적으로 영해에서 적용되는 정지할 수 있는 무해통항권이다. 넷째로 가장 중요한 제한으로서 모든 선박 및 항공기는 지정된 항로대 및 항공로에서 군도항로대통항권을 향유한다는 것이다. 특히 상기 항로대와 항공로는 군도수역과 인접한 영해를 횡단하고 군도수역을 통과하는 국제항행 또는 상공비행의 항로로 이용되는 모든 통상적인 항로대를 포함하여야 하며, 군도국가가 항로대 또는 항공로를 지정하지 아니한 경우에 군도항로대통항권은 국제항행에 통상적으로 사용되는 통로를 통하여 행사된다. 이러한 군도항로대통항제도는 다른 점에 있어서는 군도국가의 주권 행사에 영향을 미치지 아니한다.

상기의 제한은 고려하면 군도수역의 법적 지위가 내수의 지위를 갖는 것이 아님이 명백하다. 더구나 내수의 경계획정에 관한 특별규정을 살펴보면 더욱 의문의 여지가 없게 된다. 즉, 해양법협약 제50조는 '군도수역 내에서 군도국가는 제9조, 제10조 및 제11조에 따라서 내수의 경계획정을 위한 폐쇄선을 획정할 수 있다'고 규정하고 있다.

이는 하구와 만의 입구를 가로지르는 폐쇄선을 그을 수 있음을 인정하고, 영해의 경계를 획정함에 있어서 항구적 항만시설은 해안의 구성부분으로 본다는 것이다.

다시 말하면 협약 제50조에서 규정하는 내수는 도서의 수역에 한정하고 있으며, 도서 사이에 있는 수역은 인정하지 않고 있다. 군도수역은 또한 직선기선으로부터 외측으로 측정되는 영해과 구별된다. 군도국가의 주권은 군도수역을 넘어 영해라고 부르는 인접해대까지 미치지만 영해는 통상의 무해통항권에 의해 제한될 뿐 아니라 새로운 군도항로대통항권에 의해 제한된다.

이상의 분석을 통해서 군도수역의 법적 지위는 내수가 아니라 영해에 유사한 법적 지위가 인정되는 것으로 볼 수 있고, 특히 군도항로대에 포섭되는 군도수역의 부분은 국제해협을 구성하는 영해에 유사한 법적 지위를 갖는 것으로 해석된다.

3. 통항중인 선박 및 항공기의 의무

군도수역에서 모든 국가의 선박은 무해통항권을 향유함과 동시에 지정된 항로대 및 항공로에서는 군도항로대통항권(right of archipelagic sea-lane passage)을 향유한다. 군도항로대통항권을 행사하는 선박과 항공기는 ① 지정된 항로대와 항공로를 지체 없이 항행할 것, ② 군도국가의 주권 또는 영토보존 및 정치적 독립에 대한, 또는 UN헌장에 구현된 국제법원칙을 위반한 기타 방법으로 무력에 의한 위협 또는 행사를 삼갈 것, ③ 불가항력 또는 조난으로 인하여 필요한 경우가 아닌 한, 계속적이며 신속한 통과의 통상적인 방법에 부수되지 아니하는 기타 활동을 삼갈 것 및 ④ 본장의 기타 관계규정을 준수할 것 등의 사항을 이행해야 한다. 그리고 군도항로대통항중인 선박은 국제해상충돌예방규칙을 포함한 일반적으로 승인된 국제해상안전규정·절차 및 관행을 준수하여야 한다. 또한 군도항로대통항중인 항공기는 민간항공기에 적용되는 국제민간항공기구가 제정한 항공규칙을 준수해야 한다. 정부항공기도 통상 이러한 안전조치를 준수하고 항상 비행의 안정을 위한 정당한 고려를 하면서 비행하여야 한다. 그리고 국제적으로 지정된 권한 있는 항공교통관제기구가 배정한 무선주파수 또는 국제조난무선주파수를 항상 청취하여야 한다.

4. 군도국가의 권리 및 의무

군도국가는 자국의 군도수역이나 인접한 영해 또는 그 상공을 통과하는 외국 선박이나 항공기의 계속적이며 신속한 통항에 적합한 항로대나 항공로를 지정할 수 있다. 그러나 이러한 항로대와 항공로는 군도수역과 인접한 영해를 횡단하고 군도수역을 통과하는 국제항행 또는 상공비행의 통로로 이용되는 모든 통상적인 항로대를 포함하여야 하며, 그러한 통항로 내에서 선박에 관한 한 동일한 입구지점과 출구지점 사이에 유사한 편의를 가진 통로로 중복은 필요 없이 모든 통상적인 수로를 포함하여야 한다.

군도국가가 군도항로대통항에 관한 법령을 제정할 수 있는 것은 다음의 네 가지 사항에 국한된다. 첫째는 해양법협약 제41조에 규정되어 있는 항해의 안전과 해상교통의 규제에 관한 사항이며, 둘째는 군도수역에 유류·폐유 및 기타 유독성 물질의 배출에 관한 사항이다. 셋째는 어선에 관한 것으로 어구의 적재를 포함한 어로의 금지에 관한 사항이고, 넷째는 군

[표 3-5] 군도수역의 법적 지위

구분	내 용
의의	군도국가는 군도의 외측에 있는 섬의 외측점을 연결하는 직선의 군도기선을 그어서 그 내측을 군도수역으로 할 수 있음. 군도수역은 1982년 유엔해양법협약에서 새로이 인정된 제도로서, 이 수역에는 군도국가의 주권이 미침
군도 기선	① 군도국가는 군도의 최외곽 도서 및 건암초의 최외곽점을 연결한 직선의 군도기선을 그을 수 있으나, 수역과 육지의 비율이 1:1에서 9:1 내에 있도록 해야 함 ② 기선의 길이는 100해리를 초과할 수 없으나, 전체 기선 수의 3%까지는 125해리까지 확장할 수 있음 ③ 기선은 군도의 일반적 형태로부터 현저히 이탈하지 않아야 하며, 영해 밖에 있는 간출지를 연결하는 것이어서는 안 됨 ④ 타국 영해를 공해 또는 EEZ로부터 차단하듯이 그어서는 안 됨 ⑤ 영해, 접속수역, EEZ 및 대륙붕의 폭은 군도기선으로부터 측정
통항	① 군도국가는 모든 국가의 선박에 무해통항권을 인정하여야 함 ② 군도국가는 군도수역과 인접영해 또는 그 상공을 통과하는 외국 선박 및 항공기의 계속적이고 신속한 군도해로통항권을 인정해야 함
권리 및 의무	① 군도국가의 주권은 군도기선에 의해 둘러싸인 수역에서 그 상공, 해저 및 그 지하와 이에 포함된 자원에 미침 ② 군도수역의 일부가 바로 인접한 국가의 두 부분 사이에 있는 경우에는 그 인접국이 동 수역 내에서 전통적으로 행사하여 온 기존의 권리와 기타 모든 합법적 이익과 권리는 계속되고 존중되어야 함 ③ 군도국가는 타국과의 기존 협정을 존중하고 군도수역 내의 특정 수역에서의 인접국의 전통적 어업권 및 기타 적법한 활동을 인정해야 하고, 기존의 해저전선을 존중하여야 함 ④ 군도국가는 군도항로대통항을 방해할 수 없고, 자국이 알고 있는 항해 또는 상공비행에 대한 어떠한 위험도 적절히 공시하여야 하며, 통항 선박을 정지시킬 수 없음 ⑤ 군도국가는 항해의 안전과 해상교통의 규제에 관한 사항, 유류·폐유 및 기타 유독성 물질의 배출에 관한 사항, 어선에 관한 것으로 어구의 적재를 포함한 어로의 금지에 관한 사항 및 관세·재정·출입국관리 또는 위생법규 위반 사항 등에 대한 규제권을 포함하는 군도항로대통항에 관한 법령을 제정할 수 있음

도국가의 관세·재정·출입국 또는 위생법규을 위반하는 행위에 대한 규제권이다.

한편 군도국가는 군도항로대통항을 방해할 수 없고, 자국이 알고 있는 항해 또는 상공비행에 대한 어떠한 위험도 이를 적절히 공시하여야 하며, 군도항로대통항을 정지시킬 수 없다.

제3절 접속수역

1. 의의

접속수역(contiguous zone)이란 영해에 접속한 공해의 일부이며, 영해 기선에서 24해리를 넘지 않는 범위에서 관세·재정·출입국·위생 등의 특정사항을 규제하기 위하여 연안국의 관할권 행사가 인정된 특정수역을 말한다(해양법협약 제33조 1항).

오늘날에는 영해가 12해리까지 확대되었을 뿐만 아니라 영해를 넘어서도 경제수역, 대륙붕 등 각종 개념이 등장하였기 때문에 접속수역의 필요성이 감소한 것은 사실이나 경제수역 등은 주로 경제분야를 대상으로 하는데 비하여 접속수역은 연안국의 관세, 보건위생, 안전 등을 보장하기 위한 것이므로 그 필요성은 계속 인정된다고 할 것이다.[10]

10) 유병화, 『국제법총론』, 일조각, 1984, p. 488.

2. 연혁

접속수역은 국제교통의 발달, 특히 선박의 고속화에 따라 종래의 좁은 영해로는 도저히 연안국의 이익과 안전을 효과적으로 확보하기가 어려웠기 때문에 여러 국가에 의하여 일찍부터 일방적으로 또는 조약에 의하여 채택되어 왔다.

접속수역의 기원은 주로 밀무역을 방지하기 위하여 1736년 배회법(Hovering Act)을 제정하여 5~300해리의 접속수역에서 외국 화물의 전재(轉載)를 금지하였던 영국에서 찾을 수 있다. 이것은 공해자유원칙의 예외로서 영국 영해 밖을 배회하면서 밀수를 하는 외국 선박을 단속하고, 관세규칙을 효과적으로 적용하기 위하여 연안에서 일정한 범위의 수역에서 관세통제권을 행사하기 위하여 제정된 것이었다. 그 후 영국은 관세통합법(Customs Consolidation Act)을 새로 제정하여 접속수역 범위를 9해리로 축소하였다.[11)]

미국도 주로 밀무역금지를 목적으로 1799년부터 12해리의 관세집행수역(Customs Enforcement Area)을 설정하였고 1922년 관세법(Tariff Act)에서도 12해리 접속수역을 설정하였다. 그러나 1935년 밀수금지법(Anti Smuggling Act)에서는 50해리 관세수역(customs waters)을 확장하여 위반선을 처벌하도록 하였다. 1920년대 미국과 다수 국가가 체결한 주류조약(Liquor Treaties)에서는 연안으로부터 1시간 항정거리를, 그리고 1926년 발트해 연안국 간에 체결된 주류조약에서는 12해리를 접속수역으로 규정하였다.

영국과 미국 외에도 많은 국가들이 영해 이원에 다양한 관할수역을 주

---

11) 김현수·이민효, 『현대국제법』, 연경문화사, 2001, p. 158.

장하였다. 일부 유럽 국가들은 규제의 목적에 따라 다양한 관할수역을 주장하였는데, 프랑스는 어업과 경찰권 행사의 목적으로는 3해리의 영해를, 중립수역으로는 6해리를 그리고 관세수역으로는 20해리를 주장하였다. 이탈리아, 벨기에, 그리스, 스페인, 쿠바, 터키 등이 이와 유사한 주장을 하였다. 각 규제의 목적에 따른 수역의 범위는 각국마다 약간씩 다르지만 일반적으로 관세수역 및 안전수역은 다른 수역보다 넓은 구역으로 주장되었다. 또한 라틴아메리카 국가들은 현대적인 접속수역 개념과 유사한 내용을 포함하고 있었는데, 이들은 일차적인 주권적 수역으로 3해리를 주장하고 그 이원에 9해리의 범위를 관세 및 안전보장을 위한 수역으로 주장하였다. 1855년 칠레 민법을 비롯하여 아르헨티나, 에콰도르, 온두라스, 멕시코 등의 국내법이 이러한 규정을 두고 있다. 라틴아메리카 국가 외에도 이집트, 라트비아, 노르웨이 등이 이러한 관행을 따르고 있었다.[12)]

이와 같은 영해 인접수역에서의 관할권 행사에 관련된 다양한 국가관행을 통일하고 영해의 폭에 관한 다양한 주장으로 인한 분쟁을 불식시키기 위해서 많은 협의와 논의가 있어 왔다. 이러한 논의의 해결책으로 공해 외측에 접속수역이라는 새로운 관세수역을 두자는 발상이 나타났다. 이 발상은 1894년 국제법협회(IIL)에서의 중립수역에 관한 논의 중에 르노(Renault)가 최초로 제안하였다. 이 발상은 1930년 헤이그회의 때까지 국제법 학자들 사이에서 상당한 지지를 받았으나 관세, 위생, 안전보장수역 등으로 구체화된 이 제안을 1930년 헤이그 국제법전편찬회의 초안에 포함시키려는 노력은 결실을 보지 못했다.[13)]

12) 김영구, 『한국과 바다의 국제법』, 해양전략연구소·효성출판사, 2002, p. 216.

13) *Ibid.*, p. 217.

이처럼 접속수역제도는 다수 국가의 관행으로 실시되어 오다가 1930년 국제법전편찬회의 이후 영해 극대화 욕구 및 공해자유원칙 유지와의 타협적 산물로 등장하여 1958년 영해협약 제24조에서 명문화되었으며, 1982년 해양법협약도 제33조에서 이를 명기하고 있다.[14)]

3. 관할권

연안국은 외국 선박의 자국 영토나 영해 내에서의 관세·재정 출입국 또는 위생에 관한 법규 위반을 방지하기 위한 경우 및 외국 선박이 자국의 영토나 영해 내에서 범한 상기 법규의 위반을 처벌하기 위한 경우 관할권을 행사할 수 있다(동 제33조). 접속수역에서의 연안국 관할권은 자국의 영토나 영해 내에서 발생한 범죄에 대해서만 행사될 수 있을 뿐이지 접속수역 내에서 관세, 재정, 위생 및 출입국관리에 관한 연안국 법령을 직접 적용하거나 규제할 수 있는 것은 아니다.

관세·재정·출입국·위생 등의 관련 법규에 관한 위반사항 이외에 연안

---

14) 1930년 헤이그 국제법편찬회의로부터 1958년 제네바 제1차 해양법회의 때까지의 기간 중 접속수역에 관련된 국가관행은 영국과 같이 영해 외측에 이러한 관세수역을 원칙적으로 인정하지 않는 국가와 접속수역을 주장하는 국가로 나누어져 있었다. 이 기간 동안에 또한 영해수역에 대한 법적 개념 자체가 확립되기도 하였다.
쿠바, 스페인, 그리스 같은 나라들은 영해의 폭이 그 관할권이 행사되는 목적에 따라 다양하게 변경된다는 관념을 고수하고 있었지만, 대부분의 국가들은 단일의 영해 개념을 전제로 하고, 그 영해에 접속한 공해에서 관세, 안전보장 또는 위생 및 출입구 관리 등 특별한 관할권을 주장하였다. 어업수역에 관한 주장도 거의 일반화되어 갔다. 어업수역과 접속수역은 당초에는 구별되지 않았으나 지델(Gidel)은 어업수역과 접속수역을 구별하고, 일반적 접속수역에 관한 주장의 합법성을 인정하나 어업수역의 경우는 협약에 의할 것을 요구하였다. 어업수역과 접속수역의 구별은 국제법위원회(ILC)에 제출한 프랑수아(Francois)의 보고서에서도 그대로 답습되었으며, 이러한 태도는 1958년 제네바 해양법회의에서도 그대로 견지되어 명문화되었다. *Ibid.*, pp. 217~218.

국의 안전에 관해서도 관할권을 인정하자는 주장이 있었으나 해양법회의 전체회의 심의 과정에서 안전보장수역의 인정이 공해자유를 저해할 것이라는 강대국들의 우려 때문에 채택되지 않았다. 그러나 접속수역에서의 국가의 안전이 급박한 경우 유엔헌장과 일반국제법원칙을 적용하여 필요한 조치를 취할 수 있을 것이다.[15)]

[표 4-6] 접속수역의 법적 지위

구분	내 용
의의	영해에 접속한 일정한 범위의 공해에 설정된 수역으로 연안국의 영토 또는 영해에서의 관세, 재정, 출입국관리 또는 위생법령의 위반을 미리 방지하고 연안국의 영토 내에서 발생하는 이들 법령의 위반에 대한 처벌을 위해 설정된 수역
법적 지위	영해가 아닌 공해의 일부. 따라서 영해와 같이 연안국의 주권에 복종하지는 않지만, 관세, 재정, 출입국, 위생의 특정사항에 관해 연안국은 관할권을 가짐
범위	영해기선으로부터 24해리를 초과할 수 없음
경계 획정	관계국 간의 합의에 의하여 결정하여야 하며, 만일 합의가 없는 경우 중간선을 넘어 접속수역을 설정하지 못함
추적권	접속수역의 설정에 의하여 보호하려고 하는 권리의 침해가 있는 경우에 한하여 접속수역에서도 추적권을 개시할 수 있음

15) 1958년 영해협약 및 그보다 초기의 관행에 있어서 접속수역은 분명히 공해의 일부로 간주되었다. 접속수역에 있어서 외국 선박에 대한 연안국의 규제 관할권은 협약에 명시되지 않는 한 부정되었다. 즉, 연안국의 권한은 엄격히 제한적으로 해석되었다. 그러나 제3차 유엔해양법회의 이후 접속수역은 공해로 추정되지 아니한다. 최소한도 이는 배타적 경제수역에 포함되어 있다. 그 결과, 의심이 있을 때는 연안국 관할권의 존재를 부정하는 것으로 추정되던 원칙은 이제 배제되었다. 현재의 국가관행의 추세로 비추어 접속수역에서의 연안국 관할권은 유엔해양법협약의 규정에도 불구하고 보다 광범위하고 강력한 것으로 해석될 수 있을 것이다. 김영구, *op. cit.*, p. 220.

4. 대한민국의 경우

국제화, 개방화 시대에 편승하여 관세, 재정, 위생 및 출입국 관리에 관한 위반 사례가 증가되자 이에 대한 효과적 통제를 위한 법적 제도가 요구되기에 이르렀고, 영해 이원에서 밀수, 밀항 및 마약거래 등 불법행위를 일삼은 외국 선박, 특히 중국 선박에 대한 단속과 관련하여 고심을 해오던 우리 정부는 1978년의 영해법을 개정하여 1995년의 '영해 및 접속수역에 관한 법률' 제3조 2항에서 접속수역을 명문화하였다.[16]

우리 정부는 접속수역 제도를 채택하면서 영해법의 다른 규정은 그대로 존치하였다. 따라서 직선기선, 특정해역, 군함에 대한 사전통고제 등은 변함없이 영해체제에 계속 적용되는 것이다. 사실 우리 정부가 영해법의 개정을 논의하는 과정에서 가장 고심한 부분은 대한해협에서의 12해리 영해 적용 문제였다. 국제해협에서의 통과통항 제도의 확립, 냉전체제 붕괴에 의한 러시아 군함의 위협 감소 등 현실적으로 영해 확대를 위한 조건이 구비되었기 때문에 대한해협에서의 영해 확대를 신중히 검토하였다. 그러나 결국 관련부처 간의 합의를 보지 못하여 이 문제는 그대로 덮어두게 되었다.[17]

---

16) 한국은 역사적으로 접속수역과 유사한 성격을 가진 수역을 설정한 예가 일찍부터 있어 왔다. 우선 1952년 1월 18일 대한민국 인접해양의 주권에 대한 대통령선언으로 설치한 수역(평화선)은 그 내용이나 범위로 보아 오늘날의 배타적 경제수역에 해당하지만 부분적 접속수역의 내용도 겸하고 있다. 그 후 1952년 9월 27일 한국전쟁 중 마크 클라크(Mark Clark) 유엔군사령관은 공산군이나 밀수품의 침투를 막기 위하여 울릉도 약간 안쪽과 제주도 우측 근해 및 흑산도 외측을 둘러싸는 이른바 클라크 라인(Clark Line)을 선포하였다. 이 클라크 라인은 물론 전쟁 후인 1953년 8월 25일 폐지되었다.

17) 이창위, "대한해협의 통항제도 연구", Strategy 21 , vol. 6, no. 1, 2003, p.178.

제4절 배타적 경제수역

1. 의의 및 연혁

배타적 경제수역(exclusive economic zone : EEZ)이란 영해에 접속된 특정 수역으로서 영해 기준선으로부터 200해리 이내의 해저, 하층토 및 상부 수역의 천연자원의 개발·탐사 및 보존에 관한 주관적 권리와 당해수역에서의 인공도의 설치·사용, 해양환경의 보호·보존 및 과학적 조사의 규제에 대한 배타적 관할권을 행사하는 수역을 말한다.

1982년 해양법협약에서 신설된 EEZ제도는 경제적 자원의 개발 및 관리, 인공도서·시설물의 설치 및 사용, 해양의 과학적 조사 및 해양환경의 보호·보존에 관한 충분한 권능을 갖고자 하는 연안국(제56조 1항)과 항행과 통신의 자유, 해저 전선 및 관선 부설의 자유 등 기타 합법적인 국제적 해양이용의 자유를 향유하고자 하는 이용국(제58조 1항) 간의 타협물이다.[18]

종래의 국제법상 공해어업자유의 인정으로 각국은 자유로이 공해에서 어로행위를 할 수 있었다. 그러나 제2차 세계대전 이후 국제법주체로서의 지위를 획득한 신생독립국들은 그들의 정치적 독립에 상응하는 경제적 자립을 달성하려는 의지로 해양에 대한 관심이 집중되어 연안국의 관할권 확대를 주장할 뿐 아니라 고도로 발달한 과학기술로 인하여 공해상의 생물자원이 고갈될 위기에 놓이자 또한 연안국은 이들 자원을 효과적으로

---

18) EEZ는 경제적, 정치적 측면에서 연안국의 자원관할권의 증대, 국가안보 및 권익보호를 위한 요구뿐만 아니라 자원의 보존·관리 및 환경보호 등 '국제사회 전체의 이익'을 위한 새로운 과제를 연안국에게 권한 위임한다는 명분이 결합된 복합적인 제도이다. 권문상·이용희, "유엔해양법협약상 배타적 경제수역 내 외국의 군사활동에 대한 대응방안", 『Strategy 21』, 한국해양전략연구소, 1999, p. 173.

보존하기 위해 어업관할권을 주장하게 되었다.

배타적 경제수역의 개념은 1947년 이후 남미 국가들의 200해리 어업수역 관행에서 비롯되었다. 처음에는 남미 국가들이 일종의 어업자원을 관할하는 것이 주된 목적이었으나 점차 영해 밖의 공해에서 연안국의 관할권 행사가 강력히 억제되지 광범위한 영해를 주장하게 되었다. 그러자 대서양 연안의 남미 국가들도 비슷한 주장을 하기 시작하였고, 아프리카 국가들도 자원보존의 효과적 방법으로 연안국 관할수역의 확장을 주장하였다.

이러한 주장은 1958년 제1차 해양법회의에서 보존수역제도로 확립되었다. 그 후 신생국들은 보존수역제도에 만족하지 않고 보다 강력한 경제적 주권 내지 관할권을 행사해야 한다고 주장하였으며, 1971년 콜롬보(Colombo)에서 개최된 아프리카-아시아 법률자문위원회에서 케냐(Kenya)가 연안에서 200해리까지 배타적 경제수역을 설정하자고 제의한 것을 기초로 1973년 제3차 해양법회의에서 정식으로 이 문제가 제기되어 연안에서 200해리까지 모든 경제적 관할권을 행사하는 배타적 경제수역이 성립하게 되었다.

2. 법적 지위 및 특성

유엔해양법협약은 배타적 경제수역을 본 장에 확립된 특정 법적 제도에 따르는 영해 이원 및 영해와 인접한 수역이라고 규정함으로써(동 제55조), 동 수역의 법적 지위를 영해도 공해도 아닌 제3의 특별수역으로 보고 있다. 한편으로는 그 권능이 연안국에게, 다른 한편으로는 여타 모든 국가들에게 부여된 고유한(sui generis) 수역으로, 내수 또는 영해와 같이 연안

국의 영역이 아니며 그렇다고 또한 공해도 아니다.[19)]

즉 배타적 경제수역은 연안국의 경제적 이익과 국제사회의 이해가 기능적으로 결합된 법제도로서 다양한 분야의 국가관할권과 공해자유의 일부가 병립하는 영해와 공해의 중간적 법제도로 볼 수 있는 것이다.

이러한 복잡한 법적 지위를 갖는 배타적 경제수역은 그 지위에 상응하는 특성을 갖고 있다. 동 수역은 해양의 경제적 이용에 관련되는 기능을 연안국의 주권적 권리 또는 관할권에 포괄적으로 종속시킴으로써 연안국의 관할권 확장욕구를 충족시킴과 동시에 본래의 공해자유제도에 중대한 변혁도 가져왔다(기능적 포괄성). 또한 동 수역에서 연안국의 생물자원에 대한 권리는 자원보존의 우선적 권리로부터 주권적 권리로 강화되어 생물자원에 대한 제3국의 접근은 연안국의 동의 없이는 불가능한 것으로 변화되었으며, 연안국의 비생물자원에 대한 권리는 기존 대륙붕제도상의 주권적 권리가 배타적 경제수역제도에 수용된 것으로 선점의 대상도 되지 않으며

19) 배타적 경제수역의 법적 지위에 대해서는 제3차 유엔해양법회의에서 논란이 있었다. 해양법협약은 동 수역을 제5부에 정하는 특별한 법제도에 다르게 하였고, 또한 연안국의 권리의무와 타국의 권리의무의 균형을 도모하였다. 나아가 동 협약이 일정한 권리 및 관할권을 연안국에게도 타국에게도 귀속시키고 있지 않은 경우에 분쟁이 발생한 때에는 분쟁당사국 및 국제사회 전체의 이익을 고려하여 형평의 원칙에 따라 모든 관련사정에 비추어 해결하도록 하고 있는 바, 이러한 점에 비추어 볼 때 현재 배타적 경제수역은 일반적으로 고유한(*sui generis*) 지위를 갖는 것으로 이해된다. 박관숙·최은범, 『국제법』, 문원사, 1998, p. 192; 이창위, "경제수역 실시와 관련된 법적 문제", 『서울국제법연구』, 제2권 제1호, 1995, p. 24 참조. 배타적 경제수역의 법적 성질을 둘러싼 논쟁에 관한 자세한 설명은 David J. Attard, The *Exclusive Economic Zone in International Law*, Oxford, Clarendon Press, 1987, pp. 61–67 참조. 제3차 유엔해양법회의에서 배타적 경제수역의 고유한(*sui generis*) 법적 성질을 인정한 주장 및 각국의 견해에 대해서는 UNCLOS III, OR. vol. 5, 1974, p. 153; vol. 6, 1974, pp. 108, 110, 114 참조.

연안국의 동의 없이는 탐사·개발할 수 없다(관할권의 배타성). 그리고 종래 해양법상 국권이 미치던 12해리에 비하여 200해리를 인정하므로 말미암아 연안국은 광대한 해양을 점유하게 되고 그 상부수역·해상 및 하층토에 대해 관할권을 행사하게 되었다(공간적 광역성).

3. 범위

배타적 경제수역의 폭은 영해기선으로부터 200해리를 초과하지 못한다(동 제57조). 대향 또는 인접 국가 간의 배타적 경제수역 경계는 형평한 해결을 위하여 국제사법재판소규정 제38조에 의거한 국제법을 기초로 합의에 의해 획정되어야 한다(동 제74조 1항). 그러나 상당한 기간 내에 합의에 도달하지 못하는 경우, 관계국은 해양분쟁해결절차(동 제15장)에 이를 부탁해야 한다(동 2항).

배타적 경제수역의 외측한계선과 대향 또는 인접수역의 경계획정선은 해도상에 표시되어야 한다(동 제76조 1항). 연안국은 그와 같은 해도를 공시하고 그 사본을 유엔사무총장에게 기탁해야 한다(동 2항).

4. 연안국의 권리의무

가. 연안국의 권리

배타적 경제수역에서 연안국은 일부 사항에 대해서는 주권적 권리를 행사하는 반면에 일부 사항에 대해서는 관할권을 가질 뿐이다. 우선 연안국은 배타적 경제수역 내에서 해양의 경제적 이용에 관한 다음의 주권적 권리를 행사한다. 첫째, 생물·비생물자원의 탐사·개발·보존 및 관리에 관한 주권적 권리를 가진다(동 제50조 1항 가). 생물자원의 보존과 이용에 관한 법적 권리는 연안국에 배타적으로 속하며, 비생물자원의 탐사·개발에 관한 연안국의 권리는 대륙붕제도에 따라 행사하도록 되어 있다(동 제56조 3항). 둘째, 해수·해류 및 해풍을 이용한 에너지생산과 같은 동 수역의 경제적 개발 및 탐사에 관한 주권적 권리를 가진다. 이 권리는 생물·비생물자원에 대한 경제적 권리 외에 장래의 해양에 대한 경제적 이용양태를 포괄하는 권리이다.

그리고 연안국은 배타적 경제수역 내에서 첫째, 인공도·시설물·구조물의 설치와 사용에 관한 관할권을 가진다(동 제56조 1항 나). 이 권리는 현대과학기술의 발달에 따라 해양이용의 적극화 추세를 반영한 것이다. 둘째, 해양의 과학적 조사에 대한 관할권을 가진다. 이는 해양선진국과 연안국 간에 이해관계의 충돌이 심한 문제로서 관할권 행사의 해석에 따라 연안국의 동의 필요 여부가 결정된다(동 제56조 1항 나② 및 동 협약 제13장). 셋째, 해양환경의 보호 및 보존에 관한 관할권을 가진다. 경제수역개념의 생성초기부터 주장된 관할권으로서 해양생태계의 보호·보존을 위한 연안국의 권리를 인정하고 이에 관한 상세한 규정을 별도로 마련하고 있다(동 제56조 1항 나③ 및 제12항).

나. 연안국의 의무

연안국은 자국의 배타적 경제수역에서 타국선박의 항행이나 항공기의 비행을 방해해서는 안 되며, 또한 타국의 해저전선 및 관선 부설자유를 허용해야 할 의무가 있다(동 제56조 2항, 제58조). 공해에 대한 해양법협약의 제 규정은 연안국의 배타적 경제수역에 대한 권리를 침해하지 않는 한 배타적 경제수역에 적용된다(동 제2항).

제3차 유엔해양법회의에서 미국 대표는 "EEZ에서의 해양이용의 자유 문제를 협상한 그룹은 동 자유를 내용에 있어서나 범위에 있어서 국제법에 의해 승인된 전통적인 공해자유와 동일한 것으로 이해하였다"고 주장하였다.[20] 이는 해양법협약의 규정에서도 확인된다. 어업의 자유, 과학조사의 자유, 자원의 탐사 및 개발과 관련된 인공도서와 시설의 설치를 제외한 자유들은 제87조(공해의 자유)에 열거된 것들과 동일하다. EEZ에서 연안국과 이용국 간의 권리의 균형은 연안국은 권리를 행사하고 의무를 이행함에 있어 타국의 권리 및 의무를 정당히 고려하여야 한다고 강조한 제56조 제2항과 각 국가는 연안국의 권리 및 의무를 정당히 고려(due regard)하여야 한다고 규정하고 있는 제58조 제3항에 반영되어 있다.

5. 생물자원의 보존 및 이용

가. 생물자원의 보존

연안국은 자국의 배타적 경제수역 내의 생물자원의 허용어획량을 결정하여야 하며 적절한 보호조치로 생물자원의 유지가 위태롭게 되지 않도록 해야 된다(동 제61조). 또한 관계 국제기구와 어로권을 포함한 모든 국가는 어족의 보전을 위한 과학적 정보·통계·기타 자료의 제공에 협력해야 한다(동 제61조).

---

20) E. Richardson, "Power, Mobility and the Law of the Sea", *Foreign Affairs*, Spring 1980, p. 902.

[표 3-7] 배타적 경제수역의 법적 지위

구분		내 용
의의		연안국의 일정한 관할권이 미치는 영해기선으로부터 200해리 내의 해역
법적 성격		경제적 탐사 및 이용에 있어 주권적 권리를 가지고, 인공도서와 시설 및 구조물의 설치와 사용, 해양과학조사, 해양환경의 보호 보존에 관할권을 가짐. 교통과 통신에 있어서는 공해와 같음
연안국 권리의무	권리	① 생물·비생물자원의 탐사, 이용, 보존 및 개발에 관한 주권적 권리 ② 조력(潮力), 풍력, 수력발전 등 동 수역의 경제적 이용, 탐사에 관한 주권적 권리 ③ 인공도서, 시설물, 구조물의 설치와 사용에 관한 관할권 ④ 해양과학조사에 대한 관할권 ⑤ 해양환경의 보호 보존에 대한 관할권
	의무	① 타국 선박이나 항공기의 비행에 대한 방해 금지 ② 타국의 해저전선 및 관선 부설의 자유 인정
국제어업제도	연안국의 권리	① 생물자원의 보존 : 배타적 경제수역 내 생물자원보존은 연안국의 배타적 관할사항에 속하며, 연안국이 과학증거를 고려하여 남획방지를 위한 적절한 보존조치를 취함 ② 생물자원의 이용 : 연안국은 보존조치를 고려하여 총허용어획량을 결정하며, 이에 관한 배타적 조업권을 갖고, 자국조업능력분을 초과하는 잉여량은 외국 선박에 대해 조업을 허가할 수 있음 ③ 집행조치 : 연안국은 배타적 경제수역 내 생물자원을 탐사 이용 보존 및 관리하는 주권적 권리를 행사함에 있어서 자국 법령의 실시보장을 위해 승선, 검사, 나포 및 사법절차를 포함한 필요한 조치를 취할 수 있음
	특수어족	회유범위가 200해리를 넘어서는 특수어족에 대해서는 배타적 경제수역 제도에 의한 보존 이용조치 외에 특별조치가 인정됨. 그러나 이러한 특별조치로 인하여 200해리 배타적 경제수역 내 생물자원에 대한 연안국의 주권적 권리에 어떠한 영향이 있는 것은 아님

나. 생물자원의 이용

연안국은 배타적 경제수역 내에서 배타적 어로권을 가지며 동 수역 내의 자국 어획능력을 결정하여야 한다(동 제62조 2항). 연안국은 자국 어획능력을 초과하는 잉여어획량에 대하여는 자국의 이익, 내륙국 및 지리적 불리국의 이익, 역내개발도상국의 수요 및 전통적 어로권의 경제적 손실의 극소화 등을 고려하여 양자협정 또는 지역협정을 체결하여 타국에게 어로를 허용하여야 하며, 타국 어선은 보존조치와 연안국 법령을 준수해야 한다(동 3, 4항).

다. 집행조치

연안국은 배타적 경제수역 내의 생물자원 이용에 관한 주권적 권리를 행사함에 있어 자국 법령의 이행을 보장하기 위해 승선·검색·나포·사법절차 등의 집행조치를 취할 수 있다(동 제73조 1항). 나포된 선박 및 승무원은 합리적인 보석금 또는 기타 보증금을 예치한 즉시 석방되어야 하고(동 2항), 어업법령의 위반에 대한 연안국의 형벌은 관계국 간에 반대의 합의가 없는 경우, 금고 또는 다른 형태의 체형을 포함하지 않으며(동 3항), 외국선박을 나포 또는 억류한 경우 연안국은 적절한 경로를 통하여 취하여진 조치 및 그 후 부과된 형벌을 기국에 즉시 통고하여야 한다(동 4항).

제5절 국제해협

1. 해협의 개념

국제해협(international strait)은 해양의 두 부분을 연결하는 부분으로 국제항해에 사용되는 통로구실을 하는 자연적 수로로서 양쪽 해안이 동일한 국가에 속하든 2개 이상의 국가에 속하든 상관없다.

해양법협약은 해협통항제도가 적용되는 해협을 ① 공해 또는 배타적 경제수역의 일 수역과 공해 또는 배타적 경제수역의 타 수역 간의 국제항행에 사용되는 해협, ② 상기 유형에 속하는 국제해협이라고 할지라도 그 해협이 해협연안국의 도서와 본토에 의해 형성되고 있고, 그 도서의 해양측에 항해 및 수로상의 특성에 관하여 유사한 편의를 갖는 공해상의 항로 또는 배타적 경제수역상의 항로가 있는 해협 및 ③ 공해 또는 배타적 경제수역의 한 부분과 외국의 영해를 연결하는 해협 등 그 유형을 3가지로 규정하고 있다.

해양법협약은 국제해협의 개념을 정립함에 있어 주로 해협의 지리적 요건에 치중하여 기능적 요소를 경시하고 있는 점에서 국제사법법원(ICJ)의 견해[21]를 그대로 유지하고 있다. 이로써 동 협약은 일반이익과 특수이익의 균형유지를 도모하고 있는 것으로 보이나, 해협문제에 관해서는 연안국의 이익에 대한 고려가 소홀하게 취급되고 있는 것이 사실이다.

2. 국제해협에서의 통항제도

가. 이원적 통항제도의 확립

국제해협의 통항문제는 1958년 제네바 영해협약에서 명문화된 이래

21) 국제사법법원은 1949년 콜푸(Corfu) 해협 사건에 대한 판결에서 국제해협의 요건으로 공해의 두 부분을 연결하는 지리적 요소와 국제항행에 사용되고 있다는 기능적 요소를 들고 있다. 그리고 후자의 요건에 관해서는 그 해협을 통과하는 교통량이나 국제항행상 그 해협의 중요도가 결정적인 기준은 아니지만, 그렇다고 해서 단 한 번이라도 국제항행을 위한 통항로로서 그 해협이 사용된 적이 있다는 사실만으로 족하다고 보지 않았다. 적어도 어느 정도의 빈도수를 유지하는 다수 선박의 국제항행이 있을 것과 그 사용선박의 선적국은 어느 특정 국가에 국한되지 않고 어느 정도의 다수국에 분포되어 있어야 한다는 것이 동 법원의 판결요지였다.

해양법협약에서 보다 구체화되었다. 1958년 영해협약은 일반 영해와 국제해협의 통항을 무해통항제도로 일원화하고 있었으나,[22] 해양법협약은 이원적 통항제도를 채택하여 일반 영해의 통항제도와는 별도로 해협통항제도를 규정하고 있다.

해협은 동일국 내 또는 대향하거나 인접하는 국가 간의 협소한 수역으로, 그 폭의 협소로 인하여 이곳을 통과하는 항로와 연안국과의 거리는 인접할 수밖에 없고 따라서 여기에서 가능한 한 자유롭고 방해받지 아니하는 항행을 확보코자 하는 통상·항해국가들의 이익과 그들의 해안에 근접하여 항행하는 선박들에 대하여 여러 가지 안전상의 이유로 감시하고 통제하려고 하는 연안국들의 강화되어 가는 노력과는 충돌하지 않을 수 없다. 이러한 이유로 국제해협에서의 통항제도에 관한 법은 제3차 유엔해양법회의의 중심과제의 하나였다. 대다수 국가들은 군사적·전략적 고려와 상업정책상의 입장에 기초하여 기존 해협제도를 개정하고자 노력했다.[23]

해양접근 및 기동성의 원활을 위해 국제해협에서 자유통항을 주장하는 해양강대국의 입장[24]과 환경보호 및 안보위협을 이유로 영해에서와 마

22) 1958년 제네바 영해협약은 영해에서의 통항제도와 국제해협에서의 통항제도를 구별하지 않고 무해통항권만을 인정하면서도 해협을 통과하는 외국 선박의 무해통항은 중지할 수 없도록 하고 있었다(제16조 4항). 따라서 해협에서 항공기의 상공비행은 금지되며, 잠수함은 부상하여 기국의 국기를 게양한 채 항행하여야 했다(동 조 6항).

23) 심상윤, "국제해협의 통항", 『전북대학교 논문집』 제23집, 인문사회과학편, 1981, p. 96.

24) 자유통항을 주장한 대표적인 국가로는 미·소가 있다. 특히 미국은 1958년 제네바 영해협약에서 인정되고 있는 무해통항은 연안국이 자국의 평화, 질서 또는 안전을 이유로 통항하는 선박의 국기, 선박 또는 화물의 목적지나 성격에 근거하여 타국 선박의 통항을 선택적으로 규제 또는 방해할 우려가 있으며, 잠수함이 부상 항행할 것을 요구하고 있고, 항공기의 상공비행을 허용하지 않는다는 이유에서 자유통항을 주장하였다. John R. Stevenson and Bernard H. Oxman, "The Preparations for the Law of

찬가지로 무해통항을 주장하는 연안국의 이해[25]가 대립되었다. 해협통항을 둘러싼 양 입장의 대립을 해소하고 타당한 해협통항제도의 채택에 가장 결정적인 역할을 담당한 것은 1974년의 카라카스회기(제2회기)에 제출된 영국안(영해 및 해협에 관한 초안)이었다.[26] 영국은 영해와 국제항행에 이용되는 해협을 구별하여 국제해협에서는 일반 영해에서의 무해통항과는 달리 양자의 입장을 조정하여 공해 또는 배타적 경제수역의 한 부분과 공해 또는 배타적 경제수역의 타 부분 사이의 국제항행에 이용되는 해협에서는 계속적이며 신속한 통과만을 위한 항행 및 상공비행의 자유를 인정하는 통항제도를 제안하였으며,[27] 이것이 해양법협약에서 새로이 인정된 통과통항권이다(해양법협약 제38조).[28]

---

the Sea Conference", 68 *AJIL*, 1974, p. 68. 소련의 입장에 대해서는 UN. Doc. A/AC. 138/SC. II/L. 7 참조.

25) 1973년 8개 해협국(사이프러스, 그리스, 인도네시아, 말레이시아, 필리핀, 모로코, 스페인 및 예멘)들은 영해와 국제해협의 통항제도를 구별하지 않는 입장을 취하고, 통항의 규제는 연안국의 특별이익과 국제해상항행의 일반적 이익 간에 충분한 균형이 이루어져야 한다면서 이는 영해에서의 전통적 제도의 기초인 무해통항의 원칙으로 가장 잘 성취될 수 있다면서, "국제항행에 이용되는 해협을 포함한 영해의 항행에 관한 조문안"(UN. Doc. A/AC. 138/SC. II/L. 18)을 제출하였다.

26) UN. Doc. A/CONF, 62/C, 2/L. 3 참조.

27) 해군항공기도 통과통항권을 향유한다. 그러나 미국, 캐나다, 소련 등 일부 국가들은 자국의 해안으로부터 수백 마일에 이르는 해역의 상공에 방공식별구역(Air Defence Identification Zone : ADIZ)을 설정하여 사전에 비행계획(flight plans)을 제출케 하고 있는 현실에서 연안국의 주권이 미치는 영해인 국제해협에서 사전허가 또는 통고 없이 항공기의 상공비행권을 인정하는 것은 문제점으로 지적하지 않을 수 없다는 지적도 있다.

28) 해협을 통한 자유로운 통과에 관한 역사적 권리를 지키려는 주요 해양강대국들의 노력에 의해 등장한 통과제도는 국제분쟁을 제한하는 효과를 가져온 것으로 평가되고 있다. 해양법협약의 채택과 통과통항의 등장으로 선박과 항공기의 해협통과는 '동의'(concent)

그리고 해협이 해협연안국의 도서와 본토에 의해 형성되어 있는 경우 항행 및 수로상의 특성에 있어서 유사한 편의를 가진 공해상의 항로 또는 배타적 경제수역상의 항로가 도서의 해양 측에 있는 국제해협이나 공해 또는 배타적 경제수역의 어느 한 부분과 외국의 영해 사이의 국제항행에 이용되는 해협에서는 정지시킬 수 없는 무해통항권을 적용하도록 하고 있다(동 제45조). 따라서 이러한 국제해협에서 잠수함은 부상 항해하여야 하며, 군함이 연안국의 법령을 준수하지 아니하고, 준수 요구를 무시하는 경우에는 연안국은 영해에서의 즉시 퇴거를 요구할 수 있다. 다만 영해에서 연안국의 안전보장을 위하여 무해통항을 정지시키는 것이 불가피한 경우, 외국 선박 간에 차별을 두지 않고, 영해의 특정 수역에서 외국 선박의 무해통항을 일시적으로 정지시킬 수 있지만, 국제해협에서의 무해통항을 연안국이 정지시킬 수 없다. 그리고 해협연안국의 허가 없이 항공기의 상공비행권은 인정되지 않는다.[29)]

의 문제에서 통항국가의 권리의 문제로 변모되어 국제해협들이 비정치화(depoliticized)된 결과라는 것이다. Thomas A. Clingan, *The Law of the Sea: Ocean Law and Policy*, Austin and Winfield, 1994, p. 582, 이석용, "해양의 군사적 이용에 관한 연구", 『Strategy 21』, Vol. 3, No. 2, 2000, p. 84에서 재인용. 해양법협약에서 12해리까지 영해범위가 확대된 것은 국제항행에 이용되는 해협 및 그 상공에서의 통과통항 제도가 확립됨으로서 많은 국가들에 의해 수용될 수 있었기 때문이었다. S. N. Nandan and D. H. Anderson, "Straits used for International navigation: A Commentary on Part III of the United Nations Convention on the Law of the sea 1982", 60 *BYIL*, 1989, p.159.

29) N. Grief, *Public International Law in the Airspace of the High Seas*, Martinus Nijhoff Publishers, 1994, p. 19 참조.

나. 통과통항의 법적 성격

(1) 통과통항의 의의 및 성질

통과통항이란 공해 또는 배타적 경제수역의 한 부분과 공해 또는 배타적 경제수역의 타 부분 사이의 해협에서 계속적이며 신속한 통과만을 위한 항행 및 상공비행의 자유를 행사하는 것을 의미한다. 해양법협약 제2장 제3절 '영해에서의 무해통항'에 관한 규정 중에는 연안국의 평화·질서 또는 안전을 해하는 모든 통항은 유해한 것으로 간주하고, 그것에 해당하는 행위의 유형을 구체적으로 열거하고 있어, 이들 중에 어느 것에 해당할 때에는 무해성을 상실하게 된다.

그러나 동 협약 제3장의 '통과통항'에 관한 규정 중에는 이것에 대응하는 것이 없고, 동 협약 제39조 제1항이 통과통항중인 선박 및 항공기의 의무로서 해협 및 그 상공을 지체 없이 항행할 것, 연안국의 주권, 영토보존 또는 정치적 독립에 대한 또는 UN헌장에 구현된 국제법원칙을 위반한 기타 방법으로 무력에 의한 위협 또는 행사를 삼갈 것 등을 규정하고 있다.

제39조의 의무는 통과통항의 본질적 기준으로서 인정되는 것이 아니므로 이들 의무위반이 있는 경우에도 본 협약의 해석론으로서는 그 위반행위가 당연히 통과통항권을 상실하는 법적 효과를 가져 오는 것은 아니다. 무해통항의 의미를 규정하고 있는 동 협약 제19조에 의하면 외국 선박의 통항은 영해에서 다음 활동 중의 어느 것에 해당하는 경우 그 통항은 연안국의 평화, 질서 또는 안전을 '해하는 것으로 본다'(shall be considered to be prejudicial)고 규정하고 있다.

그러나 제39조는 통과통항중인 선박 및 항공기는 다음 사항을 준수 '하여야 한다'(shall)라고 규정하여 이들 의무를 통과통항권 그 자체의 내재적 요건으로 하고 있지는 않기 때문이다. 그러나 통과통항에 대해서는 일정한 조건하에서 연안국이 외국 선박의 무해통항을 제한할 수 있게 하는 동 협약 제25조나 제30조와 같은 규정을 두고 있지 않으며, 주권면제를 향유하는 군함 또는 항공기가 연안국의 법령을 위반하여 해협연안국에게 손해를 준 경우에도 그 기국이 국제책임만 부담하게 되어 있다. 따라서 계속적이며 신속한 통과만을 위한 것인 한 연안국은 그 통항의 자유를 부인할 수 없고, 유해한 행위나 악영향이 있었다고 하는 이유로써 즉시 연안국이 그 통항을 부인할 수 있는 어떤 법적 조치도 되어 있지 않다.

문제는 무엇이 '계속적이며 신속한 통과만을 위한' 항행 및 상공비행인가의 판단기준이다. 이것을 광의로 해석하여, 예컨대 무해통항제도에서 무해의 기준으로 규정한 행위를 해협통항 중에 행할 경우, 이러한 통항은 계속적이며 신속한 통과만을 위한 것으로 해석하지 아니하여 통과통항이 아니라고 해석할 우려가 있다.

그러나 이와 같은 해석방법은 결국 통과통항제도를 실질적으로 무해통항과 동일시하는 것이 되어 본래의 입법의도와는 다르다. 통과통항제도는 본질적으로 항행 및 상공비행의 자유를 보장하기 위한 것으로서 연안국은 통과통항을 방해해서는 안 되며 또한 정지시킬 수 없다. 따라서 '계속적이며 신속한 통과만을 위한' 것이어야 한다는 통과통항권 자체의 내재적 요건은 동 협약 제19조 제2항에서 규정하고 있는 유해행위 일반에 대해서 효과를 갖는 것이 아니며, 선박 및 항공기가 계속적이며 신속한 통과만을 위한 것이 아닌 다른 의도를 명백히 가지고 있을 때 작용한다고 보아야 한다. 즉 그와 같은 다른 의도를 명백히 가지고 있을 때에는 그 통항은 이미 통과통항이 아닐 것이며, 그 역으로 선박이 특별한 의도를 갖지 아니한 한, 가령 현실적으로는 연안국에 나쁜 영향을 주어도 그것만으로는 통과통항권을 부인할 수 없다는 것을 의미한다. 그러므로 선박 및 항공기는 계속적이며 신속한 통과를 위한 통항인 한 그와 같은 통항은 방해 및 정지되지 아니한다.[30]

(2) 통항중인 선박 및 항공기의 의무

통과통항권을 행사하는 선박 및 항공기는 ① 해협과 그 상공을 지체없이 항행하여야 하고, ② 해협연안국의 주권, 영토보존 또는 정치적 독립에 대한 또는 유엔헌장에 구현된 국제법 원칙을 위반한 기타 방법으로서의 무력에 의한 위협 및 행사를 회피하여야 하며, ③ 불가항력 또는 조난으로 인하여 필요한 경우가 아닌 한 부단 신속한 통과의 통상적인 방법(잠수함의 잠항통항권 포함)[31]에 부수되지 아니하는 기타 활동을 회피하여야 하고, ④ 협약 제3부의 기타 관련 규정을 준수해야 한다.

이들 의무 중 해양법협약 제19조에서 선박의 무해통항에 관하여 그 통항이 연안국의 평화·질서 또는 안전을 해하는 것으로 간주되는 유해한 행위로서 열거하고 있는 12개항에 해당하는 것은 상기 ③항의 의무뿐이며, 조사 및 측량활동에 대해서는 해협연안국의 사전허가 없이 수행할 수 없도록 동 협약 제40조에서 별도로 규정하고 있다. 따라서 제19조 제2항에서 금지하고 있는 행위 중에서 상기 ②항에 해당하는 UN헌장에 위반하는 무력에 의한 위협 또는 행사와 조사 및 측량활동을 제외한 기타의 행위는 통과통항중인 선박 및 항공기가 행할지라도 연안국은 통과통항권을 부인

30) 국제해협에서의 통항제도에 관한 해양법협약 규정들에 대한 자세한 해설에 대해서는 S. N. Nandan and D. H. Anderson, *op. cit.*, pp. 159-198 참조.

31) John N. Moore, "The Regime of Straits and the Third United Nations Conference on the Law of the Sea", 74 *AJIL*, 1980, p.77.

할 수 없는 것인가 하는 의문이 생긴다. 예컨대 통과통항중인 군함은 무기를 사용한 훈련 또는 연습을 할 수 있는가? 선박은 연안국의 안전에 유해한 정보를 수집하거나 연안국의 안전에 영향을 미치는 선전행위를 할 수 있는가? 항공기의 이륙·착륙 또는 탑재나 군사장치의 선상 발진·착륙 또는 탑재가 허용되는가? 이러한 활동은 모두 무해통항중에는 금지되는 행위들이다.

동 협약 제19조 2항에서 열거하고 있는 유해행위 중에서 통과통항중인 선박 및 항공기에 허용될 수 있는 것은 무엇이며, 금지되는 것이 어느 것인가 하는 문제는 '계속적이며 신속한 통과만을 위한' 항행 및 상공비행인가의 여부에 의해 판단되어야 할 것이다. 이러한 기준에 의하면, 예컨대 연안국의 안전에 유해한 정보수집행위나 선전행위 또는 연안국의 통신체제를 방해하는 행위 등은 계속적이며 신속한 통과만을 위한 것은 아니므로 그러한 통과통항은 인정될 수 없다.[32] 그리고 동 협약 제39조의 의무의 성질에 관한 해석상의 차이에 관계없이 주권면제를 향유하는 군함 및 군용기에 대해서는 연안국의 권한이 전혀 미치지 못하기 때문에 이들이 의무를 위반하는 경우 연안국은 기국에 국제책임을 물을 수 있다.[33]

또한 선박은 ① 국제해상충돌예방규칙을 포함한 일반적으로 승인된

32) 다만 항공기의 이착륙 또는 탑재나 군사장치의 선상발진·착륙 또는 탑재, 훈련 및 연습 등은 계속적이며 신속한 통과만을 위한 것으로서 다른 의도가 없을 경우에는 허용될 수도 있다는 견해도 있다. 강영훈, 『군함의 법적 지위』, 연경문화사, 1984, pp. 267~268.

33) 통과통항에서는 무해통항에서 연안국 법령을 위반하는 군함에 대해 영해에서 퇴거를 요구할 수 있는 연안국의 권리를 규정한 제30조에 해당하는 규정이 없기 때문에 통과통항중 연안국의 법령을 위반한 군함에 대해 연안국은 국제해협에서의 퇴거를 요구할 수 없다. *Ibid.*, p.266.

국제해상안전규정, 절차 및 관행, ② 선박으로부터의 오염방지, 경감 및 억제를 위한 일반적으로 승인된 국제규정, 절차 및 관행을 준수하여야 한다(동 제39조 2항). 그러나 해양환경의 보호 및 보존에 관한 규정은 군함, 해군 보조함, 비상업용 정부선박 또는 항공기에 적용되지 않는다. 다만 각국은 자국이 소유 또는 운영하는 이러한 군함 또는 항공기의 운영 또는 운용능력을 손상하지 않는 적절한 조치의 채택으로, 이러한 군함 또는 항공기가 합리적으로 실행 가능한 한 본 협약에 부합되는 방법으로 행동하도록 보장하여야 한다. 또한 해협이용국은 해협연안국과의 합의에 의하여 항해안전구조물 또는 기타 개선책을 해협에 설치 및 유지하고 선박으로부터의 오염을 방지, 경감 및 억제하기 위하여 협력하여야 한다(동 제43조).

그리고 항공기는 ① 민간항공기에 적용되는 국제민간항공기구가 제정한 항공규칙을 준수하여야 하며, 정부항공기도 통상 이러한 안전조치를 준수하면서 항상 비행의 안전을 위한 정당한 고려를 하면서 비행하여야 하고, ② 권한 있는 지정된 항공교통관제기구가 배정한 무선주파수 또는 적절한 국제조난무선주파수를 항상 청취하여야 한다(동 제39조 3항).

또한 통과통항중인 선박은 해협연안국이 지정 또는 설정한 항로대 및 통항분리제도를 존중하여야 하며(동 제41조 7항), 해협연안국의 법령을 준수하여야 하며(동 제42조 4항), 주권상의 면책특권을 갖는 선박 또는 항공기가 연안국의 법령 및 해양법협약상의 규정을 위반하여 해협연안국에 손실 또는 손해를 끼친 경우에는 그 기국이 국제책임을 져야 한다(동 제42조 5항).

(3) 해협연안국의 권리 및 의무

해협연안국은 선박의 안전통항을 증진하기 위하여 필요한 경우 해협에서의 항행을 위한 항로대를 지정하고 통항분리제도를 설정할 수 있으

[표 4-8] 국제해협의 법적지위

<table>
<tr><th colspan="2">구분</th><th>내 용</th></tr>
<tr><td colspan="2">의의</td><td>공해 또는 배타적 경제수역의 한 부분과 다른 공해 또는 배타적 경제수역의 한 부분을 연결하는 국제항행에 사용되는 해협</td></tr>
<tr><td colspan="2">법적 지위</td><td>외국 선박의 통항에 관한 법제도를 제외하고는 해당되는 내수 또는 영해, 배타적 경제수역 또는 공해로서의 지위를 그대로 유지함</td></tr>
<tr><td rowspan="2">통항문제</td><td>통과통항</td><td>국제해협에서의 통항은 계속적이고 신속하게 통과만을 목적으로 선박이 항행하고 항공기가 상공을 비행하는 통과통항이 인정된다. 선박 및 항공기는 통과통항을 행사함에 있어 다음을 준수하여야 함
① 해협 또는 상공을 지체 없이 항진하여야 함
② 해협연안국의 주권, 영토보전 또는 정치적 독립에 반하거나 또는 유엔헌장에 구현된 국제법원칙을 위반한 기타 방법에 의한 무력의 위협 또는 사용을 삼가야 함
③ 불가항력 또는 조난으로 인하여 필요한 경우가 아닌 한 계속적이고 신속한 통상적인 양태에 부수하지 않은 활동을 삼가야 함
④ 해양법협약의 관련규정을 준수하여야 함</td></tr>
<tr><td>무해통항</td><td>① 해협이 해협연안국의 도서와 본토에 의해 형성되어 있는 경우에 항행 및 수로상 특성에 관하여 유사한 편의를 갖는 공해를 통과하는 항로 또는 배타적 경제수역을 통과하는 항로가 도서의 해양 측에 존재하는 경우
② 공해 또는 배타적 경제수역의 일부와 외국 영해를 연결하는 해협의 경우</td></tr>
</table>

며, 정당한 공시 후에는 그것을 다른 항로대 및 통항분리제도로 대체할 수 있으나, 일반적으로 승인된 국제규칙에 따라야 한다. 다만 해협연안국은 항로대의 지정·대체 또는 통항분리제도의 설정·대체 전에 그 채택을 위하여 권한 있는 국제기관에 이에 관한 제안을 회부하여야 한다. 해협연안국은 자국이 지정하거나 설정한 항로대 및 통항분리제도를 공시된 해도상에 명시하여야 한다(동 제41조).

또한 해협연안국은 ① 항해의 안전과 해상교통의 규제에 관한 사항으로서 동 협약 제41조에 규정되어 있는 항로대와 통항분리제도의 지정 및 설치에 관계되는 사항, ② 해협에서 유류·폐유 및 기타 유해성물질의 배출에 관한 국제규칙을 시행함으로써 오염의 방지, 경감 및 억제에 관한 사항, ③ 어구의 적재를 포함한 어로의 금지에 관한 사항 및 ④ 해협연안국의 관세·재정·출입국관리 및 위생법규에 위반되는 물품이나 통화의 양하, 적하 또는 사람의 승선 및 하선에 관한 사항 등 해협의 통과통항에 관한 법령을 제정할 수 있다(동 제42조 1항).

통과통항에 관한 해협연안국의 법령은 형식적 또는 실질적으로 외국선박 간에 차별을 두어서는 아니 되며, 또는 그 적용상 통과통항권을 부정하거나 방해 또는 침해하는 실질적인 효과를 미쳐서도 아니 된다(동 제42조 2항).[34)]

한편 해협연안국은 통과통항을 방해할 수 없고, 자국이 알고 있는 해협 내 또는 그 이원 해역에 있어서의 항행 및 상공비행에 대한 어떠한 위험도 이를 적절히 공시해야 하며, 통과통항을 정지시킬 수 없다(동 제44조). 또한 해협연안국은 해협이용국과의 합의에 의하여 안전운항을 위한 시설의 설치 및 유지·개선 또는 선박으로부터의 오염방지를 위하여 상호 협력하여야 한다(동 제43조).

---

34) 이것은 해협연안국이 국내법령의 시행을 통하여 통과통항중인 선박에 대해 정박·임검·수색 등의 조치를 자행하지 못하게 하려는 취지의 것으로서 국제해협에서의 자유통항을 보호하려는 경향이 대단히 강하게 나타난 것이다.

제6절 공해

1. 서론

해양법협약은 국가 관할수역에 관한 전통국제법을 대폭 수정하여 내수, 영해 및 공해와 같은 전통적인 해양체제 외에 다양한 수역(zones), 즉 군도수역, 배타적 경제수역, 심해저 등을 포함하는 새로운 해양체제를 확립함으로써 연안국의 해양관할수역은 확대되고 반대로 공해는 크게 축소되었다.

이처럼 국제해양법의 발전과정에서 해양강대국과 연안약소국의 이해의 대립과 조정으로 연안국의 국가권력이 미치는 수역이 확대 및 분화되고, 연안국은 이들 수역들에서 주권, 주권적 관할권 및 관할권이 인정되었지만, 공해에 관한 법체계는 항행과 어업의 자유를 포함하는 공해자유원칙에 기초하여 발전해 왔다.

전통적인 의미에서의 공해의 자유란 로마법 이래 해양법상 장기간 기본원리로서 인정되어 왔다. 로마법 중 '유스티니아누스 법전(The Institute of Justinian)'과 '학설휘찬(Digesta)'에 의하면 해양이 공유물이라는 것은 통설로 되어 있었으며, 공해는 어떤 특정인의 소유물이 될 수 없고 공기와 같아서 분할 소유할 수도 없으며, 만인에게 그 사용이 개방되었다. 이러한 공해자유원칙은 로마법사상을 계수한 그로티우스(Hugo Grotius)에 의해서 '자유해론'(Mare Liberum)이 저술됨으로써 강력히 주장됨과 동시에 이론적으로 체계화되었다.[35]

---

35) 이영준, "해양의 평화적 이용에 관한 연구 : 국제법상 해양오염방지를 위해 나타난 일반

공해자유원칙은 어떤 국가도 공해상에서 타국 선박에 나포 및 억류 등의 국가권력을 행사할 수 없다[36]는, 즉 공해는 모든 국가에게 개방되며 따라서 어느 국가도 공해의 일부에 대한 계속적인 점유와 지배에 기초한 영역주권을 취득하다든지 속지적인 국가관할권을 행사하여서는 안 된다는 국가에 의한 영역권원의 취득(national appropriation)의 금지를 중심내용으로 한다.[37]

그러나 공해자유가 인정된다고 해서 무제한의 자유가 허용되는 것은 아니다. 개인의 권리가 그 남용이 금지되고 공익에 의해 제한되듯이, 국가의 권리도 타국(국제사회) 이익의 존중 및 평화적 이용이라는 합리적 범위 내에서 허용될 수밖에 없다. 그렇지만 이러한 제한은 국제관습법의 형태로 발전되어 왔기 때문에 그 내용에 있어 불명확한 점이 많고, 해양법협약은 물론 항행, 해운, 어업 및 해양환경과 같은 문제들에 관한 지역적 또는 보편적 다자조약들도 예상되는 공해이용의 모든 형태와 한계를 다루고 있지 못하며, 그나마도 추상적으로 규정하고 있어 불분명한 경우가 많다. 공해의 군사적 이용 문제는 더욱 그러하다.

공해는 예로부터 폭넓게 군사적 이용의 대상이 되어 왔다. 가장 기본적인 동시에 일상적인 군함(잠수함 포함)의 항행 및 그와 관련된 기타 활동

원칙에 관한 고찰", 『평화연구』, 제2권 제1호, 경희대학교 국제평화연구소, 1983. 2, p. 118.

36) 小田 滋, 『海洋法の源流を探る：海洋の國際法構造』, 有信堂, 1989, p.37. 小田 滋 교수는 공해의 지배를 금지하고 타국 권력의 불간섭의무를 규정하고 있는 공해자유원칙은 공해에서 무엇이 행해지고 있는지에 무관심했으며, 공해상에서 행해지는 일반행위에 대해 어떤 법적인 평가를 부여하지도 않는다고 비판하고 있다. *Ibid.*, pp. 37~38 참조.

37) 박배근(역), 『국제법』, 국제해양법학회, 1999, p. 434.

외에도 공격 또는 방어목적의 해상발사미사일(seabased missile)의 배치, 전략적 또는 전술적 목적을 위한 해저감시장치 및 무기체계의 배치 그리고 무기실험을 포함한 다양한 형태의 군사조사(military research) 등 공해의 군사적 이용형태는 다양하다.[38)]

이러한 공해의 군사적 이용은 무기의 개발과 그 성능의 향상 및 해군력의 증강과 그 이용에 따라 제3국의 공해 이용을 제한하고, 군사적으로 이용되는 수역의 인근에서 항행하거나 활동하는 타국 선박에 영향을 미친다. 특히 어느 일국(및 그 동맹국)의 공해 사용이 타국 또는 국제사회의 안전과 평화에 직·간접적으로 관련될 경우 이해관계국은 공해를 군사적으로 사용하려는 유혹을 받을 수 있을 것이며, 이 경우 자칫하면 새로운 무력분쟁을 유발할 수 있는 불씨가 될 수도 있다.

그러나 해양법협약은 공해의 군사적 이용문제에 대해 원론적인 수준에서 '평화적 목적을 위한 이용'이라는 기준을 제시하고 있을 뿐, 구체적 측면에서의 공해의 군사적 이용 가능성 및 한계에 대해서는 추상적 규정의 해석과 국가관행의 축적에 방임하고 있어 규범과 현실 간의 진공상태가 존재하고 있다.[39)]

---

38) R. J. Zedalis, "Peaceful Purpose' and Other Relevant Provisions of the Revised Composite Negotiating Text: A Comparative Analysis of the Existing and the Proposed Military Regime for the High Seas", 7 *Syr. J. Int'l L. & Com.*, 1979, p. 4.

39) 해양법협약은 평시에서의 해양의 이용을 규율할 의도였기 때문에 제3차 유엔해양법회의에서는 해양에서의 군사활동에 적용될 수 있는 규칙에 대해서는 의도적으로 검토하지 않았는데, 이는 주요 해양(군)국가들이 '해양의 평화적 이용'과 관련한 군사활동 문제는 해양법적인 문제라기보다는 군축에 관한 문제라고 인식하고 있었으며, 군축에 관한 주제를 해양법회의에서 검토하는 것은 회의 자체를 분규에 휘말리게 할 수 있다는 우려 때문이었다. R. R. Churchill & A. V. Lowe, *The Law of the Sea*, Manchester University Press, 1988, p. 307.

따라서 공해자유원칙의 중요한 제한사유들 중의 하나인 공해의 군사적 이용 형태와 그 제한을 보다 명확하게 하는 것은 공해를 이용하는 당사자들에게 행위준칙을 제공하는 것으로, 잠재적 분쟁을 사전에 예방하는 효과를 가져 올 것이다.

2. 공해자유원칙의 성립 및 내용

가. 공해의 의의 및 법적 성질

공해(high seas)라 함은 어느 특정국가의 관할권에 속하지 않는 해역, 즉 내수 영해, 배타적 경제수역 또는 군도수역에 포함되지 않는 모든 해역을 말한다(해양법협약 제86조). 여기서의 공해는 해저를 포함하지 않는 상부수역을 의미하며 공해 밑에 있는 해저는 심해저에 관한 별개의 법규정에 의해 규율된다.

공해의 법적 성질에 대해서는 많은 견해가 일찍부터 주장되어 왔으며, 이들 견해는 무주물설, 공유물설, 국제공역설로 대별할 수 있다. 공해무주물(res nullius)설은 과거의 공해에 대한 역사적인 측면에 집착하여 공해가 누구의 소유도 아니며 누구의 권한에도 속하지 않으므로 먼저 점령한 자가 이를 소유할 수 있다고 주장하는 견해이며, 공유물(res communis)설은 공해를 인류가 공동으로 소유할 수 있는 해역으로 보아 각국이 지분을 가지고 있어 공해를 언제든지 분할할 수 있다는 주장이고, 국제공역(international public domain)설은 공해를 인류가 공동으로 사용하고 있고 그 사용이 국제법에 의해 보장된다는 주장이다.

현실적으로 인간의 능력이 연근해에만 미쳤던 과거에는 무주물설이 설득력이 있었으나 해양과학과 어업기술의 발달을 고려할 때 현재에는 공해를 무주물로 볼 수는 없게 되었고 따라서 공유물설과 국제공역설이 설득력이 있다.[40] 그러나 이러한 양 학설 중 공해의 성질상 이를 각국이 분할하여 영유함은 불가능하므로 공해를 공유물로 보기는 어렵다고 보이며, 결국 공해란 국제사회의 질서에 직접 귀속되어 누구든지 국제법에 따라 사용할 수 있다는 의미에서 공해를 국제사회의 공동영역이라고 보는 국제공역설이 타당하다고 본다.[41]

나. 공해자유원칙의 성립

공해자유란 어떤 국가도 국제법상 공해를 영유할 수 없으며, 또한 공해는 원칙적으로 각국의 자유로운 사용을 위해 개방된다. 이를 가리켜 일반적으로 공해자유(freedom of the high seas)의 원칙이라 한다.[42]

해상교통이 그리 활발하지 않았던 고대 로마시대에는 해양은 공기처럼 공유물로 보고 만인에게 자유로이 개방된 것으로 생각되었다. 그러나 이러한 해양관은 해양 영유사상에 대항하기 위해 등장한 오늘날의 공해자

---

40) 박춘호·유병화, 『해양법』, 민음사, 1986, pp. 105~106 참조.

41) 김현수·이민효, op. cit., pp. 183~184.

42) 그로티우스 이래 공해자유의 원칙을 제창하는 근거는 ① 공해가 국제교통상 필수불가결의 통로라는 점, ② 공해는 매우 광대하여 실효적 점유가 곤란하다는 점, ③ 공해는 누구에게도 손해를 끼치지 않고 사용될 수 있다는 점, ④ 공해에는 어족 기타의 해양자원이 무진장하다는 점 등이 있었다. 그러나 당시의 사회적 제 조건은 그 이후 과학기술의 발달로 인하여 중대한 변화를 가져왔다. 즉 과학기술이 고도로 발달한 오늘날, 국가는 해군력으로 공해를 유효하게 점유할 수 있고, 대규모 어업 및 해양개발은 수산자원의 최대 지속적 생산력을 파괴하거나 고갈케 할 수도 있으며, 이것은 누구에게도 손해를 끼치는 결과가 되는 것이다. 그러므로 오늘날 공해 자유의 원칙을 인정하는 주요 근거는 첫째 이유인 항행의 자유에 한정되고 있다. 김영구, 『한국과 바다의 국제법』, 한국해양전략연구소·효성출판사, 2002, pp. 599~602 참조.

유와는 다른 것이었다. 즉, 그것은 해양의 자연적 자유를 의미하는 것이었다.[43)]

중세에는 지중해 연안의 도시국가를 비롯하여 영국·스칸디나비아제국 등이 무역 및 어업의 독점, 해적의 진압 등을 이유로 해양의 영유 및 폐쇄를 주장함으로써 해양은 점차 폐쇄해의 개념으로 발전하였다. 특히 동방항로를 개척한 스페인·포르투갈은 통상의 독점을 목적으로 해양분할을 통하여 해양주권사상과 해양폐쇄주의를 더욱 확대시켰다. 그러나 19세기에 이르러 신흥해양국이 된 영국·네덜란드가 스페인·포르투갈의 독점을 배제하고 신대륙으로의 통상로를 확보하기 위해 해양의 자유를 제창하게 되었다.[44)]

근대에 들어 1609년 그로티우스는 '자유해론'(Mare Liberum)에서 해양자유를 주장하였다. 그의 '포획법론'(De Jure Praeda) 제12장이 '자유해론'이었는데, 이는 네덜란드와 동인도 간의 무역을 옹호하기 위하여 씌어졌지만 공해가 자유로운 공간이 되어야 하는 이유를 체계적으로 논증하여 공해자유이론의 초석을 다졌다.[45)] 한편 이미 스페인·포르투갈을 제압한 영국은 해양자유사상이 영국해에서의 자국 어업독점이익에 상충되므로 해양폐쇄론에 입각하여 네덜란드와의 해양논쟁(예컨대, 1635년 셀던의 폐쇄해론)을 전개하였다. 그 후 영해의 범위에 관한 빈켈스훅(Bynkershoek)의 착탄거리설이 점차 제국에 의해 채택되어 영해와 공해의 분화현상이 명백히 나타나고, 네덜란드가 해양경쟁에서 패퇴하자 18세기 이후 영국은 다시 해

---

43) 강영훈, "공해상의 선박에 대한 관할", 『해양연구논총』, 제9집, 1992, p. 251.

44) *Ibid.*, p. 252 참조.

45) A. Pardo, "The Law of the Sea: Its Past and Its Future," 63 *Oregon Law Review*, 1984, p. 7 참조.

양자유의 기수로 복귀하였다.[46)]

그러나 공해자유가 실질적으로 확립된 것은 영국을 비롯한 강대국들의 실력을 배경으로 19세기에 들어서이다. 영국은 1878년 영수조례(territorial Waters Jurisdiction Act)를 발표하여 공해자유의 원칙을 채택하였다. 20세기에 이르러 공해자유의 원칙은 제1차 세계대전 후 미국에 의하여 확인되었고(1918년 윌슨 대통령의 평화 14개 원칙 중 공해상 절대적인 항행의 자유), 제2차 세계대전 중 대서양헌장에서도 재확인되었다. 그러나 오늘날 공해자유원칙은 연안국 관할권의 확대로 중대한 시련을 겪고 있다.[47)]

다. 공해자유원칙의 내용

공해자유는 귀속으로부터의 자유와 사용의 자유를 그 핵심내용을 하고 있다. 먼저 공해는 어느 국가에도 귀속하지 않는다. 즉 공해는 국가의 영역권으로부터 자유이며, 이에 복종하지 않는다. 따라서 어떤 국가도 공해의 일부를 자국의 주권하에 두는 것을 유효하게 주장할 수 없다(해양법협약 제89조).

공해가 어느 국가의 주권하에도 들어가지 않는다는 원칙의 당연한 귀결로서 모든 국가의 국민은 타인의 간섭을 받지 않고 공해를 자유로이 사용할 수 있다. 이러한 사용의 자유에는 평시에는 어느 국가의 군함이나 상선도 자유로이 공해를 항행(navigation)할 수 있는 항행의 자유, 모든 국가의 선박이 공해상에서 자유로이 어업(fishing)에 종사할 수 있는 어업의 자유, 공해에서는 어느 국가나 국민도 자유로이 해저전선(submarine cables)

---

46) 김현수·이민효, *op. cit.*, p. 185.

47) *Ibid.*, pp. 185~186.

또는 관선(pipelines)을 부설할 수 있는 해저전선 및 관선부설의 자유, 모든 국가의 항공기는 공해의 상공을 자유로이 비행(overflight)할 수 있는 상공비행의 자유 및 과학적 조사(scientific research)의 자유와 인공도와 기타 시설물을 건설할 수 있는 자유가 포함된다(동 제87조 제1항).

그렇다면 공해자유 원칙은 이러한 6가지 사항에 한정되는 것인가? 아니면 이것들은 예시적인 것으로 이외에도 공해자유 원칙의 구체적 내용으로 인정될 수 있는가? 해양법협약은 제87조 1항에서 "공해의 자유는 연안국과 무연안국에 대하여 특히(inter alia) 다음의 사항을 포함한다"면서 6가지 사항을 열거하고 있는데, '특히'라는 용어에 비추어 볼 때 협약에 규정된 내용들은 다양한 공해자유 중 일부라고 보아야 할 것이다. 따라서 어떤 특별한 법규칙에 의해 배제되지 않으며 공해의 지위를 해하지 않는 활동들은 원칙적으로 공해의 자유에 포함된다고 보아야 할 것이다.[48]

이러한 공해자유원칙은 모든 국가에 적용된다. 즉 연안국은 물론 내륙국(landlocked states)에 대해서도 차별 없이 적용된다. 특히 내륙국은 연안국과 평등한 조건에 의거하여 해양의 자유를 향유하기 위하여 해양에 자유롭게 접근할 수 있는 권리(free access to the sea)를 갖는다. 또한 공해자유원칙은 모든 선박과 항공기에 적용된다. 선박에 관하여는 군함 및 공·사선을, 항공기에 관하여는 군용항공기·민간항공기를 구별하지 않는다.

---

48) Churchill & Lowe, *op. cit.*, pp. 205-206.

[표 3-9] 공해의 법적 지위

<table>
<tr><th colspan="2">구분</th><th colspan="4">내 용</th></tr>
<tr><td colspan="2">의의</td><td colspan="4">공해는 각국의 관할권이 미치지 않는 해역으로 국제법상 어느 국가도 영유할 수 없으며, 원칙적으로 각국은 공해를 자유롭게 사용할 수 있음</td></tr>
<tr><td rowspan="2">공해자유원칙</td><td>근거</td><td colspan="4">① 공해는 국제교통상 필수불가결한 부분임
② 공해는 매우 광대하여 실효적 점유가 곤란함
③ 공해는 누구에게도 손해를 주지 않고 사용할 수 있음
④ 공해에는 어족 기타의 해양자원이 풍부함</td></tr>
<tr><td>비판</td><td colspan="4">과학기술의 발달로 국가는 해군력으로 공해를 유효하게 점유할 수 있고, 대규모적인 어업 및 해양개발은 수산자원의 최대지속적 생산력을 파괴하거나 고갈케 할 수 있으며, 이것은 누구에게도 손해가 되는 것임. 따라서 오늘날 공해자유원칙을 인정하는 주요한 이유는 항해의 자유에 한정되고 있음</td></tr>
<tr><td rowspan="5">공해자유원칙</td><td>내용</td><td colspan="4">① 항행의 자유 : 평시에는 어느 국가의 군함이나 상선도 자유로이 공해를 항행할 수 있지만 항행에 관한 국제법상 규칙, 즉 선박의 충돌에 관한 규칙 또는 해난구조에 관한 규칙 등을 준수하여야 함
② 어업의 자유
③ 해저전선 및 관선 부설의 자유
④ 상공비행의 자유
⑤과학적 조사의 자유
⑥인공도와 시설을 건설할 자유</td></tr>
<tr><td rowspan="4">제한</td><td>타국이익 존중/고려</td><td colspan="3">공해자유의 타국이익에 대한 합리적 존중 또는 정당한 고려를 하면서 행사되어야 함</td></tr>
<tr><td rowspan="3">외국 선박에 대한 국권행사</td><td rowspan="2">임검권</td><td>의의</td><td>군함이 정선한 선박에 장교지휘하의 소형선을 파견하여 그 선박서류를 검사하도록 하는 것</td></tr>
<tr><td>대상</td><td>해적행위, 노예수송, 무허가방송, 무국적선박, 외국국기 계양선박 및 국기게시 거절 선박</td></tr>
<tr><td>추적권</td><td colspan="2">연안국의 권한 있는 당국(군함, 군항공기, 추적권한이 부여된 정부선박·정부항공기)이 그 영수(내수, 영해 또는 접속수역)로부터 연안국 법령을 위반한 외국 선박을 추적할 수 있는 권리</td></tr>
</table>

제7절 대륙붕과 심해저

1. 대륙붕

가. 의의 및 범위

대륙붕(continental shelf)이란 원래 지질학상의 개념으로서, 영해를 넘어서 육지영토의 자연적 연장을 통하여 대륙변계(continental margin)의 외측한계까지 또는 대륙변계의 외측한계가 200해리까지 미치지 않는 경우에는 영해의 폭을 측정하는 선으로부터 200해리까지의 해상(sea-bed) 및 하층토(subsoil)를 말한다(동 제76조 제1항).

인류의 유구한 대륙붕 사용 역사에도 불구하고 대륙붕이라는 용어를 사용한 것은 18세기에 들어서면서 부터이다. 1872년 The Challenger의 대서양 탐사로 학술계에서는 대륙붕이라는 용어를 사용하였으나, 법과 정치 영역에서는 이에 대한 특별한 주의를 기울이지 않았다. 대륙붕에 대한 관심은 근대 과학기술의 발전으로 자원 쟁취를 위한 경쟁이 갈수록 치열해지면서 시작되었으며, 정치경제적 수요 환경에 따라 대륙붕이라는 지리적 단위의 경계와 연구에 대한 법적 영역에서의 개입이 시작되었다. 법적 영역에서의 개입이 시작되었다. 법적 영역에서의 대륙붕 연구는 과학탐사에 국한되지 않고 법적 의미의 대륙붕과 지리학적 의미에서의 대륙붕이 상호 혼합되면서 현재의 대륙붕제도 질서 형성을 이루었다.[49]

대륙붕이 국제법상 문제가 되기 시작한 것은 제2차 세계대전 이후이

49) 양희철 외,『국제해양질서의 변화와 동북아 해양정책』, 한국해양연구원, 2009, p.22.

다. 왜냐하면 대륙붕에는 석유·천연가스 등의 광물자원이 풍부하게 매장되어 있고 그 상부수역은 수산자원의 보고로 알려져 있기 때문이다.

대륙붕이 국제사회의 권리주장으로 처음 등장한 것은 1945년 9월 28일 미국의 트루먼 대통령이 트루먼 선언(Presidential Proclamation Concerning the Policy of the United States of the Continental Shelf)[50]을 발표하여 자국근해의 대륙붕에 대한 관할권을 주장한 이래 다수의 국가가 조약 및 일방적 선언을 하게 되었고, 1958년 제1차 해양법회의에서 대륙붕에 관한 제네바협약(대륙붕협약)이 성립되었다.[51] 동 협약은 일반적인 공해제도로부터 분리시켜 대륙붕의 해저와 지하의 천연자원의 탐사와 개발에 관하여 연안국의 주권적 권리를 인정하였다. 연안국의 이러한 개발권능은 공해의 법적 지위와 자유를 해치지 않는다는 이유에서 영해 확장의 경우보다도 다른 국

50) Presidential Proclamation No. 2667, 10 Federal Regulation 1230; US Department of State, Bulletin 485(1945). 제2차 세계대전 뒤 미국은 세계적으로 수요가 증대되고 있던 석유와 그밖의 광물자원의 새로운 공급원을 발견하여 이용할 필요가 있다고 하여 대륙붕에 관한 정책을 표명하였다. 대륙붕은 연안국의 광대한 육지의 연장으로서 자연적으로 육지에 부속된다고 간주되며 연안에 접속되어 공해 하에 있는 대륙붕의 해저와 지하의 천연자원은 미국에게 귀속되고, 미국의 관할권과 관리에 복종한다는 것, 다른 국가의 대륙붕과의 경계는 형평원칙에 따라 양국의 합의로 획정한다는 것 또 대륙붕제도는 상부수역의 공해로서의 성격과 그 자유항행권을 해치지 않는다는것을 골자로 하고 있다. 박배근(역),『국제법』, 국제해양법학회, 1999, p. 409.

51) 종래 대륙붕에 대한 연안국 권리의 성질을 둘러싸고 학설상 세 가지의 입장이 대립했다. 즉, (a) 대륙붕을 만민공유물로 간주하여 그 탐사·개발에 대한 권능은 국제사회에 귀속되는 것이며, 다만 그 적용·집행만을 연안국의 권리에 위임한다는 '국제적 권능론', (b) 어느 국가라도 타국 연근해의 대륙붕에 진출하여 그 개발을 독점할 수 있다는 '무주지선점론', (c) 대륙붕과 연안영토와의 인접성·지속성·근린성 및 지리적·지질학적 일체성에 근거하여 연안국의 고유권리가 자동적으로 인정된다는 '고유권론'이 있다. 국제연합 국제법위원회는 이 가운데 (c)의 고유권론을 취하여 대륙붕에 관한 제네바협약을 채택하였다. 최홍배(역),『해양법』, 지산, 2002, p. 244.

가의 저항이 적었다.[52)]

그러나 1958년 제네바협약은 대륙붕 범위에 관하여 수심 200m와 개발 가능성이라는 두 가지 기준을 인정하였는데 그 기준이 모호할 뿐 아니라 과학기술의 발달에 따라 상대적이기 때문에 비판을 받아오다 유엔해양법협약 제76조에서 명백히 대륙붕에 관한 규정을 하게 되었다.

대륙붕은 대륙변계의 외측이 영해기준선으로부터 200해리 이내에 위치하는 경우에는 200해리까지 설정할 수 있다. 대륙변계가 영해의 폭을 측정하는 기선으로부터 200해리 이원에까지 확장되는 경우 퇴적암의 두께가 각 최외곽 고정지점으로부터 대륙사면단까지의 최단거리의 최소한 1%인 최외곽 지점을 따라 연결한 선 또는 대륙사면단으로부터 60해리를 넘지 않는 고정지점을 따라 연결한 선 중의 하나로 대륙변계의 외측을 정하여야 한다. 그러나 어떠한 경우에도 대륙붕의 외측한계는 영해 기준선으로부터 350해리를 또는 2,500미터 등심선으로부터 100해리를 초과할 수 없다(동 제76조).[53)]

---

52) 박배근(역), op. cit., p.410.

53) 대륙붕협약에서는 수심을 기준으로 외측한계를 규정(제1조)하였으나 수심 200미터를 넘어서 천연자원의 개발이 기술적으로 가능해짐에 따라 그러한 개발에 대항하기 위하여 인접성의 기준을 중시하여 대륙붕의 무제한적인 확장을 막아야 한다는 주장이 제기되었다. 그러나 그 뒤 국제사법재판소는 대륙붕을 연안국 영토가 해저지역으로 자연적으로 연장되고 계속된 것으로 간주한다고 하는 이른바 자연연장(natural prolongation)의 기준을 중시함으로써 이제까지의 기준으로부터 이탈하게 되었다. 국제법상 연안국이 대륙붕에 관한 법적 근원(ipso jure title)을 가지는 것은 당해 해저지역이 물로 덮여있다고 하더라도 이미 연안국의 지배권이 미치고 있는 영토의 연장 내지 연속으로 간주될 수 있다고 하는 사실에 근거하는 것으로서 대륙붕 이론에서 흔히 원용되는 인접성 내지 근접성(proximity)은 연안국의 권능을 결정하는 유일한 적당한 기준은 아니며, 특히 자연연장에 근거한 다른 국가의 경합되는 주장보다 우월하여 그러한 주장에 유효하게 대항할 수 있는 것은 아니라고 한다. Ibid., pp.410-511.

나. 경계획정

(1) 중간선·등거리선 원칙

1958년의 대륙붕협약은 둘 이상의 국가 간에 접속하는 공유대륙붕의 경계획정은 합의에 의하여 결정하며, 그러한 합의가 없는 경우에는 특별한 사정(special circumstances) 이 없는 한 ①대향국(opposite states) 간에는 중간선 원칙(principle of median line), ②인접국(adjacent states) 간에는 등거리 원칙(principle of equidistance)에 의하여 결정한다고 규정하고 있다.

그러나 대륙붕협약에 가입하지 않는 국가가 많을 뿐더러, 내용 자체도 특수상황과 등거리 중간선의 관계가 불분명하여 여러 가지 모호한 점이 발견되어 경계획정의 기준에 대한 보충 또는 수정이 불가피해졌다.

(2) 형평원칙

1969년 북해대륙붕사건은 덴마크와 서독, 그리고 네덜란드와 서독이 1967년 2월 2일 각각 북해대륙붕경계획정에 대한 의견차이에 대해 특별협정을 체결하여 국제사법재판소에 소송을 제기하기로 합의한 사건으로, 중간선 적용은 인접국 간에 왕왕 타방영토의 자연적 연장을 구성하는 해저지역을 일방의 국가에 귀속시키는 결과를 초래한다고 하여 동원칙의 타당성을 부정하고, 그 대신 국제사법재판소는 대륙붕의 경계획정은 형평의 원칙에 따라 타방 육지영토의 자연적 연장을 침해하지 않는 방법으로 모든 관련 사정을 고려하여 합의에 의하여 결정되어야 한다고 판시하였다.[54]

---

54) 그 이유로서는 다음과 같은 여러 사정들이 지적되었다. 첫째, 등거리기준은 대륙붕협약 지체에서도 예외를 인정하고 있어 절대적인 원칙이 아니며, 대륙붕협약의 당사국 상호 간의 경우를 제외하면 그 뒤의 국가실행이나 관계협정에서도 통일적인 준거로 사용되고 있지 않으며 국제관습법으로 성숙되어 있지 않다. 둘째, 係爭地域의 특별사정

(3) 제3차 유엔해양법협약의 규정

유엔해양법협약은 대륙붕의 경계획정에 관하여 1958년 대륙붕협약의 원칙과 1969년 국제사법재판소 판결을 절충하여 규정하고 있다. 즉 인접국 또는 대향국 간의 대륙붕의 경계획정은 형평의 원칙에 따라, 형평한 해결에 도달하기 위하여 국제법을 기초로 합의에 의하여 성립되어야 하며 합리적 기간 내에 합의에 도달할 수 없는 경우 관계국은 분쟁의 해결 절차에 의한다. 물론 관계국 간에 유효한 협정이 있는 경우, 대륙붕의 경계획정과 관련된 문제는 동 협정의 규정에 따라 결정된다(동 제83조).

(4) 판례

1977년 6월 30일 영국·프랑스 대륙붕분쟁에 관한 중재재판,[55] 1982년 2월 24일 튜니지아·리비아 대륙붕분쟁에 관한 국제사법재판소 판결,[56] 1984년 10월 12일 Maine만 해양경계획정에 관한 미국·캐나다 간 분쟁에 관한 국제사법재판소의 판결,[57] 1985년 6월 3일 리비아·몰타 대

에 관계없이 등거리기준을 기계적으로 적용하면 도리어 경계획정은 부자연스럽게 되고 형평적인 결과를 얻을 수 없다. 셋째, 대륙붕협약이 들고 있는 요인 중에서 '등거리기준'과 '특별사정'은 경계획정의 구체적인 방법을 지시하는 것으로서 그 타당성 여부를 논할 필요가 있는데 비하여 '합의'는 원래의 경계획정 기준은 아니고 분쟁의 평화적 해결 또는 사전회피의 수단에 지나지 않는다. Ibid., p.423. 판결내용에 관하여는 North Sea Continental Shelf Case, ICJ Reports, 1969, pp.4-56 참조.

55) Anglo-French Continental Shelf Arbitration, 1977. 판결내용에 관하여는, International Legal Material, Vol.18, No.2, 1979, pp.397-493 참조.

56) Tunisia-Libya Continental Shelf Case, ICJ Reports, 1982 참조.

57) Canada-US Maritime Boundary Delimitation Case, ICJ Reports, 1984, pp.246-398 참조.

륙붕분쟁에 관한 국제사법재판소의 판결[58] 등이 있는데 주로 구체적 상황에 기초한 형평원칙에 따라 판단했기 때문에 내용이 모호하고 그나마 서로 상당한 차이가 있다.

다. 연안국의 권리

연안국이 대륙붕에 대하여 갖는 권리의 내용은 대륙붕의 탐사와 그 천연자원의 개발·채취이다. 그런데 대륙붕의 법적 지위, 즉 연안국의 대륙붕에 관한 권리가 어떤 성질을 갖는가가 문제이다.

(1) 주권적 권리

연안국은 대륙붕을 탐사하고 그 천연자원을 개발하기 위해 주권적 권리(sovereign right)를 행사한다(동 제77조 제1항). 여기서 주권적 권리란 협약 제77조 제2항에서 배타성을 인정한 것을 고려할 때, 주권과 동일하다는 견해가 있으나, 대륙붕은 결코 연안국의 영역이 아니며 연안국의 권리는 천연자원의 탐사와 개발이라는 특정 목적과 범위 내에서 인정되고 또한 대륙붕의 상부수역은 공해로서의 법적 지위가 인정되고 있으므로(동 제78조), 국가가 영토나 영해에 대하여 갖는 포괄적인 권능인 주권과 동일시 될 수 없다. 1945년 트루만선언에서는 천연자원의 탐사와 개발에 관한 관할과 통제(jurisdiction and control)라는 용어를 사용했으며 그 후 중남미제국의 대륙붕선언에는 주권이란 용어를 사용한 바 있으나, 주권적 권리란 대륙붕에 관한 연안국의 권리가 특정의 목적과 범위의 한도 내에서 인정되고 그 한도 내에서는 연안국의 권리가 주권적 성질을 갖는다는 의미이다.

---

58) Libya-Malta Continental Shelf Case, ICJ Reports, 1985 참조.

(2) 배타적 및 시원적 권리

대륙붕에 관한 연안국의 권리는 배타적(exclusive)이다(동 제77조 2항). 연안국의 권리는 그 적용지역이 대륙붕에 한정되며 또 행사의 목적도 대륙붕의 천연자원을 탐사하고 개발하는 것에 한정되는 것으로 영역주권과 같은 입체성도 포괄성도 가지지 않는다. 그러나 이와 같이 한정된 적용지역과 목적의 범위 내에서는 연안국은 배타적 권리를 갖는다. 연안국은 탐사·채굴의 허가와 채광활동에 관한 국내법령을 제정하고 적용하든지 그러한 법령을 방지하고 처벌하는 것을 확보하고 규제하는 등대륙붕에서 내외국인을 차별함이 없이 속지적으로(외국인의 본국·기국관할권을 배제하고) 국가관할권을 행사할 수 있다.[59]

또한 대륙붕에 관한 연안국의 권리는 원시적으로 취득된 것이지 실효적이든 관념적이든 선점이나 명시적 선언에 기초를 둔 것은 아니다(동 제77조 제3항). 1969년 북해대륙붕사건에서도 대륙붕에 대한 연안국의 권리는 대륙붕의 연안국 영토의 자연적 연장이라는 입장에서 당연히 또한 원시적으로 존재하는 것이라 하였다.

(3) 구체적 내용

(가) 대륙붕의 탐사 천연자원 개발권

연안국은 대륙붕에 대하여 대륙붕을 탐사하고 그 천연자원을 개발하기 위한 주권을 권리를 갖는다(동 제77조 제1항). 이러한 권리는 연안국이 대륙붕을 탐사하지 않거나 또는 천연자원을 개발하지 않더라도 타국은 연안국의 명시적 동의 없이는 그러한 활동을 할 수 없다는 의미이다(동 제 77조

59) 박배근(역), op. cit., p.413.

제2항). 여기서 천연자원이라 함은 정착성 어종에 속하는 생물, 즉 수확가능 단계에서 해저의 표면 또는 그 아래에서 움직이지 아니하거나 해저 또는 하층토에 항상 밀착하지 아니하고는 움직일 수 없는 생물과 해저 및 하층토의 광물과 기타 비생물자원으로 구성된다(동 제77조 제4항).

(나) 인공도서 시설의 설치 및 안전수역 설정권

천연자원의 탐사 개발을 위해 필요한 인공도서 시설 및 구조물을 대륙붕에 설치할 수 있으며, 이에 대해 배타적 관할권을 갖는다. 이들 인공도서 시설 및 구조물의 건설은 정당히 공시되어야 하며 그 존재에 대한 경고를 위한 항구적 수단을 유지하여야 한다. 방기하거나 사용되지 아니할 경우 완전히 철거하여야 한다. 연안국은 이들의 안전을 보장하기 위하여 적절한 조치를 취할 수 있는 합당한 안전수역을 그 주위에 설정할 수 있는데, 안전수역은 인공도서 시설 및 구조물의 성격 및 기능과 합리적인연관이 보장되도록 고안되어야 하며, 일반적으로 승인된 국제기준 또는 관련 국제조직에 의한 권고에 의하여 인정된 경우를 제외하고는 인공도서 시설 및 구조물 외연의 각 점으로부터 측정하여 500m를 초과하여서는 안 된다(동 제80조).[60]

60) 모든 선박은 안전수역을 존중하여야 하며 인공도서 시설 및 구조물과 안전수역 주변에서의 항해에 관한 일반적으로 승인된 국제기준을 준수하여야 한다. 이러한 인공도서 시설 및 구조물과 안전수역은 국제항행에 긴요하다고 인정된 항로대의 이용에 방해될 만한 장소에 설치되어서는 안 된다. 또한 인공도서 시설 및 구조물은 도서의 지위도 그리고 그 자체의 영해를 갖지 않는다. 또한 영해, EEZ 및 대륙중의 경계획정에도 영향을 미치지 않는다.

(다) 천연자원의 탐사 개발을 위한 대륙붕 시추권 등

연안국은 모든 목적을 위하여 대륙붕에서 시추하는 것을 허가 및 규제할 수 있는 배타적 권리를 갖는다(동 제81조) 또한 하층토 상부의 수심에 관계없이 터널에 의하여 하층토를 개발하는 연안국의 권리는 침해되지 않는다(동 제85조).

라. 연안국의 의무

(1) 상부수역의 항행자유 보장 의무

대륙붕에 대한 연안국의 권리는 그 상부수역 또는 상공의 법적 지위에 영향을 미치지 아니하며, 연안국의 권리행사는 항행 및 협약에 규정된 타국의 기타 권리 및 자유를 침해하거나 부당한 간섭을 초래해서는 아니된다(동 제78조).

(2) 해저전선 관선 부설자유 보장 의무

연안국은 자국의 대륙붕상에 외국으로 하여금 해저전선 관선을 부설할 자유를 보장할 의무가 있다(동 제79조 제1항). 그러나 연안국은 대륙붕탐사·천연자원개발 및 관선으로부터의 오염방지를 위해 합리적 조치를 취할 권리를 보유한다(동 제79조 제2항). 해저 전선 및 관선을 부설하는 경우에 각 국가는 이미 설치되어 있는 전선이나 관선에 대하여 정당한 고려를 하여야 한다. 특히, 기존 전선이나 관선을 수리할 수도 있는 가능성은 침해받을 수 없다(동 제79조 5항).

(3) 200해리 이원 대륙붕 개발기여금 납부의무

대륙붕의 200해리 초과부분에서의 비생물자원의 개발에 대하여 기여금을 금전 또는 현물로 납부할 의무가 연안국에게 있다. 기여금 및 현물공여는 생산개시 5년 후 생산지점에서의 모든 생산물에 대하여 매년 납부하여야 한다. 제6년째의 기여금 또는 현물공여의 비율은 생산지점의 생산액 또는 생산량의 1%로 한다. 그 비율은 12년째까지 매년 1%씩 증가하고, 그 이후는 7%로 한다. 생산은 이용과 관련하여 사용된 자원을 포함하지 않는다(동 제82조).

마. 한·일 간 대륙붕 문제

(1) 한국의 주장

한국은 1970년 1월 1일 해저광물자원개발법을 제정·공포하여 약 30만 평방킬로미터에 달하는 7개 해저광구의 대륙붕을 설치했는바, 한국의 대륙붕 경계획정은 ① 서해 및 대한해협 부근의 대륙붕이 중국 또는 일본과 공유 대륙붕을 형성하고 있으며 전지역이 수심 200m 이하이므로 중간선 원칙에 의하여, ② 동지나해 부근, 즉 한·일 간 소위 남부대륙붕에서는 오키나와 해구가 한·일 간 대륙붕을 양분하고 있으므로 육지영토의 자연적 연장원칙에 입각하고 있다.

(2) 일본의 주장

일본은 한·일 간의 대륙붕경계는 대한해협 지역의 경우 일본영토인 조도와 남녀군도를 일방으로 하고 한국영토인 제주도를 타방으로 하는 두 섬의 중간선으로 하여야 하며, 동지나해의 경우 오키나와 해구는 한·일 간의 대륙붕을 양분하는 특별한 사정이 아니므로 동 지역에서도 중간선 원칙에 의하여 경계획정되어야 한다고 주장하고 있다.

[표 3-10] 대륙붕의 법적 지위

<table>
<tr><th>구분</th><th colspan="2">내 용</th></tr>
<tr><td>의의</td><td colspan="2">(i) 육지영토의 자연적 연장을 통하여 大陸邊界의 외측단까지 또는 대륙 변계의 외측단이 영해기선으로부터 200해리에 미치지 못한 경우에는 200해리까지의 해저지역의 海床 및 下層土를 말함
(ii) 대륙변계가 200해리 이상인 경우
ⓐ 측정지점의 퇴적암의 두께가 그 지점에서 대륙사면단까지의 1%이상이 되는 지점까지
ⓑ 혹은 대륙사면단으로부터 60해리까지
ⓒ 이 경우 외측한계선을 이루는 해저상 고정지점은 영해기선으로부터 350해리를 초과하거나 2,55미터 수심을 연결하는 선인 등심선으로부터 100해리를 초과해서는 안됨</td></tr>
<tr><td>외측
한계</td><td colspan="2">(i) 육지영토의 자연적 연장론
ⓐ 「북해대륙붕사건」에 대한 ICJ 판결
ⓑ 大陸塊가 海中을 향하여 자연적으로 연장된 부분인 대륙변계, 즉 지질학상의 대륙붕, 대륙사면 뿐만 아니라 대륙붕기까지를 의미
(ii) 어떠한 경우에도 영해기선으로부터 350해리 또는 2500미터 등심선으로부터 100해리를 초과하지 못함</td></tr>
<tr><td>경계
획정</td><td colspan="2">인접국 또는 대향국 간의 대륙붕의 경계획정은
(i) 형평의 원칙(북해대륙붕사건, Libia v. Malta)에 따라 적절한 경우 중간선 또는 등거리선을 사용하며
(ii) ICJ규정 제38조의 국제법을 기초로
(iii) 모든 관련사정을 고려하여 「합의」에 의하여 결정하며
(iv) 합리적 기간 내에 합의에 도달하지 못하는 경우 평화적 해결 절차에 부탁해야 하고
(v) 합의에 이르는 동안 실용적 성격의 잠정협정을 체결할 수 있음</td></tr>
<tr><td>연안
국의
권리
의무</td><td>권
리</td><td>ⓐ 연안국은 대륙붕을 탐사하고 그 천연자원을 개발하기 위한 주권적권리를 가짐
ⓑ 연안국은 대륙붕의 탐사와 천연자원을 개발하기 위하여 필요한 시설 또는 장비를 설치, 운용할 수 있으며, 이를 보호하기 위하여 그 주변 500미터 이내의 거리에 안전수역을 설정할 수 있음
ⓒ 연안국은 대륙붕을 시추할 수 있는 배타적 권리가 있으며, 또한 하층토의 개발을 위해 굴착할 수 있음</td></tr>
</table>

	의무	ⓐ 대륙붕의 개발은 항행, 어업 또는 해양생물자원의 보존에 대하여 부당한 방해가 되어서는 안됨 ⓑ 시설 및 장비를 국제항로에 방해가 되는 장소에 설치할 수 없음 ⓒ 타국이 대륙붕에 해저전선을 부설하는 것을 방해해서는 안됨
도서와 대륙붕	도서도 대륙붕을 가질 수 있지만 인간의 거주와 자체의 경제적 생활을 유지할 수 없는 암초는 대륙붕을 가질 수 없음	

(3) 한·일 대륙붕협정

한·일 간 대륙붕경계문제는 그 동안 외교적 노력을 통하여 1974년 1월 30일 두 개의 한·일대륙붕협정을 양국이 서명함으로써 일단락되었다(동 협정은 1978. 6. 22 발효). 한·일 간의 소위 북부대륙붕에 있어서는 중간선 원칙에 따른 경계획정에 합의하였고, 분쟁지역인 소위 남부대륙붕에 있어서는 50년간 양국이 공동 개발하도록 합의하였다.

2. 심해저

가. 의의 및 연혁

심해저(sea-bed)란 국가관할권 밖에 있는 해저, 해상 및 그 하층토를 의미한다. 심해저에는 막대한 광물자원[61]이 분포되어 있어 심해저와 그 자원은 인류를 위한 해양의 보고로서 '인류의 공동유산'(common heritage of mankind)으로(동 제136조) 어떠한 국가도 심해저나 그 자원에 대해 주권이나 주권적 권리를 주장하거나 행사할 수 없으며, 어떠한 국가, 자연인 및 법

61) '자원'은 다금속단괴를 포함하여 해저 또는 해저 아래의 본래 심해저에 있는 모든 고체성, 액체성 도는 기체성 광물자원을 말하며, 자원은 심해저로부터 회수된 경우 '광물'이라 한다(해양법협약 제133조).

인도 이를 전유할 수 없다. 이와 같은 주권 및 주권적 권리의 주장, 행사 및 전유는 승인되지 않는다. 심해저 자원에 대한 모든 권리는 기구가 대표하여 활동하는 전체로서의 인류에게 속하며 양도의 대상이 될 수 없다(동 제137조). 그러나 심해저의 상부수역과 그 상부공역은 공해자유원칙에 입각한 법적 지위에 영향을 받지 않는다(동 제135조).

심해저 문제는 1967년 12월 제22차 유엔총회에서 Malta의 대표 Pardo가 국가의 관할권 밖에 있는 심해저를 어느 특정국의 독점물로 하지도 말고 마음대로 사용하도록 방임하지도 말고 개발도상국의 발전을 고려하여 평화적 목적에 공동 사용하도록 제의하였다.[62]

이러한 제의가 받아들여져 1969년 제22차 유엔총회는 '해저 및 해상의 평화적 이용에 관한 위원회'를 설치하였고 그 후 1970년에는 '국가관할권 밖에 있는 해저 및 해상과 그 지하를 지배하는 원칙선언'을 유엔총회에서 채택하였다. 그리하여 이 원칙을 실현하기 위해 1982년 유엔해양법협약은 제11장에서 심해저제도를 상세히 규정하게 되었다.

---

62) 종래에는 이러한 해저지역의 법적 지위를 공해의 불가분의 일부로 볼 것인지 아니면 무주지로 볼 것인지 입장이 대립되어 왔다. 그러나 어느 쪽 입장도 한정된 선진공업국들에 의한 공해 해저의 분할과 독점을 용인하는 것이 되며, 그러한 염려는 대륙붕 제도의 성립과 발전, 해저개발의 기술적인 가능성의 확대, 나아가 군사적 이용(핵무기 기지)의 위협에 따라 점점 더 현실성을 가지는 것이 되었다. 나아가 이러한 사태의 발생을 방지하기 위하여 특히 개발도상국은 Pardo의 제안을 계기로 심해저라는 국제제도를 설정하기 위한 지도이념으로서 '인류의 공동유산'이라는 개념을 주장하였다. 이에 대하여 선진 공업국들은 처음에는 심해저에도 공해자유와 기국주의에 기초한 개발방식(free for all)의 적용을 주장하였지만, 곧 그러한 입장을 바꾸어 자유경쟁에 수반되는 위험부담과 손해를 회피하기 위해서는 오히려 국제제도의 설정 자체에는 동조하고 사업과 투자의 안전을 보증받는 쪽이 유리한 정책이라고 판단하였다. 단, 국제제도의 관할권을 가능한 한 제한하여 공유물 개념의 요소를 확보하는 것이 중요하다고 하는 방침을 유지하였던 것이다. 박배근(역), op. cit., p.451.

나. 개발원칙 및 기본정책

(1) 국제법 원칙 준수

심해저에 관한 국가의 일반적 행위는 평화와 안전의 유지 및 국제협력과 상호이해의 증진을 위하여 유엔헌장 및 기타 국제법원칙에 따라야 한다(동 제138조).

(2) 인류이익에의 기여

심해저에서의 활동은 연안국 또는 내륙국 등 국가의 지리적 위치에 관계없이 개발도상국 및 국제연합 총회 결의 제1514(XV)호와 다른 국제연합 총회 관련 결의에 따라 국제연합에 의해 승인된 독립 또는 기타 자치자격을 획득하지 못한 인민의 이익과 필요성을 고려하여 인류 전체의 이익을 위해 수행되어야 하며, 기구는 무차별적으로 적절한 기구를 통하여 심해저 활동으로 부터 나오는 재정적 이익 및 다른 경제적 이익의 균형있게 배분하여야 한다(동 제140조).

(3) 평화적 이용

심해저는 모든 국가에게 차별없이 연안국 또는 내륙국 등 모든 국가에 의하여 평화적 목적만을 위한 사용에 개방된다(동 제141조).

(4) 연안국 이익의 고려

국가관할권의 한계를 넘어 존재하는 심해저 자원 鑛床에 관한 심해저 활동은 이러한 鑛床이 그 관할권을 넘어 존재하는 연안국의 권리 및 이익을 정당히 고려하여 수행되어야 한다. 이러한 권리와 이익의 침해를 피하기 위하여 관계국 간에 사전통고제를 포함한 협의가 유지되어야 한다. 심해저 활동이 국가관할권 내에 있는 자원의 이용을 가져올 경우 연안국의 사전동의를 얻어야 한다(동 제142조).

(5) 기타

심해저에서의 해양과학조사는 평화적 목적과 전체로서의 인류 이익만을 위하여 수행되어야 한다(동 제143조). 심해저 기구는 심해저 활동과 관련된 기술 및 과학적 지식의 획득과 모든 당사국이 그로부터 이익을 얻도록 이러한 기술 및 과학적 지식의 개발도상국에 대한 이전 증진 및 장려를 위한 조치를 취하여야 한다(동 제144조).

또한 심해저 개발은 세계경제의 건전한 발전과 국제무역의 균형된 성장을 증진하는 방법으로 수행되어야 하며, 특히 개발도상국을 포함한 모든 국가의 발전을 위한 국제협력을 증진하는 방법으로 수행되어야 한다(동 제150조).

이외에도 해양법협약은 해양환경보호 인명보호 개발도상국의 참여·고고학적 유물 및 역사적 유물과 관련된 여러 원칙들을 규정하고 있다(동 제145조~제149조).

다. 국제심해저 제도

(1) 구조

심해저에 관한 사항을 총괄하기 위해 해양법협약은 국제심해저기구(Authority)를 설립하도록 하고 있다(동 제156조). 모든 협약 당사국은 이 기구의 구성국이 되며, 기구의 주요기관으로는 총회, 이사회 및 사무국을 둔다(동 제158조). 또한 기구를 위하여 직접 실제개발업무를 수행할 개발청(the Enterprise)을 설립한다. 특히 이사회는 기구의 집행기관으로서 제반 해저개발과 계약사항의 승인, 감독과 규제 등을 행하는 핵심적 기관이다(동 제162조).

총회는 기구의 모든 회원국으로 구성되며, 주요기관의 선출, 재산조치, 수익분배조치, 보상조치 등 해저기구의 일반정책을 결정한다(동 제160조). 이사회는 총회에서 선출되는 36개 회원국으로 구성되며, 해저기구의 집행기관으로서 협약규정과 총회에서 결정된 일반정책에 따른 구체적 정책을 수립 집행한다(동 제162조 1항). 사무국은 사무총장과 사무소 직원으로 구성되며 사무총장은 해저기구의 최고행정관으로 해저기구의 제반 행정사항을 통할하고 총회에 연차보고를 한다(동 제166조).

(2) 심해저분쟁재판부

심해저개발에 관한 분쟁은 협약에 설치된 국제해양법재판소(International Tribunal for the Law of the Sea: ITLOS)의 심해저분쟁재판부(Sea-Bed Disputes Chamber)가 관할하게 되며, 아울러 국제해양법재판소의 특별부, 해저분쟁재판부의 특별부에의 제소가능성 및 심해저 개발에 관련된 계약이나 사업계획의 해석적용에 관한 분쟁에 대해서는 구속력이 있는 상사중재도 예정하고 있다. 심해저 분쟁재판부는 11명의 판사로 구성되며 국제해양법재판소 판사의 다수결로 선출된다. 또한 특별한 분쟁을 다루기 위하여 3명의 판사로 구성된 특별재판부(Ad hoc chamber)를 설치할 수 있다(동 제188조).

[표 3-11] 심해저의 법적 지위

<table>
<tr><th colspan="2">구분</th><th>내 용</th></tr>
<tr><td rowspan="5">심해저
제 도
창 설</td><td>1967년</td><td>– 몰타대표 파르도(A. Pardo), 제22차 국제연합 총회에서 심해저에 대한 국제제도 수립 주장
– 「심해저의 평화적 이용에 관한 결의안」 채택(12월)</td></tr>
<tr><td>1968년</td><td>「국제연합해저평화이용위원회」 설립, 총회에서 「猶豫決議」 채택</td></tr>
<tr><td>1970년</td><td>「국가관할권외연의 해저와 대양저 및 하층토를 규율하는 원칙선언」 (심해저원칙선언) 채택</td></tr>
<tr><td>1982년</td><td>제3차 UN해양법협약에서 심해저제도 규정</td></tr>
<tr><td>1994년</td><td>1982년 UN해양법협약 제11장의 이행에 관한 협정을 통한 11장의 사실상 개정(7월)</td></tr>
<tr><td>심해저
규 율
원 칙</td><td colspan="2">① 국가관할권이 미치지 않는 심해저와 그곳의 자원은 인류의 공동유산
② 심해저 자원에 대한 권리는 심해저기구가 대표하여 행하되 전체로서의 인류에게 속함
③ 심해저에 관한 국가의 일반적 행위는 해양법협약의 규정, 국제연합 헌장에 구현된 원칙 및 기타 국제법 원칙에 따라야 함
④ 심해저는 차별없이 그리고 해양법협약의 규정을 침해함이 없이 연안국 또는 내륙국 등 모든 국가에 의하여 평화적 목적만을 위한 사용에 개방됨
⑤ 심해저기구는 심해저활동과 관련된 기술 및 과학적 지식의 획득과 이전, 증진 및 장려조치를 취하여야 함
⑥ 심해저기구는 심해저활동에서 발생할 수 있는 해로운 효과로부터 해양환경을 효과적으로 보호하기 위하여 필요한 조치를 취하여야 함</td></tr>
<tr><td>심해저
개발</td><td>개발
원칙</td><td>① 심해저지역 내에서의 활동은 세계경제의 건전한 발전과 국제교역의 균형있는 성장을 촉진하고, 개발도상국을 포함한 모든 국가의 전반적인 발전을 위한 국제협력을 증진하는 방법으로 수행되어야 함
② 심해저기구는 심해저기업(Enterpries)을 통하여 기구와 제휴한 당사국 국가기업과 합작 혹은 생산분배 및 다른 형태의 합작을 통해 협력할 수 있음
③ 심해저기구는 심해저지역 내 활동에 대하여 차별을 피하여야 하나, 내륙국 및 지리적 불리국을 포함하는 개발도상국에 대하여는 특별한 고려를 할 수 있음</td></tr>
</table>

	개발 방법	① 병행개발방식 : 심해저기구의 승인을 위해 작업계획이 제출되는데, 작업계획은 동일한 상업적 가치를 가지는 두 개의 구역으로 분리되어야 한다. 그 중 하나는 선진국 사기업에 비해 경쟁력이 떨어지는 심해저기업이나 개발도상국을 위해 유보되도록 하고, 다른 한 구역은 선진국기업이나 국가기업체에게 개발권한을 부여하는 방식을 말함(심해저 이행협약 : 유보광구의 개발에 있어 계약자는 심해저기업과의 합작개발시 우선권을 인정받고, 심해저기구는 유보광구에 대하여 15년간 작업계획을 미룰 수 있음). ② 선발투자자보호방식 : 선발투자자로 승인된 사업주체는 협약 발효시까지 등록일로부터 할당된 광구에서 탐사활동을 행할 배타적 권리가 인정되며, 협약발효 후에는 심해저기업을 제외한 다른 신청자에 비해 우선적 탐사권을 가짐
심해저 기구	총회	총회는 기구의 권한 내에 있는 문제 또는 사항에 관하여 해양법협약의 관련규정에 따른 일반정책을 수립할 권한을 갖는다. 이행협약상 총회는 이사회와 협력을 통하여서만 일반적 정책을 수립할 수 있고, 예산 재정 행정문제에 대해서는 이사회 권고에 기초하여서만 총회가 결정할 수 있도록 하였음
	이사회	심해저기구의 집행기관으로서 해양법협약 및 총회가 확립한 일반정책에 따라 기구의 권한 내에 있는 모든 문제에 관한 특정정책 확립
	사무국	사무총장 및 직원은 그 직무를 수행함에 있어서 어느 정부 또는 기구외의 어떠한 곳으로부터 지시를 구하거나 받아서는 안 됨
분쟁 해결	(i) 분쟁해결 및 권고적 의견을 주는 해저분쟁부는 심해저활동에 관한 분쟁에 관할권을 가짐 (ii) 일정한 분쟁들은 국제해양법법원특별부 또는 구속력있는 상사중재에 부탁 가능 (iii) 해저분쟁부는 총회 또는 이사회의 요청에 따라 그들의 활동범위 내에서 발생하는 법률문제에 대하여 권고적 의견을 부여. 권고적 의견은 긴급사항으로 부여.	

제4장

해양법협약 각 수역에서의 군사활동

앞에서 살펴본 바와 같이 1958년 제네바 4개 협약을 수용·보완하고 해양을 몇 개의 수역으로 나눈 후 이들 수역에서의 연안국과 이용국의 권리의무를 규정하는 등 각 수역의 법체계를 보다 자세하게 규정하고 있는 해양법협약은 오랜 협상 과정을 거쳐 새로운 해양제도를 창출하고 각국의 해군이익을 조정하는 데 일단 성공하였지만, 향후 통일된 해양법질서로 정립·발전될 수 있을지는 의문이다. 동 협약의 전망에 어두운 그림자를 드리우는 것 중의 하나가 이른바 일괄타결이라는 형식으로 채택된 동 협약의 안보관련 규정의 해석에 있어 해양강대국과 약소국 간에 기본적인 견해 차이가 존재하고 있다는 것이다.[1](해양법협약상 관할수역별 안보관련 규정과 쟁

---

1) 해양법협약이 전통적인 국제수역의 자유통항을 제한할 의도로 채택된 것은 아니지만 연안국의 해양관할권 확대와 해양오염 방지 및 개선을 위한 연안국의 권리와 의무를 강조하는 내용을 담고 있기 때문에 보다 넓은 해양관할권을 확보하고자 하는 국가 간의 경쟁이 뒤따랐다. 또한 협약상 배타적 경제수역 내 외국의 군사활동에 대한 규정은 그 내용이 매우 추상적이며, 모호함으로써 배타적 경제수역에서 대양작전능력을 가진 해양강대국과 그렇지 못한 개발도상국인 연안국 간에는 군사활동의 범위에 대한 해석이 크게 대립되고 있으며, 해양관할권의 외연을 확정하는 경계획정 규정에 있어서도 분명한 지침

점에 대해서는 [표 4-1] 참조).

[표 4-1] 관할수역별 안보관련 규정과 쟁점

구분	외국의 통항권	외국의 군사적 이용	안보적 의미와 쟁점
영해	① 군함의 무해통항권 인정 ② 잠수함은 해상통항 준수 ③ 군용기 무해통항 불가 ④ 공용선박 면책특권 보유 ⑤ 일시정지 조치 가능	① 전면금지 간주 ② 유해통항행위 열거 ③ 무해위반시 퇴거 요구 ④ 연안국 허용시 무기 설치 가능	연안국의 권리남용 가능(무해성의 판단 기준, 무해통항 일시정지권, 사전통고 및 허가문제)
접속수역	관세, 재정, 위생, 출입국 관련 외에는 자유통항	① EEZ에 준함 (군사활동 제한 간주) ② 급박, 직접위협시 국제법 일반원칙에 따라 조치	연안국의 안보, 군사수역 설정의 합법성 문제 (북한의 군사수역 및 중국의 안보수역)
해협	① 국제항행용 해협 : 통과통항 ② 비국제항행용 해협 : 무해통항	① 전면금지 간주 ② 모든 선박 및 항공기 부단, 신속 통과	① 통과통항시 유해행위 및 금지 규정 모호 ② 해협연안국의 전략, 정치적 이점 증대
군도수역	① 원칙적으로 무해통항 ② 지정 군도해로통항권 향유 ③ 비지정시 통상적인 사용 해로 통항 가능	전면금지 간주 (영해 또는 내수 성격)	군도해로통항권은 통과통항권과 유사

따라서 동 협약이 발효된 후에도 계속하여 해양법질서의 정립과정에서 각국의 관행, 특히 해양강대국의 해양의 군사적 이용은 매우 중요한 영향을 미칠 것이다.[2] 이하에서는 이들 연안국 관할수역에서의 군사활동에

또는 기준을 제공하지 못하기 때문에 각국들이 그 규정들을 자의적으로 해석하여 인접국들과 분쟁을 야기하고 있는 실정이다. 권문상, "배타적 경제수역 선포와 광역관리체계 구축에 관한 연구(II)", 『정책자료』 96, 한국해양수산개발원, 1997. 12, pp. 2~5 참조.

2) 김종헌, 해양과 국제정치 , 세종출판사, 1997, pp. 104~105.

관하여 간략하게 살펴보고자 한다(각 수역에서의 군함의 법적 지위에 대해서는 [표 4-2] 참조).

[표 4-2] 각 수역에서의 군함의 법적 지위

<table>
<tr><th colspan="3">구분</th><th>내용</th></tr>
<tr><td colspan="3">의의</td><td>① 국가의 군대에 속하는 선박으로 국가의 군함임을 표시하는 외부 표지 게양, 정부에 의해 정식으로 임명되고, 그 성명이 군적 또는 이와 대등한 명부에 기재되어 있는 군장교의 지휘, 정규 군율에 복종하는 승무원이 배치된 선박(해양법협약 제29조)
② 군함은 국가소유 선박일 필요가 없으며, 해군 이외의 타군에 소속되어 있어도 무방하며 무기장착 여부에 관계없이 군함이 될 수 있음.</td></tr>
<tr><td colspan="3">권한</td><td>① 자국의 주권, 주권적 권리 및 관할권을 침해한 선박에 대해 승선, 검색, 나포 및 사법절차 조치(해양법협약 제2조, 제33조, 제56조, 제77조)
② 자국 또는 자국민에 대한 불법 또는 급박한 침해에 대해 일정한 한도 내에서 자위권 행사(유엔 헌장 제51조)
③ 연안국 영토보전, 정치적 독립 및 유엔헌장상의 국제법원칙을 침해하지 않는 범위 내에서 군사훈련/기동 및 비행 가능(해양법협약 제88조, 제301조)
④ 공해상에서 국제위법행위를 한 선박에 대해 임검권(해양법협약 제110조 1항)과 추적권(해양법협약 제111조) 행사
⑤ 전시 적선이나 중립국선박 및 화물에 대해 해상포획권 행사(파리선언 제1항, 런던선언 제39조)</td></tr>
<tr><td rowspan="3">지위</td><td colspan="2">불가침권</td><td>① 연안국 당국은 함장의 동의 없이 함 내에 들어갈 수 없음
② 보통범죄인에 대한 비호권 비보유(인도불응시 퇴거 요청)
③ 정치범죄인에 대하여는 위험의 중대성과 긴급성을 요건으로 비호 가능(군함은 정치범죄나 정쟁의 근거지가 되는 것 을 방지할 의무 있음)</td></tr>
<tr><td rowspan="2">특권면제의</td><td>자국영해/공해</td><td>기국의 관할하에 있음(해양법협약 제95조)</td></tr>
<tr><td>타국내수</td><td>① 허가 없이 타국 내수 통항 및 항구 입항 불가
② 허가되어 타국의 내수 또는 항구에 있는 동안 특권, 면제 향유</td></tr>
</table>

장소적 범위	타국 영해	① 무해통항권 향유(해양법협약 제17조) : 학설/관행상 대립 ② 연안국의 모든 민 형사재판관할권으로부터 면제(해양법협약 제30조). ③ 함 내에서 발생한 범죄는 범인의 국적에 관계없이 군함의 기국이 재판관할권 행사/범인처벌을 위해 기국으로 인도 가능 ④ 연안국 경찰권에는 복종하지 않으나, 통항과 관련한 항해, 위생, 경찰에 관한 연안국법령을 준수할 의무가 있음. 그러나 연안국은 위반 군함을 처벌할 수 없고 다만 퇴거 요구할 수 있음(해양법협약 제30조) ⑤ 군함이 연안국 법령이나 국제법규를 위반함으로써 야기된 손해에 대해서는 당해 기국이 국제책임을 짐(해양법협약 제31조)
	국제 해협	국제해협에서 통과통항권 향유(해양법협약 제38조 1항)

제1절 영해에서의 군사활동

1. 군함 및 잠수함의 통항

가. 영해에서의 통항제도

선박은 외국 영해에서 무해통항권을 갖는다(해양법협약 제17조). 또한 원칙적으로 연안국의 내수에서는 무해통항권이 인정되지 않지만, 종전에 내수가 아닌 수역이 직선기선을 설정함으로써 새로이 내수가 된 곳에서도 무해통항권이 보장된다(동 제8조 2항). 이와 같은 무해통항권을 인정하는 기본 취지는 해상에서의 통항을 최대한 보장함으로써 국제통상을 촉진시키기 위해서이다.

무해통항 제도는 오래 전부터 관습법으로 인정되어 오던 것이 1930년의 헤이그 국제법전편찬회의에서 검토되었으나 합의되지 못하였다가,[3] 그 후 1958년의 '영해 및 접속수역협약'에서 규정되었으며,[4] 유엔해양법협약에서는 더욱 상세화되었다.[5]

해양법협약 제17조는 '모든 국가의 선박은 영해에서 무해통항권을 향유한다'라고 규정하고 있는 바, 이 규정의 의의는 평화 시에 연안국은 모든 선박에 대하여 무행통항권을 인정할 의무가 있고, 선박은 그러한 권리를 행사할 수 있기 때문에 연안국으로서는 주권을 제한받는 결과가 된다.

---

3) 헤이그 국제법전편찬회의는 '영해의 법적지위에 관한 조약안'에 '연안국은 원칙적으로 자국 영해 내에서의 외국 군함의 통항을 금지할 수 없으며, 사전허가나 통고를 요구할 수도 없다. 연안국은 통항조건을 규제할 수 있으며, 잠수함은 부상하여 항행하여야 한다'(제12조), '타국 영해를 통과하는 군함이 연안국의 규칙을 준수하지 않고 또한 준수요구에 응하지 않을 경우 연안국은 군함의 영해퇴거를 요구할 수 있다'(제13조)라는 규정을 삽입하였으나, 합의를 이루는 데에는 실패했다. 이에 대한 자세한 설명은 김득주, "군함의 영해 무해통항권에 관한 소련의 태도", 『국제법학회논총』, 제33권 제2호, 1988. 12, pp. 233~246 참조.

4) 1958년의 「영해 및 접속수역협약」 제14조 제4항. 통항은 연안국의 평화, 질서 또는 안전을 침해하지 아니하는 한 무해하다. 이러한 무해통항은 이 협약의 규정 및 국제법의 기타 규칙을 준수하여 행한다.

5) 유엔해양법협약 제19조 제2항은 '외국 선박은 통항은 영해 내에서 다음 활동 중 어느 것을 행하는 경우 연안국의 평화, 공서 또는 안전을 침해하는 것으로 간주한다'고 하여 다음과 같은 행위를 연안국에 유해한 행위로 열거하고 있다. ① 연안국의 주권과 영토 보전 또는 정치적 독립에 반하거나, 유엔 헌장상의 국제법 원칙에 위반하는 방법에 의한 무력 위협 또는 행사, ② 모든 종류의 무기를 사용하는 훈련 또는 연습, ③ 연안국의 방위나 안전을 침해하는 정보 수집행위, ④ 연안국의 방위나 안전에 영향을 미치는 선전행위, ⑤ 항공기의 선상 발진·착륙·탑재, ⑥ 군사장비의 발사·착륙·탑재, ⑦ 연안국의 관세·재정·출입국·위생 관련 법령에 위반하는 물건의 적·양하, 사람의 승·하선, ⑧ 유엔해양법협약을 위반하는 고의적이고 중대한 오염행위, ⑨ 어업활동, ⑩ 조사·측량 활동, ⑪ 연안국의 통신체계나 시설의 사용을 방해하는 행위, ⑫ 통항과 관련 없는 기타의 행위.

무해통항권은 연안국의 영해 내에서 외국 선박에 대하여 부여되는 무해통항 요건을 준수하는 조건에서 통항할 수 있는 권리이기 때문에 무해가 아닌 통항, 즉 유해한 통항에 대하여는 연안국의 제재를 받게 된다. 여기서 통항이란 영해를 통과하거나, 연안국의 내수로 출입할 목적으로 영해를 통과하는 항행을 말하며, 이러한 통항의 방식은 계속적이고 신속하여야 한다. 다만 통상적인 항해에 부수되거나, 불가항력, 조난 및 구난활동과 관련되는 경우에는 정박 또는 투묘가 인정된다(동 第18조). 그리고 잠수함 및 기타 잠수정은 수면에 부상하여 국기를 게양하고 항행해야 한다(동 第20조).

연안국은 무해통항권을 행사하는 외국 선박이 준수해야 할 해양법협약과 기타 국제법규에 위반되지 않는 법령을 제정할 수 있으며(동 第21조), 안전항행을 위하여 필요한 경우에는 영해 내에 통항로를 지정하거나 통항분리제도를 이용하도록 요구할 수 있다(동 第22조). 또한 연안국은 자국의 안전보장을 위하여 무해통항권을 정지시키는 것이 불가피한 경우 외국 선박 간에 차별을 두지 않고 영해의 특정 수역에 있어서 정당히 공표한 후 외국 선박의 무해통항권을 일시적으로 정지시킬 수 있다(동 第25조).

그리고 연안국의 영해를 통항하는 외국 선박은 연안국이 제정하여 시행중인 법령과 일반적으로 승인된 국제해상충돌예방규칙을 준수해야 하며, 핵추진 선박과 핵 또는 유해물질 적재 선박은 타국 영해에서 무해통항권을 행사함에 있어서 관련 서류를 비치하고 국제협약으로 확립된 특별예방조치를 준수해야 한다(동 第23조).

해양법협약은 영해의 범위를 12해리까지로 확대하고 있는 바, 이러한 영해 범위의 확대는 군함이 자유통항할 수 있는 수역을 감소시켜 군함의 통항에 상당한 영향을 미쳤다. 또한 군함의 통항에 대하여 사전허가 또는 사전통고를 요구하는 연안국의 수가 증가함에 따라 확대된 연안국 관할 수역에서의 해군의 기동력은 제한받게 되어 해상작전의 효과가 감소하게 되었으며, 연안국의 연안에서 해군의 임무수행에 필요한 정보수집활동이나 과학적 조사활동이 제한받게 되어 해군의 임무수행이 영향을 받게 되었다.[6]

나. 군함의 무해통항

군함이 다른 나라의 영해에서 무해통항권을 가지느냐는 문제는 현재에도 논쟁의 대상이 되고 있다. 군함이 영해에서 무해통항권을 가질 수 없다는 주장은 상선과는 달리 군함의 경우 영해 진입 그 자체가 연안국의 안전보장에 영향을 미친다는 논리에 근거하고 있다. 한편 군함에 대한 무해통항권이 허용되어야 한다는 주장은 전통적으로 군함의 영해통항이 인정되어 왔기 때문에 이를 규제할 수 없다는 점에 논거를 두고 있다. 이와 관련하여 1949년 '콜푸 해협 사건'(United Kingdom vs. Albania) 판결에서 국제사법법원(International Court of Justice)은 해협이 아닌 영해에서의 군함의 무해통항권 문제를 직접적으로 다루지는 않았지만, 그 소수의견에서 알바레즈(Alvarez), 크릴로프(Krylov), 아제베도(Azevedo) 등의 판사들은 군함의 영해 무해통항권에 대하여 부정적 입장을 밝혔다. 그 후 1958년 해양법에 관한 제네바 4개 협약 채택회의와 1982년 유엔해양법협약 채택회의에서 군함에 대한 무해통항권 부여 문제에 대해 많은 논의가 있었으나, 결국 합의를 도출하지 못했다.[7]

---

6) 강영훈, 『군함의 법적 지위』, 연경문화사, 1984, p. 129.

7) 오윤경 외, 『21세기 현대 국제법질서 : 외교 실무자들이 본 이론과 실제』, 박영사, 2001,

과거 사회주의 국가들이나 우리나라를 포함한 개발도상국들은 영해에서의 군함의 무해통항권을 부정하고 사전허가제나 사전통고제를 주장하였다. 미국, 영국 및 일본 등 해양강국들은 군함의 무해통항권과 관련하여 일반관습법이나 유엔해양법협약상 사전허가제나 사전통고제가 허용되지 않는다는 입장을 취해오고 있다.[8)]

---

p. 336.

8) 군함의 무해통항과 관련한 미국과 우리 입장은 1985년 중국 어뢰정 표류사건에 관한 법적 견해에서 명확하게 그 차이를 보여주었다. 1985년 3월 중국해군 어뢰정 1척이 소흑산도 근해에서 조난을 당해 표류하던 중 한국 어선에 구조되어 우리나라 항구로 예인되었고, 이와 관련하여 중국 군함 3척이 우리나라의 영해에 들어와 수 시간 머물면서 어뢰정 반환을 요구하는 사건이 발생하였다. 우리나라 정부는 중국 군함의 영해 침범을 항의하고 퇴거를 요구하였다. 이 사건과 관련하여 미국 정부는 영해에서 군함의 무해통항권이 인정된다는 입장에서 이 사건에 대한 미국의 법적 견해를 우리나라에 참고로 알려 왔는데 미국과 우리나라의 법적 견해는 다음과 같다.

⑴ 미국 : 중국 군함은 실종 선박을 수색하기 위하여 한국 영해에 진입한 것으로 이는 무해통항의 전형적인 사례에 해당된다. 군함의 영해 진입에 대해 중국은 사전허가제를, 한국은 사전통고제를 주장하고 있으나 미국은 관습 및 전통국제법상 군함에 대한 사전허가제나 사전통고제는 허용되지 않는다는 입장이다. 유엔해양법협약상 영해를 무해통항중인 선박은 조난당한 선박을 구조하기 위하여 정선할 수가 있으며, 무해통항권의 행사가 아닌 경우에도 위험 또는 조난중인 선박을 구조하기 위하여 연안국의 허가 없이 타국의 영해에 들어가는 것은 이른바 right of assistance entry로서 전통 및 관습국제법상 허용되는 것이다. 따라서 중국 군함이 사전통고 없이 한국의 영해에 진입한 것은 국제법상 정당화될 수 있다.

⑵ 한국 : 조난당한 중국 어뢰정은 한국 어선에 의하여 예인되어 한국의 항구에 정박되어 있는 상황이었으므로 어뢰정이 유엔해양법협약 제18조상의 "위험 또는 조난중인 선박"에 해당되지 않는다. 뒤늦게 한국의 영해에 진입한 중국 군함에 대하여 어뢰정의 구조와 예인 사실 등을 통보하고 영해로부터 퇴거를 요구하였음에도 불구하고 중국 군함이 수 시간 동안 한국 해군과 대치하면서 한국 영해에 머무른 것은 무해통항권의 행사범위를 일탈하였다고 보아야 한다. 중국 군함이 취한 조치는 유엔해양법협약상 허용된 "위험 또는 조난중인 선박의 구조를 위한 정당한 정선·투묘"로 볼 수가 없다. 따라서 중국 군함의 행위는 연안국인 한국의 평화와 공공질서, 안전보장을 침해하는 것이므로 유

따라서 군함의 무해통항 허용 여부를 보다 명확하게 하기 위해서는 제3차 해양법회의 과정 및 1982년 해양법협약 규정을 살펴볼 필요가 있으며, 그럴 경우 군함의 무해통항이 인정된다는 것이다. 해양법회의에서 군함의 무해통항문제가 하나의 일반적 규칙으로 존재함에 대해서는 아무런 도전도 없었으며, 오히려 이보다는 상당한 수의 국가들이 사전통고나 허가를 요구할 수 있는 연안국의 권리를 인정하기 위한 목적에서 해양법협약을 개정하려고 회의 최종회기까지 줄곧 격렬한 운동을 전개하였다. 해양법회의 제11회기중(뉴욕, 1982년 3~4월) 두 가지 개정안이 이 문제에 관하여 제시되어 본격적으로 논의되었으나, 각국 안보 및 해양이해관계의 상충으로 명확한 합의를 보지 못한 채 또다시 해양법협약의 해석문제로 남게 되었는데, 이는 군함의 무해통항이 부정되지 않는다는 것을 의미한다.[9)]

우리나라의 경우 '영해 및 접속수역법' 제5조는 "외국의 군함 또는 비상업용 정부선박이 영해를 통항하고자 할 때에는 대통령령이 정하는 바에 따라 관계당국에 사전통고하여야 한다"라고 하여 영해 무해통항과 관련하여 사전통고제를 채택하고 있다. 또한 이를 근거로 동법 시행령 제4조에서는 외국의 군함 또는 비상업용 정부선박이 영해를 통행하고자 할 때에는 통항 3일 전까지 외무부 장관에게 통고하여야 함을 규정하고 있다. 그러나 해양법협약상 군함의 영해 무해통항에 관한 일정한 조건, 즉 사전통고제나 사전허가제 등을 요구하는 명시적인 근거를 제시하기에는 다소 어려움이 있으며 각 국가의 관행도 역시 이 문제에 관하여는 관습국제법을

엔해양법협약상의 무해통항에 해당될 수 없다. *Ibid.*, p. 337.

9) 김현수, "무해통항제도의 과거와 현재에 관한 법적 고찰", 『해양전략』, 제109호, 2000. 12, p. 15~21 참조.

형성하기에 충분한 국가관행이 국제사회에 존재한다고 볼 수 없다. 또한 이의 준수에 대한 법적 확신 역시 성숙한 단계에 와 있는 것은 아닌 것으로 보인다.[10)]

더구나 아국 영해법이 외국 군함에 대하여 사전통고제를 적용한 이후로 실제 사전통고한 사례가 전혀 없다는 사실은 동 제도의 법적 실효성에 어느 정도 의문을 제기하게 된다. 다만 아국이 영해를 통과하고자 하는 군함에게 동 제도의 존속으로 인하여 경고적 내지 주의적 반응 정도를 통과국에게 상기시킬 수는 있으나 이는 정치적인 고려의 문제이지 법적인 문제는 아니라고 본다. 물론 남북한 간의 긴장상태를 고려하여 외국군함의 통항에 대한 일정한 규제를 해야 함에는 원칙적으로 동의하나, 북한의 군함 통항에 관하여는 평시교전규칙(Armistice Rules of Engagement : AROE)에 의거 그 규제가 가능하다고 보인다. 따라서 영해 및 접속수역법상 일률적으로 외국군함의 통항에 대한 제한 규칙을 두고 있는 아국 영해 및 접속수역법 및 동 시행령은 해양법협약 및 국제관행 등과 일치되도록 사안에 따른 보다 구체적인 세부사항에 대한 작업이 요구된다.[11)]

다. 잠수함의 무해통항

잠수함은 타국 영해에서 부상하여 국기를 게양한 채 통항하여야 한다. 잠수함의 무해통항과 관련하여 잠수함이 외국의 영해에서 부상 항해하여야 한다는 조건을 위반하여 잠항하는 경우 연안국은 어떠한 조치를 취할 수 있는가 하는 문제를 생각해 볼 필요가 있다.

---

10) 김현수·이민효,『현대국제법』, 연경문화사, 2001, p. 117.

11) *Ibid.*, pp. 117~118.

해양법협약 제20조에 의하면 '영해에서 잠수함 및 기타 잠수정은 해면 위에 부상하고 그 기를 게양하여 항해하여야 한다'라고 규정하고 있고, 제17조는 본 협약의 규정을 따를 것을 조건으로 모든 국가의 선박이 영해를 무해통항할 권리를 인정하고 있으며, 제19조 1항은 본 협약 및 기타 국제법 규칙에 따라 무해통항을 행하도록 규정하고 있다. 그리고 동 협약 제25조 1항은 연안국은 무해하지 아니한 통항을 방지하기 위하여 영해 내에서 필요한 조치를 취할 수 있음을 규정하고 있다.

그렇다고 해서 연안국은 자국의 영해에서 잠항하고 있는 외국 잠수함 접촉 시 즉시 공격해도 무방한 것으로 해석될 수 있는 것은 아니다. 왜냐하면 필요한 조치의 일부로서 잠수함을 공격하기 전에 다른 조치를 이용할 수 있기 때문에 동 협약 제25조는 어떤 선박이 무해통항을 하고 있지 않다는 근거 하나만으로 즉시 공격할 수 있다는 견해를 정당화할 수는 없다.

또한 해양법협약 제30조는 군함이 영해 통항에 관한 연안국의 규칙을 준수하지 아니하고 연안국의 준수 요청을 무시하는 경우에 연안국은 그 군함에 대하여 영해를 즉시 떠날 것을 요구할 수 있도록 규정하고 있으나, 직접 공격할 수 있는 것은 아니다.

그러나 잠수함은 일반 군함과는 다른 성질의 것이기 때문에 잠수함이 잠항하는 경우에 동 제30조의 규정을 적용함에는 해석상 어려움이 있다. 연안국의 입장으로서는 잠수함이 잠항하는 경우에 그것을 탐지하기도 어렵고 탐지한 경우에도 잠수함의 의도를 확인하기 어렵다. 즉 영해에서의 잠항이 통상항해에 부수적이거나 불가항력에 의한 경우와 같이 선의의 것인지 아니면 군사적인 목적을 위한 의도적인 것인지를 판별할 수가 없다. 다만 당시의 기상상태, 영해 폭의 광협, 잠수함의 항적, 정치상황 등 제 요

소가 고려되어야 할 것이다.[12)]

그리하여 잠수함이 악천후를 피하거나 또는 부득이 안전을 이유로 하는 목적 이외에 연안국 영해 내에서 잠항하고 있는 것은 연안국 또는 기타 국가에 대하여 전투태세를 취하고 있는 것으로 인정될 수 있다. 이러한 경우에 영해에서 잠항하고 있는 것은 무해통항에 해당하지 않을 것이다.

그러므로 영해에서의 외국 잠수함의 잠항 항해는 무해통항이 아닌 기타의 목적을 가지고 항해할 가능성이 많은 것으로 해석될 수 있으므로 이것은 잠수함의 행동 등 제반사정을 고려하여 합리적으로 평가해야 할 문제이다. 이와 같이 외국의 잠수함이 연안국의 영해에서 잠항 항해하는 경우에 발생하는 문제는 이와 같은 잠수함에 대해 연안국이 어느 정도의 무력을 행사할 수 있는가 하는 것이다.

무해통항 이외의 목적으로 외국의 군함이 영해에 들어오는 것은 국가영역에 대한 침입이며 육상에서의 군대 침입의 경우와 마찬가지로 격퇴되

---

12) 1996년 9월 북한은 인민무력부 담화를 통하여 강릉에 침투한 북한의 잠수함이 표류·좌초한 것이라고 주장하고, 선체와 생존자의 인도 및 사망자 시신의 반환을 요구하였다. 이러한 북한의 주장이 국제법적으로 근거가 있는 것인가? 그렇게 주장하기 위해서는 먼저 북한의 잠수함이 우리의 영해를 침범하였을 당시 악천후나 선상화재, 선상반란 및 기관고장 등 불가항력적인 상황에 처했다는 점이 입증되어야 할 것이다. 국제법상 불가항력이란 예외적이고 불가피하며 이겨낼 수 없었던 자연현상을 의미하는데, 조난선박이 불가항력 등 긴박하고 불가피한 상황의 존재에 대해 입증책임을 진다. 강릉에 침투한 북한의 잠수함이 이러한 상황에 처하여 있었다는 객관적인 증거는 발견되지 않았다. 또한 북한의 잠수함이 진정으로 위급한 상황에 처하여 있었다면 국제적으로 확립된 조난신호를 사용했어야 했고, 북한 당국도 조속히 그 사실을 알렸어야 했다. 그러한 북한 잠수함은 조난신호를 사용하지 않았을 뿐만 아니라 북한 당국도 사건 발생 후 6일이 지난 후에야 조난을 주장하며 송환을 요구하였다. 따라서 북한 잠수함은 무장간첩 침투 등 적대행위 목적으로 우리의 영해를 침범했다가 좌초를 당한 것으로 보아야 한다. 오윤경 외, *op. cit.*, pp. 337~338.

어야 한다는 논거로 영해 내에서 잠항중인 잠수함에 대한 무력의 행사를 정당화시킬 수 있다. 그러나 해양법협약 제30조가 규정하고 있는 바와 같이 잠수함의 퇴거를 요구하는 무력 이외의 모든 조치가 우선 취해져야 한다. 재래식 잠수함의 경우에는 구축함이 계속 접촉을 유지하면서 대잠전술을 이용하여 잠수함을 부상시킬 수 있지만 핵잠수함의 경우에는 접촉 및 부상 유도가 대단히 어려운 것이 현실이다. 다만 핵잠수함은 통상 그 규모가 크기 때문에 통상적으로는 수심이 깊은 영해에서만 활동할 수 있으므로 수심이 낮은 영해를 갖고 있는 국가에는 별로 문제가 되지 않을 것이다.

잠항하는 잠수함을 접촉한 경우에는 잠수함으로부터 0.5마일 이내에서 폭파되도록 박격포탄(mortar bomb)을 발사하거나 또는 수류탄(hand grenades)을 투하함으로써 경고할 수 있을 것이다. 이와 같이 잠항중인 잠수함을 공격하기 전에 폭파신호(explosive signals)로 부상할 것을 경고하고, 그와 같은 경고에도 불구하고 잠수함이 부상하지 않으면 이때의 공격은 그 합리성·합법성이 인정될 것이다.

미국 해군은 영해 내에서 잠항중인 잠수함에게 즉시 부상할 것을 요구하고, 그렇지 않으면 공격받을 것임을 알리는 이른바 'Uncle Joe Procedures'로 알려진 절차를 사용하고 있다. 이 절차는 잠수함에게 경고하기 위하여 수류탄 등을 투하하고, 2초 간격으로 다섯 번 수중음파신호를 보내는 것이다. 소련 해군은 이 절차를 알고 있으며, 일반적으로 이러한 절차에 따르고 있다. 북대서양조약기구도 이 절차를 택하고 있다. 그러나 이 절차에 대한 교육이 보편화되어 있지 않으므로 국제관행이 확립될 수 있도록 이 절차를 널리 보급하는 것이 바람직할 것이다.

2. 영해에서의 군사활동

영해는 연안국의 주권이 미치는 국가영역이다. 따라서 연안국은 영해에서 외국 선박의 군사활동을 규제할 수 있다. 그러나 외국 선박은 타국영해에서 무해통항권을 갖는 바, 무해통항중 타국 선박은 군사활동을 할 수 있는가? 그리고 연안국은 영해를 침범한 타국 선박에 대해 무력을 사용할 수 있는가?

무해통항은 연안국의 평화, 질서 및 안전에 대하여 유해하지 않은 통항이다. 해양법협약은 제19조 제2항에서 유해한 것으로 간주될 수 있는 행위들을 열거하고 있는데, 이에 따르면 무력의 위협이나 사용, 군사훈련 및 연습, 항공기의 선상발진·착륙 또는 탑재 및 군사장치의 선상발진·착륙 또는 탑재 등 군사적 성격을 띠며 군함에 의해 수행될 수 있는 군사활동은 금지된다. 따라서 타국 군함은 무해통항중에 단순한 항해 이외의 어떠한 군사활동도 행할 수 없다. 또한 협약 제20조는 '잠수함 및 기타 잠수정은 해면 위에 부상하고 기를 게양하여 항행하여야 한다'고 명규하고 있다. 이는 잠수함의 잠항은 연안국의 통제를 불가능하게 하므로 이를 방지하는데 그 목적이 있다.

그렇다면 우리 영해에서 불법행위를 하는 외국 선박에 대해 무력을 사용할 수 있는가? 해양법협약은 영해에서 모든 선박에 대해 무해통항권을 인정하고 있는 바,[13] 우리 영해를 무해통항하고 있는 외국 선박을 방해해

13) 제3차 유엔해양법회의에서 군함의 무해통항권에 관한 일반적인 경향은 연안국의 규제권을 강화하여 사전허가 또는 사전통고를 요구하려는 약소해군국과 군함에게도 타 선박과 마찬가지로 무해통항권을 인정하려는 미·소를 중심으로 한 해군강국으로 대립되었으며, 오늘날 학설상으로도 긍정론과 부정론이 대립하고 있다. 이 문제에 대한 해양법협약의 불명확으로 인하여 1960년대 이후 많은 연안국들은 사전통고 및 사전허가제

서는 안 된다. 그러나 외국 선박의 영해 내 불가항력이나 조난에 의해 불가피한 정선과 투묘는 통항으로 간주하여야 하지만, 피난 요건의 불충족 등 외국 선박이 통항중 유해한 행위를 할 경우 통항을 일시적으로 정지시킬 수 있으며, 정선·검색·나포 등 기타 필요한 조치를 취할 수 있고(영해 및 접속수역법 제6조), 제반 조치에 불응하고 도주하는 선박에 대해 제3국 영해 진입 전까지 추적권을 행사할 수 있다(해양법협약 제111조). 군함은 추적 과정에서 추적을 효과적으로 수행하기 위하여 무력을 사용할 수 있지만, 피의선박에 대한 무력 사용은 필요하고도 합리적이어야 한다.[14]

단, 외국 군함이 우리나라의 법령을 위반하거나 법령 준수 요청을 무시하는 경우에도 그 군함을 처벌할 수 없고 다만 즉시 영해를 떠날 것을 요구할 수 있다(영해 및 접속수역법 제8조).[15] 이는 군함은 연안국의 관할권으로부터 면제되기 때문이다(해양법협약 제32조).[16] 그렇지만 우리나라의 법령

를 채택하여 타국 군함의 자국 영해 내 통항을 규제하고 있다. 타국 영해 내에서의 군함의 무해통항권에 대한 자세한 설명은 신각수, "국제법상 군함의 무해통항권", 『서울국제법연구』, 제2권 제1호, 1995, p. 59~75참조.

14) Robin R. Churchill and Alan V. Lowe, *The Law of the Sea*, Manchester University Pres, 1988, p. 152.

15) 우리나라의 '영해 및 접속수역법'(법률 제4986호)은 외국 선박은 대한민국의 평화, 공공질서 또는 안전보장을 해하지 아니하는, 즉 대한민국의 영해를 무해통항할 수 있다는 것을 확인하면서도 외국의 군함(또는 비상업용 정부선박)이 영해를 통과하고자 할 때에는 대통령이 정하는 바에 따라 관계당국에 사전통고할 것을 요구하고 있다(제5조 제1항).

16) 군사적 임무를 수행하는 국가기관인 군함은 국가의 주권과 독립을 상징하는 것으로서 주권에 따르는 예우와 존경을 받을 권리가 있으며, 해상에서 국가의 권력을 행사하는 기관으로서 그 기능을 수행하기 위해서는 군함의 기국이 군함 및 그 승무원에 대하여 완전한 통제권을 가져야 할 군사적 필요가 있다. 이러한 이유에서 군함은 연안국의 관할권으로부터 면제된다. Roland J. Stanger, *Criminal Jurisdiction over Visiting Armed Forces*, U.S. Naval War College International Law Studies 1957~1958, vol. 52, 1965, pp. 58-59.

을 준수하지 않음으로 인하여 발생한 손해에 대하여는 군함의 기국에게 국제책임을 물을 수 있다(동 제31조).

문제는 시정 및 퇴거 요구에도 불구하고 이에 응하지 않거나 잠항통항을 계속하는 경우 어떠한 조치를 취할 수 있는가 하는 것이다. 군함인 잠수함이 영해 내 잠항 시 해양법협약상 퇴거요구를 할 수 있을 뿐, 더 이상의 구체적 절차를 진행하기가 어려운 것이 현실이다. 특히 잠수 항행하는 잠수함은 탐지가 어렵고 따라서 그 행위예측이 불가능하기 때문에 연안국으로서는 치명적인 공격을 당할 수 있는 위험성이 항상 존재하고 있다. 따라서 일부 국가들은 국내법령으로 영해 내에서 탐지된 모든 적 잠수함은 즉시 공격한다고 규정하는 경우도 있다.[17)]

무해통항 이외의 목적으로 외국의 군함이 영해에 들어오는 것은 국가 영역에 대한 침입이며, 육상에서의 군대 침입의 경우와 마찬가지로 격퇴되어야 한다는 논거로 영해에서 이들에 대한 무력 사용이 배제되지는 않는다.[18)]

이 경우 함정의 고속기동에 의한 군함의 항로 차단, 함정세력 집결, 항공기의 근접 선회비행 등 무력시위를 하여 아측의 영해 수호의지를 군함에게 환기시킨다. 그럼에도 불구하고 외국 군함이 영해 침범 행위를 계속

---

17) 김현수, "작전수역으로서의 영해 및 접속수역에 관한 연구", 『전투발전연구』, 제8호, 2001. 12, p. 280. 미국과 나토국가 잠수함들은 미국 해군 전술교범상의 'Uncle Joe's Proceduer'(TNT나 수류탄을 2초 간격으로 5회 투하하여 수중경고 음파신호를 보내어 즉시 부상할 것을 요구하고 이에 불응할 경우 공격할 것임을 알리는 절차)를 숙지하고 준수한다. D. P. O'Conell, *The Influence of Law on Sea Power*, Manchester, Manchester University Press, 1975, p. 144.

18) 김현수, "국제법상 미식별 잠수함의 처리에 관한 연구", 『해양연구논총』, 제24집, 2000, p. 35.

하는 경우에는 자위권 행사의 일환으로 경고발사(warning shot), 위협발사(threatening shot) 등의 적극적 행동을 취하여 최후의 단계로서 나포, 격침 등의 강경조치를 취할 수 있다.[19]

그러나 이러한 최후조치는 외국 군함이 적대행위로 간주, 전투 혹은 전쟁으로 비화될 가능성이 농후하므로 최후의 순간까지 신중하게 고려하여야 할 대응조치이다.[20] 즉, 무력 이외의 모든 조치가 우선 취해져야 하며, 이와 같은 경고에도 불구하고 이에 응하지 않거나 잠수함이 부상하지 않을 경우 필요한 최소한도 내에서 유효, 적절하게 강제력이 행사되어야 할 것이다.[21]

3. 외국 해양과학조사선의 우리 영해에서의 활동

외국의 해양과학 조사선이 우리나라의 영해 내에서 과학탐사활동을 하려는 경우 사전허가가 필요한가? 유엔해양법협약 제245조는 연안국이 영해 내 해양과학조사를 규제, 허가 및 수행할 배타적 권리를 가지며, 영해 내 해양과학조사는 연안국의 명시적 동의와 연안국이 정한 조건에서만 수행할 수 있는 것으로 규정하고 있다. 우리나라의 '영해 및 접속수역법' 제5조 2항도 외국 선박이 우리의 영해 통과 시 관계당국의 허가나 승인 또는 동의를 얻지 않고 "조사 또는 측량" 행위를 하는 것은 우리나라의 평화와 공공질서 또는 안전보장을 해치는 것으로 본다고 규정하고 있다. 따라서 외국 해양과학 조사선이 우리나라의 영해에서 활동을 하려면 우리 정

---

19) 해군본부, 『해양법연구』, 제11집, 1996. 7, pp. 55~56.

20) *Ibid.*, p. 56.

21) 김현수, "국제법상 미식별 잠수함의 처리에 관한 연구", *op. cit.*, p. 36 참조.

부의 사전허가를 받아야 한다.[22]

제2절 군도수역에서의 군사활동

1. 군함의 통항

군도수역에서 모든 국가의 선박은 무해통항권을 향유함과 동시에 지정된 항로대 및 항공로[23]에서는 군도항로대통항권을 향유한다. 해양법협약은 해협통항제도의 경우와 마찬가지로 군도수역의 통항제도에 대해서도 군함과 다른 선박 사이의 구별은 하고 있지 않다. 따라서 군도항로대통항제도가 군함에게도 그대로 적용된다.

군도항로대통항이란 '공해 또는 배타적 경제수역의 일부분과 공해 또는 배타적 경제수역의 타 부분 사이에서 계속적이고 신속하며 방해받지 아니하는 통과만을 위한 통상적인 방법에 의한 항행 및 상공비행의 권리를 행사하는 것'(해양법협약 제53조 제3항)으로 군도수역을 통항하는 국가의 입장에서는 볼 때 군도항로대통항의 인정은 동 수역의 군사적 이용에 있어 중요한 의미가 있다. 이는 군도항로대통항권이 연안국의 규제가 보다 심

---

22) 오윤경 외, *op. cit.*, p. 338.

23) 군도국가는 자국의 군도수역이나 인접한 영해 또는 그 상공을 통과하는 외국 선박이나 항공기의 계속적이며 신속한 통항에 적합한 항로대나 항공로를 지정할 수 있다. 그러나 이러한 항로대와 항공로는 군도수역과 인접한 영해를 횡단하고 군도수역을 통과하는 국제항행 또는 상공비행의 통로로 이용되는 모든 통상적인 항로대를 포함하여야 하며, 그러한 통항로 내에서 선박에 관한 한 동일한 입구지점과 출구지점 사이에 유사한 편의를 가진 통로로 중복은 필요 없이 모든 통상적인 수로를 포함하여야 한다.

한 무해통항보다는 통항의 보장에 보다 많은 자유를 부여하는 자유통항의 개념에 더욱 가깝다는 사실에 비추어 보면 더욱 확연히 알 수 있다.

동 협약 제52조에 의하면 군도수역에서 모든 국가의 선박은 동 협약 제2장 제3절에 따라서 무해통항권을 향유하되, 지정된 항로대와 항공로에서는 동 협약 제53조에 따른 군도항로대통항권이 적용됨을 규정하고 있어 군도항로대통항권이 무해통항과 다른 개념임을 나타내고 있다.

군도항로대통항제도는 무해통항제도와 비교해 볼 때, 그 의무의 성질 및 연안국 규제권의 범위에 있어서 현저한 차이가 있고, 잠수함의 잠항통항권과 항공기의 상공비행권이 인정되는 통항제도라는 점에서 공해에서의 자유통항개념에 더 가까운 성질의 것으로 해석된다. 이러한 해석의 합리성은 군도항로대통항권이 '항행의 권리'를 행사하는 것으로 정의되고 있음을 보아도 알 수 있다. 공해에서의 '항행의 자유'는 흔히 '항행의 권리'로 설명되기 때문이다. 그러므로 군도항로대통항권은 계속적이며 신속한 통과만을 위한 통상적인 방법에 의한 항행 및 상공비행이어야 한다는 내재적 제한은 있지만, 그 기본적 성격은 '항행의 자유'를 행사하는 것으로서 무해통항의 개념보다는 자유통항의 개념에 더 가깝다. 결국 국제해협에서의 통과통항권과 군도수역에서의 군도항로대통항권은 내용상 동일한 것이며, 한 가지 다른 점은 군도국가가 항로대 또는 항공로에 통상적으로 사용되는 통로를 통하여 이를 행사할 수 있도록 규정하여, 군도수역에서의 통항권을 보장하고 있는 것이다.

미·소 등 해양(군) 강대국들이 주장한 자유통항의 목적은 군함 및 군용기의 기동력을 최대한으로 보장하기 위하여 중요한 국제해협에서의 통항권을 확보하려는 데 있는 것이며, 이러한 목적은 국제해협에서의 통과통항권과 군도 내의 해협에서의 군도항로대통항권에 의하여 보장되고 있다.

그리고 동 협약 제53조 제12항은 군도국가가 항로대 또는 항공로를 지정하지 아니하는 경우에는 국제항행에 통상적으로 사용되는 통로를 통하여 군도항로대통항권을 행사할 수 있도록 규정하여 군도를 통과하는 국제해협에서의 통항권을 보호하고 있다.

또한 군도항로대 통항중인 외국의 선박이 그 의무를 이행하지 아니하거나, 군도국가의 법령을 위반할 경우 군도국가는 직접 강제조치를 취하여 통항을 제한 또는 부인할 수 있는 것인지의 여부에 대해서는 통과통항의 경우와 마찬가지로 해석상의 대립이 있을 수 있지만 주권면제를 향유하는 군함 및 군용기에 대해서는 군도국가의 권한이 미치지 못하므로 군도국가는 그들의 퇴거를 요구할 수 없고, 다만 군함이나 군용기가 법령 위반행위로 군도국가에 손해 또는 손실을 준 경우에는 그 기국이 국제책임을 부담할 뿐이다. 동시에 군도국가는 군함의 군도항로대통항권을 방해하거나 정지시킬 수 없다.

이처럼 군도수역에서의 군도항로대통항은 동 수역을 통항하는 국가의 군함 및 항공기의 통항이 보장되고, 나아가 잠수함의 잠항통항이 허용되어 이의 은밀기동이 보장되기 때문에 통항국의 입장에서는 군사적 이용가치가 높다.

그러나 이에도 일정한 제한이 있다. 군도항로대통항권을 행사하는 선박과 항공기는 지정된 항로대와 항공로를 지체 없이 항행하여야 하며, 군도국가의 주권 또는 영토보존 및 정치적 독립 또는 UN헌장에 구현된 국제법원칙을 위반하는 기타 방법으로 무력에 의한 위협 또는 행사를 삼가야 하며, 불가항력 또는 조난의 경우가 아닌 한 계속적이며 신속한 통과의 통상적인 방법에 부수되지 아니하는 기타 활동을 삼가하고 기타 관계규정을 준수하여야 한다.

그리고 군도항로대통항중인 선박은 국제해상충돌예방규칙을 포함한 일반적으로 승인된 국제해상안전규정·절차 및 관행뿐만 아니라 군도국가가 군도항로대통항과 관련하여 제정한 법령[24]을 준수하여야 한다. 또한 군도항로대통항중인 항공기는 민간항공기에 적용되는 국제민간항공기구가 제정한 항공규칙을 준수해야 한다. 정부항공기도 통상 이러한 안전조치를 준수하고 항상 비행의 안전을 위한 정당한 고려를 하면서 비행하여야 하며 국제적으로 지정된 권한 있는 항공교통관제기구가 배정한 무선주파수 또는 국제조난무선주파수를 항상 청취하여야 한다. 군도항로대통항중인 해양조사선 및 해양측량선을 포함한 외국 선박은 군도국가의 사전허가 없이는 어떠한 조사 또는 측량활동도 수행할 수 없다.

그리고 군도항로대 이외의 군도수역에서 모든 국가의 선박은 무해통항권을 향유하며, 군도국가는 자국의 안전보장을 위하여 통항을 정지시키는 것이 불가피한 경우에 외국 선박 간에 형식적 또는 실질적 차별을 두지 않고 군도수역의 특정한 수역에 있어서 외국 선박의 무해통항을 일시적으로 정지시킬 수 있다. 군함의 경우에도 정지시킬 수 있다. 그러나 이러한 정지는 정당히 공시를 한 후에만 효력을 발생한다. 이와 같이 무해통항제도가 적용되는 군도수역에서는 잠수함은 부상항해하고 기를 게양해야 하

24) 군도국가는 항해의 안전과 해상교통의 규제에 관한 사항, 군도수역에 유류·폐유 및 기타 유독성 물질의 배출에 관한 사항, 어선에 관한 것으로 어구의 적재를 포함한 어로의 금지에 관한 사항 및 군도국가의 관세·재정·출입국관리 또는 위생법규을 위반하는 행위에 대한 규제권 등 군도항로대통항에 관한 법령을 제정할 수 있다(해양법협약 제41조). 그러나 이러한 군도국가의 법령은 형식적 또는 실질적으로 외국 선박 간에 차별을 두어서는 안 되며, 군도항로대통항권을 부인하거나 방해 또는 침해하는 실질적인 효과를 미쳐서도 안 된다. 군도국가는 이러한 모든 법령을 정당히 공시하여야 하며, 군도항로대통항권을 행사하는 외국 선박은 상기의 법령을 준수하여야 한다.

며 항공기는 군도국가의 허가 없이 무해통항권을 행사할 수 없다.

2. 연안국의 이익보호

군도항로대 통항중인 해양조사선 및 해양측량선을 포함한 외국 선박은 군도국가의 사전허가 없이는 어떠한 조사 또는 측량활동도 수행할 수 없다. 무해통항의 경우 연안국은 무해하지 않은 통항을 방지하기 위해 영해 내에서 필요한 조치를 취할 수 있고, 군함이 연안국의 법령을 위반하는 경우에는 영해에서 퇴거할 것을 요구할 수 있으나, 군도항로대통항의 경우에는 이에 대응하는 규정을 두고 있지 않다. 그러므로 군함이 상기한 의무를 준수하지 않는 경우에도 퇴거를 요구할 수 없는 것으로 해석되며, 군도국가에 손해를 끼친 경우에는 그 기국의 국제책임을 물을 수 있을 뿐이다. 통과통항제도와 관련하여 이미 살펴본 바와 같이 해양법협약 제39조에서 규정하고 있는 선박 및 항공기의 의무는 자주적 규제로 되어 있다.

그리고 군도국가는 항해의 안전과 해상교통의 규제에 관한 사항, 유류·폐유 및 기타 유독성 물질의 배출에 관한 사항, 어선에 관한 것으로 어구의 적재를 포함한 어로의 금지에 관한 사항 및 군도국가의 관세·재정·출입국관리 또는 위생법규을 위반하는 행위에 대한 규제권 등 4가지 사항에 한하여 군도항로대통항에 관한 법령을 제정할 수 있다. 그러나 이러한 군도국가의 법령은 형식적 또는 실질적으로 외국 선박 간에 차별을 두어서는 안 되며, 또는 그 적용상 군도항로대통항권을 부인하거나 방해 또는 침해하는 실질적인 효과를 미쳐서도 안 된다. 군도국가는 이러한 모든 법령을 정당히 공시하여야 하며, 군도항로대통항권을 행사하는 외국 선박은 상기의 법령을 준수하여야 한다. 그러나 주권상의 면제특권을 갖는 군함 또는 항공기가 상기 법령 또는 본 장의 기타 규정에 위반되는 행위로 군도국가에 손해 또는 손실을 끼친 경우에는 그 기국이 국제책임을 진다.

군도국가가 이상과 같은 법령제정권에 기하여 법령을 제정·공포한 경우에 외국 선박이나 항공기가 이를 위반했을 때 군도국가는 이러한 위반에 대해 어떠한 조치를 취할 수 있는가에 대해서는 아무런 규정이 없다. 그러나 이 문제에 관해서는 통과통항제도와 관련하여 검토된 것과 같은 내용의 것이므로 여기에서는 생략한다.

제3절 접속수역에서의 군사활동

영해에 접속되어 있는 일정 범위의 수역인 접속수역에서 연안국은 다음을 위하여 필요한 통제를 행할 수 있다. 첫째, 연안국은 관세, 재정, 출입국 관리 및 위생에 관한 법령의 영토 또는 영해 내에서의 위반을 방지하는 일, 둘째, 연안국의 영토 또는 영해 내에서 발생한 법령위반을 처벌하는 일 등이다(해양법협약 제33조 1항).

해양법협약 제33조의 해석에 따르면 연안국은 자국의 영토나 영해 내에서 발생한 위법행위에 대해서만 접속수역 내에서 규제할 수 있을 뿐이고, 접속수역 내에서 연안국의 국내법을 어긴 경우에는 직접적인 관할권을 행사할 수 없다. 해양법협약은 접속수역을 더 이상 공해로 추정하지 아니 하고 최소한 배타적 경제수역에 포함시켰기 때문에, 이 수역의 어업이익은 접속수역의 관할범위에만 제한적으로 포함되는 것이 아니라, 배타적

경제수역 법체계의 일부로서 보호되는 것이다.[25)]

접속수역에 대한 연안국 관할권은 상기 4가지 사항에만 국한된다.[26)] 따라서 이러한 4가지 위반사항 이외에는 접속수역 위반이라는 이유로 관할권 행사가 불가하며, 이들 위반사항에 대하여 연안국은 필요한 관할권 행사, 즉 임검·추적을 할 수 있으나, 관할권 행사과정에서 피의선박에게 야기한 어떠한 손해에 대하여도 손해를 배상할 책임이 있으며, 또한 연안국 관헌이 상기 4가지 위반사항의 하나에 해당된다고 판단하여 필요한 절차(정선·임검·추적 등)를 진행하여 필요한 조사를 하였으나 아무런 혐의점도 발견하지 못하였다면 이로 인하여 야기된 손해도 배상하여야 한다.

그리고 접속수역 보호법익을 침범한 선박의 추적과정에서 정선 및 임검에 필요한 최소한도의 무력행사, 즉 공포탄 발사 등은 허용되나 위반선박에 대하여 직접적 공격을 가하는 무력행사는 허용되지 아니하며, 만일 무력행사로 인하여 어떠한 피해를 야기하였다면 그로 인한 손해배상 책임도 면하기 어려울 것이다. 연안국 법령위반 사실이 연안국에 의한 위반선박에 대하여 무력행사까지 정당화하는 것은 아니기 때문이다.[27)]

---

25) 최종화, "한반도 주변해역 해상치안수요 변화와 해양경찰", 김현기 편, 『21세기 해양시대 개막과 한국해양경찰』, 한국해양전략연구소, 2001, p. 49.

26) 접속수역에서의 연안국 보호법익을 4가지만 규정하고 있는 것은 한정적인 것이 아니라 예시적인 것에 불과하므로 4가지 사항 외 접속수역의 보호법익 범위를 안보이익 등을 포함하여 확대 적용하려는 움직임도 있었다. 일본 어선 1척이 미국 연안으로부터 9마일 해상에서(당시 미국은 3마일 영해를 채택하고 있었음) 불법 어로행위를 하다 미 해안경비대 함정의 추적을 받아 나포된 1947년의 타이오마루(Taiyo Maru) 사건에서 법원은 위의 4가지 관할사항은 한정적인 아니라 예시적인 것에 불과하므로 어업이익도 포함되어야 한다고 하였다. 김현수, "작전수역으로서의 영해 및 접속수역에 관한 연구", *op. cit.*, p. 296.

27) *Ibid.*, pp. 296~297.

제4절 배타적 경제수역에서의 군사활동

1. 배타적 경제수역에서의 군사활동

배타적 경제수역(EEZ)은 경제적, 정치적 측면에서 연안국의 자원관할권의 증대, 국가안보 및 권익보호를 위한 요구뿐만 아니라 자원의 보존·관리 및 환경보호 등 '국제사회 전체의 이익'을 위한 새로운 과제를 연안국에게 권한 위임한다는 명분이 결합된 복합적인 제도이다.[28]

하지만 해양법협약은 EEZ에서의 연안국의 권리의무 등에 대해서는 자세하게 언급하고 있지만, 동 수역 내에서의 군사활동에 대해서는 명시적인 규정을 두고 있지 않다. 따라서 동 수역 내에서의 군사활동에 대해 의견이 대립되고 있다.[29] 이는 EEZ의 탄생 배경을 보면 어느 정도 이해가 되는 바, 동 수역은 연안국의 기능적 관할권 확장 요구와 동 수역의 공해라는 측면을 강조했던 국가들 간의 일종의 타협의 산물이었던 것이다.[30]

EEZ의 군사적 이용 문제는 연안국이 동 수역에서 비우호적 활동을 하

---

28) 권문상·이용희, "유엔해양법협약상 배차적 경제수역 내 외국의 군사활동에 대한 대응방안", 『Strategy 21』, 1999, p. 173.

29) 유엔해양법협약 협상 과정에서 미소 등 해양강국들은 공해이던 광대한 수역(기선으로부터 200해리)이 연안국의 주권 및 관할권이 배타적으로 미치는 수역이 됨에 따라 자국 해군의 기동과 전략적으로 중요한 해역에서의 군사활동이 제한 또는 방해받을 수 있다는 것을 우려했었다. B. A. Boczek, "Peacetime Military Activities in the Exclusive Economic Zone of Third Countries", 19 *Ocean Development and International Law*, 1988, p. 447; S. Rose, "Naval Activity in the Exclusive Zone Troubled Waters Ahead?", 21 *Ocean Development and International Law*, 1990, p. 123 참조.

30) 김현수, "신해양법상 군사활동과 무력사용의 한계", 『해양전략』, 제94호, 1997. 3, p. 190.

는 외국 선박에 대해 강제력을 사용할 수 있는가 하는 것과 타국이 동 수역에서 군사적 활동을 할 수 있는가 하는 문제로 대별될 수 있다.

먼저 연안국은 자국의 EEZ 내에서 비우호적 행위를 행하는 타국 선박에 대해 강제력을 사용할 수 있는가? 해양법협약은 EEZ 내에서의 외국의 비우호적 활동을 배제하기 위한 연안국의 무력사용권을 명규하지는 않은 채, 해양의 평화적 사용을 규정하고 있는 협약 제301조에서 "본 협약에 따른 권리행사 및 의무이행에 있어 당사국은 타국의 영토적 또는 정치적 독립에 반하거나 또는 유엔헌장 내에 구현된 국제법 원칙에 반하는 방법에 의한 무력의 위협 또는 사용을 삼가야 한다"고 밝히고 있을 뿐이다. 따라서 연안국의 안전을 위협하고 법령을 위반한 타국의 선박에 대해서는 해양법협약과 연안국의 국내법(우리나라의 경우 '배타적 경제수역법')에 따라 승선, 검색 및 나포할 수 있으며 처벌에 필요한 사법조치를 취할 수 있을 것이다(해양법협약 제75조 제1항).

다음으로 EEZ 내에서의 타국의 군사활동 허용 문제를 살펴보면, 동 수역에서 모든 국가의 군함은 항행의 자유를 갖는다는 것은 재론의 여지가 없지만(동 제58조 제1항), 무기의 발사, 군사훈련, 군함의 기동, 항공기의 발진 및 착함, 군사장비의 설치 등과 같은 그 성질상 명백한 군사적 활동을 행할 수 있는지에 대해서는 논란이 되고 있다.

타국의 군사활동을 긍정하는 측은 해양법협약 제58조 제1항이 "선박, 항공기 및 해저전선 및 도관의 운용에 관한 자유"와 같은 항행의 자유에 관련된 해양사용의 자유를 명문으로 보장하고 있는 것은 EEZ에서 군함의 군사활동을 보장을 포함하는 것이라고 주장하는 반면,[31] 부정하는 측은

31) D. P. O'Connell, *International Law,* vol. 1, Clarendon Press, Oxford, 1982,

단순한 군함의 통과 이외의 목적을 위하여 EEZ를 군사적으로 사용하는 것은 동 수역에서의 탐사 및 개발에 관한 연안국의 권리를 침해한다고 주장한다.[32]

이상의 긍정론과 부정론을 종합해 볼 때 해양법협약 제58조 제1항 및 제2항에 의하여 EEZ에서의 군사활동은 원칙적으로 허용되나 이 군사활동이 동협 약 제56조 제1항에서 규정하고 있는 연안국의 권리 및 관할권을 침해하면 정당화될 수 없는 것으로 해석된다. 제58조 제3항에 의하면 EEZ에서 권리를 행사하고 의무를 이행함에 있어서 각국은 연안국의 권리와 의무를 정당히 고려할 의무를 부과하고 있기 때문이다.[33]

그러나 군사기동훈련 등과는 달리 무기발사나 항공기의 발진 및 착함의 경우는 제58조 제1항의 '항행의 자유'에 포함시키기 어려운 경우가 많아 군사활동을 일률적으로 하나의 기준에 의해 인정하거나 부정하는 것이

---

pp. 577–578; Bernard H. Oxman, "The Regime of Warships under the United Nations Convention on the Law of the Sea", 24 *Virginia Journal of International Law*, 1984, p.838; U.S. Department of the Navy, Office of the Chief of Naval Operations, *The Commander's Handbook on the Law of Naval operations* (NWP–9), Washington, U.S. Government Printing Office, 1989, pp. 2–9.

32) F. Francioni, "Peacetime Use of Force, Military Activities and the New Law of the Sea", 18 *Cornell International Law Journal*, 1985, p. 214. 카보베르데, 우루과이 등은 해양법협약 서명 시에 배타적 경제수역 내에서의 군함의 기동이나 무기의 연습은 자국의 사전허가 없이는 금지된다는 '선언'을 행하기도 하였다. U.N. Law of the Sea Bulletin, vol.5, July 1985, pp. 6–7. 김영구, 『한국과 바다의 국제법』, 한국해양전략연구소·효성출판사, 2002, p. 404에서 재인용.

33) 강영훈, "잠수함의 국제법상의 지위(I)", 『해양연구논총』, 제12집, 1994. 3, p. 216; 김현수, "배타적 경제수역에서의 군사활동과 그 법적 규제", 『해양연구논총』, 제16집, 1996, pp. 1~47 참조.

쉽지 않을 것이다.[34] 따라서 협약에 명문의 규정이 없는 EEZ 내에서의 타국의 군사활동 허용문제는 협약 제59조에 의한 기준, 즉 전체로서의 국제사회의 이익, 관련당사국의 이해 관련성의 중요도 및 형평의 원칙 등에 의거하여 판단할 수밖에는 도리가 없을 것이다.[35]

연안국의 법령을 위반한 외국군함의 퇴거요구를 규정하고 있는 영해에서의 연안국의 법령시행권(동 제25조, 제30조)과는 달리 EEZ에서 연안국의 법령을 위반한 군함의 퇴거를 요구할 권한이 연안국에게 명시적으로 부여되고 있지 않다. 따라서 EEZ에서 외국의 군함은 연안국의 법령을 위반하였다 하여 퇴거당하지 아니하며, 계속적인 항행의 자유와 이와 관련된 해양사용의 자유를 누린다. 연안국 중에는 EEZ에서의 연안국의 주권적 권리의 당연한 부수적 내용으로서 연안국의 국내법령을 위반한 외국군함을 축출할 권한이 있는 것으로 전제하고 특별한 안보적 권한을 국내법령으로 규정하거나 선언하기도 하는 바, 방글라데시, 미얀마, 캄보디아, 아이티, 인도, 파키스탄, 스리랑카, 베트남, 예멘 등이 그러한 나라들이

34) 군사연습, 전쟁게임 및 무기실험을 항해의 자유 또는 이와 관련된 적법한 해양사용방법으로서 해양법협약 제58조가 규정하는 EEZ에서 다른 국가들이 누리는 권리에 속하는가 하는 문제에 대해서는 의견이 갈라지고 있다. 공해를 항해할 수 있는 자유에는 군사연습 등 군사활동을 할 수 있는 자유가 포함되어 있다는 것이 국제사회의 오랜 관행이자 국제관습법의 태도이며, 이러한 원칙은 해양법협약에도 그대로 계승되었다는 주장이 있는 반면, 어선이 공해를 항해할 수 있는 자유와 공해에서 조업을 할 수 있는 자유가 같은 것이 아니듯이 군함의 항해의 자유에 당연히 군사연습 등 군사활동의 자유가 포함되는 것은 아니라는 주장이 대립하고 있다. E. D. Brown, *The International Law of the Sea*, vol.1, Dartmouth, 1994, p. 240, 이석용, "해양의 군사적 이용에 관한 연구", 『Strategy 21』, vol. 3, no. 2, 2000, p. 87에서 재인용.

35) 김영구, 『한국과 바다의 국제법』, 해양전략연구소·효성출판사, 2002, pp. 404~405.

다.[36] 그러나 이는 동 협약 규정상의 연안국 권한을 일탈하는 것이 될 것이다. 결국 연안국의 국내법령을 의도적으로 집요하게 반대하는 외국 군함에 대하여는 자위권의 범위 내에서 실력으로 이를 배제할 수밖에 없을 것이다.[37] 그러나 이 또한 아주 제한된 상황에서만 정당화될 수 있다고 보이며, 자국의 법령 위반 군함에 대한 연안국의 권리행사 문제에 관한 분쟁이 야기될 가능성이 매우 크다.[38]

2. 연안국의 이익보호

연안국은 EEZ에서 생물과 무생물·천연자원의 탐사 및 개발, 해수·해류·해풍 등을 이용한 에너지 생산 등과 같은 동 수역의 경제적 개발 및 탐사를 목적으로 하는 기타 활동에 관해서는 주권적 권리를, 인공도서·시설·구조물의 설치 및 사용, 해양의 과학적 조사 및 해양환경의 보호 및 보존에 대해서는 관할권을 갖는다(해양법협약 제56조 제1항).

타국은 EEZ 내에서 항행의 자유, 상공비행의 자유 그리고 해저전선과 도관부설의 자유를 갖는다(동 제58조 제1항). 그러나 타국의 EEZ에서 이러한 권리를 행사하고 의무를 이행하는 국가는 연안국의 권리 및 의무를 적절히 고려하여야 하며, 해양법협약과 기타 국제법 규칙에 모순되지 않는 연안국의 법령을 준수하여야 한다(동 제58조 제3항). 따라서 타국 EEZ 내에서 항행의 자유를 누리는 선박은 연안국이 행사하는 해양환경의 보호와 보

---

36) A. V. Lowe, "Some Legal Problems arising from the Use of the Seas for Military Purpose", 10 *Marine Policy*, 1986, p. 181. 강영훈, "잠수함의 국제법상의 지위(I)", op. cit., p. 215에서 재인용.

37) 강영훈, "잠수함의 국제법상의 지위(I)", *op. cit.*, p. 215.

38) 해군작전사령부, 『작전법사례집』, 제1집, 1997. 7, p. 44.

존[39]을 위한 규제에 전적으로 따라야 하며, 인공도서나 시설, 구조물로 인한 합리적 범위의 항해에 대한 제약을 감수해야 한다(동 제60조 제3항~제7항 참조).

이처럼 해양법협약은 연안국에게 EEZ에서 협약이 보장하고 있는 연안국의 생물자원의 보존 및 관리를 위한 법령시행권을 부여하고 있는 바,[40] 연안국은 해양법협약에 보장된 자국의 이익 확보 및 협약과 기타 국제법 규칙에 반하지 않는 자국 법령을 시행하고 강제할 수 있다. 법령의 준수를 확보하기 위하여 필요한 승선, 검색 및 나포할 수 있으며, 법령위반의 처벌을 위하여 필요한 사법절차를 진행시킬 수 있다(동 제73조 제1항). 나포된 선박 및 승무원은 상당한 보석금, 기타 보증금을 예치한 후 즉시 석방해야 하며(동 제73조 제2항), 만약 이러한 석방조치가 부당하게 지연되거나 관련 당사국이 모두 협약 당사국인 때 이러한 석방지연은 국제해양법재판소에 제소될 수 있다(동 제292조). EEZ 내에서의 어업법규 위반에 대한 연안국의 형벌은 관계국 간의 반대의 합의가 없는 한 금고 또는 기타의 체벌을 가할 수 없다(동 제73조 제3항). 연안국은 외국 선박을 나포하거나 억류하였을 경우 즉시 적절한 경로를 통하여 그 기국에 이러한 사실을 통보하여야 한다(동 제73조 제4항). 연안국은 위반선박의 나포를 위하여 필요한 경우 EEZ 이원까지 추적권을 행사할 수 있다. 그러나 이러한 추적권은 타국의 영해 이내로까지 계속될 수 없다(동 제111조).[41]

---

39) 해양환경의 보호 및 보존에 관한 조항은 제236조에 의거, 군함에게는 적용되지 않는다.

40) 해양법협약은 연안국의 배타적 경제수역에 대한 법령시행권과 관련하여 생물자원의 보존 및 관리(제73조)와 해양환경의 보호 및 보존(제214조, 제216조, 제220조, 제235조)에 대해서는 자세한 규정을 두고 있지만, 이를 제외한 다른 권리의 보장을 위한 법령시행권에 대해서는 매우 불충분한 입장을 보인다.

41) 유엔해양법협약이 배타적 경제수역에서의 법령위반 외국 선박을 추적할 권리를 연안국에게 부여한 것은 추적권 제도에 있어서 가장 실질적이고 혁신적인 내용 중의 하나이

제5절 국제해협에서의 군사활동

1. 군함 및 잠수함의 통항제도

해협에서의 통항문제는 연안국의 안보와 밀접한 관계가 있다. 그리하여 과거에는 영토의 두 부분 사이에 존재하는 수역을 내수로 하려는 추세가 강하였고, 항해목적 이외에는 이를 완전히 폐쇄하려는 적이 있었다. 그러나 근래에 와서 그러한 경향은 현저하게 변화하여 해협을 보다 개방하려는 쪽으로 기울어졌으며, 이는 콜푸 해협 사건(Corfu Channel case)에서의 국제사법법원(ICJ)의 판결을 계기로 분명해졌다.

국제해협에 대해 국제법적 개념이 처음으로 부여된 동 사건은 영국 군함이 알바니아 영해인 콜푸 해협을 통과하다가 알바니아가 부설한 기뢰에 의해 손상을 입은 사건이다. 이 사건에 대한 판결에서 ICJ는 영해라도 하더라도 국제항행에 사용되는 해협의 경우, 군함은 평화 시에 연안국의 사전동의 없이 이를 무해통과할 수 있다는 것이 국제관습으로 확립되어 있다고 하였다.[42]

그 후 1960년대 이후 12해리 또는 그 이상의 영해를 주장하는 수가 증가됨에 따라 많은 수의 중요한 해협들이 연안국들의 영해에 포함되게 되

다. 김현수, "추적권에 관한 국제법적 고찰", 『해양전략』, 제110호, 2001. 3, p. 40. 배타적 경제수역에서의 연안국의 어업관할권에 대해서는 최종화, "한반도 주변해역 해상치안수요 변화와 해양경찰", 한국해양전략연구소, 『21세기 해양시대 개막과 한국해양경찰』(제7회 학술세미나 논문집), 2000. 12. 7, pp. 36~37 참조.

42) D. J. Harris, *cases and Materials on International Law*, London, Sweet and Maxwell, 1998, pp. 391-395 참조.

자, 해양국가들은 국제해협에서의 정지되지 않는 무해통항 제도로는 군함의 안전한 통과보장이 불충분하다는 것을 인식하고, 영해를 12해리로 확대하는 것은 인정하면서도 국제해협에서의 선박(항공기)의 항행(비행)의 자유를 확보하고자 노력하였다. 그 결과 제3차 유엔해양법회의에서 해협연안국과 해협이용국 간의 타협으로 '공해 또는 배타적 경제수역의 일부분과 공해 또는 배타적 경제수역의 다른 부분 간의 국제항행에 이용되는 해협'에서의 선박 및 항공기의 '통과통항'제도가 채택되었다.[43)]

해양법협약은 국제해협에서의 통항과 관련하여 군함과 다른 선박 사이에 구별을 하지 아니하고 동일한 통항제도를 적용하고 있다. 잠수함의 해협통과도 일반 군함과 동일하게 해협에서의 통과통항제도가 인정된다. 이러한 통과통항 제도는 해양강대국들의 세계안보전략과 직결되는 것으로서 오늘날 국제관습법으로 확립되었다는 주장이 제기되고 있다.[44)]

여기서 주로 문제가 되는 것은 핵추진 잠수함의 잠항통항 문제이다. 통과통항에 관하여 규정하면서 동 협약은 잠수함의 통항 시 부상항행을 요구하는 조항을 두고 있지 않다. 따라서 통과통항권이 잠수함의 잠항통과권을 포함하는 권리인가 하는 것이 해석상의 문제가 될 수 있다.

해양법협약 제39조 제1항 (다)호는 잠항방법에 의한 통과통항권의 행

---

43) Michael A. Moris, *Expansion of Third-World Navies*, New York, St. Martins Press, 1987, p. 112.

44) William L. Schachte, Jr., "Foreign Policy and Ocern Affairs: Political and Military Implications of the New Law of the Sea", Kim Dalchoong (ed.), *Global Ocean Politics*, Inst. of East and West Studies, 1988, p. 32; R. Jennings and A. Watts (eds.), *Oppenheim's International Law*, vol. I (Peace), 9th edition, Longman, 1992, p. 636. Cf. R. R. Churchill and A. V. Lowe, *The Law of the Sea*, Manchester University Pres, 1988, pp. 93–94; K. R. Simmonds, "The Law of the Sea", *The International Lawyer*, vol. 24, 1990, pp. 931, 945–946 참조.

사를 예기하고 있고, 해협연안국의 방해에 복종하지 않게 하고 있는 많은 증거에 비추어 연안국의 규제권에 모순되는 잠항통과권이 인정될 수 없다는 견해는 합리적인 해석이라고 볼 수 없다. 통과통항권은 그 기본적 성격이 "통항의 자유"를 행사하는 것이므로, 여기에서 "항행의 자유"란 잠수 활동을 포함하는 개념이며, 비록 공해상의 자유통항에서는 볼 수 없는 "계속적이며 신속한 통과만을 위한" 것이어야 한다는 내재적 제한을 부과하고 있지만, 이러한 제한적 요소는 통과만을 위한 계속적이며 신속한 통항이 아닌 것을 배제하는 것이지 "통항하는 방법"을 제안하는 것이 아니므로 잠수함의 잠항 통과권을 제한하는 것이 아니다. 통과통항권이 상공비행의 자유도 인정하는 권리라는 사실은 이러한 해석의 타당성을 더욱 명백히 해주고 있다. 더구나 영해에서의 무해통항에 대해서는 잠수함이 부상항해 할 것을 해양법협약 제20조에서 명시적으로 규정하고 있으나, 국제해협에서의 통과통항에 관한 규정 중에는 잠수함의 부상 항해를 요구하는 규정이 없을 뿐 아니라, 해협통항제도의 독자성으로 인하여 동 협약 제20조가 통과통항에 적용될 여지도 없다. 따라서 해협을 통과하는 잠수함은 잠항항해가 가능하며, 영해통항 시 요구되는 부상 항해 및 국기게양의무가 없다. 이는 해협이 국제항행에 이용되는 수로라는 측면을 강조한 결과이다.

이러한 통과통항 제도는 긴장 및 위기의 악순환적 상승을 방지하는 역할을 하기도 한다. 해협에서의 통항을 해협연안국의 일방적 판단에 위임하지 않고 해양에의 접근과 그 이용의 보장이라는 국제사회의 일반적 이익을 위하여 도입된 통과통항 제도는 해협이용국과 해협연안국의 갈등을 예방하고 이익을 조정하는 완충적 제도로서 기능해 왔다고 볼 수 있다.

또한 해양법협약상의 국제해협 제도는 체약국들의 국내법 및 관행과 협약규정 간의 괴리를 줄이고 국제해협의 지위를 규정한 법의 안정성을 높였다. 이러한 안정성은 과거 관습법에 어렵게 유지되어 왔던 중요한 규범들이 해양법협약상의 기술적이고도 정밀한 규정에 의해 또는 협약에 규정되어 있는 통제장치들에 의해 효과적으로 적용될 수 있게 되었다는 점에서 보다 더 확고해졌다.[45)]

그러나 관련 규정의 불충분성과 그 내용의 불명확성은 해협 이용을 둘러싼 각국들의 이해와 맞물려 분쟁을 유발할 가능성을 내포하고 있는 것도 사실이다.[46)]

만약 해협 통과의 허용 여부가 연안국의 재량에 맡겨지면 비록 연안국들이 그러한 재량권을 공정하게 사용한다 하더라도 긴장 및 위기사태에 개입하게 되는 것을 피할 수 없을 것이며, 통과의 거부 또는 허용이 법적으로는 공정하다 하더라도 그 결정은 분쟁당사자에게는 매우 중요한 군사적 및 전략적 영향을 미치기 때문이다.[47)]

또한 해협연안국은 자국이 갖는 모든 가치의 추구와 보호를 '안보'라는

---

45) 김석현(역), "새로운 해양법의 도래", 『국제법평론』, 통권 제4호, 1995, p. 2.

46) J. Guoxing, "Missions and Contributions of the PLA Navy in the Post-Cold War and the EEZ Era", Choon Kun Lee (ed.), *The Middle Power Navies*, The Korean Institute for Maritime Strategy, 1998, pp. 81-86 참조. 오늘날 해양은 국제관계를 긴밀화시키는 매개적 수단에 머무르지 않고 그 자체가 사활적인 자산으로 간주되고 있으며, 해양분쟁을 논할 때 더 이상 분쟁의 '장소'가 아니라 분쟁의 '대상'으로 인식되고 있다. Harold J. Kearsley, *Maritime Power and the Twenty-first Century*, Brookfield, Dartmouth Publishing Co. Ltd., 1992, p. 13.

47) E. Rauch. *The Protocol Additional to the Geneva Conventions for the Protection of Victims of International Armed Conflicts and the United Nations Convention on the Law of the Sea: Repercussions on the Law of Naval Warfare*, Berlin, Duncker and Humbolt, 1984, pp. 45-46.

광의의 개념에 포함시키는 경향이 있는 반면, 해협이용국은 해협연안국의 규제 및 접근 통제, 방위조치, 연안국 법령의 제정 및 시행 등 해협에서 이용국에 비해 연안국이 이익을 성취할 수 있는 조건이 더욱 폭넓게 형성되어 있다고 본다. 그러나 무엇보다도 국제해협을 둘러싼 갈등이 발생할 수 있는 가장 큰 이유는 국제해협이 개별 국가의 국가안보에 중대한 영향을 미칠 수 있기 때문이다.

그리고 전략적으로 중요한 요충지에 위치하고 있는 소수의 해협연안국은 해협통항을 정치적으로 이용할 수 있는 이점을 갖는 바, 해협을 통과하기 위한 정치적 및 기타의 대가 지불이 증가할 수도 있다. 이외에도 해협의 통항이 방해받게 되면 위급 시에 해상통제나 병력의 투입임무 등 해상작전에 결정적인 지장이 초래될 수 있고 해군력 현시의 중요성이 감소될 것이며, 지정된 항로대만을 통항하면 군함의 통항을 감시, 추적 및 방해를 용이하게 할 수 있게 되므로 군함의 취약성은 증가하게 될 것이다.[48)]

다음으로 해협이 해협연안국의 도서와 본토에 의해 형성되어 있는 경우 항행 및 수로상의 특성에 있어서 유사한 편의를 가진 공해상의 항로 또는 배타적 경제수역상의 항로가 도서의 해양 측에 있는 국제해협이나 공해 또는 배타적 경제수역의 어느 한 부분과 외국의 영해 사이의 국제항행에 이용되는 해협에서는 정지시킬 수 없는 무해통항권이 인정된다. 이 경우 무해통항에 있어 사전통고 및 사전허가를 요구하고 있는 현재의 국가관행에 비추어 볼 때 해협연안국이 사전허가 및 통고를 요구할 경우 군함

---

48) 강영훈, 『군함의 법적 지위』, *op. cit.*, pp. 128~129. 한편 Moore는 연안국이 국제공동체의 자유를 일방적으로 통제하는 것을 허용하는 것은 불공정하며, 비효과적이고 분쟁유발적인 것이라고 주장한다. J. N. Moore, "The Regime of Straits and the Third United Nations Conference on the Law of the Sea", 74 *AJIL*, 1980, pp. 77, 79.

의 통항은 해협연안국의 재량에 의존하게 되고 항공기는 해협연안국의 허가 없이 비행할 수 없게 될 것이다.[49] 또한 무해통항은 통항이 무해임을 조건으로 인정되는 것이므로 무해성의 여부는 연안국의 주관적인 판단에 의해 남용될 여지가 있는 바, 무해통항제도는 해협연안국과 해협이용국 간의 분쟁 및 충돌을 야기할 가능성이 높다.

이상을 종합해 볼 때 해협 연안국의 환경적 및 안보적 관심과 항행 및 상공비행의 자유를 행사하고자 하는 국가들의 경제적 및 전략적 이익 간의 균형을 이루는 통과통항제도의 출현은 분명히 국제사회 전체의 관점에서 볼 때는 이익인 것은 분명하다.[50] 그러나 유엔해양법협약상의 통과통항제도는 다양한 이익집단의 요구를 절충해 가는 제3차 해양법회의 협상 과정에서 모호하게 절충된 것으로서 해석상의 어려운 문제를 남기고 있는 바, 이는 앞으로 해협연안국과 해협이용국 간에 실질적인 이해 충돌이 발생하여 구체적인 분쟁이 발생할 경우에 해양법협약에서 새롭게 정립한 국제해협 통항제도인 통과통항제도가 공정한 법적 기준이나 실질적인 해결

---

49) 협약 제34조 1항에 따르면 통과통항 제도는 그러한 해협을 구성하는 수역의 법적 지위 또는 동 수역 및 그 인접상공에서의 연안국의 주권행사에 영향을 미치지 않는다. 그러므로 영해에 포함된 해협 상공은 해협연안국의 영공을 구성하지만, 주권은 통과통항 제도에 따라서 행사되어야 한다(유엔해양법협약 제34조 2항). 이에 대한 보다 자세한 설명은 M. Milde, "United Nations Convention on the Law of the Sea: Possible Implications for International Air Law", *Annals of Air and Space Law*, vol. 8, 1983, pp. 167, 184-188 참조.

50) 통과통항의 등장은 선박과 항공기의 해협통과를 연안국의 '동의'(consent)의 문제에서 통항국가의 권리 문제로 변모시켜 국제해협들을 '비정치화'(depoliticized)한 결과 국제분쟁을 제한하는 효과를 가져온 것으로 평가되기도 한다. Thomas A. Clingan, *The Law of the Sea: Ocean Law and Policy*, Austin and Winfield, 1994, p. 582, 이석용, "해양의 군사적 이용에 관한 연구", 『Strategy 21』, vol. 3, no. 2, 2000, p. 84에서 재인용.

책을 제공할 수 없음을 의미한다.[51)]

이러한 문제들을 해결하기 위해서는 개별 국가의 국가 이익을 존중하면서도 이를 종합한 공동체적 합의를 달성하여야 할 것이다. 그리고 개별 국가는 자국의 이익을 주장할 경우 호혜성을 존중하여야 하며, 자국의 요구를 주장하고 권한을 행사할 경우에도 타국 및 국제사회의 이익에 상당한 고려를 하여야 할 것이다.

2. 해상교통로로서의 국제해협과 국가안보

오늘날 국가 또는 국민이 필요로 하는 모든 물자를 자급할 수 있는 국가는 없다. 각국은 국민생활 및 경제활동에 필요한 주요 원료를 해상수송을 통해 들여와야 할 뿐만 아니라 유사시 전쟁수행에 필요한 탄약, 군사물자 등 생존 유지에 필요한 물자를 안전하게 확보하여야 한다. 이러한 물자는 해상교통로(Sea Lanes Of Communication : SLOC)를 통하여 수송하게 되는 바, 해상교통로의 안전한 확보 및 방위가 필수적이다. 이처럼 오늘날 해상교통로는 경제적인 측면뿐만 아니라 국가안보상의 관점에서도 중대한 이해관계가 얽혀 있어 이의 안전은 국가의 존립과도 직결된다.

정치·경제적 발전으로 인한 국가들 간 상호의존의 증대는 세계물동량의 98.8%를 수송하고 있는 해상교통로의 중요성을 더욱 강조하고 있으며, 오늘날 발생되고 있는 해양 영유권 분쟁도 해양영토 확장을 통한 해양자원확보 및 주변 지역의 해상교통로로서의 전략적 중요성과 경제적 잠재

51) 김영구, “유엔해양법협약 성립 20년의 평가와 전망”, 외교통상부·대한국제법학회 주최 유엔해양법협약 제20주년 기념 세미나 발표논문(2002년 12월 12일), pp. 14~15 참조.

성이 중요한 원인이다.[52]

제3차 유엔해양법협약에서 확립된 새로운 해협통항제도는 해상교통로로서의 국제해협의 국가안보적 의미를 더욱 부각시켰다. 유엔해양법 발효로 해협연안국은 영해 범위의 확대 또는 자국 안보 및 환경오염의 우려 등을 이유로 국제항행용 해협을 봉쇄하거나 선박의 통항을 규제하거나 제한하려는 경향을 보이고 있다.[53] 반면에 해협이용국의 입장에서 보면 안전한 자원의 확보 및 생산품의 수출을 위한 해상교통로로서의 국제해협의 이용하지 않을 수 없으며, 이의 안정적 확보가 필수적이다. 따라서 해협연안국의 해협통항에 규제 움직임은 해협이용국에게는 상당한 부담으로 작용하고 있으며, 정치 군사적 측면에서 경제 생태적 측면으로 확대되고 있는 오늘날의 안보개념의 다양화에 비추어 볼 때 국가안보에도 심각한 영향을 미친다고 볼 수 있다. 나아가 해협통항에 중대한 국가이익이 걸려있는 해협이용국들은 해협연안국의 규제 시도를 좌절시키고자 할 것이며, 이러한 갈등은 해상교통로의 보호 및 안전에 위기를 가져올 수도 있고 나아가 의도하지 않은 무력충돌을 유발할 수도 있을 것이다.

또한 해양법협약 발효 이후 분출되고 있는 도서 영유권과 해양경계획정을 둘러싼 관련국들 간의 갈등과 무력충돌 발발 가능성 증가 및 말라카

---

52) 송영선, "최근의 동아시아 안보와 지전략적 환경 고찰", 『21세기 동아시아 해양안보의 현안과 전망(제7회 해양력 심포지움 발표논문집)』, 2002. 1. 20, p. 74 참조.

53) 일례로 인도네시아 정부는 해상사고 방지를 위하여 말라카 해협을 이용하는 외국 선박에 대해 기존의 동서방향 항로 대신 순다 해협(Sunda Strait) 및 롬보크 해협(Lombok Strait) 등 남북 방향의 3개 우회로의 이용을 지정하여 말라카 해협에 대한 의존도가 높은 국가들의 반발을 사기도 했다. *The International Herald Tribune*, May 16, 1996 참조. 이서항, "유엔해양법협약과 세계해양문제", 이춘근 편, 『한국의 해양문제』, 한국해양전략연구소, 1997, pp. 117~118 주 10) 참조.

해협 및 싱가포르 해협에서 빈번하게 발생되고 있는 자유롭고 안전한 해상통항을 방해하는 해적행위도 해양교통로의 안전뿐만 아니라 역내 국가의 안보를 위협하는 요소이다.

그리고 해양의 전략적, 경제적 가치로 인해 발생되는 문제의 복잡성을 인식한 각국들은 해상교통로의 안전을 확보하기 위하여 각국들은 해상방위력 증강에 힘쓰고 있는 바, 이러한 해군력 경쟁도 해상충돌의 위험을 증가시키고 있다. 새로운 해양질서가 등장함에 따라 국익을 보호하기 위한 치열한 경쟁으로 인한 해군력 증강은 해양안보에 대한 위협을 중대시키고 있다.[54)]

3. 국제해협제도와 한국

해양법협약상의 국제해협제도는 우리의 국가안보에도 상당한 영향을 미친다. 위에서 언급한 통항질서에 의하거나 필수적인 해상교통로로서 뿐만 아니라 관할 해협, 특히 제주해협을 둘러싸고 발생되었거나 발생될 특수한 문제는 대외적인 안보뿐만 아니라 대내적인 안보에 있어서도 매우 중요한 문제이다.

국제해협에서의 통항제도와 관련하여 문제가 되는 것은 대한해협과 제주해협이 있다. 한반도와 일본 대마도 사이의 대한해협은 최단거리가 23.5해리이며, 우리나라와 일본이 대한해협에서 영해의 폭을 각각 3해리로 규정하고 있어 해협 중간에 17.5해리의 공해대(high seas corridor)가 존재한다. 이와 같이 공해를 통과하는 항로가 국제항행에 이용되는 해협 안에 있는 경우 통과통항 제도가 적용되지 않으며(유엔해양법협약 제36조), 공해

---

54) 송영선, *op. cit.*, p. 75 참조.

자유원칙에 따라 공해통과항로에 대한 자유통항이 인정된다. 따라서 대한해협에서는 통과통항 문제가 발생하지 않는다.[55)]

제주도와 추자도의 제주해협의 경우 대한해협의 경우와는 달리 12해리 영해의 적용으로 공해대가 없으나 제주도 남부에는 대체항로가 존재하고 있다. 우리나라의 영해 및 접속수역법 시행령 제4조는 국제항행에 이용되는 해협으로서 중간에 공해대가 없는 경우에는 사전통고제를 적용하지 않도록 규정하고 있어 제주해협을 이용하는 외국의 군함이나 비상업용 정부선박에 대해서는 사전통고가 필요 없는 무해통항이 인정되고 있다. 또한 제주도 남부에 대체항로가 있으므로 유엔해양법협약 제45조에 따라 정지불가능한 무해통항권이 인정된다.[56)]

다음으로 해상교통로로서의 해협과 우리나라의 안보를 관련시켜 생각해보면 현재 우리나라의 해양안보에 대한 이해는 아직까지는 주로 연안방어 수준에 머물러 있는 형편이지만, 2000년 기준 수출입 총규모 5억 5천만 톤(금액으로는 3,500억 달러) 중 99.7%가 해상무역을 통해 이루어지는 등 자원의 대부분을 해외에서 수입해야 하는 우리에게 있어 해상교통로는 생명선과 다름없다. 해상을 통한 수출입은 우리나라가 지속적인 경제성장을 하는 데 견인차 역할을 했으며 해상교통로를 보호하는 데 큰 관심을 가지도록 했다.[57)]

우리나라가 해상교통로에 대해 보다 큰 관심을 갖게 된 것은 말라카해협에서의 안전상의 이유로 운항을 제한하고 있는 말레이시아와 인도네

55) 오윤경 외, *op. cit.*, p.354.

56) *Ibid.*

57) 이서항, "한국해군의 새로운 역할", 『21세기 동아시아 해양안보의 현안과 전망(제7회 해양력 심포지움 발표논문집)』, 2002. 1. 20, p. 377 참조.

시아의 최근 움직임, 동남아 해역에서의 해적의 출몰, 동지나해에서의 석유 생산과 해난사고의 증가, 동아시아 국가들의 잠수함과 고속 공격정 보유의 증가 등을 꼽을 수 있다. 특히 우리의 주요 교역로인 말라카 해협의 혼잡으로 인해 지역 국가들이 통과할 때는 사전통지, 항로지정 및 통과 선박에 대한 세금부과 등의 방안을 고려하고 있을 정도이다. 이 지역에서의 이러한 움직임과 해적의 증가는 우리나라의 해상교통로에 대한 심각한 위협을 초래할 수 있다.[58]

이처럼 우리의 국가안보를 위해서는 안전한 해상교통로의 확보 및 방어가 매우 중요하다. 이를 위해서는 항만제도의 발전과 정비 및 해적 등 해상교통로의 안전을 위협하는 불법행위에 공동으로 대처하기 위한 국제적 협력체제의 구축 등이 필수적이지만, 무엇보다도 근본적인 해결책은 우리 스스로 핵심 해상교통로를 보호하고 방어할 수 있는 능력을 갖추는 일일 것이다.

따라서 아국은 해협이용국으로서나 해협연안국으로서의 권리의무 행사시 예견 가능한 상황에 대비한 법률적 검토와 아울러 사전준비가 시급히 요구되고 있다.

해양법협약의 발효에 따라 우리나라가 당면하고 있는 해양문제들을 해결하고 해양이익을 지속적으로 보장하기 위해서는 해양법에 대한 철저한 연구로 국가해양정책을 뒷받침하고, 안전한 수출입을 보장하기 위한 해상교통로를 확보·보호하며, 해양경계획정 및 어업문제 등 주변국 간의 이해관계를 해결하기 위한 지역적 협력체제를 구축하고, 다양한 분야들에서 요구되는 해양활동을 수행할 수 있는 능력과 태세를 갖출 뿐만 아니라

---

58) *Ibid.*, pp. 377~378.

상호신뢰에 바탕을 둔 해양안보협력을 강화하여야 할 것이다.

아울러 해군은 평시 작전수행시 아국의 국익보호를 위하여 해상감시활동을 강화할 필요가 있으며, 해협에서의 타국 선박의 예상되는 불법행위에 대비한 세부행동지침을 수립하여야 하고, 원해 작전능력 구비 및 작전소요 증가에 따른 세력 확보 등 적정 해군력 건설을 추진하여야 할 것이다.

이러한 노력들은 결과적으로 아국의 경제성장과 번영을 지속적으로 가능하게 할 것이며 이를 뒷받침하기 위한 국가안보를 지탱해주는 중요한 버팀목이 될 것이다.

제6절 공해에서의 군사활동

1. 공해자유 및 군사적 이용의 제한 원칙

가. 타국 이익의 정당한 고려

공해는 어느 일국에 귀속되지 않으며 그 사용도 자유이긴 하나 그렇다고 무법상태로 방치되어 있는 것은 아니다. 공해의 자유를 행사함에 있어서 모든 국가는 '타국의 이익'(the interests of other states)에 대하여 '정당한 고려'(due regard)를 하여야 한다(동 제87조 2항 전단).

이는 "모든 국가는 타국 국민이 공해 사용의 자유를 향유함에 저해될 행위를 삼가야 한다"는 1956년 국제법위원회(International Law Committee : ILC) 초안 제27조에 대한 수정안으로 제출되었던 영국안을 기초로 한 다음과 같은 1958년 '공해협약' 제2조에서 유래한 것이다.

제2조. 공해는 모든 국가에 개방되는 것이기 때문에 여하한 국가도 공해의 어떤 부분을 자국의 주권에 종속시킬 것을 유효하게 주장할 수 없다. 공해의 자유는 본 협약의 규정 및 국제법의 그 밖의 규칙에 의하여 규정된 조건에 의거하여 행사된다. 공해의 자유는 연안국 및 비연안국의 양자에 대해 특히 다음과 같은 것을 포함한다.

(가) 항행의 자유

(나) 어업의 자유

(다) 해저전선 및 도관 부설의 자유

(라) 공해상공의 비행의 자유

상기 자유 및 국제법의 일반원칙에 의해 인정된 그 밖의 자유는 모든 국가에 의해 공해자유의 행사에 있어 타국의 이익에 대한 합리적 고려를 한 뒤에 행사되어야 한다.

공해이용의 평등원칙을 기초로 하는 동 조에서의 '타국의 이익에 대한 합리적 고려를 하고'(with reasonable regard to the interest of other States)라는 '합리적 이용' 원칙은 공해의 군사적 이용을 제한하기 위해 채용되었으며, 공해조약하에서 해양에서의 군사적 활동의 합법성을 판단하는 기준이었다.[59)]

공해 사용에 있어 타국 이익에 대한 고려를 두고 1958년 공해협약과 1982년 유엔해양법협약의 표현 간에는 미묘한 차이가 있다. 즉 전자에서는 'reasonable regard'라고 하고 있는 데 반해서 후자에서는 'due regard'라고 표현하고 있다. 이러한 어구의 변화는 심해저위원회에 제출된 남미 국가들의 수정안(4 UNCLOS Ⅰ Official Records 124)에서도 이미 발견되고 있다.

59) R. Wolfrum, "Restricting the Use of the Sea to Peaceful Purpose: Demilitarization in Being", 24 *German Yearbook of International Law*, 1981, p. 208.

이러한 변화는 '합리성'의 요건이 '적법성'의 요건으로 강화된 것이라고 해석된다. 즉, 전자의 요건에 의하면 공해 사용의 자유권를 행사함에 있어서 타 사용자의 사용을 합리적으로 고려하고 합리적 방법으로 행사하였다면 결과적으로 다른 사용자의 적법한 사용을 침해하였다고 하더라도 합리적 고려에 의한 사용으로서 허용되는 것으로 보는데 반하여, 후자의 요건에 의하면 단순히 합리적인 고려만으로는 불충분하고 결과적으로 타 사용자의 공해 사용을 부당하게 침해하는 경우에는 이러한 공해 사용은 허용될 수 없다고 보는 것이다.[60]

여기서 '타국의 이익'에 대하여 '정당한 고려'를 해야 한다는 것은 모든 권리행사의 당연한 전제로서 법의 일반원칙에 해당되는 것이지만, 이를 명문규정화 함으로써 공해이용의 자유에 대한 법적 구속력이 구체적으로 부여된 것이라고 볼 수 있다. 따라서 타국의 공해이용의 자유를 부당하게 침해하는 공해이용권은 허용될 수 없다.[61]

그러나 '정당한 고려'라는 기준도 공해자유의 한계와 관련하여 분명한 객관적인 기준을 제시하지 못하고 있다. '합리성'을 주장하는 측의 주관에 좌우될 수밖에 없으며, 그것을 피하기 위해서는 권리행사에 의해 발생되는 이익과 타자의 권리행사제한에 따른 피해를 비교형량하지 않을 수 없다(상대성). 따라서 공해의 사용을 둘러싸고 분쟁이 발생하게 되면, 이러한

---

60) 김영구, 『한국과 바다의 국제법』, p. 604. 1958년 공해협약은 전통국제법의 자유방임주의적 체제(laissez faire)의 영향을 받아 특히 공해의 환경보호와 생물자원의 보존에 있어서 미온적이고 부적절한 법적 체제를 유지하여 왔던 바, 공해협약 제2조도 그러한 예의 전형적인 경우에 속한다. 유엔해양법협약은 공해협약의 이러한 미비점을 보완하여 국제사회 전체의 이익을 보호하고 진보적 법체계를 수립함을 목표로 하고 있는 만큼 'due regard'는 이와 같이 해석되어야 할 것이다.

61) 최종화, 『현대 국제해양법』, 두남, 2004, p. 140.

분쟁들은 실제로 사안별로 관련된 이익을 비교하여 판단할 수밖에 없을 것이다.[62]

나. 공해의 평화적 사용

해양법협약은 해양을 '평화적 목적'(peaceful purposes)으로 이용해야 된다는 내용을 전문과 개별 조항에 두고 있다. 협약은 전문에서 다음과 같이 규정하고 있다.

> 본 협약을 통하여 그리고 모든 국가의 주권에 대한 정당한 고려를 하여, 국제통상을 촉진하고 해양의 평화적 이용, 해양자원의 공평하고 효율적인 이용, 해양환경의 연구·보호 및 보전과 해양생물자원의 보존을 증진하는 해양에 대한 법적 질서를 확립하려는 희망을 인식하고…….

이 전문의 '해양의 평화적 이용'(the peaceful uses of the seas and oceans)이라는 표현을 구체화하고 있는 조항으로는 제88조와 제301조가 있다.

> 제88조(평화적 목적을 위한 공해의 유보)
> 공해는 평화적 목적을 위하여 유보되어야 한다.

> 제301조(해양의 평화적 이용)
> 본 협약에 따른 권리행사 및 의무이행에 있어 당사국은 타국의 영토적 또

62) Churchill & Lowe, *op. cit.*, p. 206; D. Momtaz, "The High Seas", R. J. Dupuy & D. Vignes(ed.), *A Handbook on the New Lae of the Sea*, Vol. 1, Martinus Nijhoff Publishers, 1991, p. 397.

는 정치적 독립에 반하거나 또는 유엔헌장에 규정된 국제법 원칙과 양립하지 않는 다른 방법에 의한 무력의 위협 또는 사용을 삼가야 한다.

이들 규정들은 공해 사용이 평화적인 목적에 입각한 것이어야 함을 뜻하는 것으로,[63] 국제연합 헌장 제2조 4항 및 제103조에 의해 모든 국가는 평화를 유지할 의무가 있기 때문에 공해를 평화적으로 사용하여야 할 의무는 이미 국제법상 확립되어 있다고 볼 수 있다.[64]

그런데 이상의 규정들에서 사용되고 있는 '평화적 목적'(peaceful purposes) 및 '평화적 이용'(peaceful uses)이라는 문언은 과연 어떠한 의미를 지니고 있는가? 이들 문언은 해양에서의 군사력 사용의 배제 또는 실질적인 제한을 의미하는가?

'평화적 이용' 및 '평화적 목적'이라는 문언은 공해의 평화적 이용에 관한 위에서 열거한 규정들 이외에도 심해저의 평화적 이용에 관한 규정(해양법협약 제141조), 심해저에서의 해양과학조사에 관한 규정(동 제143조 1항), 심해저활동의 수행에 사용되는 시설의 평화적 이용에 관한 규정(동 제147조 2항), 심해저 레짐의 재검토회의에 관한 규정(동 제155조 2항), 해양과학조사의 일반원칙에 관한 규정(동 제240조), 국제협력의 촉진에 관한 규정(동 제242조 1항) 및 배타적 경제수역 및 대륙붕상에서의 해양의 과학적 조사에 관한 규정(동 제246조 3항) 등에서도 사용되고 있지만, '평화적'이라는 용어는

---

63) 김영구, "공해상 항해의 자유에 관한 새로운 해양법 내용의 고찰", 『해양전략』, 제49호 1987, p.11.

64) 특히 제88조는 해양법협약에서 완전히 새로운 것이었으며, 해양법협약에서 가장 간단한 조문이지만 그 내용은 가장 광범하고 해전 및 해군력 현시 무대라는 해양의 역사적(전통적) 역할에 대한 도전이었다. K. Booth, *Law, Force and Diplomacy at Seam*, George Allen & Unwin, 1985, p. 82.

애매하거나 막연하여 해석자의 주관에 좌우될 요소를 가지고 있다.

실제로 제3차 유엔해양법회의에서 '평화적 이용' 조항이 의미하는 구체적 내용과 관련하여 논란이 있었다. 해양강대국들은 '평화적 이용'이 국제연합 헌장 제2조 4항의 특별조항을 의미하는 것으로 해양법과 관련해서 어느 국가의 영토보전이나 정치적 독립에 대한 위협이나 무력사용만을 금지한다고 보았으며,[65] 개발도상국들은 '평화적 이용'이란 해양의 이용을 평화적 목적에만 제한시킬 의무를 수반하는 규범적인 의미를 포함하며 따라서 군사활동 자체가 금지된다고 보았다.[66]

그러나 '평화적 이용' 조항을 연안국의 영해 밖에서 타국에 의한 모든

---

65) 미국은 해양에서의 활동이 평화적 목적을 위하여 수행되어야 한다는 것은 지지하나 '평화적 목적'이란 말은 일반적으로 군사활동을 배제하는 것이 아니며, 평화적 목적을 위한 군사활동은 국제연합 헌장 및 기타 국제법의 원칙에 완전히 일치하는 것이다. 그리고 군사활동에 관한 특정한 제한문제에 대해서는 무기규제의 합의를 위한 협상을 요구할 것이며, 그와 같이 복잡한 과제에 회의의 관심을 돌리려고 하는 시도는 해양법협약을 합의하기 위한 현재의 노력을 종식시킬 것이라고 주장하였다. Third United Nations Conference on the Law of the Sea, *Official Records*, vol. V, p.62 참조. 한편 구소련은 해양에서의 평화를 강화하고 평화 및 안전수역을 창설하며 해군기지 등을 배제하는 문제의 해결은 국제연합 기구 내에서 또는 군축, 국제안전 및 세계평화의 문제를 다루는 기타 국제회의에서만이 가능할 것이라고 하였다. *Ibid.*, p. 59.

66) *Ibid.*, pp. 54-68; M. A. Morris, *Expansion of Third-World Navies*, St. Martin's Press, 1987, p. 117; 한국국방연구원, 유엔해양법협약 발효에 따른 국방정책방향 연구, 1997, p. 40 참조. 이러한 개발도상국의 입장은 다음을 그 논거로 하고 있다. '평화적 이용'이란 협약상의 조항이 관습국제법과 국제연합 헌장하에서 합법적인 함대의 활동에 영향을 미친다고 해석하는 것은 비현실적이며, 도리어 군함은 완전한 면제권과 법집행상의 독점권에 있어 특권적 지위를 누리고 있기 때문에 불법적 봉쇄, 항로상 기뢰부설, 무력위협이나 무력사용 및 교전행위 등과 같이 공격적인 행위의 범주에 들어가는 군사활동은 그 자체가 금지된다. F. Francioni, "Peacetime Use of Force, Military Activities and the New Law of the Sea", 18 *Cornell International Law Journal*, 1985, pp. 222-223.

군사활동을 제한한다고 보는 것은 무리가 있다. 해양법협약 제301조의 표현 형식이나 사용 용어를 볼 때 국제연합 헌장 제2조 4항을 원용한 것으로 볼 수 있으며, 만약 '평화적 이용'이 해양에서의 군사활동 자체를 금지하려는 의도였다면, '타국의 영토적 또는 정치적 독립에 반하거나 또는 유엔헌장에 규정된 국제법 제 원칙과 양립하지 않는 다른 방법에 의한 무력의 위협 또는 사용을 삼가야 한다'고 규정하여 금지되는 해양의 이용형태를 명시하고 있는 동 조는 아무런 의미가 없게 된다. 모든 군사활동이 금지된다면 굳이 금지되는 유형을 특정할 필요가 없다는 것이다.

또한 영해에서 무해통항으로 인정되지 않는 행위(해양법협약 제19조)들 중 무기를 사용하여 행하는 훈련 또는 연습, 항공기의 이착륙 또는 탑재, 군사장치의 선상발진과 착륙 및 탑재와 같은 것은 전형적인 군사활동에 속하는 것인데, 만약 외국 선박이 타국 영해에서의 통항중 이러한 활동과 이와 관련된 활동을 행하는 것이 금지된다면 논리적으로 그러한 활동은 국가관할권 밖의 공해에서는 허용되는 것으로 이해되어야 하는 것이 맞다.[67]

이러한 점에서 공해의 '평화적 이용'이 의미하는 것은 공해의 군사적 이용을 제한하는 것이기는 하지만, 모든 군사활동을 금지하는 것이 아니라 국제연합 헌장에 규정된 국제법의 제 원칙과 양립하거나 국제연합 헌장 제51조의 '개별적 및 집단적 자위권'과 양립하는 군사활동까지 금지하

67) *Ibid.*, p. 223. 해양법협약 제301조는 해양의 평화적 사용 규정이 전면적인 해양 군비통제를 뜻하는 것이 아니라는 미국 측의 주장과 국제연합 헌장의 무력사용 금지에 관한 취지가 동시에 반영되어 적용된 조항이라면서 평화적 목적의 해양 사용은 하나의 원칙으로서 권고적인 성격을 지닌 군비통제 규정이라고 보는 견해도 있다. 이근수, 유엔해양법협약과 국제안보 : 해양레짐 개념의 적용을 중심으로, 경희대학교 박사학위논문, 1999. 2, p. 123.

는 것은 아니라고 보아야 할 것이다.[68)]

2. 군사적 이용의 구체적 유형과 그 제한

가. 타국 선박에 대한 관할권 행사

(1) 관할권 행사

공해상의 선박은 그 기국의 배타적 관할권에 복종한다는 것은 국제법상의 확립된 원칙이다.[69)] 이를 기국주의 원칙이라 한다. 1926년 터키 부근 공해상에서 프랑스 기선 로터스호가 터키 석탄운반선과 충돌하여 침몰시키고, 8명의 터키인을 익사케 한 프랑스와 터키 간의 로터스호 사건(The Lotus Case, 1927년)에서 상설국제사법법원(PCIJ)은 재판관할권이 가해선박국에게만 있다는 기국주의를 주장하는 프랑스의 주장과 피해자의 본국에도 있다는 터키의 주장에 대해 양자 모두에게 관할권을 인정하여 경합관할주의를 판시하였다. 판결 후 많은 비판이 제기되었으며, 그 결과 1952년 형사재판관할협약(제1조), 1958년 공해협약(제5조 및 제6조) 및 1982년 해양법협약(제91조 및 제92조)에서 기국주의가 채택되었다.[70)]

그러나 이러한 원칙에는 일정한 예외가 인정되고 있다. 각국은 공해의

---

68) J. Prawitz, "Naval Arms Control History and Observations", R. Fieldhouse (ed.), *Security at Sea Naval Forces and Arms Control*, SIPRI·Oxford University Press, 1990, p.52.

69) R. Jennings and A. Watts(ed.), *Oppenheim's International law* (9th ed.), vol. I, Longmans, 1992, pp. 734, 736. 일국 선박에서 발생한 범죄에 대하여 타국이 자국의 기준을 원용하여 입법관할권의 역외적용을 시도하는 일은 있지만, 강제조치를 수반하는 집행관할권과 사법관할권의 행사 자체는 원칙적으로 그 기국에 유보된다. 박배근(역), 『국제법』, 국제해양법학회, 1999, p. 440.

70) 이병조·이중범, 『국제법신강』, 일조각, 2003, p. 485 주 10) 참조.

법질서 확립 및 위반선박 처벌을 위해 국제법이 인정하는 범위 내에서 외국 선박에 대하여 관할권을 행사할 수 있다.

평시 공해상의 선박에 대한 기국의 배타적 관할권 행사에 대한 예외로는 해적행위, 노예거래행위, 무허가방송, 무국적선 또는 외국국기를 게양하거나 또는 국기제시를 거절하는 선박에 대하여 장교지휘하의 소형선을 파견하여 그 선박서류를 검사함으로써 혐의 선박의 국기를 검사할 수 있는 임검권(right of visit)과 연안국 관할수역에서 위법행위를 범하고 도주하는 선박에 대해 타국 영해에 진입하기 전까지 추적하여 나포, 인치하여 처벌할 수 있는 추적권(right of hot pursuit)이 있다.

(가) 임검권

국제관습법상 임검은 그 선박이 해적행위에 종사하고 있든가 군함과 동일한 국적을 가지고 있음에도 불구하고 외국의 국기를 게양하거나 또는 국기의 제시를 거부한 경우 그리고 접속수역 또는 추적권의 법리에 의한 경우에 한정되었었으나, 그 뒤 일반조약에 의해 노예매매, 무허가 방송 및 무국적 선박 등으로 확대되었다.[71)]

이러한 임검권의 대상이 되는 행위를 보다 구체적으로 살펴보면 다음과 같다. 첫째, 선박이 해적행위에 종사하고 있을 경우이다. 예로부터 '인류 공동의 적'으로 취급되어 온 해적에 대해 모든 국가가 공해상에서 관할권을 행사할 수 있음은 확립된 국제관습법으로, 해양법협약은 제100조~제107조에서 해적의 규제에 관한 상세한 규정을 두고 있다. 항공기의 발달로 인하여 선박 이외에도 항공기에 의한 해적행위를 인정하였으며, 공

---

71) 박배근(역), *op. cit.*, p. 442.

해 이외에도 어느 국가의 관할권에도 속하지 않는 장소(예, 남극)에서도 해적행위가 규제대상임을 규정한 것이 새롭다. 나아가 해적선 또는 해적항공기임을 알면서 그 활동에 자발적으로 참여하는 행위와 이와 같은 해적활동을 선동하거나 방조하는 행위 등도 해적행위에 포함시키고 있다(협약 제101조). 해적행위는 사선 또는 사항공기의 선원이나 승객이 사적 목적(절도의 의사 또는 개인적 및 주관적 동기에 의한 것)으로 불법적인 강탈행위를 할 것, 타 선박 또는 타 항공기를 대상으로 할 것 및 공해상이거나 어느 국가의 관할권에도 속하지 않는 장소일 것 등의 요건을 갖추면 성립된다.[72)]

둘째, 선박이 노예매매에 조사하고 있는 경우이다. 노예매매가 국제법상 일반적으로 금지된 지는 이미 오래이다. 해양법협약은 모든 국가가 자국의 국기를 게양하는 선박의 노예운송을 방지·처벌하는 동시에 노예운송을 위하여 자국의 국기가 불법으로 사용되지 않도록 유효한 조치를 취하여야 하며, 노예가 다른 선박으로 피난한 경우 그 노예는 자유를 회복한다고 규정하고 있다(동 제99조).

셋째, 선박이 무허가방송(불법방송)에 종사하고 있는 경우이다. 공해상의 무허가방송 문제는 비교적 최근에 법제화되어 본격적으로 규제되고 있다. 1950년대 후반에 들어 북해와 발틱해 공해에서 라디오 및 TV 방송국

72) 교전단체 등 제한적이나마 국제법상 법인격을 인정받아 타국에 대하여 국가행위의 일부를 행할 권한을 인정받은 국제법상 실체가 행한 행위는 해적행위에 해당되지 않는다. 그리고 해적행위는 타 선박 및 타 항공기를 대상으로 하기 때문에 선상반란 그 자체는 해적행위가 아니지만(P. Malanczuk, *Akehurst's Introduction to International Law*, Routledge, 1997, p. 189), 군함 및 공선(공항공기 포함) 내에서 반란이 일어나 반란분자가 그 선박을 지배하여 해적행위를 하는 경우는 이미 그 선박은 군함이나 공선으로서 법적 지위를 상실한 것이므로 사선에 의한 해적행위로 간주된다(해양법협약 제102조). 그러나 선박 내부 및 영해 내에서 일어난 불법행위는 해적행위로 성립하지 않으며 선박소유국 또는 연안국의 국내법에 의하여 처벌된다.

들이 방송활동을 하자 유럽 국가들은 집단적으로 또는 개별적으로 고정된 플랫폼이나 편의치적(flags of convenience) 선박에 설치된 이들 방송국을 규제하고자 하였으며, 1965년에는 유럽평의회(Council of Europe) 주도로 '국가영토 밖의 방송국으로부터 송신된 방송방지에 관한 유럽협정'(European Agreement for the Prevention of Broadcasts Transmitted from Stations outside National Territories)을 체결했었다.[73] 이와 같은 지역적 차원의 대응을 넘어서 공해상의 무허가방송에 관한 국제적 규제는 1982년 유엔해양법협약에서 비로소 확립되었다. 해양법협약은 모든 국가에게 무허가방송의 억제에 협력하여야 할 의무를 부과하면서, 이에 관여한 자들의 처벌을 위하여 무허가방송 선박의 기국, 방송시설의 등록국, 방송인원의 국적국, 방송이 수신될 수 있는 모든 국가 및 허가된 무선통신이 방해를 받게 되는 모든 국가들에게 관할권을 인정하고 있다(동 109조).

넷째는 국기남용의 경우이다. 선박은 국적국(기국)의 국기를 게양하여야만 한다. 따라서 무국적선(복수의 국기를 경우에 따라 번갈아 게양하는 선박도 제92조에 의하여 무국적으로 취급됨)과 외국기를 게양하거나 어느 국기도 표시하고

---

73) L. Henkin, R. C. Pugh, O. Schachter & H. Smit, *International Law: Cases and Materials*, West Publishing Co., 1993, pp. 1302-1303. 1965년 협정은 제1조에서 "본 협정은 체약국 영역 내에서 일부 또는 전체적으로 방송을 수신하려 하거나 수신할 수 있는 송신이 국가 영역 이원의 선박, 항공기 기타 부유물 또는 항공물체에 설치된 방송국과 관련된다"고 규정하여 본 협정이 국가 영역 이원의 모든 장소(공해 포함)에 적용된다는 것을 분명히 함으로써 규제의 타당성을 밝히고 있다. 한편 Bowett은 다음과 같이 주장하면서 본 협정이 공해상에서 방송을 송신하는 외국 선박에 대한 관할권을 규정하고 있지 않다고 보고 있다. "본 협정의 흥미 있는 양상은 어떠한 비정상적 관할권도 심사숙고하지 않았다. 즉, 각국의 관할권은 자국 영토, 자국 선박, 항공기 또는 자국민에게 국한되어 있으며, 이는 국제법 규칙과 완전히 일치한다. 물론 회피가능성도 있으나 협정은 비체약국 국민에 의해 운영되는 선박에 대하여는 적용되지 않는다." D. W. Boewtt, *The Law of the Sea*, Manchester Univ. Press, 1967, p. 55.

있지 않지만, 임검 군함(권한 있는 공선과 공항공기 포함)과 동일한 국적선이라는 혐의가 있는 선박은 임검·수색할 수 있다.

임검 방법은 우선 신호기(야간에는 백등)와 기적에 의하고, 이것으로 충분하지 못하거나 또는 신호에 불응할 때는 공포를 발사하고, 그래도 완강히 불응할 때에는 실탄을 발사하며, 실탄 발사에도 응하지 않을 때에는 포격을 가하되 돛대로부터 점차 선체에 이르는 단계적인 표적을 서서히 선택해야 한다.[74)]

임검 결과 혐의가 있을 경우에는 적재된 화물이나 선박을 실제로 수색할 수 있다. 수색은 임검장교가 선장 또는 그 대리자 입회하에 행하며, 폐쇄된 곳은 선장으로 하여금 개방하도록 하되 불응 시 또는 혐의가 확인될 경우 선박을 나포할 수 있다.[75)]

(나) 추적권

추적국의 영해, 접속수역 기타 관할수역 내에서 외국 선박이 추적국의 법령을 위반한 경우 동 선박을 나포하기 위하여 공해상까지 계속하여 추적할 수 있는 추적권은 연안국이 영해나 기타 일정 수역 내에서 위법행위를 한 외국 선박을 공해로 도주하기 전에 나포하는 것이 용이하지 않으므로 공해상까지 추적하여 나포 · 인치하여 재판관할권을 행사하는 공해자유를 제한하는 전통적인 제도로서, 공해상 선박에 대한 배타적인 관할권 원칙에 하나의 예외가 됨과 동시에 연안국 관할수역의 효과적 보호를 위해 확립된 연안국의 권리이다.

74) 김정균·성재호, 『국제법』, 박영사, 2006, p. 481.

75) *Ibid.*

추적권은 군함, 군용항공기 또는 특히 추적의 권한이 부여된 정부선박이나 항공기만이 행사할 수 있으며(해양법협약 제111조 제5항), 추적은 선박 자체는 관계 수역 밖에 있지만 그 선박을 모선으로 하는 소형 선박이 수역 내에서 위법행위로 나포되면 관리와 지배의 일체성에 따라 그 모선도 추적의 대상이 되며, 시각적 또는 청각적 정지신호가 외국 선박이 보거나 들을 수 있는 거리에서 발신(무전에 의한 정선명령의 통고만으로는 부족)된 후 개시되고(동 제4항), 피추적선이 기국 또는 제3국의 영해 내로 들어가면 종료된다(동 제3항). 왜냐하면 타국의 영해 내에까지 추적을 계속하는 것은 연안국의 영토주권을 침해하는 것이기 때문이다. 그리고 일국의 관할수역 내에서 나포된 피추적선이 심리를 위해 호송 도중에 공해 또는 배타적 경제수역의 일부를 통과할 경우, 이는 추적권의 연장으로 보며 이를 이유로 석방 요구를 할 수 없다(동 제7항).

추적권의 행사가 합법적이기 위해서는 즉각적 추적개시(추적의 즉각성(immediacy of hot pursuit))와 중단되지 않는 추적의 계속(추적의 계속성(continuity of hot pursuit))[76]이 요구된다. 추적권은 연안국의 관할권행사를 위해 신속한 조치를 요하는 급박한 상황에서 행사되는 권리이므로 외국 선박의 위반행위와 추적선의 추적개시 사이에 시간이 짧지 않다면 정당화되기 어렵다. 추적의 계속성은 추적의 비중단을 의미하며 피추적선이 자

76) 추적의 계속성 여부의 결정은 객관적이고 실제적인 기준에 따라야 할 것이나, 사실상 추적선장의 추적계속에 관한 의도를 입증하기란 상당히 어려울 것이다. 다만, 추적함장의 의도가 추적중단과정에서 항해일지에 기록이 되었다면 그리고 그 기록이 사실과 다르지 않다면 이는 매우 중요한 증거로서 기능을 하게 될 것이다. 한편 추적이 중단되고 추적선의 관헌이 피추적선에 승선하여 서류조사나 기타 수색을 하고 아무런 조치를 취함이 없이 출발을 시킨 후에는 다시 추적을 할 수 없다. 이는 모든 조사를 통하여 추적의 목적을 실제적으로 달성하였기 때문에 추적의 종료로 간주되어야 하기 때문이다.

국이나 제3국의 영해에 진입함으로써 발생되는 중단은 추적의 중단이 아니라 추적의 종료를 의미한다. 추적권은 공해자유에 대한 하나의 제한으로 연안국 권리행사의 연속적 유지 및 관할권의 연결로서도 중요한 구실을 하는 것이 사실이지만, 이러한 추적의 즉각성과 계속성 요소는 공해상의 연안국 관할권 확장을 어느 정도 제한하는 기능이 있다.

문제는 추적 과정에서 무력을 사용할 수 있는가 하는 것이다. 1958년 공해협약이나 1982년 유엔해양법협약은 피의선박의 추적을 효과적으로 하기 위한 무력사용을 규정하고 있지 않다. 그러나 군함에게 추적권이 부여되었다면 이러한 권한을 행사하기 위하여 합리적으로 필요한 무력사용이 허용되어야 한다. 왜냐하면 추적을 효과적으로 수행하기 위하여 이에 상응하는 무력을 사용할 수 없다면 이 경우의 추적권은 무의미해지기 때문이다. 피의 선박에 대한 무력사용은 피의 선박의 효과적 나포를 위해 무력 이외의 다른 어떤 실제적 수단의 사용이 불가피한 경우 나포 거부에 대한 대응조치로 합리적 범위 내에서 행사되어야 한다.[77]

특정한 경우의 무력사용 정당화 문제는 피의 선박의 위반행위의 성질, 피의 선박과 관련된 증거의 비중 및 나포 거부의 강도 등에 달려 있다. 따라서 특정 상황에서의 적절한 무력사용 조치에는 피의 선박 선수에 대한 일제사격이나 극단적인 경우 도주능력을 상실케 할 정도의 사격도 포함될 수 있다.[78] 또한 연안국이 피추적선을 고의적으로 침몰시킬 수 있는 권리를 포함하지 않으며, 다만 나포과정에서 우발적인 침몰은 합법적일 수

77) Churchill & Lowe, *op. cit.*, p. 152.

78) 김현수, "공해상에서의 무력사용에 관한 국제법적 고찰", 『전투발전연구』, 제2호, 1997, p. 286.

있다.[79)]

(2) 관할권 행사의 제한

(가) 과도한 권한행사로 인한 손해의 배상

공해상의 선박은 기국의 배타적 관할하에 있지만, 특정한 경우 기국이 아닌 국가의 군함이나 군항공기 또는 정부의 공선이나 공항공기는 외국 선박에 대하여 임검 및 추적하여 나포할 수 있다. 그러나 이러한 타국 선박에 대한 권한 행사는 그 원인되는 행위가 불법적인 것이 아닌 경우 임검 및 추적으로 인하여 발생된 모든 피해에 대해 배상하여야 한다. 이는 예외적인 경우에 허용되는 특별한 관할권의 행사가 공해 사용의 자유를 지나치게 제한하는 결과를 방지하는데 그 주된 목적이 있다.

구체적으로 기국의 배타적 관할권 행사의 예외적 조치로 인정되는 임검권의 행사 결과 혐의가 없는 것으로 판명되고 또한 임검을 받은 선박이 혐의가 정당화될 어떠한 행위도 하지 않은 경우 피임검 선박은 손해배상을 받을 권리가 있으며(해양법협약 제100조 제3항), 정당한 이유 없이 추적권을 행사하여 외국 선박을 정선시키거나 또는 나포한 경우 외국 선박은 추적으로 인한 손해를 보상받을 수 있다(동 제111조 제8항).

(나) 타국 군함의 관할권 면제

군함은 국가를 대표하는 다른 어떤 기관보다도 완전히 국가의 주권과 독립을 상징한다. 따라서 군함은 주권에 따르는 예우와 존경을 받을 권리를 누리며, 공해상의 군함은 기국 이외의 어느 국가의 관할권으로부터도

79) Malanczuk, *op. cit.*, p. 187; 김정건, 『국제법』, 박영사, 1998, p. 346.

완전히 면제된다.[80] 이처럼 군함에 대한 기국의 관할권은 배타적인 것이며, 군함에 대한 외국의 어떠한 간섭행위도 전쟁행위가 된다.[81]

만약 외국의 관헌이 마음대로 함정에 출입하여 그들의 권한을 행사하면 필연적으로 함장의 권한은 감소될 것이며 기국의 안전보장을 위협하는 중대한 문제를 제기하게 될 것이다. 군함에서 볼 수 있는 많은 장비들은 대체로 군사기밀에 속하는 것들이기 때문에 외국의 관헌이 단지 함상에 있다는 사실만으로도 기국의 안전보장이 위협받을 수 있다. 군사적 필요는 기국이 공적이거나 비공적인 행위 중에 있는 승무원에 대하여 배타적인 통제권을 가질 것을 필요로 한다. 따라서 기국은 연안국의 간섭 없이 기율을 유지할 권능을 가져야 할 필요가 있다.[82]

이러한 군함의 지위는 "공해상에서 군함은 기국이 아닌 다른 어떠한 국가의 관할권으로부터도 완전한 면책특권을 갖는다"는 해양법협약 제95조 잘 나타나 있다. 군함의 면제권은 공해뿐만 아니라 모든 해역에서 인정되는 바, 그 결과 군함은 외국의 영해를 통항함에 있어서 연안국의 법령을 준수할 의무가 있지만 이에 위반하는 경우에도 다른 선박과는 달리 연안국은 군함을 나포하거나 기타의 강제조치를 취할 수 없고, 다만 영해로부

---

80) C. J. Colombos, The International Law of the Sea, 2nd. rev. ed., Longmans, 1951, p. 171. 국제법상 군함에 대하여 면제권이 인정되는 것은 군함이 군사기관으로서 국가의 주권과 독립을 상징하는 대표적 성격과 국가의 권력을 행사하는 수단으로서의 기능을 보호하기 위한 군사적 필요 때문일 것이다. R. J. Stanger, *Criminal Jurisdiction over Visiting Armed Forces*, U.S. Government Printing Office, 1965, pp. 58–59.

81) Colombos, *op. cit.*, p. 171; 강영훈, "경제수역에서의 군함의 법적 지위", 『전환기의 국제관계법』, 법문사, 1992, pp. 262~263.

82) 강영훈, "군함의 비호권 문제", 『한국국제법의 제문제』, 박영사, 1987, p. 190 참조.

터의 퇴거를 요구할 수 있을 뿐이다(동 제30조).[83]

또한 유엔해양법협약은 협약의 해석 및 적용에 관한 분쟁 해결을 위한 국제해양법법원 등의 강제적 해결절차를 규정하면서도 군사활동 관련 분쟁에 관해서는 체약국이 강제절차의 적용 배제를 선언할 수 있도록 하고 있는데(동 제298조 제1항(b)), 이와 같이 군사활동을 법원의 강제관할권 대상에서 예외로 한 것은 자국 군대(함)를 어떠한 형태의 외부적 규제에 복종하지 않게 하려는 국가의 요구를 반영한 것으로,[84] 이를 통해서도 군함은 타국 관할권으로부터 면제된다는 것이 확인된다.

나. 군사훈련

해양법협약 제87조 1항은 협약과 국제법의 기타 규칙에 정하여진 조건에 따라 공해자유가 행사되어야 함을, 제88조는 공해가 평화적 목적을 위하여 유보된다(reserved)는 것을 그리고 제301조는 해양법협약에 따른 권리행사 및 의무이행에 있어 당사국은 타국의 영토적 또는 정치적 독립에 반하거나 또는 유엔헌장에 규정된 국제법 제 원칙과 양립하지 않는 다른 방법에 의한 무력의 위협 또는 사용을 삼가야 한다고 규정하고 있을 뿐, 공해에서의 군사훈련의 허용여부 및 허용한계에 대하여 명시적으로 규정하고 있지는 않다.

해양법규의 성문화 과정에서 군사훈련 문제에 대해 해양법회의에 참석한 각국은 그들의 능력과 현실에 따라 대조적인 입장을 보였다. 일부 국가들은 공해에서의 군사활동은 그것이 행해지는 기간 동안 타국의 해양이

83) 강영훈, "국제법상 군함의 지위", 『해양연구논총』, 제6집, 1991, pp. 101~102.

84) *Ibid.*

용을 배제하며 특정구역의 해역을 광범하고 장기간 배타적으로 이용하기 때문에 이를 규제해야 된다고 했다(알바니아, 루마니아 및 소련의 3개국 공동제안(Three Power Proposal))[85]. 반면에 해양강대국들은 군사연습은 공해자유 중 항행의 자유에 포함되며, 따라서 일국이 공해상에서 군사훈련을 한다는 사실이 타국의 공해자유 행사를 불합리하게 제약하는 것으로 간주할 수 없다고 했다.[86]

그렇지만 해양법협약 제88조 및 제301조를 해양에서의 모든 형태의 무기실험 및 군사훈련 일체를 금지하는 것으로 또는 공해에서의 군사활동이 '비침략적'인 것인 한 일체 허용하는 것으로 해석하는 것은 지나친 극단적 해석이다. 공해상에서의 군사연습이 광범하고 장기적이며 배타적으로 공해를 이용할 수도 있다는 우려가 있기는 하지만, 그것이 제3자에 대한 합리적인 고려를 한 경우에는 허용된다는 것이 관련규정의 타당한 해석이라고 생각된다. 따라서 일정한 한계 내에서 행해지고, 주변국 및 항행중인 타국 선박에 위험을 주지 않기 위하여 타국의 이익을 정당히 고려하고, 여타 국제협정에 명시적 제한규정이 없는 군사훈련은 허용되어야 할 것이다.[87]

---

85) Zedalis, "'Peaceful Purpose' and Other Relevant Provisions of the Revised Composite Negotiating Text: A Comparative Analysis of the Existing and the Proposed Military Regime for the High Seas", 7 *Syr. J. Int'l L. & Com.*, 1979, p. 12. 군사훈련수역을 타국연안 및 국제항로상에 지정하는 것은 항행의 자유를 제한하는 것이므로 장기간에 걸쳐 일방적으로 동 수역을 지정하는 것은 금지되어야 한다는 국제적인 기준을 설정하기 위해 시도되었던 이 제안은 회의에서 부결되었다.

86) Wolfrum, *op. cit.*, p. 208.

87) 오윤경 외, 『21세기 현대 국제법질서』, 박영사, 2001, p. 388; 노석태(역), 『현대국제법의 지표』, 부산대학교 출판부, 2002, p. 117 참조.

그리고 공해상 일정 구역에 함포발사 및 기동훈련 등 비록 합법적 활동이지만 타국의 공해이용에 위험을 야기할 가능성이 있는 경우, 항행 또는 상공비행에 미칠 수 있는 위험을 타국에게 알리기 위하여 특정수역을 경고수역(warning zone) 또는 제한수역(exclusion zone)으로 선포하는 경우가 있다. 이 경우 동 수역을 설정한 목적이 타국의 공해이용을 배제하기 위한 것이라면 위법한 것으로 간주되고 동 수역으로 인해 피해가 발생한 경우 국제법적인 책임을 부담하게 되지만, 일시적으로 그리고 통보한 후 설정되고 설정목적이 완료된 경우 이를 해제한다면 그러한 수역의 설정은 공해의 평화적 이용과 양립된다고 보아야 할 것이다.[88] 단, 이 경우에도 수역을 설정하는 국가는 공해를 이용하는 타국의 이익을 정당히 고려할 것이 요구되며, 제3국 선박이나 항공기 또한 그 수역을 설정한 국가의 활동을 방해해서는 안 된다. 어느 국가의 선박이나 항공기든 설정된 수역에서 선언국의 합법적인 공해이용 권리를 정당하게 고려할 의무가 있기 때문

88) 한편 북한은 1977년 8월 1일 200해리 경제수역과 함께 서해에서는 경제수역의 한계까지 그리고 동해에서는 영해기선으로부터 50해리까지 외국인 및 외국의 군함과 군용기의 활동이 금지되며, 어선을 제외한 민간선박 및 민간항공기는 사전승인 하에서만 항행 및 상공비행을 할 수 있는 군사수역을 설정하였는데, 이러한 북한의 군사수역 설정은 영해 이원수역에서의 자유통항 권리를 규정한 해양법협약과 배체되는 것으로 우리나라는 물론 미국이나 일본 등도 국제법적으로 인정하고 있지 않다. *Ibid.*, p. 348. 이러한 입장에 대해 북한은 해양법협약 당사국이 아니라는 이유(북한은 해양법협약에 서명하였지만 아직 비준하지는 않았음)로 해양법협약을 근거로 북한의 군사수역의 국제법상 효력을 부인하는 것은 다소 무리가 있지 않느냐는 지적도 있을 수 있지만, 연안국의 관할권 범위문제는 연안국의 배타적 그리고 일반적 관할권이나 통제권하에서 독단적으로 확정될 수 있는 문제가 아니라 당연히 국제법에 기초하여 결정되어야 한다. 이 경우 개별국가의 기준이 될 국제법은 당연히 157개국이 서명하고, 142개국이 비준한 해양법협약이어야 할 것이다.

이다.[89)]

다. 핵무기실험

모든 국가가 공해의 자유를 향유한다 하여도 공해상에서의 전략적 활동에 일정한 제한을 가할 필요가 제기되었던 바, 핵실험 문제에 논의의 초점이 집중되었다. 그 결과 공해에서의 핵실험 문제는 1950년대 중반 이후 해양의 군사적 이용문제에서 가장 핵심적이고 논쟁적인 문제의 하나였다.

당시의 견해들은 주로 공해자유원칙과 자위권에 근거하여 '위험수역'을 지정하여 경고한 후 핵실험을 할 경우 합법적이라는 입장과 이와는 반대로 일시적으로 광범한 수역을 전면적, 배타적으로 사용하는 핵실험은 공해자유원칙에 비춰볼 때 인정될 수 없다는 입장으로 양분되었었다.[90)]

1958년 제1차 유엔해양법회의에서도 공해에서의 핵실험 문제에 대해 논의가 있었다. 체코, 폴란드, 유고슬라비아 및 소련이 공해상에서의 핵무기 실험을 금지해야 한다는 제안을 하자, 이 문제는 군축문제이기 때문에 해양법회의에서 이를 검토하는 것은 회의의 임무를 벗어난 것이라고 주장하는 국가도 있었다. 한편, 영국은 핵무기 실험의 합법성을 주장하는 선언을 제안하였으며, 핵무기 실험 문제 전체를 유엔 총회에 이송할 것을 제

---

89) 해군본부,『지휘관을 위한 해전법규(미해전교 9)』, 1991, p. 2~11, para. 2.4.3.1.

90) 池島大策, "海洋の平和的利用の概念：國聯海洋法條約における關聯規定を中心に",『法學政治學論究』第16号, 慶應義叔大學, 1993. 3, p. 143. 공해에서의 핵실험을 위법이라고 보는 견해에 대해서는 E. Margolis, "The Hydrogen Bomb Experiments and International Law", 64 *Yale Law Journal*, 1955, pp. 629-647 참조. 반면에 합법이라고 보는 견해에 대해서는 M. MacDougal & N. Schlei, "The Hydrogen Bomb Tests in Perspective: Lawful Measures for Security", *Ibid.*, pp. 648-710 참조.

안하는 타협안이 제출되기도 했다. 그 후 영국과 아일랜드가 '합리적 고려' (seasonable regard) 조항을 제안하여 '공해협약' 제2조에 동 문언이 도입되었다.[91]

결과적으로 동 회의에서는 공해에서의 핵무기 실험의 합법성에 대해 명확한 입장이 확정된 것은 아니었지만, 대체로 핵실험이 국제법상 금지되지 않는다는 입장이었다. 이는 '국제법의 일반원칙에 의해 가장 폭넓게 승인되고 있지만, 명시적 규정이 없는 공해의 이용은 군사적 목적을 위해 공해를 이용을 모든 국가의 권리를 포함한다'는 견해[92] 및 미국이 공해상에서 수차례 핵실험을 하였으나 당시 그것이 국제법 위반행위로 규정된 적이 없었다는 사실[93]에 잘 나타나 있다.

이후에도 핵무기 실험에 대해 많은 논의가 있었으나 합의를 이루지 못하다가 1963년 "대기권 내, 우주공간 및 수중에서의 핵무기실험을 금지하는 조약(부분적 핵무기 실험 금지조약)"(Treaty on Banning Nuclear Weapon Test in the Atmosphere, in Outer Space and Under- Water(NTBT))의 체결로 공해상에서의 실험은 금지되었다(제1조). 이 조약의 채택과 그 이후의 국가관행에 비추어 볼 때, 일반적으로 공해상에서의 핵무기 실험이 금지되었다는 점에 대해서는 콘센서스가 이루어진 것으로 판단된다.[94]

---

91) 池島大策, *op. cit.*, p. 144.

92) Zedalis, *op. cit.*, p. 12

93) 오윤경 외, *op. cit.*, p. 388.

94) 1974년 오스트레일리아와 뉴질랜드는 공해상에서의 핵실험 금지가 일반 관습국제법의 지위를 갖는다면서 수중에서 핵실험을 하려는 프랑스를 상대로 ICJ에 제소하였다. 양국은 공해상에서의 핵실험을 공해자유원칙과 관련지어 방사능 낙진으로 공해에서의 선박과 항공기의 항행을 방해하고 공해를 오염시키는 것은 공해의 자유를 훼손하는 것이라고 주장했다. ICJ는 프랑스가 대기핵실험을 중지할 것이라는 대통령의 외교적 공

한편 해양법협약은 공해상에서의 통상무기의 실험에 대해 명확한 입장을 밝히지 않고 있다. 그렇지만 대량파괴무기가 아닌 통상무기(미사일 포함)의 실험은 항행이나 어업활동 등과 같은 공해 사용과 해양환경 보호 차원에서 핵실험에 비해 부정적인 영향이 덜하기 때문에 미사일 실험이 항행과 어업활동을 방해하지 않거나 해양환경을 오염시키지 않는 한 적법한 행위로 인정된다.[95)]

그리고 공해상 및 그 해저에 군사시설을 설치하거나 대량파괴무기를 배치하는 행위는 금지된다. 이는 1971년의 "해저 및 그 하층토에의 핵무기 및 대량파괴무기 설치 금지협약"(Treaty on the Emplacement of Nuclear Weapons and Other Weapons of Mass Destruction on the Ocean Floor and in the Subsoil thereof)의 체결로 국제법적 의무가 되었다.

라. 자위권 행사 및 교전행위

국가는 급박 현존하는 위법한 무력공격으로부터 국가를 방위하기 위하여 필요한 한도 내에서 실력을 행사할 수 있는 자위권(right of self-defense)을 갖는다. 자조 또는 자력구제가 원칙적으로 허용되던 전통국제

식성명이 있었다는 이유로 이 분쟁에 대한 판결을 유보하였다. 동 사건에 대해서는 *ICJ Report* (1974), p. 457; 성재호, "국제법상 핵사용의 규제", 『성균관법학』, 제15권 제2호, 비교법연구소, 2003, pp. 65~66 참조.

95) Jon M Van Dyke, "Military Exclusion and Warning Zones on the High Seas", Moscow Symposium on the Law of the Sea(Proceedings of a Workshop co-sponsored by The Law of the Sea Institute, The Soviet Maritime Law Association and The Soviet Peace Fund, November 28-December 2, 1998, Moscow), pp. 122-123, 이근수, 유엔해양법협약과 국제안보 : 해양레짐 개념의 적용을 중심으로, 경희대 박사학위논문, 1999. 2, p. 123에서 재인용.

법 시대에는 국제분쟁의 해결수단으로서 무력행사를 수반하는 복구나 전쟁까지도 일반적으로 인정되고 있었으므로 자위권은 당연한 권리로 인정되어 왔고 따라서 이를 특별히 강조할 필요가 없었다. 그러나 제1차 세계대전 후 국제연맹의 성립과 부전조약의 체결 및 제2차 세계대전 후 국제연합의 탄생 등에 의해 무력행사나 전쟁은 국제법상 불법화되고, 다만 예외적으로 자위를 위한 경우 그 합법성이 인정되게 되었다(국제연합 헌장 제51조).[96)]

자위권은 공해상에서도 당연히 인정된다. 이러한 자위조치가 무력분쟁의 타 당사국에 대해 취해진 경우 일정한 제한하에서 행해진 것이라면 아무런 문제가 없지만, 무력분쟁이 발생되지 않는 상황에서 취해진 조치이거나 교전당사국이 아닌 제3국(중립국)의 선박에 대해 취해진 경우에는 논란이 있을 수 있으며, 실제로 공해자유를 침해했다는 외교상의 항의의 대상이 되기도 했다.

1873년 미국과 영국 대 스페인 간의 버지니어스(The Virginius)호 사건은 식민지 반란단체(스페인령 쿠바의 반란단체)의 병력을 수송중인 제3국의 사선(명의상으로는 미국인이 선주(미국기 게양)였으나, 실제로는 쿠바 반란단체 소유)에 대하여 식민지 본국(스페인) 군함이 공해상에서 취한 자위조치(임검과 나포)와 관련된 선구적인 사건이었다. 쿠바로 항행중이던 버지니어스호에는 일반 승객 뿐만 아니라 쿠바 반란에 참가하기 위하여 승선한 자들도 있었는데, 공해상에서 스페인 군함 토르나도(Tornado)는 동 선박을 추적, 나포하여 쿠바의 산티아고항에 인치하였다. 승선자의 대부분은 반란과는 관계없는 영국인들이었지만, 스페인은 승선자를 해적으로 취급하며 그 가운데 53

---

96) 이병조·이중범, *op. cit.*, p. 169.

명(미국인 6명, 영국인 19명 및 쿠바인 28명)을 약식군법회의를 통해 총살에 처하고 나머지는 억류하였다. 미국과 영국은 스페인의 조치에 대하여 강력히 항의하고 국제법 위반행위로 책임을 추궁하였다. 영국은 선박의 나포와 승선자의 강제수용은 자위조치로 인정하였으나 영국인의 사살은 정당방위의 범위를 벗어난 것이라고 항의하고 그에 대한 배상과 생존자의 처형 중지를 요구하였으며, 미국은 버지니어스호가 반란군 지원에 사용되었다 하더라도 스페인이 이를 공해상에서 나포할 권리는 없으며 동 선박의 반환, 억류중인 자국민 인도, 진사(陳謝, 미국기에 대한 경례 의식), 책임자 처벌을 요구하고 이것이 받아들여지지 않을 경우 외교관계를 단절할 수도 있다는 강경한 입장을 보였다.[97] 이에 스페인 정부는 쿠바의 독립운동에 영향을 미칠 것을 우려하여 미국에 대해서는 선박의 송환하고 억류자를 인도하고 승선자 및 그 가족과 선박회사에 대하여 8만 달러의 배상금을 지급하였으며, 영국에 대해서도 미국에 준하는 조치를 취하였다.[98]

또한 알제리 전쟁(1956~1962) 때 반란군에게 무기를 수송하던 외국 선박을 프랑스가 임검 및 나포하자 구유고 및 포르투갈 등 선박 기국들은 항의하고 이탈리아 선주회사는 프랑스 법원에 이를 제소하였으며, 1962년 쿠바사태 시 공격용 무기가 쿠바에 반입되는 되는 것을 저지하기 위한 미국의 공해상에서의 차단에 대하여 스웨덴 및 구소련은 항의하기도 하였다.

그리고 연안국은 공해에 배치된 외국의 항공모함이나 그 밖의 함정에 의한 정찰과 정보 수집을 배제하기 위하여 자위와 국방을 이유로 정선, 총

97) D. J. Harris, *Case and Materials on International Law*, 2nd. ed., Sweet and Maxwell, 1979, p. 678.

98) C. G. Fenwick, *International Law*, 4th ed., Appleton Century Crofts, 1965, p. 376 참조.

격, 나포, 억류 등의 실력행사를 하는 경우가 있었는데, 1968년 북한 순시선이 미국 해군의 정보선 푸에블로호를 나포하였는 바, 무력공격의 급박한 우려도 없었으며 군함의 면제권을 침해하면서까지 실력을 행사하였다 하여 국제법 위반이라는 비난을 피할 수 없었다.[99]

이상에서 살펴본 바와 같이 연안국은 공해상에서 자국의 안전을 위하여 급박 현존하는 외부로부터의 긴급한 군사적 위협이나 무력공격에 대항하여 개별적 및 집단적 자위권에 기초한 여러 조치들을 행사할 수 있다. 이러한 조치들 중에는 피침해국이 자국의 영토로 침입하는 외국에 대하여 어느 정도의 통제를 가하기 위하여 해상방어수역 또는 해상통제수역의 설정이 포함된다. 그러나 이러한 자위조치는 그 내용상 필요성과 비례성을 충족시켜야 하며, 절차상으로도 선박 기국에의 신속한 통보와 승무원과 승객의 안전한 인도 등의 자위권 남용을 방지하기 위한 국제법상 확립된 조건들을 따라야 할 것이다.

다음으로 공해에서의 교전행위는 자위권 행사에 의한 것이든 아니면 기타 사유에 의한 것이든 침략적인 행위가 아닌 한 가능하며, 탐사나 개발이 허가된 수역에서도 절대적으로 금지되는 것은 아니다. 그러나 총력전, 경제전적 성격을 갖는 오늘날의 무력분쟁에서는 교전국뿐만 아니라 공해를 이용하는 모든 중립국의 자유를 대폭적으로 제한하고 해저자원을 탐사 및 개발하는 중립국 활동이나 설비를 위험에 처하게 할 수도 있기 때문에 일정한 한계 내에서 허용될 수밖에 없다.

그리고 교전국은 공해에서의 적대행위에 있어 국가관할권 밖의 해저 및 대양저와 그 지하의 천연자원의 탐사 및 개발에 관한 중립국의 권리행

---

99) 박배근(역), *op. cit.*, pp. 447~448.

사에 대해 타당한 고려를 하여야 하며, 해저에 부설된 전선 및 관선에 대한 손상을 피하기 위하여 주의하지 않으면 안 된다. 그렇지만 탐사나 개발활동이 어느 한 교전국에 의해서 행하여지고 있는 경우 그러한 활동에 종사하는 교전국 선박과 설비가 정당한 군사목표인 경우 및 해저에 부설된 전선과 관선이 어느 한 교전국에 오로지 도움이 되고 있는 경우에는 정당한 군사목표가 되기 때문에 이를 공격할 수 있다.[100)]

마. 전쟁수역의 설정

20세기 들어 발생한 해상무력분쟁에서 분쟁당사국들은 많은 경우 해상이나 그 상공에 정규의 통항 및 비행을 제한할 목적으로 일정 수역(zones)을 설정함으로써 분쟁당사국이나 제3국 선박 및 항공기가 허가 없이 진입하는 것을 거부해 왔다. 이러한 수역은 전쟁수역(war zones) 외에도 배제수역(exclusion zones), 군사수역(military zones), 폐쇄수역(barred zones) 및 작전수역(operational zones) 등 여러 명칭으로 불리고 있다.

오늘날 전쟁수역은 빈번한 국가관행 및 오랜 역사적 기원에 비해 더 이상 새로운 의미를 갖는 제도가 아니지만, 그렇다고 해서 그 법적 지위가 명확하게 규정되어 있지도 않다. 그 결과 동 수역의 합법성에 대한 논쟁이 계속되어 왔다.

문제는 이러한 전쟁수역의 설정으로 교전국은 동 수역에 들어오는 적선이나 중립선(항공기 포함)에의 무차별 공격에 대한 책임을 회피하거나 동 수역 내에서 해전법규의 일부 또는 전부를 정지시키려고 하는 경향이 있

---

100) L. Doswald-Beck, *San Remo Manual on International Law Applicable to Armed Conflict at Sea*, Cambridge Univ. Press, 1995, pp. 110-111.

는 바, 전쟁수역의 설정으로 중립국 국민들은 타국의 군사적 필요에 의해 결과적으로 피해를 입는다는 것이다.

전쟁수역의 초기 관행은 제1, 2차 세계대전을 계기로 전통적 봉쇄를 대신하여 등장한 새로운 형태의 봉쇄 유사 제도에서 비롯되었다. 제1차 세계대전에서 영국과 독일은 타국의 모든 해상무역을 금지시키기 위하여 전통적 봉쇄형태를 무시했는데, 영국은 군사수역(military zone)을 그리고 독일은 전쟁수역(war zone)이라는 기존의 전통적 봉쇄와는 전혀 다른 형태이지만 실질에 있어서는 봉쇄와 동일한 효과를 얻는 새로운 봉쇄 유사 제도를 채택했었다.[101]

제2차 세계대전에서는 1차 세계대전과는 달리 영국은 1939년 9월 전쟁초기부터 군사수역을 설정, 실시하였으나 그 지리적 범위는 명시하지 않았다. 동년 11월에는 제1차 세계대전에서와 마찬가지로 독화나포추밀원령(獨貨拿捕樞密院令)을 공포했으며, 기뢰부설수역도 노르웨이 발틱해 남부까지 확장하였다. 독일은 이러한 영국의 대독군사구역(對獨軍事區域) 및 독화나포추밀원령의 적용을 제1차 세계대전의 군사수역과 같은 조치로 간주하여 1940년 8월 대영봉쇄(對英封鎖)를 선언했다. 그 범위는 도버해협을 포함한 영국의 모든 주변 해역이었다. 중립선박은 이 해역에서 지

101) 독일이 1914년 8월 대영전쟁 개시 직전부터 영국 동연안(東沿岸) 주요항 주변해역에 기뢰를 부설하여 동 수역에서의 영국 선박의 항행을 위협하자, 영국은 동년 10월 영국과 벨기에 간의 해역에 상설기뢰부설구역(permanent mine-field)을 설정하고, 11월에는 영국의 헤브리지즈 제도, 훼로즈 제도 및 아이슬란드를 직선으로 잇는 선으로부터 북해(North Sea) 전 해역을 군사수역으로 지정하였다. 한편 독일은 영국이 군사수역에서 중립선박 내의 독일 화물을 불법으로 포획하자 도버해협 전역을 포함한 영국 주변의 모든 수역에 전쟁수역을 선언하고, 수상함만으로는 해상통제에 역부족을 느껴 잠수함을 동 수역에 배치했다.

정된 안전항로로 항행할 것을 요구받고 그 항로를 이탈한 선박은 모두 적선으로 간주되어 나포 또는 격침한다는 훈령을 발했다.[102)]

이와 같은 제1, 2차 세계대전에서의 영국과 독일의 변형된 특정수역제도(영국의 군사수역 및 독일의 전쟁수역) 설정은 그 정당성에 있어 약간의 논란이 있긴 하지만, 대전 후에도 장거리 봉쇄(long-distance blockade) 및 봉쇄구역(zone of blockade)이라는 관행으로 지속되었으며, 오늘날은 전쟁수역이라는 이름으로 더욱 확대되고 있다.

그 대표적인 예로는 한국전쟁중 1952년 9월 27일 UNC가 한국연안에 대한 공격의 방지, UN군 보급선의 확보, 전시금제품 수송의 방지 및 간첩활동의 방지 등을 위해 설치한 한국방위수역(이른바 클라크 라인(Clark Line))의 선포,[103)] 1972년 미국의 하이퐁(Haiphong) 포함 9개의 베트남 항구에 봉쇄를 선언하고 이를 강제하기 위한 기뢰 부설,[104)] 1980년 이란-이라크전에서의 양국에 의한 전쟁수역 설정[105)] 및 걸프전에서 다국적군에 의한 홍

102) 川本正昭, "현행법상의 해상봉쇄", 『기술정보』, 제24호, 해군본부, 1984. 9, p. 8.

103) 이병조·이중범, *op. cit.*, p. 1073.

104) D. P. O'Connell, *The Influence of Law of on the Sea Power*, Manchester Univ. Press, 1975, p. 94.

105) 1980년 9월 22일 이란은 자국의 모든 연안수역을 전쟁수역(War Zone)으로 선포하고 이라크항으로의 모든 화물수송 및 하역을 금지시켰고, 이라크는 1980년 10월 7일 걸프만 북부수역에 전쟁수역을 선언하였으며(1982년 8월 16일 동 수역을 확대하고, 동 수역 내의 모든 선박 및 하르그(Kharg) 도서에 접안하는 모든 유조선은 공격대상이 됨), 1984년 2월에는 Kharg 도서 주변에 50마일 배타수역(Exclusion Zone)을 설정하였다. F. V. Russo, Jr., "Neutrality at Sea in Transition: State Practice in the Gulf War as Emerging International Customary Law", 19 *Ocean Development and International Law*, 1988, pp. 389-392; J. H. McNeill, "Neutral Rights and Maritime Sanctions: The Effects of Two Gulf Wars", 31 *Virginia Journal of International Law*, 1991, pp. 631-639 참조.

해(the Red Sea)와 북아라비아만(northern Arabian Gulf) 전역에서의 선박 차단[106] 등을 들 수 있을 것이다.

특히 1982년 포클랜드전은 해상분쟁에서의 대표적 전쟁수역 설정 형태를 보여준다. 약 2개월간의 무력분쟁에서 영국은 4가지 다른 형태의 전쟁수역을, 아르헨티나는 3가지 전쟁수역을 설정하였다. 우선 영국은 ① 4월 12일 포클랜드 주변에 반경 200마일의 해양배타수역(Maritime Exclusion Zone: MEZ, 수역 내에서 발견되는 아르헨티나 군함 및 해군 보조선박만이 적성으로 간주되어 공격의 대상이 됨) 설정, ② 4월 23일 영국 기동함대 주변 방위수역(Defensive Area, 영국군 임무를 방해할 위험이 있는 아르헨티나 군함, 잠수함 및 보조선박 및 군항공기는 적절한 응징을 받게 될 것이며 영국군을 정찰하는 민간항공기를 포함한 모든 아르헨티나 항공기는 적성으로 간주되며 이에 대한 책임을 져야 함) 설정, ③ 4월 28일 MEZ와 동일한 지리적 범주의 완전배타수역(Total Exclusion Zone: TEZ, 아르헨티나군의 포클랜드 점령을 지원하는 모든 선박 및 항공기와 영국 국방성의 허가 없이 동 수역에서 발견되는 모든 항공기는 적성으로 간주되며 영국군의 공격을 받게 될 것임) 설정 및 ④ 5월 7일 성명(Policy Statement, 아르헨티나 연안 12마일 외측의 모든 아르헨티나 군함 및 군용기 적성 간주) 등 단계적으로 전쟁수역의 강도를 높였으며, 7월 22일(6월 14일 아르헨티나 항복)에는 기존의 배타수역들을 폐지하고 23일에는 모든 아르헨티나 군함 및 군용기가 포클랜드에 접근하지 못하게 하는 150마일 해

---

106) 처음에는 차단선박이 상선을 임검 및 수색하고, 상선이 그러한 조치에 저항할 때는 변침을 강요하기 위하여 헬리콥터를 이용하여 특수부대를 투입하였다. T. Delery, "Away the Boarding Party", *U.S. Naval Inst. Proc., Naval Rev.*, 1991, pp. 66-71 참조. 다국적군에 의한 봉쇄조치의 성공은 장거리 봉쇄가 완강하게 저항하는 적에 대해서도 효과가 있다는 것을 보여주었다. 걸프전에서의 해상봉쇄작전의 성공 및 효과에 대해서는 해군본부, 『Gulf 전쟁 분석』, 1991, pp. 17~19; 해군본부(역), 『걸프전에서의 해군작전』, 1992, pp. 30~36 참조.

상보호수역(Maritime Protection Zone)을 설정하였다. 한편 아르헨티나는 ① 4월 8일 포클랜드 본토 및 남조지아 도서 주변 외곽 200마일을 작전수역으로 하는 해상수역(Maritime Zone, 동 수역 내에서 자위상 필요하다면 군사행동을 취할 수 있음) 설정, ② 4월 29일 동일한 지리적 범주의 강화된 해상수역(strengthened Maritime Zone, 동 수역 범위 내의 수역은 아르헨티나 영수이며 영국 항공기는 동 수역 내로 진입할 수 없고, 이를 위반 시는 공격할 것임) 설정 및 ③ 5월 11일 남대서양 전쟁수역(South Atlantic War Zone) 설정 등의 전쟁수역을 운용하였는데, 이러한 아르헨티나의 정책은 자신의 고유한 전략에 따른 것이라기보다는 영국의 선언에 대한 반작용으로 취해졌으며, 그 적용 대상도 영국 선박 및 항공기에 한정하였다.[107)]

이러한 관행들은 무력분쟁에 있어서 경제전의 중요성 증대와 해상무력분쟁에서 사용되는 전투수단의 급속한 발전 및 현대무기의 전통적 봉쇄를 행할 능력이 없는 중립국으로의 확산 때문이었다.[108)] 이러한 상황변화가 전통적 봉쇄형태를 장거리 봉쇄나 봉쇄구역과 같은 새로운 봉쇄형태, 나아가 전쟁수역의 설정 및 강제를 촉진시키고 있는 것이다.

그러나 전쟁수역의 설정은 동 수역에의 출입을 원천적으로 금지하거나 출입 허가를 받지 않은 선박 및 항공기가 교전국 미사일, 항공기, 잠수함 또는 수상함에 의해 공격 또는 제재를 받거나 교전국이 부설한 기뢰원에 들어갈 위험을 무릅쓴 채 이러한 수역에 출입할 수밖에 없게 한다.

문제는 실제 해상무력분쟁에서 각국들이 관행적으로 각종 수역들을

107) W. J. Fenrick, "The Exclusion Zone Device in the Law of Naval Warfare", 26 *Canadian Yearbook of International Law*, 1986, pp. 109-116 참조.

108) T. C. Linn, "Naval Forces in the Post-Cold War Era". 20 *Strategy Review*, No. 4, 1992, pp. 19-20.

설정, 운용하고 있는데도 현재까지 발효된 어떠한 해전법규에서도 이들 수역에 관한 명시적 규정을 두고 있지 않다는 것이다. 그러나 실제 분쟁에서 이들 수역이 현실적으로 존재하여 왔고, 아직도 그러한 국가관행을 불법화할 명확한 관행이나 합의가 존재하지 않는 현실에서는 이들 수역의 설정을 지나치게 확대한다든가 또는 수역을 설정함으로써 기존의 국제법적 의무를 면하려고 하는 분쟁당사국의 자의적인 조치를 방지하기 위해서는 보다 보편적인 지침을 제시하는 것이 보다 합리적일 것이다.

왜냐하면 전쟁수역은 교전국에게는 지정수역 내에서 해상교통을 정지시킬 수 있는 권리주장을 가능케 하며, 중립국 선박에게는 동 수역에서 항행을 해서는 안 되는 의무를 부과할 뿐만 아니라 공격을 받거나 격침될 수도 있는 수역으로 타국의 군사적 필요에 의해 결과적으로 피해를 입을 수도 있기 때문이다.[109]

물론 명시적 현행 법규의 미비로 그러한 지침들이 그 효력에 있어 법적 확신을 얻기까지는 상당한 시간이 필요하겠지만, 장차 시간이 지남에 따라 이러한 새로운 지침들을 명시적으로 승인하고 강제해야 할 필요는 더욱 커질 것이다. 입법적 관점에서 전쟁수역은 다음과 같은 제한하에서 설정되어야 할 것이다.[110]

첫째, 분쟁당사국은 타국의 합법적인 공해이용을 제한하는 전쟁수역을 설정함으로서 국제인도법의 의무를 면할 수 없다. 전쟁수역을 설정하더라도 교전국은 국제인도법상의 의무를 면할 수 없으며 또한 선박과 항공기를 공격할 수 있는 새로운 권리를 향유하는 것도, 기존의 의무를 면하

109) 김현수, "국제법상 전쟁수역의 법적 지위", 『해양전략』, 제89호, 1995, p. 124.

110) Doswald-Beck, *op. cit.*, pp. 181-183.

는 것도 아니다.

둘째, 분쟁당사국이 예외적인 조치로써 전쟁수역을 설정한 경우 전쟁수역의 범위, 위치, 기간 및 부과된 조치는 군사적 필요성, 비례성 및 합리성 원칙에 의해서 엄격하게 제한되어야 한다. 전쟁수역에 부과되는 조치(제한조치 및 강제조치 모두 포함)와 수역 설정국의 자위의 요구 간에는 균형이 이루어져야 하며 또한 증명할 수 있는 관련이 존재하지 않으면 안 된다. 예컨대 포클랜드전에서 1982년 5월 11일의 남대서양 전역이 전쟁수역이라는 취지의 아르헨티나 선언은 자국을 방위해야 할 필요성에 비추어 볼 때 균형을 상실한 것으로 분쟁과 무관한 선박에까지 영향을 미친 국제법의 허용한계를 넘어선 것이었다.

셋째, 전쟁수역을 설정하는 분쟁당사국은 해양을 합법적으로 사용할 중립국의 권리에 타당한 고려를 해야 한다. 전쟁수역이 중립국의 항구 및 해안에의 자유롭고 안전한 출입을 현저히 방해하는 경우 중립국 선박 및 항공기에 대해 전쟁수역 내에 필요한 안전통항로를 보장하고 이들에 대한 공격위험을 최소한으로 하기 위한 특별조치를 취해야 하며, 중립국이 공해에서 향유하는 어업, 관선 및 전선 사용권을 고려하고, 전쟁수역의 개시일, 기간, 위치 및 범위, 부과되는 제한을 공개적으로 선언하고 적절히 통고하여야 한다. 그러나 전쟁수역 인근에서 활동하는 중립국 선박 및 항공기를 통제할 교전국의 관습적 권리가 감소되는 것은 아니다. 교전국 군함은 인근해역에 존재하는 중립국의 상선이나 민간기가 교전국의 해상작전을 위험하게 하거나 해하는 경우 그러한 선박이나 항공기의 통신을 통제할 수 있으며, 이를 무시하는 선박이나 항공기에 대해서는 나포하거나 필요한 경우 최후수단으로 발포할 수도 있다.

3. 소결 및 요약

어떤 국가도 공해를 영유할 수 없으며 또한 공해는 원칙적으로 각국의 자유로운 사용을 위해 개방된다. 이를 가리켜 일반적으로 공해자유원칙이라고 한다. 하지만 공해가 모든 국가에게 그 자유로운 이용이 개방되어 있다고 해서 공해가 법적 규율의 대상이 되지 않는다거나 무질서 상태로 방치되어 있음을 가리키는 것이 아니다. 각국은 공해상에서 자국의 법령을 일반적으로 강제할 수는 없으나, 국제관습법 또는 조약에 의해 인정되는 범위 내에서 국가의 권능이 인정되며, 이로써 공해의 질서를 유지하고 있다.

이러한 법적 지위를 갖는 공해는 예로부터 군사훈련과 무기실험 및 군사조사와 같은 기본적인 군사활동 외에도 미사일, 고정된(fixed acoustic detection system)을 갖춘 해양감시장치(sea-based surveillance devices) 및 자기 또는 음향기뢰와 같은 전략적 및 전술적 목적을 위한 각종 군사장비와 무기의 배치 그리고 적대행위 및 해전 등 다양한 형태의 군사적 활동에 이용되어 왔다. 이러한 공해의 군사적 이용은 그 자체가 해양이용의 자유를 제한하는 중요한 요소의 하나이다. 따라서 공해의 군사적 이용은 제한적으로 허용될 수밖에 없다.

그러나 해양법협약은 공해의 군사적 이용은 공해의 자유를 행사하는 타국의 이익(the interests of other states)에 대한 정당한 고려(due regard)(제87조)와 해양의 평화적 목적을 위한 이용(전문, 제88조 및 제301조)이라는 조건을 부과하고 있을 뿐 구체적인 기준이나 한계에 대해 명시적 규정을 두고 있지 않아 공해의 이용에 있어 상업적 이용과 군사적 이용 간에 이해관계의 충돌과 긴장이 존재하고 있다.

물론 현재 국제사회에는 공동이익을 위해 개방되고, 분쟁을 사전에 회피하기 위해 '평화지대'(zone of peace)나 '비핵지대'(denuclearized zone) 등을 설정하는 등 이용자의 이익을 우선적으로 확보하고자 하는 노력이 행해지고 있긴 하지만, 구체적 규정의 결여 및 사용된 용어, 즉 '평화적'이라는 용어가 명백하게 정의되어 있지 않기 때문에 공해의 무질서한 군사적 이용을 완전히 배제한다는 것은 현실적으로 어렵다.

따라서 공해의 평화적 이용 질서 확립을 위해서는 공해의 군사적 이용과 상업적 이용 간의 조화롭고 균형적인 관계 설정이 무엇보다도 중요하다. 이를 위해 가장 바람직한 것은 국가들 간의 행위를 예상가능토록 하고, 그에 따라 해상에서의 폭력을 감소시키기 위한 규범과 원칙들을 명료하게 하는 일이다. 규범과 원칙이 명확할수록 분쟁당사국은 전투수단과 방법의 선택에 있어 합법적이고 정당한 결정을 내릴 수 있을 뿐만 아니라 그것들을 준수함으로써 더욱 신뢰를 받게 될 것이며, 중립국도 자신들의 이익을 보호하고 불필요한 분쟁개입을 사전에 예방할 수 있을 것이다.

이러한 규범 및 원칙의 도출은 새로운 전투수단과 방법 및 새로운 목표의 등장으로 결코 쉬운 일이 아니다. 그러나 새로운 문제에 적용하기 위한 새로운 법규의 기초는 국제사회의 현 실태를 반영하기 마련인 기존의 국가관행을 기초로 하지 않을 수 없다. 왜냐하면 현실과 관행을 도외시한 규범이란 그 실천력을 담보할 수 없기 때문이다.

공해에서의 구체적 군사활동 및 무력사용의 허용 및 그 한계의 설정에 있어 무엇보다도 강조되어야 할 것은 해양의 '평화적 이용'이다. 물론 해양의 평화적 이용 자체가 재래식 형태의 군사활동 범주 내의 모든 군사력 행사를 금지한다고 해석할 수는 없지만, 이는 해양자유의 일반원칙 및 협약에 대한 해석기준을 제공하고 있다. 이러한 기준에 비추어 군사활동이 평화적 이용과 충돌될 경우 '평화적 이용' 원칙이 우선적으로 적용되어야 할 것이다.

그리고 공해상에서의 군사활동은 그 태양 및 목적 여하를 불문하고 국가 간의 무력분쟁으로 비화될 가능성이 대단히 높다. 따라서 특정 군사적 이용의 허용문제는 매우 신중해야 결정되어야 하며, 그 합법성 판단에 있어 합리성에 바탕을 둔 필요성과 비례성을 엄격하게 적용하여야 할 것이다.

제7절 대륙붕과 심해저에서의 군사활동

1. 대륙붕에서의 군사활동

중립국의 대륙붕에서 적대행위가 행해지는 경우 교전국은 해상무력분쟁법의 여타 적용 가능한 규칙의 준수 외에 중립국의 권리와 의무, 특히(inter alia) 대륙붕의 경제자원의 탐사 및 개발, 해양환경의 보호 및 보전과 중립국이 대륙붕에 설치한 인공섬, 시설물, 구조물 및 안전수역에 대해 타당한 고려를 하지 않으면 안 된다. 여기서 명시한 교전국의 의무는 예시적인 것이지 망라적인 것이 아니다. 이는 '특히'라는 용어를 사용하고 있는 것을 통해 알 수 있다.[111)]

또한 교전국이 중립국의 대륙붕에 기뢰부설이 필요하다고 생각하는 경우 교전국은 중립국에 그 사실을 통보하지 않으면 안 되고, 특히 기뢰부

111) Doswald-Beck, *op. cit.*, pp.108-109.

설원의 규모 및 사용 기뢰의 종류가 인공섬, 시설물 및 구조물에 위험을 미치지 않고 출입을 저해하지 않도록 하여야 한다. 또한 교전국은 가능한 한 중립국의 당해 구역의 탐사 및 개발에 대해 실질적인 방해를 해서는 안 되며, 해양환경의 보호 및 보전에도 타당한 고려를 하지 않으면 안 된다. 중립국의 대륙붕에서의 기뢰부설은 금지되어야 한다는 입장도 있지만, 대륙붕은 교전국의 적대행위에 관한 한 공해와 같기 때문에 이들 수역에서 기뢰부설도 인정된다.

중립국의 대륙붕에의 기뢰 부설은 중립국의 정당한 활동에 특별한 위험을 야기할 수도 있기 때문에 기뢰를 부설하였으면 기뢰 부설국은 기뢰가 연안국의 당해구역에서의 경제자원의 탐사와 개발을 부당하게 방해하지 않도록 하기 위하여 특별한 예방조치를 취하여야 한다. 즉, 중립국에 통보하여야 하고 인공섬, 시설물 및 구축물을 위험에 노출시켜서도 안 된다. 이러한 의무는 절대적이다.

한편, 천연자원의 탐사 및 개발에 대한 방해를 회피해야 할 의무는 상대적인 것으로 '가능한 한' 방해하지 않아야 한다. '가능한 한'이라는표현은 교전국이 적에 대하여 적대행위를 행할 수 있는 권리와 연안국이 대륙붕의 경제자원을 개발할 권리를 존중하여야 할 의무 간에 균형을 이루어야 함을 나타낸다. 다만 '특히'라는 용어는 기뢰사용의 다른 측면도 고려되어야 함을 의미하는데, 이에는 기뢰 사용시간과 기간, 부설과 소해 방법 및 당해 구역에 있는 시설물 및 구조물에의 출입항로의 준비 등이 포함된다.[112)]

112) *Ibid.*, pp.109-110.

2. 심해저에서의 군사활동

공해에서의 적대행위는 심해저의 천연자원의 탐사 및 개발에 관한 중립국의 권리행사에 대해 타당한 고려를 하여야 한다. 공해에서의 해상무력분쟁은 심해저에서 천연자원을 탐사하거나 개발하고 있는 국가의 활동이나 설비를 위험에 처하게 할 수 있다. 그렇지만 그와 같은 탐사나 개발이 허가되는(해양법협약 제11부 또는 기타 적법 기구의 허가) 인가구역은 적대행위에 관한 한 금지구역이 아니다. 이는 적대행위가 허용되긴 하지만 해저의 탐사나 개발 활동이 어느 한 교전국에 의해서 행하여지고 있는 경우 그러한 활동에 사용되는 선박과 설비는 정당한 군사목표가 아니면 당연히 보호되어야 한다는 것을 의미한다.[113)]

또한 교전국은 자신에게 도움이 되지 않는 해저에 부설된 전선 및 관선에 대한 손상을 피하기 위하여 주의하여야 한다. 이를 반대로 해석하면 해저에 부설되어 있는 전선과 관선은 보호되어야 하지만 하나 또는 그 이상의 교전국에 도움이 되고 있는 전선과 관선은 정당한 군사목표가 되고, 따라서 합법적인 공격대상이 된다고 볼 수 있다.[114)]

113) *Ibid.*, pp.110-111.

114) *Ibid.*, p.111.

제5장

해양법협약과 해상작전 및 무력분쟁

제1절 해양법협약 각 수역의 해전수역으로서의 지위

1. 해전수역의 범위 및 제한

가. 해전수역의 범위

해전수역과 관련하여 전통적 해전법규는 다음과 같이 요약될 수 있다. 첫째, 교전당사국들은 교전국의 영해, 공해 및 이들 수역의 상공에서만 적대활동을 행할 수 있다. 둘째, 교전당사국들은 중립국의 내수, 영해 및 이들 수역의 상공에서 적대활동을 행할 수 없다. 셋째, 중립국은 분쟁에 참여하고 있는 모든 교전당사국들에게 중립규정을 공평하게 적용하여야 한다.[1)]

1) D. P. O'Connell, *The International Law of the Sea*, Oxford, Clarendon Press, 1982, vol. 1, p. 1117; H. Lauterpacht, *Oppenheim's International Law*, London·New York·Toronto, Longmans·Green and Co., 1952, vol. 2, pp. 673, 695; M. M. Whiteman, *Digest of International Law*, Washington, U.S. Government Printing Office, 1965, vol. 4, p. 178.

17~8세기 이러한 일반원칙들은 구체적이지는 못했지만 각국들의 관행에 의해 일반적으로 승인된 일련의 공식적인 행위규칙으로 다듬어졌으며, 이들 행위규칙의 대다수는 제2차 헤이그 평화회의(the 2nd Hague Peace Conference)에서 '해전에서의 중립국의 권리 및 의무에 관한 1907년 협약(XIII)'(Convention(XIII) Concerning the Rights and Duties of Neutral Powers in Naval War, 이하 해전중립협약[2])으로 빛을 보았다.[3]

그러나 유엔해양법협약 질서하에 있는 오늘날 적대행위를 행할 수 있는 수역, 즉 해전수역은 (a) 교전국의 영해 및 내수, 영토, 배타적 경제수역, 대륙붕 및 군도수역, (b) 공해 및 (c) 일정한 제한하의 중립국의 배타적 경제수역 및 대륙붕의 수중, 수상 및 상공으로 규정할 수 있다.

1982년 유엔해양법협약에 의해 신설된 군도수역 및 배타적 경제수역

2) 장차 발생될 모든 경우에 적용될 수 있는 종합적인 조치를 강구할 수는 없지만 전쟁이 발발할 경우 적용할 수 있는 일반적 규칙을 마련하기 위하여 체결된 해전중립협약은 영국을 비롯한 대다수 해양강국들의 일반적인 비준을 받지 못했음에도 불구하고, 그 규정들의 대부분은 관습법을 선언한 것으로 간주되었으며(D. Schindler, "Commentary on Hague Convention XIII", N. Ronzitti (ed.), The Law of Naval Warfare: A Collection of Agreements and Documents with Commentaries, Dordrecht Boston London, Martinus Nijhoff Publishers, 1988, p. 211.), 중립국의 '해상영토'(maritime territory), 즉 내수 및 영해 내에서의 적대활동과 관련된 중립국과 교전국의 권리 및 의무를 규정한 가장 최근의 조약으로 이러한 문제들에 대한 논의의 시초를 제공한 것으로 이해되고 있다.

3) 중립제도의 역사는 오래되었지만 1870년대 앨라배마호 사건 이후 틀이 갖추어지기 시작하였다. 특히 앨라배마호 사건을 계기로 체결된 워싱턴조약은 중립제도에 크게 기여하였으니, 전시 중립국은 자국 영해 내에서 전쟁에 참여할 것으로 믿어지는 선박들이 전비를 갖추어 출항하는 것을 금지해야 하며, 교전당사국들은 자국 항구나 수역을 다른 교전당사국에 대한 작전기지로 사용하거나 군시장비나 무기의 교체 및 증강에 사용하도록 허용하면 안 된다는 원칙이 마련되었다. 이러한 워싱턴 조약의 중립에 관한 규칙들은 일부 수정을 거쳐 1907년의 해전중립조약 제5조와 제8조가 되었다. 이석용, "해양의 군사적 이용에 관한 연구", Strategy 21, vol. 3, no. 2, 2000, p. 96.

을 제외한 기존 수역들의 해전수역으로서의 지위는 국제관습법으로 확립되어 있다.[4] 기존 수역들 외에 군도수역이 해전수역에 포함된 것은 군도항로대통항 및 타국에게 약간의 권리 및 활동이 허용된다는 예외가 있긴 하지만 군도국가의 주권이 그 영해와 동일한 의미를 갖는 군도수역에도 미친다는 사실을 반영한 것으로(해양법협약 Part. IV), 이는 최근에 공표된 몇몇 국가의 해군작전 매뉴얼이 중립국과 교전국의 권리에 영향을 미칠 수 있는 규칙의 적용에 있어 군도수역을 영해와 동일하게 취급하고 있다는 사실을 반영하고 있다.[5]

군도수역과 마찬가지로 해양법협약의 채택으로 신설된 배타적 경제수역이 해전수역에 포함되는 것은 일부 경제적 목적을 위하여 연안국에 주권적 권리와 관할권을 인정되면서도 동 수역을 연안국의 주권하에 두는 것을 금지하고, 타국의 항행과 상공비행의 자유라는 권리 및 이러한 자유에 관련된 해양의 합법적인 이용을 승인하고 있는 배타적 경제수역에 관한 해양법협약 규정을 반영한 결과이다.[6]

이상의 해전수역의 전반적 범위와 관련하여 무력분쟁과 무관한 중립국의 이익과 권리가 보장되는 중립국 관할 배타적 경제수역과 대륙붕에

---

4) U.S. Department of Navy, Office of Chief of Naval Operations, *The Law of Naval Warfare* (NWIP 10-2), 1955 para. 430; C. John Colombos, *The International Law of Sea*, p. 528 (6th ed), New York, David Mckay Company Inc., 1967 참조.

5) NWP9A, The Commander's Handbook, para. 7.3.b; German Federal ministry of Defence, *Humanitarian Law in Armed Conflicts-Manual* (Bonn: 1992), DSKVV 207320067, para. 1010(이하 German Manual, 독일 매뉴얼) 참조. Canadian Forces, Law of Armed Conflict Manual (Second draft, Ottawa: undated) (이하 Canadian Manual, 캐나다 매뉴얼)의 para. 706과 1509 참조.

6) 해양법협약 제56조~제58조, 제88조~제115조.

서의 적대행위 허용 여부가 문제될 수 있다. 비록 중립국의 배타적 경제수역 및 대륙붕은 특히 경제적 이익과 관련하여 중립국의 중대한 이익이 걸려있는 수역이기는 하지만, 동 수역들에서도 적대행위가 허용된다는 것은 일반적으로 인정되고 있다. 단, 이 경우 교전국은 동 수역에서의 중립국의 관할권, 즉 권리의무에 대한 타당한 고려를 행하여야 한다.

나. 해전수역의 제한

(1) 중립국 이익의 존중

교전국은 중립국이 주권적 권리, 관할권 및 기타 일반국제법에 기초한 권리를 향유하는 수역에서 작전을 수행하는 경우에는 당해 중립국의정당한 권리 및 의무에 타당한 고려를 하지 않으면 안 된다.

작전이 어디에서 행해지더라도 교전국은 그 수역에서 인정되는 중립국의 권리를 부당하게 간섭하지 않는 방법으로 작전을 행할 의무가 있다. 이러한 상황이 발생될 가능성이 가장 높은 수역은 배타적 경제수역이나 대륙붕이겠지만, 중립국의 권리가 관할권의 주장(예컨대 배타적 경제수역, 대륙붕)에 기초하든, 일반해양법에서 유래하는 보편적 권리(예컨대 공해)에 기초하든 관계없이 일반적인 문언으로 또한 모든 수역(심해저 포함)에 대하여 그 원칙이 적용되어야 한다.

동 원칙과 관련하여 교전국의 의무이행에 관한 유효한 기준이 중립국의 권리에 대한 '타당한 고려'(due regard)인가 아니면 '존중'(respect)인가에 대해서 상당한 논란이 있다. 교전국에 보다 큰 부담을 부과한다는 취지에서 본다면 '존중'이 이러한 의미를 보다 적절하게 나타낸다고 볼 수 있지만, 이미 해양법협약에서 사용되고 있을 뿐만 아니라 해양에서 교전국이 적대활동을 행할 권리와 중립국이 그 수역에서 정당한 활동을 할 권리 간의 균형을 반영하고 있는 '타당한 고려'라는 용어가 일반적으로 인정되고 있다.

이외에도 '타당한 고려' 기준이 지지를 받는 이유는 이 용어가 해양법 전반에서 사용되고 있어 무력분쟁법과 같이 해양법과 밀접하게 관련 있는 문서에서는 더욱 적절하고, 국제인도법 등 기타 문서에서 사용되고 있는 '존중'이라는 용어는 보호되는 자와 물자의 물리적 완전성을 보존해야 할 절대적이고 또한 확정적인 의무라는 의미를 갖고 있기 때문이다.

(2) 해양환경의 보호 및 보전

오늘날 모든 국가에게 있어 해양환경을 보호하고 보전해야 한다는 의무는 일반적으로 승인되고 있다. 이는 환경보호에 관한 국가의 의무를 규정하고 있는 국제법상의 각종 규칙과 결의 및 각국의 국내법상의 규정이 증가하고 있다는 사실에서도 알 수 있다.

해양법협약은 50개에 가까운 조문을 할애하여 해양환경의 보호를 언급하고 있다. 특히 제192조는 "국가들은 해양환경을 보호하고 보전할 의무가 있다"고 명규하고 있다. 이처럼 기국은 자국 선박에 대하여 관할권을 갖는 동시에 해양환경의 보호와 보전에 관한 국제적인 의무를 이행해야 할 책임도 있다.

해상에서의 교전행위에 있어 해양환경을 고려해야 한다는 원칙과 관련하여 최근 들어 특히 강조되고 있는 것은 분쟁당사국은 ⓐ희귀하거나 소멸되기 쉬운 생태계 및 ⓑ멸종위협이나 위험에 처해 있는 종(species) 또는 기타 해양생물의 서식지를 포함하는 해역에서는 어떠한 적대행위도 해서는 안 된다는 것이 국제사회의 일반적 여론이다. 물론 이러한 여론은 구속적인 것이 아니라 합의에 이르도록 노력해야 한다는 권고적 성격의 것으로, 국제사회의 합의(consensus)이긴 하지만 법적 강제력을 갖는 것은 아니다.

동 원칙은 다음과 같이 규정하고 있는 해양법협약 제194조 5항에도 반영되어 있다.

> 본 장에 따라 취해진 조치는 희귀하거나 연약한 생태계 및 고갈되고 있거나 위험에 처한 종과 기타 해양생물체의 보호와 보존에 필요한 조치를 포함하여야 한다.

본 항은 해상무력분쟁 당사국에 대하여 보호되는 종이 서식하는 해역에서 적대행위를 하지 않을 의무를 부과하는 것이 아니라 해전수역으로 그러한 종이 있는 해역을 이용하지 않을 것을 분쟁당사국이 서로 합의하도록 장려하고 있다. 이러한 해상무력분쟁시의 비구속적인(soft law적인) 지침은 평시 국제환경법의 일반규칙을 반영한 것이다. 이러한 상황이 발생될 수 있는 가장 중요한 수역은 배타적 경제수역 또는 대륙붕이지만, 점차 일반적인 문언으로 그리고 모든 수역에서 고려되어야 한다는 합의가 형성되고 있다.

본 항에 규정된 권고에 비추어 볼 때, 교전국은 적대행위를 삼가야 할 수역의 실제에 있어 수역의 성질과 위치에 관한 지침으로서 그와 같은 해역을 확정하여 보호하는 현행 및 장래의 국제문서, 예를 들면 1972년 '세계 문화유산 및 자연유산의 보호에 관한 협약'(Convention for the Protection of the World Cultural and Natural Heritage)에 의해 설정된세계유산 리스트에 등록되어 있는 수역을 참고할 필요가 있을 것이다.

2. 각 수역의 해전수역으로서의 지위

가. 내수, 영해 및 군도수역

오늘날 영해의 폭은 해양법협약에 반영되어 있는 바와 같이 직선기선으로부터 12해리라는 것이 일반적으로 받아들여지고 있으며, 해양법협약에서 군도수역 개념이 인정됨에 따라 인도네시아, 필리핀 및 바하마 등과 같은 일부 군도국가들은 군도의 최외측 지점을 연결하는 '군도기선' 내의 수역을 자국의 주권에 복속, 즉 본질적으로 영해와 같은 지위를 갖는 것으로 주장할 수 있게 되었다.

이러한 발전의 결과 이전에는 공해와 국제공역이었던 해양과 그 상부공역의 상당 부분이 영해, 군도수역 및 영공에 편입되었다. 교전국과 중립국의 행위를 규율하는 전통적인 규칙은 영해의 폭이 통상기선으로부터 3해리라는 것이 일반적으로 승인되던 시기에 발전된 것이지만, 이들 확대된 영해 및 군도수역에도 전통적 규칙하에서의 좁은 영해에서 적용되던 것과 동일한 규칙들이 적용된다.[7]

그러나 좁은 영해 —— 즉 전투행위가 금지되며, 중립국에 그 중립을 강제해야 할 의무가 있는 교전국의 활동기지로서 —— 에서도 그랬지만, 군사력이 우세한 교전국은 필요한 경우 이러한 중립수역을 침범하고자 하는 유혹에 빠지기 쉽고, 약소 중립국은 자국의 중립의무를 강제할 수가 없든지 아니면 강제하고자 하는 의지를 포기할지도 모른다. 그 결과 중립국과 교전국 간의 긴장이 높아져 중립수역 내에서 적대행위가 일어날 수도 있을 것이다.

---

7) NWP9, *The Commander's Handbook*, para. 7.3.6; Canada Manual, para. 706(6) 참조.

교전국은 중립수역(중립국 내수, 영해 및 군도수역으로 구성되며 중립국 공역(空域)은 중립국 수역 및 그 영토의 상공으로 구성) 내 및 그 상공에서의 적대행위를 할 수 없다. 여기서의 적대행위는 (a) 중립국 수역 또는 영토 또는 그 상공에 위치하는 자 또는 목표물에 대한 공격 또는 나포, (b) 중립국 수역 또는 그 상공에 위치한 교전국 군대가 중립국 수역 밖에 위치하고 있는 자 또는 목표물을 공격 혹은 나포하거나 중립국 수역 및 그 상공을 작전근거지로 이용하는 행위, (c) 기뢰부설 및 (d) 임검, 수색, 침로변경[8] 또는 나포를 포함한다.

동 기본원칙은 교전자는 중립국의 주권적 권리를 존중하여야 하며 또한 중립위반을 구성하는 행위를 삼가지 않으면 안 된다고 규정하고 있는 '해전중립협약' 제1조에서 확인되고 있다.

이와 관련하여 인도네시아와 같은 일부 국가들이 군도수역을 광범위하게 확대했음에 비추어 볼 때, 군도국가가 중립국인 경우 교전국의 적대행위를 배제하기 위해서 군도수역을 영해와 동일하게 취급하는 것이 합리적인가 하는 문제가 제기될 수 있지만, 군도항로대통항에 관한 일정한 조건이 준수된다면 중립국의 군도수역은 영해와 동일한 법적 지위를 향유한다고 보아야 할 것이다.

또한 교전국 군대는 중립국 수역을 피난장소로 이용해서는 안 된다. '해전중립협약'은 본 항과 같은 명확한 규정을 포함하고 있지는 않지만 당해 조약의 많은 규정들, 즉 중립항 내의 정박기간 연장(제14조), 수리의 제한(제17조), 군수품이나 승조원의 보충을 위한 중립국 수역의 이용금지(제18

---

8) 적대행위의 한 유형으로서의 '침로변경'은 임검과 수색을 위해 적절한 구역, 항구 또는 공항으로 향하도록 상선과 민간기의 침로를 변경시키는 것 및 임검과 수색 대신에 대체 목적지에로 상선과 민간기의 침로를 변경시키는 것과 관계있다.

조) 및 양식이나 연료의 보충제한(제19조 및 제20조)에 관한 규정들을 두고 있는 바, 이들을 전체적으로 보면 교전국 군대가 중립국 수역을 피난장소로 이용할 수 없다는 것을 강하게 암시하고 있다. 이것은 영해의 확대와 군도수역의 승인에 의해서 매우 광대한 수역이 중립국 수역 내에 포함되게 되었다는 것을 생각하면 특히 중요하다.

이의 당연한 결과로 교전국의 군용기 및 보조항공기는 중립국 공역(空域)에 진입할 수 없다. 만약 이들이 진입한 경우 중립국은 자국 영토 내에 착륙하도록 해당 항공기에 요구하기 위해 이용 가능한 수단을 동원할 수 있으며, 무력분쟁 기간 중 기체와 승무원을 억류하지 않으면 안 된다. 항공기가 착륙명령을 따르지 않을 경우 의료항공기의 확인 및 보호에 관한 규칙들을 따르는 것을 조건으로 공격할 수 있다. 이는 1923년 '헤이그 공전규칙' 제42조의 관습적 규칙을 반영한 것으로[9] 교전국의 군용기가 착륙명령을 거부할 경우 공격당할 수도 있다는 것을 경고하는 것으로 일국의 군대가 소유하고 있거나 또는 배타적 감독하에 있으며 그리고 임시적으로 오로지 정부의 비상업적 역무에 완전히 사용되고 있는 보조항공기에도 적용되지만, 중립국의 관할 내에 진입한 교전국 의료항공기 및 중립국의 국제해협과 군도수역의 상공을 통항하는 교전국 군용기는 공격이 면제된다. 그렇지만 분쟁당사국 간의 합의에 의해서 안전통항권이 부여된 그리고 공격이 면제된 교전국의 군용기와 보조항공기는 중립국 공역에 진입하기 전에 관련 중립국의 동의를 얻어야 한다.

---

9) '헤이그 공전규칙'은 교전국 군용기의 중립국 관할 내에의 진입을 금지하였다. 중립국은 그와 같은 진입을 방지하고 진입하는 경우 교전국 군용기를 강제착륙 시키기 위하여 모든 수단을 사용할 의무가 있다. 또 중립국은 기체, 승무원 및 승객을 억류할 의무가 있다(동 규칙 제42조).

그리고 중립국은 무력분쟁중에도 보장되는 통항을 방해함이 없이[10] 그리고 차별 없이 교전국 군함 및 보조선박[11]11)의 중립국 수역에의 진입 또는 통항에 조건을 부과하여 제한 또는 금지할 수 있다. '해전중립협약' 제9조는 중립국에게 자국 항구, 정박지 및 영해에 진입하기 위한조건, 제한 및 금지를 모든 교전국에 동등하게 적용할 것을 요구하고 있다. 동 협약은 중립국이 자국 영해에서의 군함의 통항을 금지할 수 있는가에 관하여 침묵하고 있지만, 양차 세계대전에서의 국가관행은 국제해협에 이르거나 국제해협을 구성하는 영해를 제외하고 그와 같이 금지할 수 있다는 것을 입증하고 있다.[12] 한편 중립국은 그와 같은 통항을 금지할 것이 요구되지 않으며, '해전중립협약'하에서 그 중립을 해하지 않는 '단순한'(mere) 통항을 허용할 수 있다.[13]

중립국은 자국 수역 내의 정박기간 및 국제해협 및 군도항로대에서의

10) 이는 국제통항에 이용되는 국제해협에서의 통과통항, 통과통항권이 적용되지 않는 국제해협에서의 정지되지 않는 무해통항 및 군도수역에서의 군도항로대통항은 금지되지 않으며, 일반적인 해양법(해양법협약 제3부 및 제4부)에서 인정되지 않는 조건이나 제한에도 따르지 않는다는 것을 분명히 하는 것이다. 일반국제법에 따라 채택된 통항에 관한 각국 법규는 무력분쟁 시에도 계속 적용된다.

11) '해전중립협약'이나 각국의 군사 매뉴얼 등은 중립국 수역에서의 통항에 관한 보조선박의 지위에 관해서는 거의 규정하고 있지 않지만, 해상에서 해군부대를 지원하기 위해 민간인이 승선한 선박을 사용하거나 또한 그와 같은 선박을 해군부대와 긴밀하게 통합하는 관행이 확대되었던 점에 비추어 보조선박을 군함과 동등시하는 것이 타당하다.

12) H. A. Smith, The Law and Custom of the Sea, New York, Frederick A. Praeger, 2nd ed. 1950, p. 153; Robert W. Tycker, U.S. Naval War College International Law Studies, The Law of War and Neutrality at Sea (Washington: U.S. Government Printer's Office, 1957), p. 232; NWIP 10-2 The Law of Naval Warfare, para. 443a, note 28.

13) 헤이그 제13조약 제10조.

통항 인정을 조건으로 또는 중립국이 제정할 수 있는 규칙에 따라서 중립을 해하는 일 없이 중립국 수역 내에서의 (a) 교전국의 군함, 보조선박 및 포획물에 의한 영해 및 군도수역에서의 통항, (b) 교전국 군함 또는 보조선박이 자국 영역의 항구에 도달하는 데 충분한 양식, 물, 연료의 보급 및 (c) 항행을 위해 중립국이 필요하다고 인정한 교전국의 군함 또는 보조선박의 수리를 허가할 수 있다.[14]

그리고 교전국의 군함 또는 보조선박은 파손 또는 기상상태 때문에 불가피한 경우가 아니면 보급 또는 수리를 위하여 중립국 수역에서의 통항기간 또는 당해 수역에서의 정박기간을 24시간 이상 연장할 수 없다. 단, 이러한 규칙은 국제해협 및 군도항로대통항권이 행사되는 수역에서는 적용되지 않는다.

'해전중립협약'에서 논쟁적이었던 규정의 하나는 소위 24시간 규칙이 교전국 군함의 항구에서의 정박뿐만 아니라 영해에서의 통항에도 적용되는가 하는 것이었으나,[15] 중립국 수역에서의 정박뿐만 아니라 통항에도 24시간 제한을 적용하기로 했다. 그렇지만 이 규칙은 국제해협에서의 통

---

14) '헤이그 제13조약' 제9조(공평의무), 제10조(영해에서의 단순한 통항에 의하여 영향을 받지 않는 중립성), 제11조(중립국 도선사의 사용), 제17조(중립국 수역에서의 수리) 및 제19조(중립국 수역에서의 양식과 연료의 보급) 참조. 군함, 보조선박 및 포획물은 통항중에 중립국의 도선사를 이용할 수 있으며, 군함 및 보조선박의 수리는 교전국의 전투력을 회복하거나 증강시키는 것이어서는 안 된다.

15) 1940년 2월 14일 독일 해군의 보조선박 아트마르크(Artmark)호는 독일에의 귀항 도중 노르웨이의 허가를 얻어 노르웨이의 영해에 들어갔다. 동 선박에는 약 300명의 영국 포로가 승선하고 있었는데, 영국 해군지휘관은 그것을 확인하기 위해 수색을 요구하였지만, 노르웨이는 이를 거부하였다. 아트마르크호가 약 400해리에 걸쳐 노르웨이 영해를 통항한 뒤인 16일 영국 구축함이 노르웨이 영해 내에 들어와 선내의 포로를 석방하였다. 이 사건은 동 규칙이 가져오는 딜레마를 예증하고 있다.

과통항, 정지되지 않는 무해통항 및 군도수역에서의 군도항로대통항에는 적용되지 않는다. 이러한 입장은 어떤 해협(예컨대, 말라카-싱가포르)은 매우 길고, 어떤 군도수역(예컨대, 인도네시아)은 대단히 광범위하기 때문에 이들 해역에서의 군함의 통항이 24시간 이상 소요될 수도 있다는 사실이 인정되었기 때문이다. 그렇지만 통과통항과 군도항로대통항에 24시간 규칙이 적용되지 않는다고 해서 그와 같은 통항에 종사하는 군함이 지체 없이 항행해야 한다는 것이 부인되는 것은 아니다.

그렇다면 교전국이 중립수역에서의 적대행위 금지원칙을 준수하지 않을 경우 중립국은 어떠한 조치를 취할 수 있는가? 이 경우 중립국은 교전국 군대에 의한 중립위반을 방지하기 위한 조치(이용 가능한 수단에 의한 감시 포함)를 취할 수 있다. 이는 중립국은 그 영수의 침해를 방지하기 위하여 '실행할 수 있는 모든 수단에 의하여' 감시하지 않으면 안 된다고 규정하고 있는 '해전중립협약' 제25조에서도 확인되고 있다.

문제는 중립국의 조치가 교전국에 의한 중립국 수역의 불법적인 사용을 방지하거나 종료시키지 못할 경우에 타방 교전국은 어떠한 행동을 취할 수 있는가 하는 것이다. 교전국이 중립국 수역제도를 위반한 경우 중립국은 이를 종료시키기 위하여 필요한 조치를 취할 의무가 있지만, 만약 중립국이 어느 일방 교전국의 중립국 수역제도의 위반을 종료시키지 않고 있으면 타방 교전국은 중립국에게 이를 통지하고, 교전국의 위반을 종료시키기에 필요한 합리적인 시간을 해당 중립국에 보장해 주지 않으면 안 된다. 그리고 어느 일방 교전국에 의한 중립국의 중립위반이 타방 교전국의 안전보장에 중대하고 또한 직접적인 위협을 구성하며, 그 위반이 종료되지 않고 있는 경우 타방 교전국은 실행가능한 적절한 대안이 없을 경우에는 그러한 위협으로 인하여 발생되는 위협에 대처하기 위하여 필요한

무력을 행사할 수 있다.[16)]

이 문제와 관련하여 중립국 수역에서 무력적인 방위조치를 취하는 것은 중립국의 영토보전에 대한 무력행사와 같은 것이며, 교전국에 의해서 그것이 정당화되는 것은 해당 중립국이 무력공격을 받거나 또는 그와 같은 공격을 받을 급박한 위협에 직면해 있는 경우만이라고 보는 입장과[17)] 자위의 정당화 문제는 그 이전 단계에서 해결되기 때문에 이 단계에서의 무력행사는 무력분쟁법에 의해서 규율된다면서 중립국 수역에서 취한 조치는 중립국의 영토보전에 대한 무력행사가 아니라 적대하는 교전국에 대한 것이므로 필요성과 비례성이 존중되는 한 정당하다고 보는 입장이 대립하고 있다.

그러나 중립국이 교전국에 의한 중립국 수역의 불법적인 사용을 종료

16) 이는 전통적인 법을 반영한 것으로(D. P. O'Connell, *The International Law of the Sea*, Oxford, Clarendon Press, 1982, vol. 2, p. 1117; L. Oppenheim, *International Law*, London, New York, Toronto, Longmans, Green and Co. 7th ed. 1952, vol. II, War, Disputes and Neutrality (ed. H. Lauterpacht), p. 695 참조), 미국 매뉴얼 및 캐나다 매뉴얼도 이러한 입장을 채택하고 있다(NWP9A, *The Commander's Handbook*, para. 7.4.3.2.; Canada Manual, para. 1504(2)). 독일 매뉴얼은 중립국은 자국의 관할 내에서 교전국 선박이 의장이나 무장하는 것을 방지하기 위해서 이용가능한 모든 수단을 사용할 것과 이용가능한 수단의 범위 내에서 자국 수역 내에서의 중립규칙의 위반을 방지할 것을 요청하고 있다. 그러나 그 의무에 따라서 행동하지 않을 경우의 결과에 대해서는 침묵하고 있다(German Manual, paras. 1125 and 1136).

17) 이러한 입장의 지지하는 자들은 '해전중립협약'하에서의 중립국의 의무는 '동 조약의 규정에 대한 일체의 위반을 방지하기 위하여 허용되는 사용할 수 있는 모든 수단에 의해 감시하는 것'이기 때문에 중립국이 그 중립국 수역 내에서의 불법행위를 방지하는 것이 불가능한 경우 피해를 입은 교전국 부대에 의한 중립국 수역 내에서의 직접적인 무력행사를 인정하도록 요구하는 것은 너무 지나치다고 본다. 특히 적대하는 교전국에 의한 위반이 중대하고 또한 직접적인 위협이 되는 경우에 중립국이 그 위반을 알게 되고, 그 위협을 종료시킬 합리적인 기회를 준 후에 교전국에게 무력으로 대응하는 것이 허용되어야 한다고 주장한다.

시킬 수 있는 수단을 갖고 있지 않은 경우 논란의 여지가 있기는 하지만, 중립국이 그 수역 내에서의 불법행위를 방지할 의사가 없는 그러나 그 방지가 반드시 불가능하지만은 않은 경우에는 더 직접적인 대응책이 허용되어야 할 것이며, 최후의 수단으로 무력사용까지도 보장되어야 할 것이다.

나. 국제해협 및 군도항로대

해양법협약상의 국제해협 및 군도항로대 제도는 교전국과 중립국의 관계를 규율하는 전통적인 이론과 원칙에 어떠한 영향을 미쳤는가? 즉 이들은 무력분쟁 시 어떠한 법적 지위를 갖는가?

해양법협약이 채택되기 이전의 기존 해양법상 중립연안국은 '군함의 단순한 통과'를 포함한 교전국의 적대활동으로부터 자국의 영해를 폐쇄할 수 있는 권리가 인정되었지만, 이러한 연안국의 권리는 국제해협이 영해를 구성하는 경우에는 폐쇄할 수 없다는 것이 일반적으로 수락되고 있었다.[18)]

이는 영국 해군의 그리스의 콜푸 섬과 알바니아 본토 사이의 해협을 통과할 권리를 확인한 콜푸 해협(Corfu Channel) 사건에서도 확인되었다. 동 사건에서 ICJ는 "만약 통항이 무해하다면, 평시 모든 국가의 군함은 연안국의 사전승인 없이 공해의 두 부분 간의 국제항행에 이용되는 해협을 통과할 수 있는 권리를 가진다는 것이 일반적으로 승인된다는 것이 법원

---

18) E. Rauch, *The Protocol Additional to the Geneva Conventions for the Protection of Victims of International Armed Conflicts and the United Nations Convention on the Law of the Sea: Repercussion on the Law of Naval Warfare*, Berlin, Dunker and Humbolt, 1984, pp. 40-44.

의 견해이다"라고 판결했다.[19] 연안국의 영해에 포함되는 국제해협의 폐쇄금지 원칙은 "공해의 두 부분 사이 또는 공해와 타 국가의 영해 사이로서 국제항행을 위하여 사용되고 있는 해협을 통과하는 외국 선박의 무해통항은 이를 중지시킬 수 없다"라고 규정하고 있는 1958년 '영해 및 접속수역에 관한 협약'(제14조 제4항)에서 성문화되었다.

기존의 해협통항 제도하에서 전시 중립국은 교전국 군함의 통항을 거부하지 못한다는 것이 일반적으로 수락되고 있었으며, 무해통항보다 통과통항이 자유통항에 더욱 가깝다는 것을 감안할 때 해양법협약하에서도 이 규칙은 보다 잘 준수되어야 한다고 본다.

이는 각국의 군사매뉴얼 및 '해상무력분쟁에 적용되는 국제법에 관한 산레모 매뉴얼'(San Remo Manual on International Law Applicable to Armed Conflicts at Sea, 이하 산레모 매뉴얼)에서도 확인되고 있다.

미국 해군 매뉴얼은 해양법협약의 통과통항 규정은 국제관습법의 일부이며, 이에는 전시 교전국 군대의 중립국 관할 해협에서의 광범위한 통항권이 포함되는 것으로 보고 있으며,[20] 캐나다 매뉴얼도 "교전국 군함 및

19) United Kingdom v. Albania(Corfu Channel Case): Merits, Judgement, 1949 I.C.J. Reports, p. 28.

20) 미국 해군 매뉴얼은 "1982년 해양법협약에 반영된 국제관습법은 교전국과 중립국 수상함, 잠수함 및 항공기가 국제항행에 이용되는 모든 해협의 수상, 상공, 수중에서 통과통항권을 갖는다는 것을 규정하고 있다. 중립국은 국제해협을 통한 통과통항권을 정지, 방해 또는 금지시키지 못한다. 중립국 해역과 겹쳐지는 국제해협을 통과하는 교전국 군대는 지체 없이 통과하여야 하며, 중립국에 대해 무력의 위협 또는 사용과 적대행위를 삼가야 하며, 통항에 부수되지 않는 다른 활동을 하여서는 안 되며, 중립국 해협을 피난처 또는 작전의 근거지로 이용해서도 안 되고, 교전국 군함은 그러한 수역에서 임검 및 수색에 관한 교전국 권리를 행사할 수 없다. 하지만 교전국 군대는 항공기의 이착륙, 음향 및 전자 감시, 호위함대 형성 등 그들의 안전에 관한 방어조치를 취할 수 있다"고 규정하고 있다. NWP 9, The Commander's Handbook, para. 7.3.5.

군항공기는 적절한 센서가 작동하는 적절한 상태에서 통과통항제도가 적용되는 특정 해협을 통해 통과통항권 즉, 본질적으로 정지되지 않는 통항 및 상공비행을 향유한다"고 규정하고 있다.[21)]

해양법협약 채택이후 대두된 보편적 해전법규의 필요성에 따라 1987년부터 국제인도법연구소(International Institute of Humanitarian Law)의 주도로 개최된 라운드 테이블(Round Table)에서 1994년 채택된 '산레모 매뉴얼'은 10여 개의 항에서 무력분쟁 시 국제해협 및 군도항로대의 법적 지위에 대해 자세하게 규정하고 있다. 그 주요 내용을 살펴보면 다음과 같다.[22)]

첫째, 교전국의 군함(보조선박 포함) 및 군용기(보조항공기 포함)는 일반국제법에 규정된 중립국 관할 국제해협의 수중, 수상 또는 상공에서의 통과통항권 및 군도수역에서의 군도항로대통항권을 행사할 수 있다(산레모 매뉴얼 제23항). 즉, 교전국의 군함 및 군용기는 평시에 국제해협 및 군도항로대에서 향유하는 통항권을 무력분쟁중에도 행사할 수 있다. 다만 중립국 군함과 군용기의 이러한 통항권 행사는 당연한 권리이기는 하지만, 중립국은 무력분쟁 시에 발생할 수 있는 확인과정에서의 실수를 방지하기 위하여 자국 군함과 군용기의 통항을 적절한 시기에 통지하는 것이 바람직하다.

둘째, 해협연안국의 중립은 교전국의 군함 또는 군용기의 통과통항에 의해서도, 당해 해협에서의 교전국 군함의 무해통항에 의해서도 위협받지 아니하며(동 제24항), 군도국가의 중립은 교전국의 군함 및 보조선박 또는 군용기 및 보조항공기에 의한 군도항로대통항에 의해 위협받지 아니한

---

21) Canadian Forces, *Law of Armed Conflict Manual* (2nd. draft), Ottawa, para. 1511.

22) L. Doswald-Beck (ed.), *San Remo Manual on International Law Applicable to Armed Conflicts at Sea*, Cambridge University Press, 1995, pp. 102-108 참조.

다(동 제25항). 이는 "교전국 군함 및 그가 포획한 선박이 다만 중립국 영수를 통과만 하는 것은 그 국가의 중립을 침해하는 것이 아니다"라고 규정하고 있는 '해전중립협약' 제10조를 재확인한 것으로, 이를 해협에서의 통과통항 또는 무해통항에 까지 확대한 것이다.

셋째, 일반국제법에 따라 채택된 통과통항 및 군도항로대통항에 대해 해협연안국이 제정한 법령은 무력분쟁 시에도 계속 적용된다(동 제27항). 따라서 해협연안국 및 군도국가는 무력분쟁 시에도 통항에 관한 법령을 제정하여 시행할 수 있다. 그렇지만 중립국은 통과통항권 및 군도항로대통항권을 정지시키거나 방해하거나 또는 다른 방법으로 해할 수는 없다(동 제29항).

넷째, 국제해협의 수중, 수상 및 상공에서 통과통항하거나 중립국 군도수역의 수중, 수상 및 상공에서 군도항로대를 통항하는 교전당사국은 지체 없이 통과하여야 하며, 중립연안국의 영토보전 또는 정치적 독립에 대해 무력으로 위협하거나 무력을 사용하여서는 안 되며, 국제연합헌장과 양립하지 않는 다른 어떠한 방법에 의한 행위도 삼가야 하고, 기타 적대행위 또는 통과에 부수하지 않는 다른 행동을 삼갈 것이 요구된다. 중립국의 해협 및 군도항로대 통항권이 보장되는 수역의 수중, 수상 및 상공을 통항중인 교전당사국은 안전 확보에 필요한 방어적 조치(항공기의 이착륙, 경계진 형성 및 음향전자 수단에 의한 감시 포함)를 취할 수는 있지만, 통과통항 및 군도항로대통항중인 교전당사국은 적 부대에 대해 공세행동을 취하거나 피난장소 및 작전근거지로 중립국 수역을 사용할 수 없다(제30항). 통과통항 및 군도항로대통항중인 부대는 해협연안국의 중립을 존중해야 할 의무를 위반하는 적대교전국이 통항중인 부대를 불법적으로 공격할 위험성이 있기 때문에 만반의 준비를 갖추는 것이 허용되어야 하며 자위에 필요한 방어적

조치를 취할 수 있다.[23)]

다섯째, 통과통항권 및 군도항로대통항권의 행사외에 교전국의 함선 및 보조선박은 제19항 및 제21항에 따르는 것을 조건으로 일반국제법에 따라 중립국의 국제해협 및 군도수역에서 무해통항권을 행사할 수가 있으며(동 제31항), 중립국 선박도 교전국 국제해협에서 무해통항권을 행사할 수 있다(동 제32항). 이는 평시의 국제해협에서의 무해통항권이 해상무력분쟁시 해협연안국이 교전국일 경우에도 중립국 군함은 이를 계속해서 향유한다는 것을 의미한다. 또한 국제법에 의해 특정 국제해협에 부과되는 정지되지 않는 무해통항권은 무력분쟁 시에도 정지되지 않는다(동 제33항). 이와 같은 정지의 금지는 특별한 조약제도가 무력분쟁시에 정지를 허용하고 있는 경우 해당 제도에 의해서 통항이 규율되는 해협에는 물론 적용되지 않는다.

이상에서 살펴 본 바와 같이 이론적으로나 국가관행으로나 평시 해양법협약상의 통과통항 및 군도항로대통항 제도는 무력분쟁 시 중립국에 의해 통제되는 국제해협 및 군도수역에서의 교전국 군함 및 항공기의 통과(잠수함의 잠항통항 포함)에도 동일하게 적용된다고 결론 내릴 수 있을 것이다.[24)]

그런데 국제해협 및 군도항로대를 통항하는 교전국이나 교전국의 통

23) 미국 해군 매뉴얼은 이 문제에 대해 다음과 같이 규정하고 있다. "통과중인 교전국 부대는 그들의 안전을 확보하기 위하여 항공기의 이착륙, 전술기동 및 음향과 전자수단에 의한 감시를 포함한 방어조치를 취할 수 있다. 교전국 부대는 중립국 해협을 피난장소나 작전근거지로 할 수 없으며, 교전국 군함은 해협에서 전시 임검 및 수색의 권리를 행사할 수 없다". NWP9, *The Commander's Handbook*, para. 7.3.5.

24) Horace B. Robertson, *The "New" Law of the Sea and the Armed Conflict at Sea*, The Newport Paper #3, Naval War College, 1992, pp. 21-22.

항을 묵인해야 하는 중립국은 평시 국제해협 및 군도항로대의 통항이 국가안보에 영향을 미친다는 것을 고려할 때 무력분쟁시의 해협 및 군도항로대 통항은 더 큰 안보상의 문제를 야기할 수 있다는 것은 분명해 보인다. 또한 통항하는 선박이 자위를 위한 일정 수준의 방어수단을 갖추는 것이 허용된다는 사실에 비추어 볼 때 더욱 그러하다. 따라서 중립국 및 교전국은 함정의 안전이나 국가안보에 미칠 수 있는 부정적 영향을 방지하고 조정할 수 있는 수단을 강구하여야 할 것이다.

다. 배타적 경제수역

배타적 경제수역은 연안국이 특히 중요한 경제적 권리의무를 갖는 수역으로 그러한 경제적 권리의무는 동 수역에서의 적대행위에 의한 중단이나 파괴에 취약하다. 따라서 이러한 권리에 타당한 고려를 해야 할 교전국의 특별한 의무를 보다 상세하게 규정하는 것이 중요하다.

해양법협약에서 신설된 배타적 경제수역제도는 경제적 자원의 개발 및 관리, 인공도서·시설물의 설치 및 사용, 해양의 과학적 조사 및 해양환경의 보호·보존에 관한 충분한 권능을 갖고자 하는 연안국(제56조 1항)과 항행과 통신의 자유, 해저 전선 및 관선 부설의 자유 등 기타 합법적인 국제적 해양이용의 자유를 향유하고자 하는 이용국(제58조 1항) 간의 타협물이다. 그 당연한 결과로 동 수역은 한편으로는 그 권능이 연안국에게, 다른 한편으로는 여타 모든 국가들에게 부여된 고유한(sui generis) 수역으로, 내수 또는 영해와 같이 연안국의 영역이 아니며 그렇다고 또한 공해도 아니다.[25)]

---

25) 배타적 경제수역의 법적 지위에 대해서는 제3차 유엔해양법회의에서 논란이 있었다.

제3차 유엔해양법회의에서 미국 대표는 “배타적 경제수역에서의 해양 이용의 자유문제를 협상한 그룹은 동 자유를 내용에 있어서나 범위에 있어서 국제법에 의해 승인된 전통적인 공해자유와 동일한 것으로 이해하였다”고 주장하였다.[26)]

이는 해양법협약의 규정에서도 확인된다. 어업의 자유, 과학조사의 자유 및 배타적 경제수역의 자원의 탐사 및 개발과 관련된 인공도서 및 시설 설치의 자유를 제외한 자유들은 제87조(공해의 자유)에 열거된 것들과 동일하다. 배타적 경제수역에서 연안국과 이용국 간의 권리의 균형은 연안국은 권리를 행사하고 의무를 이행함에 있어 타국의 권리 및 의무를 정당히 고려하여야 한다고 강조한 제56조 제2항과 각 국가는 연안국의 권리 및 의무를 정당히 고려(due regard)하여야 한다고 규정하고 있는 제58조 제3항에 반영되어 있다.

그렇다면 중립국의 배타적 경제수역에서 군함은 적대행위를 행할 수

유엔해양법협약은 동 수역을 제5부에 정하는 특별한 법제도에 다르게 하였고, 또한 연안국의 권리의무와 타국의 권리의무의 균형을 도모하였다. 나아가 동 협약이 일정한 권리 및 관할권을 연안국에게도 타국에게도 귀속시키고 있지 않은 경우에 분쟁이 발생한 때에는 분쟁당사국 및 국제사회 전체의 이익을 고려하여 형평의 원칙에 따라 모든 관련사정에 비추어 해결하도록 하고 있는 바, 이러한 점에 비추어 볼 때 현재 배타적 경제수역은 일반적으로 고유한(sui generis) 지위를 갖는 것으로 이해된다. 박관숙 최은범, 국제법 , 문원사, 1998, p. 192; 이창위, “경제수역 실시와 관련된 법적 문제”, 서울국제법연구 , 제2권 제1호, 1995, p. 24 참조. 배타적 경제수역의 법적 성질을 둘러싼 논쟁에 관한 자세한 설명은 David J. Attard, *The Exclusive Economic Zone in International Law*, Oxford, Clarendon Press, 1987, pp. 61-67 참조. 제3차 유엔해양법회의에서 배타적 경제수역의 고유한(sui generis) 법적 성질을 인정한 주장 및 각국의 견해에 대해서는 UNCLOS III, OR. vol. 5, 1974, p. 153; vol. 6, 1974, pp. 108, 110, 114 참조.

26) E. Richardson, “Power, Mobility and the Law of the Sea”, *Foreign Affairs*, Spring 1980, p. 902.

있는가? 배타적 경제수역의 법적 본질은 평시에서 전시로 바뀐다고 해서 변하는 것은 아니기 때문에 유엔해양법상 배타적 경제수역에서의 연안국 및 이용국의 평시의 권리는 무력분쟁 시에도 마찬가지로 적용된다고 보아야 할 것이다.

배타적 경제수역의 자원개발을 위한 연안국 권리에 대한 적절한 고려를 해야 할 의무를 제외하고, 중립국 배타적 경제수역에서의 교전국의 적대행위가 공해에서 행해질 때보다 더 엄격한 제한에 따라야 한다는 어떠한 논거는 없다. 평시 배타적 경제수역은 연안국의 주권에 종속되지 않기 때문에 전시에 배타적 경제수역을 중립원칙에 복종시키고자 시도하는 것은 금지된다. 즉 교전국들 간의 적대행위는 전쟁법의 전통적인 권리의 합법적 행사로서 중립국의 배타적 경제수역에서도 행해질 수 있다.[27)]

그럼에도 불구하고 일부 국가들은 연안국이 배타적 경제수역에서 군사활동을 통제할 수 있는 권리를 갖는다고 주장한다. 1974년 스웨덴 해군은 자국 배타적 경제수역에 타국이 핵무기를 배치하는 것을 방지하는 것이 매우 중요하고, 전시 중립국은 1907년 '해전중립협약'에 따라 군사활동으로부터 자국 및 제3국의 선박을 보호할 그리고 어느 일방 교전국에 의해 그의 해역이 타방 교전국에 대항하는 해군작전의 기지로 사용되는 것

27) Horace B. Robertson, *op. cit.*, p. 25. 원칙적으로 군함은 ⑴ 불법적인 무력의 사용 및 위협을 삼가야 할 의무, ⑵ 해양을 사용할 타국의 권리에 대해 적절한 고려를 해야 할 의무, ⑶ 기타 조약 및 국제법의 규칙하에서의 적용되는 의무를 준수할 의무 등 3가지 기본적 의무에 따라 공해제도하에서 그들의 군사적 임무를 수행할 자유를 향유한다. 배타적 경제수역에서도 동일한 요구조건이 적용되며, 다만 "연안국의 권리와 의무에 대한 적절한 고려"를 해야 할 의무가 추가된다. Bernard H. Oxman, "The Regime of Warships under the United Nations Convention on the Law of the Sea", *op. cit.*, pp. 837-838.

을 방지할 의무가 있다면서, 배타적 경제수역에서 연안국에 보장된 권리 및 의무는 연안국이 전시에 중립국의 지위로 남을 경우에는 보장되어야 하며 이 경우 중립수역은 배타적 경제수역을 포함한다고 주장하였다.[28]

또한 1982년 브라질은 해양법협약 서명 시에 "해양법협약의 규정이 타국에게 배타적 경제수역 내에서의 군사활동 또는 기동, 특히 그러한 활동이 사전의 고지 또는 연안국의 동의 없는 무기 또는 폭약의 사용을 행하는 것을 허용하지 않는 것으로 이해한다"고 선언했다.[29] 이와 유사한 주장이 카보베르데(Cape Verde)와 우루과이 정부에 의해 제기되었다.[30]

그러나 이러한 주장들은 해양법협약에 명시적으로 규정되지도 않았으며, 개별 국가의 군사매뉴얼에서 지지되지도 않았다. 캐나다 군사매뉴얼은 "교전국의 해군이 무력을 사용하는 작전을 행하는 것이 허용된 구역은 배타적 경제수역을 포함하는 공해이다"[31]라고 규정하고 있으며, 독일 매뉴얼도 마찬가지로 "원칙적으로 해전은 공해, 중립국 또는 비교전국의 배타적 경제수역에서 행해질 수 있다"고 규정하고 있다.[32] 또한 미국 매뉴얼은 이러한 입장을 명시적으로 규정하지는 않았지만 중립영역을 중립국의 영토, 내수, 영해 및 군도수역이라고 정의함으로써 중립국의 배타적 경제

28) E. Rauch, *op. cit.*, p. 34.

29) UNCLOS III, OR, vol. XVII, 1982, p. 40, para. 28.

30) *Ibid.*, p.62, para. 124(Cape Verde); p.120, para. 55(Uruguay). 하지만 이탈리아 및 미국은 이러한 성명들에 대해 항의를 제기하였다. 이에 대한 자세한 설명은 *Ibid.*, pp. 241–242; S. Mahmoudi, "Foreign military Activities in the Swedish Economic Zone", 11 *the International Journal of Marine and Coastal Law*, 1996, pp. 378–379 참조.

31) Canadian Manual, para. 703.

32) German Manual, para. 1011.

수역에서도 무력분쟁이 가능함을 인정하였다.[33] 이처럼 일부 국가 및 학자들의 주장에도 불구하고 배타적 경제수역은 중립법규의 적용에 관한 한 공해와 동일한 법적 지위를 갖는다고 볼 수 있다.[34]

그러나 적대행위가 중립국의 배타적 경제수역 내에서 행해지는 경우, 교전당사국은 해상무력분쟁법의 여타 적용 가능한 규칙의 준수 외에 연안국의 권리와 의무, 특히 배타적 경제수역의 경제자원의 탐사 및 개발, 해양환경의 보호 및 보전에 타당한 고려를 하지 않으면 안 된다. 교전국은 특히 배타적 경제수역에 중립국이 설치한 인공섬, 시설물, 구축물 및 안전구역에 타당한 고려를 하지 않으면 안 된다.

다음으로 교전국은 중립국의 배타적 경제수역에 기뢰를 부설할 수 있는가? 배타적 경제수역에서의 기뢰부설 문제는 매우 민감한 문제이다. 일부에서는 중립국의 배타적 경제수역에의 기뢰부설을 전면적으로 금지하여야 한다고 보지만, 배타적 경제수역붕은 교전국의 적대행위에 관한 한 공해와 같기 때문에 그와 같은 수역에서 기뢰부설을 완전 금지할 수는 없다.

그러나 기뢰부설이 중립국의 배타적 경제수역에서의 중립국의 정당한 활동에 특별한 위험을 야기할 수도 있기 때문에 기뢰를 부설할 경우 기뢰부설국은 기뢰가 연안국의 당해수역에서의 경제자원의 탐사와 개발을 부당하게 방해하지 않도록 특별 예방조치를 취하여야 한다.

구체적으로 교전국이 중립국의 배타적 경제수역에 기뢰를 부설하였으면, 모든 경우에 중립국에 통보(특히 기뢰 부설위치, 기뢰원 규모 및 기뢰 종류)하여야 하며, 또한 교전국은 인공섬, 시설물 및 구축물에 위험이 미치지 않는

---

33) NWP 9, The Commander's Handbook, para. 7.3.

34) Horace B. Robertson, Jr., *op. cit.*, p. 27.

출입을 저해하지 않아야 하고(절대적 의무), 가능한 한 중립국의 당해 수역의 탐사 및 개발에 대해 실질적인 방해를 해서도 안 되며, 해양환경의 보호 및 보전에도 타당한 고려를 하지 않으면 안 된다(상대적 의무).

천연자원의 탐사 및 개발에 대한 방해를 회피해야 할 의무는 상대적인 것으로 '가능한 한' 방해하지 않아야 한다. '가능한 한'이라는 표현은 교전국이 적에 대하여 적대행위를 행할 수 있는 권리와 연안국이 그 배타적 경제수역의 경제자원을 개발할 권리를 존중하여야 할 의무 간의 이해의 균형을 이루어야 한다는 것을 의미한다.

다만 기뢰사용의 다른 측면도 고려되지 않으면 안 되는데, 이러한 다른 측면에는 기뢰사용 시간과 기간, 부설과 소해 방법 및 해당구역에 있는 시설물 및 구축물에의 출입항로의 준비 등이 포함될 수 있을 것이다.

라. 공해

국가는 급박 현존하는 위법한 무력공격으로부터 국가를 방위하기 위하여 필요한 한도 내에서 실력을 행사할 수 있는 자위권(right of selfdefense)을 갖는다. 자조 또는 자력구제가 원칙적으로 허용되던 전통국제법 시대에는 국제분쟁의 해결수단으로서 무력행사를 수반하는 복구나 전쟁까지도 일반적으로 인정되고 있었으므로 자위권은 당연한 권리로 인정되어 왔고 따라서 이를 특별히 강조할 필요가 없었다. 그러나 제1차 세계대전 후 국제연맹의 성립과 부전조약의 체결 및 제2차 세계대전 후 국제연합의 탄생 등에 의해 무력행사나 전쟁은 국제법상 불법화되고, 다만 예외적으로 자위를 위한 경우 그 합법성이 인정되게 되었다(국제연합 헌장 제51조).[35]

35) 이병조·이중범, 국제법신강, 일조각, 2003, p. 169.

자위권은 공해상에서도 당연히 인정된다. 이러한 자위조치가 무력분쟁의 타 당사국에 대해 취해진 경우 일정한 제한하에서 행해진 것이라면 아무런 문제가 없지만, 무력분쟁이 발생되지 않는 상황에서 취해진 조치이거나 교전당사국이 아닌 제3국(중립국)의 선박에 대해 취해진 경우에는 논란이 있을 수 있으며, 실제로 공해자유를 침해했다는 외교상의 항의의 대상이 되기도 했다.

1973년 미국과 영국 대 스페인 간의 버지니어스(The Virginius)호 사건은 식민지 반란단체(스페인령 쿠바의 반란단체)의 병력을 수송중인 제3국의 사선(명의상으로는 미국인이 선주(미국기 게양)이었으나, 실제로는 쿠바 반란단체 소유)에 대하여 식민지 본국(스페인) 군함이 공해상에서 취한 자위조치(임검과 나포)와 관련된 선구적인 사건이었다. 쿠바로 항행중이던 버지니어스호에는 일반승객 뿐만 아니라 쿠바 반란에 참가하기 위하여 승선한 자들도 있었는데, 공해상에서 스페인 군함 토르나도(Tornado)는 동 선박을 추적, 나포하여 쿠바의 산티아고항에 인치하였다. 승선자의 대부분은 반란과는 관계없는 영국인들이었지만, 스페인은 승선자를 해적으로 취급하며 그 가운데 53명(미국인 6명, 영국인 19명 및 쿠바인 28명)을 약식군법회의를 통해 총살에 처하고 나머지는 억류하였다. 미국과 영국은 스페인의 조치에 대하여 강력히 항의하고 국제법 위반행위로 책임을 추궁하였다. 영국은 선박의 나포와 승선자의 강제수용은 자위조치로 인정하였으나 영국인의 사살은 정당방위의 범위를 벗어난 것이라고 항의하고 그에 대한 배상과 생존자의 처형중지를 요구하였으며, 미국은 버지니어스호가 반란군 지원에 사용되었다 하더라도 스페인이 이를 공해상에서 나포할 권리는 없으며 동 선박의 반환, 억류중인 자국민 인도, 진사(陳謝, 미국기에 대한 경례 의식), 책임자 처벌을 요구하고 이것이 받아들여지지 않을 경우 외교관계를 단절할 수도 있다는 강경한 입장을 보였다.[36] 이에 스페인 정부는 쿠바의 독립운동에 영향을 미칠 것을 우려하여 미국에 대해서는 선박송환 및 억류자 인도 조치를 취하고 승선자 및 그 가족과 선박회사에 대하여 8만 달러의 배상금을 지급하였으며, 영국에 대해서도 미국에 준하는 조치를 취하였다.[37]

또한 알제리 전쟁(1956~1962) 때 반란군에게 무기를 수송하던 외국 선박을 프랑스가 임검 및 나포하자 구유고 및 포르투갈 등 선박 기국들은 항의하고 이탈리아 선주회사는 프랑스 법원에 이를 제소하였으며, 1962년 쿠바사태 시 공격용 무기가 쿠바에 반입되는 되는 것을 저지하기 위한 미국의 공해상에서의 차단에 대하여 스웨덴 및 구소련은 항의하기도 하였다.

그리고 연안국이 공해에 배치된 외국의 항공모함이나 그 밖의 함정에 의한 정찰과 정보 수집을 배제하기 위하여 자위와 국방을 이유로 정선, 총격, 나포, 억류 등의 실력행사를 하는 경우가 있었는데, 1968년 북한 순시선이 미국 해군의 정보선 푸에블로호를 나포하였는 바, 무력공격의 급박한 우려도 없었으며 군함의 면제권을 침해하면서까지 실력을 행사하였다 하여 국제법 위반이라는 비난을 피할 수 없었다.[38]

이상에서 살펴본 바와 같이 연안국은 공해상에서 자국의 안전을 위하여 급박 현존하는 외부로부터의 긴급한 군사적 위협이나 무력공격에 대항하여 개별적 및 집단적 자위권에 기초한 여러 조치들을 행사할 수 있다.

---

36) D. J. Harris, *Case and Materials on International Law*, 2nd. ed., Sweet and Maxwell, 1979, p. 678.

37) C. G. Fenwick, *International Law* (4th ed). Appleton Century Crofts, 1965, p. 376 참조.

38) 박배근(역), 국제법, 국제해양법학회, 1999, pp. 447~448.

이러한 조치들 중에는 피침해국이 자국의 영토로 침입하는 외국에 대하여 어느 정도의 통제를 가하기 위하여 해상방어수역 또는 해상통제수역의 설정이 포함된다. 그러나 이러한 자위조치는 그 내용상 필요성과 비례성을 충족시켜야 하며, 절차상으로도 선박 기국에의 신속한 통보와 승무원과 승객의 안전한 인도 등의 자위권 남용을 방지하기 위한 국제법상 확립된 조건들을 따라야 할 것이다.

다음으로 공해에서의 교전행위는 자위권 행사에 의한 것이든 아니면 기타 사유에 의한 것이든 침략적인 행위가 아닌 한 가능하다. 일부에서는 해양법협약 제88조(평화적 목적을 위한 공해의 자유)와 제301조(해양의 평화적 이용)가 공해에서의 해전을 배제하고 있다고 주장하기도 하지만, 기존 법규와 국가관행에 비추어 볼 때 이는 합당치 않은 주장이다.

그리고 탐사나 개발이 허가된 수역에서도 교전행위가 절대적으로 금지되는 것은 아니다. 하지만 총력전, 경제전적 성격을 갖는 오늘날의 무력분쟁에서는 교전국뿐만 아니라 공해를 이용하는 모든 중립국의 자유를 대폭적으로 제한하고 해저자원을 탐사 및 개발하는 중립국 활동이나 설비를 위험에 처하게 할 수도 있다. 중립국의 이러한 활동은 당연히 공해에서의 타국의 정당한 활동과 동일한 보호를 받을 권리가 있기 때문에 일정한 한계 내에서 허용될 수밖에 없다.

또한 교전국은 공해에서의 적대행위에 있어 국가관할권 밖의 해저 및 대양저와 그 지하의 천연자원의 탐사 및 개발에 관한 중립국의 권리행사에 대해 타당한 고려를 하여야 하며, 해저에 부설된 전선 및 관선에 대한 손상을 피하기 위하여 주의하지 않으면 안 된다. 그렇지만 탐사나 개발 활동이 어느 한 교전국에 의해서 행하여지고 있는 경우 그러한 활동에 종사하는 교전국 선박과 설비가 정당한 군사목표인 경우 및 해저에 부설된 전선과 관선이 어느 한 교전국에 오로지 도움이 되고 있는 경우에는 정당한 군사목표가 되기 때문에 이를 공격할 수 있다.39)

3. 결론 및 요약

해양법협약은 기존의 해양법에 비하여 많은 면에서 발전이 있었다. 영해범위가 최초로 12해리까지로 확정되었고, 대륙붕의 범위를 최대 350해리까지로 확대하였으며, 군도수역 및 배타적 경제수역제도가 신설되었고, 국제해협에서의 통과통항제도가 도입되는 등 해양법 질서에 중요한 변화를 가져 왔다.

이러한 발전을 가져온 해양법협약의 채택 및 발효는 해전법규에 상당한 영향을 미쳤다. 국가의 주권 및 관할권에 종속되고 있던 수역의 확대와 연안국의 관할권에 종속되는 새로운 수역의 창설은 해상무력분쟁에 적용되는 전통적 규칙들을 새로운 수역에 적응시켜야 하는 문제를 야기한 것이다.

이러한 해양법협약의 변화는 중립국의 중립의무 유지에 더 큰 부담을 안겨주기도 하였다. 중립국 관할수역의 범위가 비록 제한적이라 하더라도 어느 일방 교전국에게는 타방의 공격으로부터 안전한 도피처가 될 수 있다. 또한 교전국 해군, 특히 잠수함은 자국항에의 출입로 또는 재무장, 재보급을 위한 안전한 은신처 및 적대행위 구역으로의 출입을 위한 안전통로로서 중립수역을 이용할 필요성과 욕구를 더욱 느낄 것이며, 중립국은 중립의무의 준수와 자국 안전의 확보를 위해 교전국의 이러한 행위를 방지하고자 할 것이다.

---

39) L. Doswald-Beck(ed.), *op cit.*, pp. 110-111.

이러한 교전국과 중립국 간 이해의 충돌은 분쟁수역을 확대시키고 중립국을 분쟁에 끌어들이는 등 양자 간의 긴장을 고조시킬 수도 있을 것이다. 따라서 교전국과 중립국의 행위준칙을 제시하고 분쟁발생의 사전예방을 위해서는 최소한 다음과 같은 규칙이 강제되어야 할 것이다.

첫째, 해상무력분쟁에 있어서 교전국은 해전에 적용되는 여타의 규칙에 따를 것을 조건으로 교전국의 내수 영해 배타적 경제수역 대륙붕 군도수역, 중립국의 배타적 경제수역 대륙붕 및 공해의 수중, 수상 및 상공에서 적대행위를 할 수 있지만, 중립국의 내수 영해 국제해협 및 군도수역으로 구성되는 중립수역 및 그 상공에서 적대행위를 행하거나 이를 피난장소로 이용할 수 없다. 그리고 희귀하거나 소멸되기 쉬운 생태계 및 멸종위협이나 위험에 처한 종 또는 기타 해양생물의 서식지에서는 어떠한 적대행위도 삼가야 할 뿐만 아니라 이를 보장하기 위한 조치를 취하도록 노력하여야 한다. 또한 교전국은 중립국이 주권적 권리, 관할권 및 기타 일반국제법에 기초한 권리를 향유하는 수역에서 작전을 수행하는 경우 당해 중립국의 정당한 권리 및 의무에 타당한 고려를 하지 않으면 안 된다.

둘째, 교전국의 군용기 및 보조항공기는 중립국 공역(空域)에 진입할 수 없다. 진입한 경우 중립국은 이용 가능한 수단을 동원하여 자국 영토 내에 착륙시켜 무력분쟁 기간 중 기체와 승무원을 억류하여야 하며, 만약 항공기가 착륙명령에 따르지 않을 경우 의료항공기의 보호 및 존중에 관한 규칙에 따를 것을 조건으로 공격할 수 있다.

셋째, 중립국은 차별 없이 교전국 군함 및 보조선박의 중립국 수역에의 진입 또는 통항에 조건을 부과하여 제한 또는 금지할 수 있다. 그러나 중립국은 자국이 제정한 규칙에 따라서 중립을 해하는 일없이 교전국 군함, 보조선박 및 포획선박의 자국 영해 및 군도수역에서의 통항, 교전국 군함 또는 보조선박이 자국 영역의 항구에 도달하는데 충분한 양식 물 및 연료의 보급, 항행을 위해 중립국이 필요하다고 인정한 교전국 군함 또는 보조선박의 수리(교전국 전투력의 회복 및 증강 목적의 수리 제외)를 허가할 수 있다. 단, 이 경우 파손 또는 기상상태 때문에 불가피한 경우가 아니면 보급 또는 수리를 위하여 중립국 수역에서의 통항기간 또는 당해수역에서의 정박기간을 24시간 이상 연장할 수 없다(국제해협 및 군도수역 제외).

넷째, 중립국은 교전국 군대에 의한 중립 위반을 방지하기 위해서 이용 가능한 수단에 의한 감시를 포함한 적절한 조치를 취하지 않으면 안 되며, 교전국이 중립수역 제도를 위반한 경우 이를 종료시키기 위하여 필요한 조치를 취할 의무가 있다. 만약 중립국이 어느 일방 교전국의 중립수역 제도의 위반을 종료시키지 않고 있으면, 타방 교전국은 중립국에게 이를 통지하고, 그 위반을 종료시키기에 필요한 합리적인 시간을 당해 중립국에 부여하여야 한다. 그러나 어느 일방 교전국이 계속하여 중립수역 제도를 위반하고 그것이 타방 교전국의 안전보장에 중대하고 또한 직접적인 위협을 구성하는 경우 타방 교전국은 실행가능한 적절한 대안이 없을 경우 그러한 위협으로 인하여 발생되는 위험에 대처하기 위하여 필요한 무력을 행사할 수 있다.

다섯째, 교전국의 군함 및 보조선박, 군용기 및 보조항공기는 일반국제법에 규정된 중립국 국제해협의 수중, 수상 또는 상공에서의 통항권 및 군도항로대통항권을 행사할 수 있으며, 연안국의 중립은 이러한 통항권의 행사 및 당해 해협에서의 교전국의 군함 및 보조선박의 무해통항에 의해서도 위협받지 아니 한다. 반면에 중립국의 군함, 보조선박, 군용기 및 보조항공기는 교전국의 국제해협 및 군도수역의 수중, 수상 및 상공에서 일반국제법이 규정하는 통항권을 행사할 수가 있지만 예방적 차원에서 적절한 시기에 교전국에게 이를 통지하여야 한다.

여섯째, 평시 국제해협에 적용되는 통과통항 및 군도수역에 적용되는 군도항로대통항권은 무력분쟁 시에도 계속해서 적용되며, 일반국제법에 따라 채택된 통과통항 및 군도항로대통항에 관한 해협 연안국 및 군도국가의 법령도 계속 적용된다. 이 경우 중립국은 통과통항권 또는 군도항로대통항권을 정지시키거나 방해하거나 또는 다른 방법으로 해할 수 없으며, 중립국 국제해협 및 군도항로대를 통항하는 교전국은 지체 없이 통과하여야 하며, 중립연안국 또는 군도국가의 영토보전 또는 정치적 독립에 대해 무력의 위협이나 사용을 금지하여야 하고, 국제연합 헌장과 양립하지 않는 다른 어떠한 방법에 의한 행위도 삼가야 하며, 기타 적대행위 또는 통과에 부수하지 않는 다른 행동을 행하여서는 안 된다. 한편 중립국의 해협 또는 군도항로대를 통항중인 교전국은 안전확보에 필요한 방어적 조치(항공기의 이착륙, 경계진 형성 및 음향전자 수단에 의한 감시 포함)를 취할 수 있지만 적 부대에 대해 공세행동을 취하거나 피난장소 및 작전근거지로 중립국 수역을 사용할 수 없다.

일곱째, 교전국의 함선 및 보조선박은 통과통항권 및 군도항로대통항권의 행사 외에 일반국제법에 따라 중립국의 국제해협 및 군도수역에서 무해통항권을 행사할 수 있으며, 반면 중립국 선박도 교전국의 국제해협 및 군도수역에서 무해통항권을 행사할 수 있다. 이처럼 국제법상 특정 국제해협에 부과되는 정지되지 않는 무해통항권은 무력분쟁 시에도 정지되지 않는다.

여덟째, 중립국의 배타적 경제수역 내 또는 대륙붕에서 적대행위가 행해지는 경우 교전국은 해전법규의 준수 외에 연안국의 권리와 의무, 특히 배타적 경제수역 및 대륙붕 경제자원의 탐사 및 개발, 해양환경의 보호 및 보전과 중립국이 이들 수역에 설치한 인공섬, 시설물, 구축물 및 안전구역에 타당한 고려를 하지 않으면 안 된다. 또한 중립국 배타적 경제수역 또는 대륙붕에 기뢰부설이 필요할 경우 교전국은 중립국에 통보하여야 하며, 기뢰부설원의 규모 및 사용기뢰의 종류가 인공섬, 시설물 및 구축물에 위험을 미치지 않고 출입을 저해하지 않도록 하여야 하고, 가능한 한 중립국의 해당 구역의 탐사 및 개발을 실질적으로 방해해서도 안 되며, 해양환경의 보호 및 보전에도 타당한 고려를 하지 않으면 안 된다.

아홉째, 교전국은 공해 및 심해저와 같은 국가관할권 밖에서의 적대행위에 있어 공해자유원칙 및 심해저의 탐사 및 개발에 관한 중립국의 권리행사에 대해 타당한 고려를 하여야 하며, 해저에 부설된 전선 및 관선에 대한 손상을 피하기 위하여 주의하지 않으면 안 된다.

제2절 일본의 독도 주변수역 수로측량 사태의 국제법적 고찰

1. 서언

2006년 4월 14일 일본 해상보안청이 독도 주변 우리 측 배타적 경제수역(EEZ) 안으로 들어와 수로측량을 하겠다는 계획을 국제수로기구(International Hydrographic Organization : IHO)[40]에 통보한 사실이 알려지면

40) 국가별로 서로 상이한 해도와 관련된 명칭과 부호의 국제적 통일을 위해 1970년에 설립된 국제기구이다. 산하에 각국이 제안한 해저지명을 심사해 등록을 확정하는 해저지명소위원회가 있다. 여기에서 확정된 바다와 해저지형의 이름은 이 기구에서 펴내는 '해양과 바다의 경계'에 등재되어 국제적인 근거자료로 활용된다. 현재 70여 개국이 가

서 촉발된 9일간의 한·일 간 갈등과 대치는 4월 22일 한국이 2006년 6월 독일에서 열리는 국제회의에서 한국식 명칭을 등재하려는 계획을 연기하는 대신 일본은 독도 주변 해역에 대한 해양조사 계획을 중단한다는 양국의 합의로 외교적 협상을 통해 평화적으로 일단락되었다. 한편 한·일 양국은 이번 사태가 EEZ 경계획정이 확정되지 않아 야기되었다는 사실에 공감하고 EEZ 경계획정을 위한 국장급 회의를 이르면 5월 중에라도 갖기로 했다.

이 합의를 두고 양국은 그 내용을 아전인수식으로 자국에 유리하게 해석하고, 일부 언론과 단체 및 국민들은 상대국에 대해 보다 강경하게 대응하지 못한 자국 정부의 대처방안을 비난하고 있다. 이러한 경향은 양국 간 EEZ 협상에서 더욱 기승을 부리게 될 것이다.[41]

양국 간 합의는 근본적으로 물리적 충돌을 피하는 데 초점을 둔 것으로 한국은 해저지명 등록의 권리를, 일본은 측량 권리를 양보하지 않았다. 그렇기 때문에 양쪽은 합의 뒤에도 공동 발표가 아닌 개별 발표 형식을 취했다. 한국은 "우리의 정당한 권리인 해저지명 등록을 앞으로 필요한 준비를 거쳐 적절한 시기에 추진하기로 했다"고 발표했으며, 일본은 이를 "한국이 6월로 예정한 해저지명 등록 신청 계획을 취소했다"고 해석했다. 마찬가지로 일본도 관보에 실린 측량계획에 한해 '중지'한 것이지, 언제든 다

입해 있으며, 본부는 모나코에 있다. 우리나라는 1957년 현 기구의 전신인 국제수로국에 가입했다.

41) 이번 사태의 해결 과정에서 국내적으로는 많은 국민들이 한 목소리로 정부에 대하여 강경대응을 주문하면서 심지어 전쟁불사론까지 등장하기도 했다. 또한 언론과 정치권 일각에서는 '신한·일어업협정'의 모호한 규정이 이러한 사태의 빌미를 제공한 측면이 크다고 지적하고, 그에 대한 과거 정부의 책임론까지 거론하며 독도문제를 해결하는 가장 빠르고 확실한 방법은 협정의 전면적 파기임을 강조하고 나섰다.

시 측량에 나설 수 있는 권리를 포기하지는 않았다는 입장이나, 우리 정부는 이를 '철회'로 이해한다고 했다.

이처럼 일본의 우리 측 EEZ 탐사를 둘러싼 한·일 양국 간 갈등을 둘러싼 이번 한·일 간의 합의는 현안문제를 완전히 매듭지은 것은 아니라 새로운 문제의 시작일 뿐이다. 일본의 수로측량계획으로 촉발된 양국의 갈등은 일단 수면 아래로 가라앉았지만, EEZ 경계획정 협상과정을 통해 언제든 부상할 것으로 보인다.

EEZ 협상은 독도영유권 문제의 해결 없이 매듭을 풀 수 없는 난제일 뿐만 아니라 더욱이 우리 정부가 EEZ기점으로 과거 협상에서 제시했던 울릉도 대신 독도를 채택할 것을 시사하고 있어 해결의 접점은 더욱 요원해 보인다. 이번 사태의 본질인 독도 문제가 5월 이후 재개될 한·일 EEZ 협상의 무대로 옮겨졌을 뿐이라는 평가가 더욱 설득력을 갖는 이유이다.

이러한 인식하에 이 사태에서 쟁점이 될 수 있는 몇 가지 사안에 대해 국제법적 시각에서 간략하게 살펴보고자 한다. 일본의 수로측량은 국제법 위반인가, 일본이 수로측량을 강행할 경우 무력을 사용하여 나포 등의 군사적 조치를 취할 수 있는가, 유엔 해양법협약의 강제분쟁 해결절차를 배제하기 위한 선언서 기탁은 어떤 법적 의미를 갖는가 및 EEZ 경계획정 협상에서 독도를 기점하는 것이 가능하고 실리적인가 하는 것 등이 그 주된 논점이다.

다만 사태의 진행 과정에서 어떠한 입장을 선택할 것인가, 즉 이른바 '조용한 외교'를 지속할 것인가 아니면 적극적이고 강력한 정책으로 수정할 것인가 하는 문제는 다루지 않고 필요한 부분에서 언급하는 수준에서 그칠 것이다. 이 문제는 어느 것이 옳다 그르다 할 수 있는 성질의 것이 아니라 당시의 정치, 사회, 군사적 상황을 종합적으로 고려하여 선택할 전략적이고 정책적인 수준의 사안들이기 때문이다.

2. 사태의 배경, 경과 및 합의의 의의

가. 배경

(1) 한국 측 동해 해저지명 등록 저지

일본이 독도해역 수로 탐사를 강행하려는 배경 가운데 하나가 동해 해저 18곳에 대한 한국식 지명의 국제공인화를 저지하기 위한 것으로 판단된다. 일본은 자국이 먼저 일본식 지명을 국제사회에 등록한 곳에 대해 한국이 새로운 지명을 들고 나오자 이를 저지하고자 하는 것이다. 이는 외무차관 협의에서 추가로 한국식 해저지명을 짓는 것을 우려해 2006년 7월로 예정된 우리 측의 독도 부근 해류관측 계획을 문제 삼았던 것에서도 알 수 있다.[42)]

우리가 일본과 지명 표기를 놓고 대립하고 있는 곳은 2005년 11월 해

---

42) 해양수산부 산하 국립해양조사원은 2006년 7월 3일부터 17일까지 2,500톤급 수로측량 관측선을 이용, 동해 독도부근 해상에서 한국연안 해류조사 관측을 실시한다고 2006년 1월 27일 '항행통보'에 게재했다. 해류관측조사는 국립해양조사원이 울산을 기점으로 독도까지 수온, 염분, 유향, 유속 등의 해류 변화를 관측하기 위해 2000년부터 실시해오고 있다.
항행통보는 선박이 바다를 항해할 때 위험요소가 있는지에 대해 각종 정보를 알려주는 일종의 바다공사 구간안내도와 같은 것으로 국제수로기구(IHO) 회원국들은 이를 정기적으로 공유하고 있다. 우리나라도 주변 해역에 관한 '항행통보'를 일본을 포함한 18개 국제수로기구 회원국에게 배포하고 있다.
일본은 독도와 울릉도의 중간선이 자기 측 배타적 경제수역(EEZ) 경계선이라고 주장하면서 한국의 독도 부근 관측조사는 문제가 있다는 논리를 펴고 있으나 국립해양조사원이 2006년 7월에 관측을 실시하겠다고 게재한 관측선 구역은 독도 부근 12해리 우리 영해 안쪽이다.

양수산부가 명명한 18개 동해 해저 지명 가운데 북위 37도 동경 130도 인근의 '울릉분지'(Ulleung Basin)와 북위 37도 동경 132도 부근의 '이사부 해산'(Isabu Tablemount)이다. 정부는 이들 2개 한국식 지명에 대해 6월 독일에서 열릴 예정인 IHO 산하 해저지명소위원회 등을 통해 단계적으로 국제공인화를 추진중이었다.[43]

문제는 이들 두 지명이 일본이 먼저 IHO에 등록했던 일본식 지명과 그 지역이 일정 부분 겹친다는 점이다. 일본은 지난 1984년 우리가 울릉분지로 이름 붙인 곳을 '쓰시마 분지'로, 이사부 해산을 '순요퇴'라는 이름으로 IHO에 등록해 놓았기 때문에 국제적으로는 일본식 명칭이 쓰이고 있다.

우리가 독도에 대해 실효적 지배를 하고 있음에도 한국식 지명을 국제사회에서 공인받지 않는 바람에 독도 주변 해저지형은 일본식 명칭이 통용되어온 셈이다. 일본이 일찍 일본식 지명을 등록한 것은 독도 영유권 주장을 위한 계산된 행보였다.

(2) 독도영유권의 국제분쟁화

일본의 이번 해양탐사 시도는 일본이 독도의 영유권을 갖는다는 기존의 주장을 또 한 번 행동으로 옮긴 것이라고 볼 수 있다. 또한 독도영유권 문제를 부각시켜 독도를 국제분쟁화하려는 오랜 의도와 무관치 않다.

독도가 일본 영토라는 입장에서 일방적으로 획정한 자국 EEZ를 근거로 탐사계획을 세움으로써 우리 정부의 반발을 일으켜 국제사회에 독도가

---

43) 우리 정부는 1996년부터 독도 인근 해양 탐사를 시작, 2002년부터 해양지명위원회를 구성해 작년까지 한반도 주변 66곳에 한국식 지명을 붙였다. 특히 종전에는 한반도 연안 지명을 다는 데 그쳤지만 2005년 11월에는 현재 일본과 갈등을 야기하고 있는 울릉도, 독도 주변 해저에 대한 지명을 확정했다.

분쟁지역이라는 인식을 전파하겠다는 의도된 행위이다.

이는 일본이 상대국 EEZ 내에서 해양조사를 할 경우 타국에게 상호통보를 하자는 주장에서도 알 수 있다. 일본은 이번 사태 해결을 위한 전제 요건의 하나로 일·중 간과 마찬가지로 한·일 간 이들 해역에서 과학 조사를 할 경우 사전통보제도의 틀을 만들자고 했다. 이는 상호통보제도를 빌미로 한국과 일본이 서로 자국 EEZ라고 주장하는 독도 주변 해역에서 해양조사를 하겠다는 의미이다. 정부는 이 주장 속에는 독도를 국제분쟁화하려는 의도가 숨어 있다고 보인다.

(3) 동북아 EEZ 교섭에서의 우위 확보

일본의 독도 부근 탐사 의도는 복잡한 전략적인 계산에서 치밀하게 준비된 측면이 강하다. 즉 일본 정부가 독도에만 치중한 것이 아니라 동북아 전체 EEZ의 교섭을 염두에 둔 전략적인 계산에서 치밀하게 계획한 행위로 보아야 할 것이다. 앞으로 중국과 EEZ 교섭을 고려해 한국과의 관계에서도 일본의 의견을 분명히 전달하고자 하는 측면이 존재한다.

따라서 일본의 이번 해양 탐사선 갈등은 일시적인 현상으로 끝나기보다는 앞으로도 일본의 지속적이고 체계적인 공세로 이어질 가능성이 높다. 이것은 일본의 정국 상황과 국민의 여론 변화와 맞물려 더욱 더 적극화될 가능성이 높다.

(4) 일본 국내의 정치 및 사회적 변화

일본의 해양탐사 사태가 발생한 배경에는 일본 국내의 정치적 및 사회적 영향이 중요한 부분을 차지하고 있는 것으로 판단된다. 일본은 2005년 9월 총선에서 자민당이 승리한 뒤 미·일동맹 중시와 보수우경화를 통한 우익 지지세력을 결집을 향후 정치노선으로 정한 뒤 주변국들과 끊임없이 마찰을 빚고 있다.

이 사태도 2006년 2월의 시마네현의 '독도의 날' 조례 제정 1주년 기념 행사, 3월의 독도영유권이 일본에 있다고 기술토록 한 문부과학성의 고교 교과서 검정 및 4월 한국의 대일 외교정책을 폄하한 외무성의 내부보고서 공개 등과 함께 최근 잇따르고 있는 일본의 우경화 조치의 하나로 해석된다. 이 같은 우경화 조치들은 2006년 9월 자민당 총재 선출을 앞두고 지지 세력을 결집, 확장하겠다는 일본 정치권 일각의 의도와 맞물려 있다.

또한 한국에서는 한·일 간 갈등을 일본의 우익 정치가들의 망언이나 그들의 왜곡된 역사인식에만 초점을 맞추어 비난하는 경향이 있지만, 현재 일본 정치권에서는 한국이나 중국의 역사 비판이나 영유권 분쟁에 대한 주장에 대해 이전처럼 타협하거나 양보를 하고자 하는 인식은 사라지고 있다.

이들은 일본의 경제력에 걸맞은 정치력과 외교력을 가져야 하며 이를 위해서는 한국과 중국 간에 다소 갈등이 생기더라도 일본의 국익을 위해 관철시켜야 한다는 생각을 가지고 있다.

일본 국민들 또한 1990년대의 장기 불황을 거치면서 '강한 일본'을 바라고 있으며, 한국이나 중국의 과거사 문제에 대한 비판을 내정간섭이라고 바라보면서 반발심이 강해졌다. 이러한 자세 변화가 이번 수로 탐사를 강행하려는 의도에 영향을 미쳤다고 볼 수 있다.

나. 경과

(1) 1단계 : 외교적 대립기

1단계(4월 14일~4월 20일)는 일본의 수로측량 계획을 인지한 때부터 양국 외무차관의 직접교섭 직전까지 사태해결을 위해 양국이 대내외적으로 강온전략을 천명한 시기이다.

한국 정부는 일본 탐사선의 독도 인근 해역 해저수로 탐사 계획을 한국 측 EEZ를 침해하는 명백한 도발 행위로 규정, 만일 일본이 이를 강행할 경우 엄중 대처한다는 방침을 천명하고, 이에 일본 측은 한국이 2006년 6월 독일에서 열리는 IHO 해저지명소위원회에서 독도 인근 해역 18개 해저지명에 대한 국제공인 신청 방침을 포기하지 않는 한 탐사를 강행하겠다며 맞섰다.

한·일 양국은 양국의 실력행사를 최대한 과시하며 외교적 설전을 주고받는 등 위기를 고조시켜 왔다. 일본 정부는 19일 측량선을 재빠르게 일본 열도에서 독도와 가장 가까운 사카이항으로 이동시켰고, 우리 정부도 이 같은 일본의 조치에 일전을 불사하겠다는 의지로 독도부근 해역에 해상경비병력을 증강시켰다.

이 기간 중 우리 측을 중심으로 양국의 대처사항을 살펴하면, 4월 14일 유명환 외교통상부장관 대리(외교 1차관)는 일본의 수로탐사 계획 통보가 확인된 후 오시마 쇼타로 주한 일본대사를 불러 항의하는 한편 관련부처 장관급 대책회의를 개최하였고, 4월 15일 반기문 외교장관은 독도문제에 영향을 받지 않도록 강력히 대응해 나갈 것임을 천명하였으며, 4월 17일에는 라종일 주일 한국대사가 일본 야치 쇼타로 외무성 사무차관을 면담하여 사태의 원만한 해결을 촉구하였다.

4월 18일에는 노무현 대통령이 여야 지도부를 청와대에 초청하여 대처방안을 논의하였다. 이 자리에서 노대통령은 독도문제와 관련하여 '조용한 외교'를 계속할지 결정할 시점이 도래했음을 강조하였다. 반기문 외교장관도 독도를 기점으로 하는 EEZ 획선을 배제하지 않는다는 것을 천명하였다. 일본의 입장 변화가 없자 해경은 만일의 사태에 대비 독도해역에 경비정 18척과 해상초계기를 집중 배치하는 한편 국제연합에 '수로탐사건 국제재판소행 배제'에 관한 선언서를 기탁하였다.

4월 19일 일본의 수로 측량선이 돗토리현 사카이항 도착하여 상부 지시를 기다리고 있는 와중에 청와대에서 관계 장관 대책회의가 개최되었으며. 국회에서는 한국 EEZ 내 수로측량 실시 및 역사교과서 왜곡 시도의 중단을 촉구하는 결의안을 채택하였다. 한편 고이즈미 일본 총리도 국제법에 따라 확실하고 냉정하게 대응하도록 지시하는 등 상황이 긴급하게 돌아갔다.

이러한 와중에서도 한·일 양국은 외교교섭을 가속화하였다. 양국 모두 파국으로 치닫는 것을 원하지 않으며 외교적으로 해결해야 한다는 것에는 공감하고 있었기 때문이다. 4월 20일 일본은 외교채널을 통해 6월 독일에서 열리는 IHO 산하 해저지명소위원회에서 독도 부근 해저지형에 대한 한국식 지명 상정 계획[44]을 철회하라는 등 4가지 사항을 제안하였다.[45]

---

44) 일본은 1978년부터 독도 인근 해저지형 두 곳을 '쓰시마 분지'와 '순요퇴'라는 지명으로 국제수로기구(IHO)에 등재해 통용해왔다. 하지만 한국은 '쓰시마 분지'는 '울릉분지'로, '순요퇴'는 '이사부 해산'으로 바꿔 등재할 계획이다. 이외 해저지형 18곳도 한국식 지명으로 등재할 예정이다.

45) 독도 부근 해저지형 한국식 지명 등재 방침 철회 외에도 일본은 양국 간 쟁점이 되는 해양조사 등의 사전협의, 상대국 EEZ 내에서 해양조사를 할 경우 상호통보제 및 양국 EEZ 협상 재개를 제안하였다.

한편 우리 정부는 일본 측의 탐사계획 철회를 사태해결의 출발점으로 설정하고 탐사계획이 철회된 이후에야 일본 측이 요구하고 있는 것으로 알려진 독도주변 해저지명 표기 문제, 해양탐사시 사전협의 채널 구축 문제 등에 대한 협의에 나설 수 있다는 입장이었다. 이러한 정부의 입장은 반기문 외교 장관이 오시마 주한 일본 대사를 외교부로 불러 우선적으로 측량계획을 철회하라는 정부의 입장을 전달한 데서도 확인할 수 있다.

그러면서도 정부는 일본이 먼저 수로측량 계획을 철회하면 지명등재 시기는 늦출 수 있으며 사전협의제와 EEZ 협상 재개는 우리정부에서도 그동안 주장해 온 것으로 수용할 여지가 있으나 EEZ 내 조사의 상호통보제는 독도문제를 국제분쟁화할 우려가 있고 주권을 침해하는 성격인 만큼 받아들일 수 없다는 입장을 고수하였다.

(2) 2단계 : 교섭 및 분쟁해결기

이 기간은 한·일 외무차관 간 사태해결을 위한 외교교섭이 실질적으로 진행되어 합의점을 도출한 4월 21일과 22일 양일을 일컫는다. 한·일 간의 막후협상이 교착상태에 빠져 해결의 실마리를 찾지 못한 채 양국의 강경입장이 팽팽하게 대립하자 일본은 야치 쇼타로(谷內正太郎) 외무성 사무차관 방한을 타진하여 왔다. 우리 정부는 일본이 외교 접촉을 하면서 수로탐사에 나서는 이중전략을 사전에 막기 위한 조치로 외교교섭이 이뤄지는 동안 수로탐사를 하지 않는다는 조건 아래 야치 사무차관의 방한을 수락했다.

4월 21일에 유명환 차관-야치 쇼타로 차관 간 첫날 협상이 개최되었다. 그러나 한국이 IHO 해저지명소위원회에 한국식 해저지명 등록 신청 방침을 바꾸지 않는 한 독도 주변 수로조사를 강행할 수밖에 없다는 일본

의 주장에 막혀 협상은 실패로 끝났다.[46)]

다음 날인 4월 22일 일본의 독도 인근 수로 측량계획으로 비롯된 한·일 간 외교분쟁과 관련 2차 협의를 가졌으나 양측은 핵심 쟁점에서 간극을 좁히지 못한 채 공전을 되풀이했으며 전체회의를 열어 입장차를 좁히기 위한 노력을 했지만 타협의 접점을 찾지 못했다. 더군다나 일본이 2006년 7월로 예정된 한국해양조사원의 독도 주변 해류관측 계획까지 문제 삼고 나서 협상 분위기는 더욱 악화되었다.

결국 우리 측은 한·일 차관 협의가 합의에 이르기 힘들다는 판단을 내리고 오후 5시 공식 브리핑을 통해 협의 결렬을 발표할 것이라는 계획을 언론에 공개했다. 유 차관이 이틀간의 회의를 마무리 짓는 종결 발언에서 협의가 결렬돼 유감이라고 밝히며 마무리 인사까지 했다. 그러자 야치 차관은 이대로 성과 없이 협의가 마무리되면 파국으로 치달을 수밖에 없다며 추가 협의를 제안했다. 한·일 양국은 다시 테이블에 앉아 해결책을 찾기 위한 막판 논의를 벌였지만 역시 의견차를 좁히지 못했다. 오후 6시 30분쯤 유 차관이 최종 결렬 사실을 언론에 발표하려고 협의 장소였던 호텔을 떠나기 위해 지하주차장까지 내려오자 일본은 다시 '최후의 담판'을 제

---

46) 이날 오후 5시 30분부터 자정까지 계속된 협의에서도 한·일 양측은 서로의 입장차만 확인한 채 아무 소득 없이 날짜를 넘겨야 했다. 일본은 한국의 해저지명 등재 계획 철회를, 한국은 일본의 수로탐사 계획 철회를 각기 주장하며 맞선 것이다. 한국은 일본 선박이 한국 측 EEZ 내에서 탐사를 시작할 경우 주권침해로 간주하여 강력한 제재 조치를 취할 것이며 한국식 해저지명 등재 자체를 철회하라는 일본의 요구를 수용할 수 없다는 단호한 입장을 밝혔고, 이에 대해 일본은 자국 탐사는 한국의 독도 영유권 훼손 의도로 실시되는 것이 아니라 과학적 차원에서 순수하게 이뤄지는 것이라면서 일본정부의 탐사선에 공권력을 행사하는 일은 국제법을 위반하는 것이며 또 한국이 추진중인 울릉도 독도 인근 해저지명 국제공인 포기와 상대국 EEZ 진입 시 상호통보 등을 요구하였다.

의했다.

[표 5-1] 수로측량 사태 관련 주요일지

일자	내용
4월 14일	일본 해상보안청, 한국 EEZ 내 수로탐사 계획 국제수로기구(IHO) 통보 유명환 외교부 1차관, 오시마 쇼타로 주한 일본대사 불러 강력 항의. 탐사 계획 철회 촉구
4월 15일	반기문 장관, "일본이 탐사에 나서면 국제법, 국내법에 따라 엄중 대응할 것".
4월 17일	일본, "한국이 6월 해저지명 국제공인 추진 철회하면 일본도 해양탐사 철회할 것" 정부, 청와대 관계부처 장관 대책회의 열고 "EEZ 침범하면 나포 등 강력 대응할 것" 밝혀 라종일 주일한국대사, 야치 쇼타로 일본 외무성 사무차관과 접촉
4월 18일	노 대통령, 여야 지도부 청와대 초청해 "조용한 외교 계속할지 결정할 시점" 해경, 독도 해역에 경비정 18척 집중 배치 일본, 탐사선 2척(메이요, 카이요호) 도쿄에서 출항
4월 19일	노 대통령, 관계 장관 대책회의 직접 주재 EEZ 진입 땐 강력 대응 방침 재확인 일본, 탐사선 2척 돗토리현 사카이항 입항
4월 20일	반기문 장관, "탐사계획 철회하면 해저지명 국제공인 적절한 시기 추진" 외교부, "해양탐사 분쟁 국제재판소행 배제" 선언서 유엔 기탁 발표 해경, 경비함정 2척 추가배치 일본, 야치 쇼타로 외무성 사무차관 방한 발표
4월 21일	한·일 차관회담 1차 협의 결렬
4월 22일	한·일 양국 EEZ 협상 5월 재개, 일본의 해양탐사 철회, 한국의 해저지명 등록 방침 유보 등 3개항 합의
4월 23일	일본 탐사선 2척 철수

결국 극적으로 마지막 담판에서 일본이 한국 측의 입장을 수용함으로써 해양과학조사 중지, 적절한 시기에 IHO에 한국식 지명 등재 및 한·일 EEZ 국장급 협의 빠르면 5월중 실시 등 3개 항에 합의하고 사태는 평화적으로 해결되었다.

다. 합의의 의의

한일 양국은 4월 21일 및 22일 이틀간의 협상에서 일본의 측량중지, 한국의 해저지명 등재 계획 유보 및 EEZ 경계획정 협상 재개라는 3가지 사항에 합의하였다.

이 합의를 두고 우리 정부는 일본이 IHO에 통보한 수로측량계획을 무산시켰고, 독도를 실효적으로 지배하는 입장에서 그 동안의 '조용한 외교'를 벗어나 강력한 대응의지를 국내외에 천명하였을 뿐만 아니라 '일본의 제국주의 침략 중 독도 침탈'이라는 역사적 인식을 바탕으로 일본을 공박한 것은 향후 독도영유권 분쟁에서 논리적 우위를 점할 수 있는 계기가 되었다고 평가한다.

한편 일본은 우리 정부로부터 일단 독도부근 해저지명의 IHO 해저지명소위원회 등록신청을 유보케 하였으며, 단지 2척의 해양측량선을 항구에 대기만 시키고도 한일 갈등을 전 세계에 알려 독도를 '분쟁지역'이라는 인상을 심어주는 성과를 거두었다고 자평한다. 동일한 합의내용에 대해 한일 양국은 서로 다른 해석으로 자국에 유리하게 해석한 결과이다.

그러나 보다 냉정하게 평가할 때, 이 합의는 급한 불만 끈 미봉책에 불과하다. 양국의 합의 내용을 보다 면밀하게 살펴보면 본질적인 쟁점에 대해서는 해결책을 찾지 못하고 양측이 시점만을 연장하는 방안을 택했다는 것을 알 수 있다. 즉 7월 이후 양측 행동을 제한할 아무런 합의가 없는 것이다. 한국은 2006년 6월 IHO 해저지명소위원회에 독도 주변에 대한 지명등록을 하지 않기로 했지만 지명등록은 우리의 정당한 권리이기 때문에 그 이후에는 언제든지 할 수 있다는 입장이며, 일본도 6월 30일까지로 예정된 독도 주변 수로측량계획을 중지하기로 했지만 그 이후에도 수로측량을 하지 않겠다는 부분에 대해서는 합의하지 않았기 때문에 언제든지 다시 추진할 수 있다는 것이다. 결국 한국이 다시 지명등록을 추진하거나 일본이 다시 수로측량에 나설 경우 양국 간 마찰은 이번과 마찬가지로 그대로 재현될 수밖에 없다.

2000년 이후 중단되었던 EEZ 협상 재개 합의는 나름대로 의미가 있다. 만약 한일 간에 EEZ 경계가 획정되어 있었더라면 이번 사태는 애당초 발생하지 않았을 것인 만큼 이르면 5월 중 재개될 양국의 EEZ 경계획정 협상을 통해 포괄적인 해결책을 추진해 볼 수 있는 계기가 마련되었기 때문이다.

그렇지만 1996년부터 2000년까지 4차례 협상에서 독도영유권 문제로 인하여 진전이 없었던 만큼 재개되는 EEZ 협상의 전망 역시 불투명하긴 마찬가지다. 동해 수로측량 계획과 IHO에 독도 부근 수역의 한국식 지명 등재 포기를 집요하게 요구한 것도 결국 독도에 대한 영유권을 주장하기 위한 사전조치였다는 점에서 일본은 EEZ 협상 과정에서 종전과 마찬가지로 울릉도와 독도 중간선을 EEZ 경계로 해야 한다는 주장을 되풀이할 것이고, 우리 정부는 독도가 확실한 우리 영토라는 전제하에 울릉도와 오키제도 중간 또는 독도와 오키제도 중간을 EEZ 경계선으로 주장할 것이기 때문이다.

이처럼 이번 합의가 갖는 의의가 동전의 양면처럼 긍정적긴 면과 부정적인 면이 혼재되어 있음은 분명한 사실이다. 그리고 이러한 한계가 한일 양국은 물론 주변국들이 합의내용에 대해 우려와 상반된 평가를 그리고 향후 EEZ 협상에 대해 비관적인 전망을 내놓게 한 이유임에는 분명하다.

3. 법적 쟁점에 대한 국제법적 고찰

가. 일본에 의한 수로측량의 위법성

현재 한일 양국은 EEZ 경계선에 대해 합의를 보지 못하고 있다. 1996년부터 시작된 양국 간 EEZ 협상은 현재 4차례 회담을 거쳤지만 아무런 진전을 보지 못하고 중단된 상태에 있다. 이는 물론 독도영유권이 서로 자국에 있다는 양국의 주장에 기인함은 주지의 사실이다.

이러한 관계로 한일 양국은 동해에서는 독도문제, 제주도 남부해역에서는 한일 대륙붕공동개발구역의 존재로 인하여 최종적인 EEZ 경계획정의 합의가 쉽지 않으리라는 판단에 따라 잠정적인 조치로 1999년 신어업협정을 발효하여 당면한 한일 간 어업문제를 규율하고 있다.[47]

2006년에 일본은 IHO에 북위 37도 40분·동경 131도 35분, 북위 39도 30분·동경 132도 37분, 북위 38도 20분·동경 136도 05분, 북위 36도 27분·동경 135도 00분 좌표 내의 수역에서 수로를 측량하겠다고 통보했다. 이 수역은 울릉도 동방 약 30~40해리 지점의 우리 측 EEZ 수역을 포함하고 있다.

과거 해양을 영해와 공해를 크게 구별하던 시대에는 영해를 제외한 모든 해양에서 해양과학조사는 확립된 국제법 원칙으로서 그리고 국제관습

47) 이용일, "한·중·일 3국 사이의 양자어업협정과 동중국해 어업질서", 『국제법 동향과 실무』, Vol. 2, No. 3 2003, p. 109 참조.

법으로도 인정되었으나 오늘날 연안국의 주권 또는 관할권이 미치는 수역이 신설 및 확대됨에 따라 과거 공해였던 수역이 상당부분 EEZ에 포함됨으로서 오늘날 과학조사의 자유는 EEZ 이원에서만 인정되고 있다. 따라서 연안국의 관할수역인 타국의 EEZ에서 해영과학조사를 하기 위해서는 동의가 요구된다. 이는 유엔해양법협약 및 해양과학조사법에서 명확하게 밝히고 있다.

유엔해양법협약 제246조는 타국의 EEZ에서 해양과학조사를 하고자 하는 경우에는 연안국의 허가를 받아야 한다는 것을 명규하고 있다. 연안국은 EEZ에서 해양에 대한 과학적 조사 수행권, 규제 및 허가권을 가지며,[48] 타국에 대하여 해양과학조사 동의권을 갖고 있다.[49] 또한 국내법인 해양과학조사법도 외국인이 우리의 EEZ에서 조사를 하려면 우리 정부의 동의를 받아야 한다고 규정하고 있다.[50]

여기에서 수로측량[51]을 해양의 과학적 조사의 하나로 볼 수 있는가 하는 법적 해석의 문제가 발생한다. 유엔해양법협약은 영해를 통항중인 외국 선박의 과학적 조사와 수로측량을 무해통항으로 인정하지 않는다는 법령을 제정할 수 있으며,[52] 통과통항중인 해양조사선 및 해양측량선을 포함한 외국 선박은 해협연안국의 사전허가 없이는 어떠한 조사 또는 측량

48) 유엔해양법협약 제246조 1항

49) 유엔해양법협약 제246조 2항.

50) 해양과학조사법 제13조 1항.

51) 수로측량(Hydrographic survey)은 해양의 수심·해류·조수 현상의 연구, 수중암석 사주 기타 숨겨진 위험의 조사를 포함하는 것으로 수로측량을 통해 수집된 자료는 대부분 항행용 해도의 작성 등 항행의 안전을 위해 활용된다. R. P. Anand, *Legal Regim of the Sea-Bed and the Developing Countries*, Thomson Press, 1975, p. 102.

52) 유엔해양법협약 제21조 1항 (사).

활동도 할 수 없다[53]는 것을 규정하고 있다. 또한 영해 및 접속수역법은 외국 선박이 우리나라 영해를 통항할 때 조사 또는 측량 활동을 하게 되면 이를 무해한 통항으로 보지 않는다[54]고 규정하고 있다.

이처럼 유엔해양법협약 및 관련 국내법은 '해양의 과학적 조사'와 '수로측량'을 병렬로 열거하여 구분하여 다루고 있다. 앞에서 살펴본 바와 같이 EEZ 내에서 '과학적 조사'를 하기 위해서는 연안국의 동의가 필요하지만,[55] '수로측량'에 대해서는 연안국의 동의가 있어야 한다는 것을 명시적으로 규정하고 있지 않다. 이는 우리가 일본의 '수로측량'을 동의를 구하지 않은 '해양의 과학적 조사'라면서 그 위법성을 공격할 경우, 일본이 단순히 '수로측량'일 뿐이지 과학적 조사가 아니라면서 자신들의 행위를 정당화시킬 구실로 삼을 수 있음을 의미한다.

일반적으로 수로측량이 해저전선이나 관선부설과 관련되거나 항해의 안전을 도모할 목적에서 행해진다면 유엔해양법협약 제58조 1항[56]과 일치하는 해양의 합법적 사용으로 간주될 수 있으므로 EEZ 내에서 동 조사 행위가 자유롭게 행해져야 할 것이나,[57] EEZ 내의 생물 또는 비생물 자연

53) 유엔해양법협약 제40조.

54) 영해 및 접속수역법 제5조 2항 (11).

55) 유엔해양법협약 제246조 2항.

56) 동 항의 규정은 다음과 같다.
배타적 경제수역에서 연안국이나 내륙국에 관계없이 모든 국가는 본 협약의 규정에 따라 제87조에 규정된 항해, 비행 및 해저 전선과 관선 부설의 자유와 선박, 항공기 및 해저 전선과 관선의 운행에 관계되거나 또한 본 협약의 기타 규정에 모순되지 아니하는 상기 자유와 관계되는 기타 합법적인 국제적 해양이용의 자유를 향유한다.

57) 김현수, "해양과학조사에 있어서의 무인잠수정의 법적 규제", 『해양전략』, 제115호, 2002. 6, p. 163.

자원의 탐사 및 개발에 직접적으로 중요성이 있는 경우[58]의 수로측량은 동 탐사나 개발활동의 일부로 간주되어 연안국의 관할권에 따라야 한다.

또한 일본은 관련국에 통고 없이도 국제법상 수로측량을 할 수 있다고 주장하지만 그것은 순수한 측량일 경우에 한정되는 것이지 단순한 수로측량이 아니라 해저지형을 탐사하여 자료화하거나 측량이 영토주권을 침해하기 위한 의도적인 것이라면 문제는 다르다. 한일 외무차관 간 협의를 위해 방한하였던 일본 외무차관의 "우리는 독도문제를 건드리려는 게 아니다. 한일 간에 중첩된 EEZ 수역에서 순수하게 과학적이고 기술적인 측면에서 해양과학조사를 행할 의도였다"는 발언에서 볼 수 있듯이 일본의 수로측량 주장은 단지 자신들의 행위를 합리화하기 위한 구실일 뿐이며, 이는 일본 해상보안청 소속의 조사선이 다양한 해양과학조사를 행할 수 있는 첨단 선박이라는 것에서도 분명한 알 수 있다.

이상의 국제법 및 국내법의 관련규정에 비춰볼 때 일본이 IHO에 통보한 해역에서 우리의 동의 없이 수로를 측량하는 것은 불법행위임이 분명하며, 이에 대해 우리 정부는 규정에 따른 조치와 책임을 물을 수 있다고 본다.[59]

나. 일본 조사선 나포의 적법성

일본의 수로측량 사태와 관련하여 우리 정부는 일본의 독도 주변 측량 계획은 주권에 대한 도발적 행위로서 역사왜곡의 연장선상에서 나온 것으

58) 유엔해양법협약 제246조 5항 (가) 참조.

59) 이에 대해 일본은 자국의 EEZ 내에서 과학적 조사를 하는 것으로 국제법상 아무런 문제가 없다는 입장이다. 동일한 수역을 두고 서로 자국의 EEZ라고 주장하는 것은 한일 양국 모두 독도가 자국의 영유권이라는 전제하에서 EEZ 경계를 주장하기 때문이다.

로 일회성이 아닌 포괄적으로 대응할 문제라면서 일본이 측량계획을 자진 철회 함으로써 이번 사태가 외교적으로 해결되기를 기대하지만, 만약 수로측량을 강행한다면 독도영유권 수호 차원의 주권적 조치 수단, 즉 관련 국제법과 국내법에 따라 실효적 조치로 단호하게 대처할 예정이며 이로 인해 문제가 발생할 경우 그 책임은 전적으로 일본에 있다는 입장이었다.

여기에서 실효적 조치란 일본 탐사선이 우리 측 EEZ 경계선을 넘지 못하도록 하는 실력행사로 만약 넘어올 경우 경고, 정선, 검색, 나포 등 현장 수칙에 따라 이행기관(해양경찰청)이 대응하는 방식을 말한다.[60]

이에 대해 일본은 해상보안청의 조사선은 공선(公船)이라며 이를 한국이 나포나 임검하는 것은 국제법상 인정되지 않는 불법행위라고 주장하였다. 또 한국 경비정과 충돌하는 예상할 수 없는 사태를 방지하기 위해 조사선에는 무기를 탑재하지 않고 순시선도 동행시키지 않음으로써 자신들의 수로 탐사가 국제법상 문제가 없으며 오히려 한국 정부의 강경 대응이 국제법 위반이라는 것을 강조하고자 하였다.

실제 일본이 수로측량을 하기 위해 출항시킨 선박은 해상보안청 소속으로 정부선박임이 분명하다. 정부선박에는 상업용과 비상업용이 있는데, 해상보안청 소속 선박이 비상업용 정부선박으로 공선[61]이라는 점에는 의

---

60) 이 사태와 관련하여 일본이 수로측량을 강행했을 경우 해상에서 발생 가능한 시나리오는 다음과 같이 정리해 볼 수 있다. (1) 독도 인근에서 일본 조사선 철수, (2) 해상대치(2005년 6월 1일 신풍호 사건), (3) 밀어내기(1999년 서해에서 해군이 NLL침입 북한 경비정을 상대로 실시한 작전), (4) 검색 및 나포(국제법상 위법논란 제기) 및 (5) 군사적 충돌(국지전).

61) 국가가 관리 또는 운영하는 선박으로 정부의 비상업적 역무에 종사하는 선박을 말한다. 그러므로 국가에 소유권이 없는 선박이라도 국가의 관리하에 있고 국가적 역무에 종사하면 공선으로 취급된다. 공선 중 주요한 것은 우편선, 세관선 및 경찰선 등이 있다. 이병조·이중범, 『국제법신강』, 일조각, 2003, p. 288.

문의 여지가 없다.

이러한 비상업용 정부선박에 대해서는 국제법상 군함과 똑같은 법적 지위가 인정된다. 비상업용 정부선박(공선)은 타국 영해에서의 항해에 있어 사선(私船)과 동일한 무행통항권을 갖고 국제해협에서는 통과통항권를 갖지만,[62] 연안국의 영해통항과 관련한 연안국 법령을 준수해야 하며, 이에 위반하여 발생하는 손해에 대해서는 당해 기국이 국제책임을 진다.[63] 또한 공선은 타국 영해에 있는 경우 연안국의 재판관할권으로부터 면제된다.[64]

그렇다면 외국의 비상업용 정부선박이 EEZ 내에서 우리나라의 법령을 위반하거나 법령 준수 요청을 무시하는 경우 어떤 조치를 취할 수 있는가? 우리나라 해양과학조사법에는 외국 선박이 허가 또는 동의를 받지 않고 해양과학 조사를 하는 경우 정선, 검색, 나포 및 기타 필요한 명령이나 조치를 취할 수 있다(제13조 1항)고 규정되어 있지만 이것은 상업용 정부선박 또는 사선(私船)에 해당할 뿐이지 군함이나 비상업용 정부 선박에 적용할 수 있는 규정은 아니다.[65]

이러한 법적 흠결을 이용, 일본은 의도적으로 우리 측 EEZ를 포함한

62) 유엔해양법협약 제17조 및 제38조 1항. 공선은 기국 영해에서는 물론 공해상에서도 기국의 관할하에 있다. 유엔해양법협약 제96조.

63) 유엔해양법협약 제31조.

64) 유엔해양법협약 제32조. 공선은 불가침권을 향유하지는 않으나 실제 많은 국가들이 관행적으로 이를 인정하고 있다. 또한 공선은 면제를 포기하면 연안국의 재판관할권에 복종해야 한다.

65) 군함 및 비상업용 정부선박의 주권면제에 대한 자세한 설명은 김동욱, 군함에 의한 해양오염의 국제법적 규제 : 1982년 유엔해양법협약 제236조를 중심으로, 고려대학교 박사학위논문, 2000. 12, pp. 94~121 참조.

한일 중간수역에서의 수로측량을 들고 나왔다. 이번 사태에서 먼저 퇴거를 명하되 불응하는 경우에는 정선·검색 및 나포하겠다는 우리 정부의 대응은 합법적인가 하는 문제가 제기된다. 즉 비상업용 정부선박의 지위를 갖는 일본 해상보안청 소속 조사선을 나포할 수 있는가 하는 것이다.

영해제도에서 연안국의 법령시행권을 규정한 것은 연안국의 보호권을 정한 유엔해양법협약 제25조와 연안국 법령을 위반한 타국 군함의 퇴거요구권을 명시한 동 협약 제30조이다. 그러나 EEZ에서는 연안국의 법령을 위반한 타국 군함(비상업용 정부선박 포함)에 퇴거를 요구할 권한이 연안국에 명시적으로 부여되어 있지 아니하다. 따라서 타국의 EEZ에서 군함(비상업용 정부선박 포함)은 그 연안국의 법령을 위반하였다는 이유만으로는 퇴거당하지 아니하며, 그 EEZ 내에서 계속적인 항해의 자유와 이와 연관된 해양사용의 자유를 가진다. 즉, 유엔해양법협약상 EEZ 내에서 연안국의 입장은 이런 경우에 실로 무력하다. 결국 연안국의 국내법령을 의도적으로 집요하게 위반하는 타국 군함이나 비상업용 정부선박에 대하여는 유엔 헌장 제51조 규정된 바, 자위권의 범위 내에서 실력으로 이를 제지시킬 수밖에 없을 것이다.[66] 그러나 이 경우 자위권 행사는 아주 제한된 상황에서만 정당화될 수 있으며, 자칫하면 연안국의 권리행사 문제를 둘러싸고 분쟁이 야기될 가능성이 매우 크기 때문에 보다 신중히 대응하여야 할 것이다.[67]

한편 이와는 대조적인 견해를 주장하는 입장도 있다. 외국의 군함 또

66) 김영구, 『한국과 바다의 국제법』, 한국해양전략연구소·효성출판사, 2002, pp. 403~404; 강영훈, "잠수함의 국제법상의 지위(I)", 『해양연구논총』, 제12집, 1994. 3, p. 215 참조.

67) 해군작전사령부, 『작전법사례집』, 제1집, 1997. 7, p. 44.

는 비상업용 정부선박이 연안국의 관할수역에서 무해가 아닌 활동을 하는 경우에 먼저 퇴거를 요구하게 되어 있지만, 퇴거에 응하지 않고 연안국의 이익을 해하는 활동을 고의적으로 계속하는 경우에는 퇴거시키기 위해 위협사격이나 잠수함의 경우 폭뢰 투하 등 필요한 강제조치를 취할 수 있으며, 그래도 유해행위를 계속하고 이를 제지 또는 퇴거시키기 위한 모든 수단이 실패했을 경우에는 무력을 사용할 수 있다는 주장도 있다. 이러한 수단은 유엔해양법협약에는 규정되어 있지 않지만 주권국이 취할 수 있는 일반적인 국제법상의 대응조치라는 것이다.[68]

그리고 방글라데시, 미얀마, 캄보디아, 아이티, 인도, 파키스탄, 스리랑카, 베트남 및 예멘 등 일부 국가들은 EEZ에서의 연안국의 주권적 권리의 당연한 부수적 내용으로서 연안국의 국내법령을 위반한 외국 군함을 축출할 권한이 있는 것으로 전제하고 특별한 안보적 권한을 국내법령으로 규정하거나 선언하고 있다.[69]

다. 국제재판 배제 선언서 기탁의 법적 의의

정부는 4월 18일 일본의 일방적 제소로 국제재판소에 분쟁 회부가 가능하게 돼 있는 유엔 해양법협약의 강제분쟁 해결절차를 배제하기 위한 선언서를 국제연합에 기탁했다. 이는 사실상 일본이 독도 및 동해상 EEZ

68) 이러한 견해는 일본의 국제법 문서에서 확인할 수 있다. 자세한 것은 사단법인 국제경제정책조사회가 공해의 자유항행에 관한 보급 및 계몽을 위해 배포한 시리즈『바다의 바이블』제1권(해양법, 해상사고 및 해적에 관한 기초적인 논문집)에서 유엔해양법협약이 일본의 안전이 미친 영향 및 군함의 권리 및 의무에 관한 '데츠가 마사미' 전(前) 해상막료부장의 논문 참조. http://kr.yahoo.com/ transweb/jtk.cgi?trn.

69) A. V. Lowe, "Some Legal Problems arising from the Use of the Seas for Military Purpose", 10 *Marine Policy*, 1986, p. 181.

문제를 국제재판소로 끌고 갈 수 있는 기회를 원천 봉쇄했음을 뜻한다.[70)]

그동안 국제분쟁의 사법적 해결방법 중 국제사법법원(International Court of Justice : ICJ)이 관할권을 갖기 위해서는 분쟁당사국의 합의가 있어야 제소가 가능했지만, 유엔 해양법협약은 해양경계획정, 군사활동, 해양과학조사 및 어업에 대한 법집행활동 및 유엔 안전보장이사회가 다루고 있는 것과 관련하여 회원국 중 어느 일국의 제소만 있어도 이를 국제해양법재판소(International Tribunal for the Law of the Sea : ITLOS)에 회부해 강제해결할 수 있도록 하고 있다.[71)]

정부가 기탁한 선언서는 해양법과 관련된 분쟁 중 해양경계획정, 군사

---

70) 유엔해양법협약 제298조 1항. 정부의 이러한 조치에 대해 그 당위성을 인정하면서도 정부가 미리부터 지나치게 '강수'를 둔 것이 아니냐는 지적이 대두되었다. 선언서 기탁 자체는 적절한 조치이지만, 다만 한·중·일 3국 모두 선언서 기탁을 두고 지난 10여 년간 눈치를 봐오던 상황에서 유독 한국만이 깃발을 들고 나선 것에 대해서는 외교적 실리를 따져봐야 할 일이라는 것이다. 또 정부가 하필 일본과의 갈등이 최고조에 달한 시점에 선언서를 기탁한 것 자체가 국제재판소로 독도문제를 끌고 갈 경우 승산이 없다는 판단을 내린 것으로 비칠 우려가 있다는 지적도 있었다. 그러나 정부는 그동안 강제분쟁 해결절차 배제선언을 할 경우 동일한 사안에 대해 타국을 제소할 수 없기 때문에 이를 신중하게 검토해 왔으나 일본의 도발을 더 이상 방치해서는 안 된다는 판단에 따라 조치를 취한 것이다.

71) 유엔해양법협약 제286조 및 제287조. 해양법협약 속에 분쟁의 강제적 해결에 관한 조항을 둘 것인지 여부는 상당한 논란거리였다. 1958년 해양법협약은 이 문제를 별도의 선택의정서(optional protocol) 속에 두었는데, 1982년 유엔해양법협약도 과거의 이런 방식을 취해야 한다는 주장이 있었다. 하지만 다수의 견해는 이에 반대했다. 신 협약은 매우 혁신적인 내용을 담고 있기 때문에 이런 협약의 해석과 적용에는 논란이 예견되기 때문에 강제적 해결절차가 꼭 필요하다는 것이 반대근거였다. 또한 강제적 해결절차를 이용할 수 있다는 가능성만으로도 부당한 행동을 억제하게 하고 따라서 분쟁을 피하게 하는 효과를 가지는데, 이 점도 확실히 고려되었다. 이런 이유들 때문에 어떤 형태로건 강제적 해결절차가 신 협약 속에 포함되어야 한다는 결론이 났다. 김재원(역), 『국제분쟁의 해결방법』, 교육과학사, 1998, p. 246.

활동, 해양과학조사 및 어업에 대한 법집행활동 등을 선택적으로 분쟁 제소의 대상에서 배제한다는 내용을 담고 있다. 동 선언서를 기탁한 직후부터 우리나라는 ITLOS에 이들 문제와 관련한 분쟁으로 제소를 당하지 않게 됐다. 즉, 일본이 제소를 하더라도 우리가 응하지 않으면 국제사법기구에서 관련 재판이 불가하다는 것이다. 현재 149개 유엔해양법협약 가입국 중 오스트레일리아, 캐나다, 러시아, 영국, 프랑스 및 덴마크 등 24개국이 배제 선언을 한 상태다. 중국과 일본은 아직 배제선언을 하지 않았다.

이러한 조치는 우리 경비정과 일본 선박 간 충돌 시 발생할 최악의 상황에 대비한 것으로 일본 탐사선이 우리 측 EEZ로 진입하고 우리 경비정이 이를 나포한다면 일본이 이를 문제 삼아 ITLOS에 제소할 여지는 충분하다고 판단했기 때문이다. 우리 정부는 이런 가능성을 사전차단하기 위해 1차적 조치로 취한 것인데, 반면에 이 선언으로 향후 우리 정부도 이런 사안과 관련하여 타국을 제소할 수 없게 되었다. 기탁된 선언은 언제든지 철회가능하며, 만약 기탁한 선언서를 철회할 경우 그 기탁은 취소된다.

라. EEZ 경계 독도 기점 문제

1996년부터 시작된 한·일 간의 EEZ 경계획정 협상은 네 차례나 개최되었지만 입장차를 좁히는 데 실패하고 2000년 일본의 일방적인 선언에 의해 중단된 상태다. 이르면 5월중 재개될 협상에서 EEZ 경계 획정은 고단한 인내와 새로운 전략을 요할 것이다. EEZ 경계획정은 그 선결조건으로 독도영유권에 대해 양국 간 합의가 선행되어야 하는데, 양국의 극명한 입장차이로 독도영유권 문제의 해결이 거의 불가능한 현재 EEZ 경계획정도 그만큼 어려운 작업이 될 것이고, 설령 독도영유권을 논외로 한 채

EEZ 경계를 획정한다고 EEZ 기점문제가 협상을 진퇴양난의 수렁에 빠뜨릴 가능성이 크기 때문이다.

독도를 기점으로 울릉도와 독도 중간선을 EEZ 경계로 주장하는 일본에 대응하여 울릉도와 오키제도 중간선을 EEZ 경계로 주장[72]하는 우리 정부는 지난 1996년 유엔해양법협약 비준 이후 내부적으로 동해에서의 EEZ 기점으로 독도 대신 울릉도를 사용해 왔다.[73] 그동안 독도 관련 단체들과 일단의 국제법 학자들은 독도영유권 강화를 위해 EEZ 독도기점를 끈질기게 요구해 왔다. 이번 사태 이후 정부는 현재 울릉도를 기점으로 하고 있는 EEZ 기점을 독도로 변경하는 문제를 다각도로 검토하고 있는 것으로 알려져 있다.

독도의 EEZ 기점 사용과 관련해서는 독도의 영유권 확정과 함께 유엔해양법협약 제121조 3항의 해석과 밀접한 관련이 있다. 동 조는 1항에서 '섬이라 함은 바닷물로 둘러싸여 있으며, 밀물 때에도 수면위에 있는 자연적으로 형성된 육지 지역을 말한다'고 섬을 정의한 뒤, 3항에서 '인간이 거주할 수 없거나 독자적인 경제활동을 유지할 수 없는 암석은 배타적 경제수역이나 대륙붕을 가지지 아니한다'고 규정하고 있다. 동 조 3항과 관련하여 독도를 '인간의 거주' 및 '독자적인 경제활동 유지' 측면에서 어떻게

---

72) 정부는 독도 쟁점화를 피하면서 결과적으로는 독도를 실효적으로 지배할 수 있다는 판단에서 국제법상 사람이 살지 않는 암석을 기점으로 내세우는 일본 측 논리의 허구성을 파고들기 위해 울릉도~오키제도 중간선을 경계로 내세웠다.

73) 우리 정부가 과거 EEZ 협상에서 기점을 독도 대신 울릉도로 해 일본 오키섬과의 중간을 EEZ 경계선으로 할 것을 주장한 바 있는데, 당시에는 독도를 기점으로 할 경우 독도 영유권 문제가 불거질 우려가 있었고 울릉도를 기점으로 해도 독도는 어차피 우리 쪽의 EEZ에 들어오기 때문에 그럴 필요가 없고 EEZ 기점을 독도로 할 경우 남해 쪽에서는 일본이 갖고 있는 암초들을 존중해 줘야 하기 때문이었다.

보는가에 따라 독도가 자체의 EEZ를 갖는지 아니면 갖지 못하는지가 결정되는 것이다.[74)]

만약 독도의 '인간의 거주' 및 '독자적인 경제활동 유지'를 인정하여 독도를 기점으로 할 경우 울릉도 기점 안에 비해 동해에서의 우리 EEZ가 다소(약 2만 1,030㎢) 늘어나고, 우리의 독도영유권을 확인하는 강력한 조치로서 대내외적으로 중요한 의미를 갖는다. 그러나 문제는 얻는 것이 있으면 일본과 중국과의 EEZ 협상에서 잃는 것도 있어 어느 한 정책을 일방적으로 밀어붙이기가 용이하지 않다는 데에 있다. 중국과의 협상에서 중국령 해초(海礁)와 동남초(東南礁)와 일본과의 협상에서 일본령 조도(鳥島)와 남녀군도(男女群島)가 EEZ를 갖는다는 것을 양국이 주장할 경우 이에 대한 대응논리가 빈약해질 수도 있다.[75)]

또한 독도를 기점으로 EEZ를 선포할 경우 1999년 발효된 신한·일어업협정은 폐기될 수밖에 없다. 왜냐하면 동 어업협정은 양국 EEZ 기점을 울릉도와 오키섬으로 잠정합의한 결과이기 때문이다. 통상 개별 주권국가들은 200해리 EEZ를 선포하지만 동해는 폭이 좁아 한일 양국의 EEZ는 상당 부분 겹친다. 이에 따라 우선 어업을 위해서만이라도 경계를 획정할 필요성이 대두되어 1998년 11월 신한·일어업협정이 체결되었다. EEZ 경

74) 이의 해석과 관련하여서는 국내학자들 간에도 찬반의견이 나뉘고 있다. 이에 대한 자세한 설명은 이상면, "신한일어업협정상 독도와 그 주변수역의 법적 문제", 『서울대 법학』, 제40권 제3호, 1999, p. 109~132(찬성론); 김찬규, "한일간의 해양분쟁에 관한 제문제", 이장희(편), 『한일간의 국제법적 현안문제』, 아시아사회과학연구원, 1998, pp. 133~136(반대론) 참조.

75) 일본은 과거 EEZ 협상 때 남해에서 무인도인 조도를 기점으로 주장했었다. 이 경우 대륙붕 공동 관할구역 전체가 일본 EEZ로 편입될 수 있다. 우리 정부는 일본의 조도 기점 주장을 무력화하기 위해 동해상에서 울릉도 기점안을 주장해 왔다. 대신 독도를 유엔 해양법상의 '독자적인 경제생활을 영위할 수 없는 섬'으로 간주했던 것이다.

계를 정할 때가지 어업을 위해 해상경계를 정한 것이다. 문제는 이 협정에 따르면 독도가 양국 간 중간수역에 놓이게 된다는 점이다. 이에 대해 한국 정부는 어업협정과 독도 문제는 별개라고 주장하고 있다. 그러나 비록 어업협정이라 하더라도 독도가 중간수역에 놓인 사실 자체가 일본에 독도영유권을 주장할 수 있는 빌미를 제공했다는 비판이 적지 않다. 어업협정은 유효기간인 3년이 지나면 어느 한쪽이 일방적으로 파기선언을 할 수 있기 때문에 이번 기회에 파기해야 한다는 주장도 제기되고 있다. 그러나 자칫 어업협정을 폐기 선언할 경우 국제사회에 독도가 정말 분쟁지역이라는 인식을 심어줄 것이라는 반론도 적지 않다.[76)]

독도를 유인도로 간주하느냐 혹은 무인도로 보느냐 하는 문제는 유엔해양법협약에 대한 해석 및 관련 국가의 이해관계에 따라 달라질 수가 있다고 하겠다. 또한 독도를 자체의 EEZ를 가지는 유인도로 보는 경우에도 우리의 독도와 일본의 오키제도 간의 중간선 설정이 '공평한 해결'에 해당되는지를 면밀히 검토하여야 할 것이다.[77)]

이상에서 살펴본 바와 같이 독도의 EEZ 기점화는 유엔해양법상의 해석 문제와 향후 일본의 태도에 따라 결정되겠지만 한·중, 일·중 및 한·일 중간 EEZ 경계획정과 3국 간 대륙붕 경계획정 등 제반 조건들을 종합적으로 고려하면서 유연하게, 그리고 국가이익에 부합하는지 신중하게 따져가며 대처해 나가야 할 매우 중요한 문제이다.

---

76) 독도 기점 문제에 대한 자세한 설명은 김선표·홍성걸·이형기, 한·일간 동해 배타적 경제수역 경계획정에서 독도 기점사용에 대한 연구, 한국해양수산개발원(기본연구 2000-18), 2000. 12 참조.

77) 오윤경 외, 『현대국제법 : 외교실무자들이 본 이론과 실제』, 박영사, 2000, p. 287.

4. 결언

일본 해상보안청이 2006년 4월 14일 독도 인근 우리 측 EEZ를 포함한 동해에서의 수로탐사 계획을 IHO에 통보함으로써 촉발된 해상대치는 4월 22일 반전을 거듭한 한일 외교차관 협의에서 일본은 6월 30일까지로 고시한 해저지형 조사를 중지하고 한국은 동해 해저지형 등록을 유보하며 이번 사안이 양국 간 EEZ 경계가 획정되지 않았기 때문에 발생했다는 인식에 따라 이르면 5월중 2000년 이후 중단된EEZ 경계획정을 의한 회담을 재개할 것이라는 3개항에 합의함으로써 극적으로 해결되었다.

'중지' 및 '유보'라는 모호한 표현을 쓰는 선에서 이루어진 미완의 합의 직후 양국은 합의내용에 대해 서로 아전인수식 해석을 내놓았다. 우리 측은 6월 30일까지로 예정된 일본의 탐사계획이 사실상 철회라는 것에 무게를 둔 반면 일본은 이번 탐사는 중단하나 앞으로도 일본 주변수역에 대한 적절한 해도제작은 실시하겠다고 함으로써 6월 이후 탐사 재개의 가능성을 열어두었다. 대신 일본은 한국의 해저지명 국제공인 6월 추진 철회를 강조했으며, 이에 대해 우리 측은 해저지명 등록은 정당한 권리이기 때문에 적절한 시기에 추진하겠다고 했다. 이번 합의가 봉합 수준이며, 장기적으로 갈등과 분쟁이 일상화될 전초가 될 수도 있음을 보여주는 일례이다.

이 사태를 통해 우리나라가 무엇을 얻고 잃었는지 계산하기는 쉽지 않다. 흔들림 없이 단호하고 일관되게 일본의 공격을 방어했다는 점을 높이 평가할 수 있을 것이나 아울러 독도영유권을 둘러싼 분쟁의 일상화라는 상황에 어떻게 대처할 것인가라는 과제도 안게 되었다.

향후 유사한 일본의 도발은 계속될 것이고 재개되는 EEZ 경계획정 협상에서도 우리의 독도영유권을 훼손하기 위한 조치를 시도할 것이다. 이런 상황에 처했을 때 유효하고 적절한 대응은 매우 중요하다.

EEZ 협상 과정이나 일본의 갈등 조장에 대해 매번 극단적으로 대응하는 것은 옳지 않다. 여론과 국내정치를 의식해 극단적인 강경한 정책을 선택할 경우 일시적인 이익을 가져다 줄 수도 있겠지만 분쟁이 장기화, 일상화되는 상황에서는 우리에게 남겨진 선택 폭은 축소시켜 이후의 협상에서 쓸 카드를 미리 소진해 버리는 우를 범할 수 있다.

그렇다고 하여 일부에서 주장하고 있는 조용한 대응을 능사로 할 일도 아니다. 현실 회피성 무대응이 독도 문제를 해결하기는커녕 오히려 일본의 집요한 도발을 조장한 측면도 있지 않았나 하는 점을 반성해 볼 필요가 있다.

협상 과정에 있어 무엇보다 중요한 것은 우리가 선택할 수 있는 폭을 줄일 것이 아니라 일본이 선택할 수 있는 선택의 폭을 확대시키는 정책이 선행되어야 하며, 불필요한 빌미를 제공해 일본이 의도한 것 이상의 성과를 우리 스스로 안겨주는 어리석음을 범하지 않도록 할 합리적인 계산과 전략적 접근이 요구된다.

제3절 해양법상 추적권 행사의 정당성 및 무력사용의 합법성

1. 서론

공해상의 선박은 일반적으로 기국의 배타적 관할권에만 구속된다. 이러한 배타적 기국 관할권 규칙은 국제해양법상 기본원칙이다.[78] 그러나 공해상의 법질서를 위하여 예외적으로 권한을 부여받은 선박 및 항공기(군함과 공선 또는 군용항공기와 공항공기)는 불법행위 선박에 대해 국제법이 인정한 관할권을 행사할 수 있다.

공해상의 선박에 대한 기국의 배타적 관할권행사에 대한 예외로는 임검권과 추적권이 있다. 임검권이란 해적행위, 노예거래행위, 무허가방송, 무국적선 또는 외국국기를 게양하거나 또는 국기제시를 거절하였음에도 불구하고 실질적으로 군함과 같은 국적을 보유한 선박에 대한 국기를 심의할 권리이며[79], 반면에 추적권(right of hot pursuit)이란 연안국의 권한 있는 당국이 그 영수로부터 연안국 법령을 위반한 외국선박을 추적할 수 있는 권리이다.[80]

이러한 공해상에서의 기국주의에 대한 예외적 조치로 인정되는 임검권과 추적권 행사와 관련하여, 특히 추적권 관련 당사자 간에는 원인(사유)과 방법(수단)에 대한 입장차이로 갈등과 분쟁이 발생될 여지가 많다. 추적권의 일반적인 내용에 대해서는 논쟁의 여지가 그다지 많지 않지만, 확립된 관행이나 관련 판례의 부족으로 추적권의 적절한 행사 여부의 판단에 있어 불완전하거나 모호한 실정이다.

추적권 행사와 관련하여 당사자 간 법적 쟁점이 되고 있는 것은 추적

78) J. L. Brierly, The Law of Nations, Clarendon, 1963, pp.304-310 ; D. P. O'Connell, The International Law of the Sea, Clarendon, 1982, pp.735-737, 799-801.

79) 임검 결과 혐의가 없는 것으로 판명되고 또한 임검을 받은 선박이 혐의가 정당화될 어떠한 행위도 하지 않은 경우 피임검 선박은 임검으로 인해 발생된 지속가능성이 있는 손실 또는 손해를 배상받을 권리가 있다(유엔해양법협약 제110조 3항 참조).

80) 김정균·성재호, 국제법, 박영사, 2006, p.481.

권 자체의 정당성과 추적권 수단의 합법성 문제이다. 이는 추적권을 행사하게 된 원인행위가 과연 추적권 대상이 되는가, 즉 추적권 행사의 자의적 남용이 아닌가 하는 것과 추적권 행사과정에서 추적선(항공기)이 피추적선을 정선 및 나포하기 위하여 사용한 수단(특히 무력)이 법이 인정하는 정도를 넘어선 과도한 것이 아닌가 하는 것을 말한다.

이러한 문제와 관련된 추적권 사례는 모든 해양에서 발생되고 있지만 해양질서가 아직 확립되지도 못했고 해양협력도 제도화되지 못해 불안정한 법질서에 의해 임시적으로 관리되고 있는 지역에서 빈번하게 일어나고 있다. 특히 한반도를 중심으로 한 동북아 해역은 그 어느 해역보다 불안정한 상태에 놓여 있다.

1990년대에 들어와 냉전체제가 해소된 이후 동아시아는 지역국가 간의 군비경쟁이 재연되고 있는 특수한 양상을 보이고 있다. 한반도의 주변 해역은 일본 및 중공의 해군력이 실력으로 대립하고 있는 현장이다. 중국은 1992년 2월 25일의 "영해 및 접속수역에 관한 법"[81]에서 본토 및 그 연안도서, 대만 및 釣魚島(Diaoyu Island)와 그 부속도서, 澎湖列島(Penhu Islands), 東沙群島(Dongsha Islands), 西沙群島(Xisha Islands), 中沙群島(Zhongsha Islands), 南沙群島(Nansha(Spratly) Islands)와 중국에 속하는 그 밖의 일체의 도서가 중국의 영토라는 것과 영해의 범위는 기선으로부터 12해리로 하며 기선으로는 직선기선 방법을 규정(직선기선을 명시하지는 않음)하고 영해를 침범한 외국군함을 중국의 함정 또는 항공기가 추적할 수 있

81) 제7차 전국인민대표회의 상무위원회 제24차 회의에서 채택된 동 법률의 영어본 텍스트는 U.S. Department of State, Bureau of Oceans and International Environmental and Scientific Affairs, Limits in the Seas No.117, 9. July 1996, pp.11-14 참조.

다는 것을 명확히 규정하였으며, 1996년 5월 15일 본토연안 및 서사군도 주변에 영해기선을 선포하여 중국의 과도한 직선기선을 둘러싼 한·중 간의 갈등을 야기하였다.[82]

또한 일본은 1996년 6월 해양법협약을 비준하여 당사국이 된 후 200해리 배타적 경제수역을 설정하면서도 한·일, 한·중 어업협정을 의식하여 대한민국과 중국에 대하여는 그 적용을 배제하던 1977년에 제정된 "어업수역에 관한 잠정조치법"을 폐지하고, 200해리 배타적 경제수역을 설정하기 위하여 "배타적 경제수역 및 대륙붕에 관한 법률"과 동 수역에서의 어업과 해양생물자원의 보존 및 관리를 위하여 "배타적 경제수역에서의 어업 등에 관한 주권적 권리의 행사 등에 관한 법률"과 "해양생물자원의 보존 및 관리에 관한 법률"을 제정하였다. 그리고 "영해 및 접속수역에 관한 법률 시행령"(1996. 7)에서 무려 194개에 이르는 기점을 채택함으로써 거의 모든 연안에 직선기선을 설정하여 기존 영해 이원수역을 영해로 편입시키고 이 수역에서 아국 어선이 조업을 한다는 이유로 나포하여 벌금을 부과하는 등 한·일 간 심각한 외교마찰을 빚어 왔다.[83] 게다가 1965년 체결된 한·일어업협정 개정교섭이 결렬되자, 1998년 1월 23일 동 어업협정의 종료를 일방적으로 우리 측에 통고하여 1999년 1월 2일 "대한민국과

---

82) 중국의 해양정책 및 해양전략에 관해서는 김현수, "중국의 해양정책에 관한 소고", 해양전략, 제108호, 해군대학, 2000.9, pp.50-94; 김경민,"중국의 해양전략", 중소연구, 제24권 제4호, 한양대학교 아태지역학대학원 부설 아태지역 연구센터, 2000/2001, pp.95-110 참조.

83) 박배근, "1965년 한·일어업협정과 일본의 신영해법에 관한 법적 문제점 : 909 대동호 사건과 제3만구호 사건을 소재로", 서울국제법연구, 제6권 제1호, 1999, pp.95-118 참조.

일본국 간의 어업에 관한 협정"을 발효시켰으며,[84] 최근에는 독도주변 해양과학조사 문제와 관련하여 외교적 갈등을 빚는 등 자국이익을 확보하기 위해 인접국과의 해양 분쟁을 피하지 않고 있다.

이처럼 한반도 주변 국가들은 자국의 이익을 최대한 확대시키기 위하여 인접국과의 갈등과 마찰을 예상하면서도 해양법협약에 인정된 연안국의 권리들을 최대한 확대 적용하고 있으며, 이러한 해양질서의 변혁을 가져온 해양법협약 체제하에서의 해양안보문제는 우리의 경우 더욱 구체적인 현실문제로 대두되고 있다. 추적권도 그러한 문제들 중의 하나이다.

이하에서는 최근 논란이 되고 있는 한반도 주변수역에서 발생된 사례들을 중심으로 추적권 행사와 관련된 중요한 법적 쟁점(추적권의 정당성과 무력사용의 합법성)에 대해 고찰하고자 한다(물론 이론적 고찰의 합법성 증진을 위해 타 사례들도 참고하게 될 것이다). 추적권의 전반적인 이해를 위해 이들 쟁점을 논하기에 앞서 추적권의 개념, 내용 및 절차 등에 대해 간략하게 살펴본 후 본론으로 들어가기로 하겠다.

2. 추적권의 일반적 고찰

가. 의의

추적권은 연안국의 영해, 접속수역 기타 관할수역 내에서 외국 선박

---

84) 1965년 한·일어업협정은 어느 일방의 종료통고가 있으면 그로부터 1년 후에 종료하도록 되어 있었기 때문에(제10조 제2항) 일본의 일방적인 종료통고로 동협정은 1999년 1월 22일 종료가 예정되어 있었다. 이에 양국정부는 새로운 협정을 체결할 것인지 아니면 무협정상태로 갈 것인지의 기로에서 양국 간의 어업질서를 규율하기 위해서는 무협정상태는 바람직하지 않다는 데 공감하고 1998년 4월부터 교섭을 재개하여 새로운 한·일 어업협정을 체결하였다.

이 연안국의 법령을 위반한 경우 동 선박을 나포하기 위하여 공해상까지 계속하여 추적할 수 있는 권리로서 연안국이 영해나 기타 일정 수역 내에서 위법행위를 한 외국선박을 공해로 도주하기 전에 나포하는 것이 용이하지 않으므로 도주하는 불법행위 선박을 공해상까지 추적하여 나포하고 동 선박을 연안국으로 끌고 와 연안국이 재판관할권을 행사하는 것을 말한다.[85]

해양법상 추적권은 일반적으로 공해상의 외국선박에 대한 연안국의 관할권 행사와 관련 있는 공해자유원칙의 전통적인 제한을 의미하는 것으로서 공해상 선박에 대한 배타적인 관할권 원칙에 대한 하나의 예외인 동시에 주권이나 관할권에 의한 연안국 관할수역의 효과적 보호를 위해 확립된 연안국의 권리이다.[86]

국제관행과 여론은 공해나 국제질서에 반하는 행위를 하는 자들을 위한 안식처가 될 수 없도록 기국의 배타적 관할권 원칙에 대한 예외를 인정한 것이다. 추적의 이러한 예외적인 권리로서의 성격은 기국관할의 배타성 원칙에는 물론 일치하지 않으나 배타적 기국관할원칙과 타국 국적 선박에 대한 간섭금지 원칙을 지지하는 근본적인 원칙들을 잘 조화시켜 공해상의 객관적인 법질서를 확립한다는 측면에서 일응 타당성이 있다. 그리고 추적권 행사가 국가의 국제공동체에 미치는 효과는 별론으로 하더라도 이러한 권리가 국내법 집행에 있어 연안국의 법질서 확립에 기여하게 됨은 의문의 여지가 없다.[87]

---

85) N. M. Poulantzas, The Right of Hot Pursuit in International Law, Sijthoff-Leyden, 1969, p. 39.

86) 김현수, "유엔해양법협약상의 추적권", 해양전략, 제91호, 해군대학, 1996, p. 81.

87) Robert G. Reuland, "The Customary Right of Hot Pursuit Onto the High Seas

만일 공해에서는 외국의 선박에 대한 불간섭원칙인 선적국주의가 엄격히 적용되고, 영해에서는 영해주권이, 접속수역과 경제수역에서는 관할권만이 엄격히 적용된다면 그들 수역에서 연안국 법령을 위반한 선박이 공해로 도주해 버리면 나포가 불가능해지고 따라서 공해는 범법 선박들의 비호처가 되어 버릴 수도 있기 때문에 공해에서 법질서를 유지하고 연안국의 법익을 보호함으로써 국제사회 전체의 이익을 도모하기 위하여 이 제도가 인정된 것이다.[88)]

그러므로 공해상의 선박에 대한 추적권은 도주하는 선박에 대한 연안국 법령을 효과적으로 집행하기 위해서 반드시 요구되는 필수적인 국가의 권리인 것이다. 따라서 공해상의 추적은 어떠한 국가의 영토주권도 침해하는 것은 아니며, 또한 공해상의 선박은 기국의 배타적 관할권에 종속된다는 국제법 원칙에도 지나치게 위반되는 것이 아니다. 다만 그 당시 국가의 영토 관할권 내에 있었던 도주 선박만이 배타적 원칙에서 제외되는 것이다.[89)]

이러한 추적권은 도주선박의 나포와 같은 목적 이외에도 범죄를 저지른 후 공해로 도주하더라도 연안국 관헌에 의해 추적·나포될 수 있다는 것을 인지토록 함으로써 불법행위를 행할 가능성이 있는 자로 하여금 그 시도를 억지하는 심리적 예방기능도 아울러 갖고 있다.

공해에의 추적권과 비슷한 현상이 일찍이 해전에서도 있었다. 즉, 교전국 군함의 추적을 받고 제3국 영해에 입항한 적함선을 제3국 영해 내에

: Annotations to Article 111 of the Law of the Sea Convention", 33 Virginia Journal of International Law, 1993, p.559.

88) 최종화, 『현대국제해양법』, 두남, 2004, p.161.

89) D. P. O'Connell, *op. cit.*, p.1077.

있는 교전국 군함이 추적하여 그 적함선을 나포할 수 있는냐의 형태로 추적권 문제가 제기된 바 있다. 그러나 해전에서의 적선의 추적은 그 발생사적 고찰을 별도로 하더라도 평시의 추적권과는 직접적으로 관련이 없는 것으로 이해되고 있다.[90]

나. 연혁 및 발전

연안국의 관할수역 내에서 연안국 법령을 위반하고 공해상으로 도주하는 외국 선박을 추적, 나포할 수 있는 – '공해상 선박의 관할권은 오로지 기국에게만 있다'는 일반원칙에 대한 하나의 예외적 권리인– 추적권이 관행 및 학설상 확립된 것은 선박의 속력이 고속화되기 시작한 19세기 말이다.[91] 그러나 당시 단지 관습적 권리로 인정되었기 때문에 추적권의 구체적 내용 및 행사요건은 명확하지 못했다.

추적권의 법전화는 국제법학회(Institute of International Law) 및 국제법협회(International Law Association) 등 민간 국제법 연구기관에 의해 시작되었다. 관습법적 추적권이 최초로 조약안으로 작성된 것은 국제법학회의 일련의 노력에 의해서였다. 동 학회는 1988년 로잔느회기에서 영해제도와 외국 선박의 추적문제를 검토하기 시작하여 1894년 파리회기에서 특별보고자(T. Barclay)의 제안을 기초로 한 "영해의 제도와 정의에 관한 규칙" 초안 제8조에서 "연안국은 영해에서 불법행위를 한 선박을 나포하여 재판관할권을 행사할 수 있다. 그러나 공해상에서 나포한 경우는 그 사실

90) 이병조·이중범, 『국제법신강』, 일조각, 2003, p.480.

91) F. Wooldridge, "Hot Pursuit", in *Encyclopedia of Public International Law*, vol.11, North Holland Publishing Co., 1987, p.145 참조

을 지체 없이 기국에 통보하여야 한다. 추적은 위반선박이 자국이나 제3국의 항구로 들어가면 종료 된다"라고 규정하였다.

또한 1928년 스톡홀름 회기에서의 "영해에 관한 규칙" 초안 제13조에서는 "영해 또는 접속수역에서 연안국의 법령위반으로 개시된 추적은 공해상까지 계속할 수 있으며 연안국은 정선권과 재판권을 갖는다. 추적은 위반선박이 자국이나 제3국의 영해로 들어가면 중단되며 영해나 접속수역에서 나포한 경우 지체 없이 기국에 통고하여야 한다"라고 추적권을 규정하였던 바, 1894년 규칙안은 영해에 한하여 추적권을 인정하였으나 1928년 규칙안은 접속수역도 포함한 진보적인 규칙이었다.[92]

국제법협회도 1926년 비엔나회기에서 채택한 "평시 해상관할권에 관한 법규" 초안 제12조에서 "국가는 영수 내에서 법령을 위반한 선박을 공해상까지 계속 추적, 나포하여 재판에 회부할 권리가 있다. 나포시는 기국에 즉시 통고하여야 한다. 추적은 타국 영수 내에서는 계속할 수 없으며 위반선박이 타국 항구로 들어가면 추적을 다시 할 수 없다"고 하였다.[93] 추적권의 공적 법전화는 1930년 헤이그 법전화회의에서 시작되었다. 동 회의 소위원회는 영해문제를 검토하여 1926년 추적권이 포함된 "영수의 법적 제도에 관한 협약안"을 기초하였으며, 1929년 준비위원회에서 이를 수정하여 본회의에 제출하였다. 1930년 본회의 제2위원회가 추적권에 관한 연구를 전담하였는데, 논의 끝에 추적권 관련 내용이 '최종결의안 부록 Ⅰ' 제11조에 규정되었다. 그러나 동 결의안은 47개국이 서명하였지만 영해문제에 대한 관한 참가국들의 동의를 얻지 못하여 구속력 있는 것으로

92) 박종성, 『해양국제법』, 법문사, 1963, pp.193-194.

93) Poulantzas, *op. cit.*, p.47.

되지는 못하였다. 그렇지만 동 회의에서는 관행으로 확립된 추적권에 대한 참가국들의 승인을 확인할 수 있었으며 이는 제네바 해양법회의에서 추적권을 법전화하는 데 초석이 되었다.[94)]

추적권이 명문으로 인정된 것은 해양법에 관한 1958년 제네바 공해협약과 1982년 유엔해양법협약에서이다. 국제법의 법전화와 발전을 위해 유엔 총회의 부설기관으로 설치된 국제법위원회(International Law Commission : ILC)는 특별보고자(Francois)가 제안한 내용을 기초로 해양법에 관한 초안을 채택하였는데, 초안 제47조에서 추적권에 대하여 규정하였다. 1958년 제1차 해양법회의에서 특히, 접속수역에서의 추적권 행사 문제를 포함한 추적권 전반에 대한 심도 있는 논의가 전개되어 약간의 '공해협약' 제23조로 법제화되었다.[95)]

1958년 제네바 해양법 협약을 보완하고 새로운 해양법 질서를 확립하기 위해 1973년부터 개최된 제3차 해양법회의에서 추적권에 관한 문제는 1974년 제4회(뉴욕)에서 다루어져 '공해협약' 제23조는 약간의 수정과 보완을 거쳐 유엔해양법협약 제111조가 되었다.

---

94) 김현수, 해양법상의 추적권에 관한 연구(석사학위논문), 서울대학교, 1987, pp.9-11 참조.

95) 박종성, op. cit., pp.194-197. 초안에 포함된 접속수역에서의 추적권 규정에 대해 가장 반대한 국가는 영국이었다. 영국의 주된 반대이유는 접속수역은 일국의 완전한 주권에 속하지 않는 수역이라는 것이었다. 이러한 영국의 주장은 타국들의 반대로 받아들여지지 않았으며, 대신에 부당한 이유로 피추적선에 피해가 발생한 경우 추적선 기국이 이에 대해 국가책임을 부담한다는 내용을 첨부할 것을 주장하여 이를 포함시켰다.

다. 내용

(1) 추적권 행사 장소

추적은 위법행위를 한 외국선박 또는 그 선박에 종속되는 보트(子船)가 추적국의 내수, 군도수역, 영해, 접속수역, 배타적 경제수역 또는 대륙붕 시설주위의 안전수역[96]을 포함한 대륙붕 상부수역 내에 있을 때 개시하여야 한다. 그러나 영해 또는 접속수역 내에 있는 외국선박이 정선명령을 받았을 때 정선명령을 발하는 선박(추적선)이 영해 또는 접속수역 내에 존재할 필요는 없다(유엔해양법협약 제111조 1항, 2항).

추적은 추적선이 취할 수 있는 실질적인 방법에 의하여 피추적선이나 그 보트중의 하나 또는 하나의 선단을 형성하여 활동하고 또한 그 피추적선을 모선으로 하는 기타의 소형 선박이 영해의 한계 내, 또는 경우에 따라서는 접속수역, 배타적 경제수역 또는 대륙붕 상부수역에 있다는 사실을 확인하지 않는 한 이를 개시한 것으로 인정되지 않는다(동 제111조 4항).

위 규정은 피추적선의 모선(母船)과 자선의 위치가 다를 경우 추적권 행사에 관한 것이다. 만약 위반선박이 선단을 이루어 조업중이고, 모선은 공해상에 있지만 자선이 연안국 관할수역 내에서 법령을 위반함으로

---

96) 대륙붕의 시설 및 장치는 도서의 지위를 갖지 아니하며 자체의 영해도 갖지 아니하므로 안전수역은 도서주변의 영해와 비유될 수는 없지만, 대륙붕의 이용과 탐사를 위한 시설과 장치는 연안국의 관할하에 있으며 연안국은 이들 구조물 주위의 안전수역에서 시설과 장치보호를 위하여 필요한 모든 조치를 취할 권리를 갖는다. 또한 외국 선박은 이 수역에 실시중인 법령을 준수할 의무가 있다. 그러므로 연안국은 위반선박에 대한 추적권을 포함하여 안전수역에서의 강제조치를 취할 권리가 있음이 명백하다. 그러나 이 수역에서의 외국선박의 경미한 위반에 대해서는 추적을 시도해서는 안 될 것이다. 김현수, "해양법상 외국선박의 추적권에 관한 현대적 고찰", 『Strategy 21』, Vol.5, No.1, 2002, p.337.

써 추적 대상이 된 경우 모선도 '존재의 추정이론'(doctrine of constructive presence)[97]에 근거하여 추적대상이 된다.[98] 또한 연안국의 경제수역 밖 공해에서 선단을 이루어 어업활동을 하는 어선의 자선이 경제수역 내에 잠입하여 불법어업을 행한 경우 그 모선도 경제수역 내에 위치한 것으로 간주하여 피추적선이 된다.[99]

존재의 추정이론을 정당화를 위해서 모든 국가의 형사관할권 행사에서 인정되는 "객관적 영토관할"(Objective Territorial Jurisdiction) 원칙이 참고되어 왔다. 즉, 주권국의 관할권 내에서 주권국 법률위반에 대한 형벌권은 주권국의 선천적 권리라고 하는 이론으로 여기서의 관할권은 영토 내의 일

---

97) 존재의 추정에 관한 법전화는 1930년 헤이그법전화회의에서는 아무런 규정도 없었으나 1950년 국제법위원회의 Francois가 The Araunah호 사건과 The Grace and Ruby호 사건을 언급하여 주목을 끌게 되어 1951년 제125차 국제법위원회 회의에에서 토의되었으나 수락되지는 않았다. 이어 제네바회의에서 재차 토의된 후에 수락되어 공해에 관한 제네바협약 제23조에서 그리고 유엔해양법협약 제111조에서 명문으로 규정되게 되었다.

98) 이와 관련한 사례로는 '그레이스·루비호 사건'과 '아라우나호사건'이 있다. The Grace and Ruby(US Massachusetts District Court, 1922) 사건은 영국선적의 그레이스호와 루비호가 부속선인 자선을 이용하여 미국에서 유통이 금지된 주류를 미국으로 반입하다가 미국 당국에 의하여 자선이 나포되고 모선도 영해밖의 공해에서 나포된 사건이다. 이에 대하여 매사츄세트 지방법원은 비록 모선이 공해에 있었지만, 자선이 미국 수역 내에서 미국 법령에 위반하여 추적대상이 되었으므로 모선도 추정적 존재원칙에 근거하여 계속 추적의 대상이 된다고 판결하였다. 최종화, *op. cit.*, p.162, 주 56). The Araunah(1890) 사건은 1888년 캐나다 범선 아라우나호가 러시아령 Copper Island 서남 16해리에서 러시아 당국에 나포된 사건이었는데, 그 이유는 승무원의 일부가 카누를 타고 연안에서 0.5해리 되는 곳까지 들어가 러시아법령에 위반하여 물개를 잡았기 때문이었다. 이병조·이중범, *op. cit.*, p.481, 주 4). 이들 사례에 대한 자세한 설명은 H. W. Briggs, *The Law of Nations : Cases, Documents, Notes*(2nd. ed.), 1952, pp.360-374 참조.

99) 최종화, *op. cit.*, pp.162-163.

부나 전부에서 행한 범죄에 있어서 영토 밖에서의 참가나 영토 내의 일부나 전부에서 범행하기 위한 영토 밖에서의 어떠한 시도까지도 확장된다.[100]

(2) 추적의 주체

추적권이 인정되는 추적주체는 정당한 보호법익을 침해받은 연안국의 군함, 군용항공기 또는 기타 정부역무에 종사하는 것이 명백히 표시되고 식별되며 이에 대한 권한이 부여된 선박이나 항공기이다(동 제111조 5항).

추적의 효과적인 행사수단으로서 항공기 역할의 중요성이 제네바 해양법회의에서 본격적으로 수락이 되어 공인된 이래 오늘날 대부분 국가가 경찰이나 관세목적으로 항공기를 이용하고 있다. 추적절차에 있어 항공기에 사용에 대한 발의는 노르웨이, 아이슬란드, 영국 등이 처음으로 하였으며, 특히 영국 대표로서 국제법위원회 위원인 Fitzmaurice는 이를 적극적으로 지지하여 국제법위원회 제34차 회의에서 추적에 관한 초안 제47조에 부가하여 항공기 사영에 관한 규정을 삽입하였다.[101]

그러나 Francois는 항공기의 속도가 빠르기 때문에 위반선박이 영해를 벗어나기 전에 나포된다면 추적이 존재하지 않는다는 이유로 추적권 행사범위의 확장을 위한 항공기 이용의 필요성을 찾을 수 없다고 하였으며 항공기에 의한 이러한 권리의 확장은 그 남용을 초래할 것이라고 우려하였다.[102]

Fitzmaurice는 추적문제에 야기한 많은 사건들이 경계선 사건이었으며 항공기가 위반선박에 접근하기 전에 동선박이 먼저 공해에 도달할 수

100) 김현수, "해양법상 외국선박의 추적권에 과한 현대적 고찰", *op. cit.*, p.349.

101) Yearbook of ILC, Vol. I, 1956, p.52.

102) C. J. Colombos, The International Law of the Sea, London, 1967, pp.736-737 참조.

있을 것이라고 하여[103] 이 문제에 대한 논의를 계속한 끝에 국제법위원회 제345차 회의에서 재차 검토 및 수정되어 공해에 관한 제네바협약 제23조 5항 및 유엔해양법협약 제11조 6항에서 항공기에 의한 추적이 규정되었다.[104]

추적권 행사주체를 이처럼 제한하는 것은 추적권이 해양법상 일반원칙으로 인정되고 있는 공해상에서의 항행의 자유를 제한하는 것인 만큼 추적권 행사의 남용을 방지하고 권한을 부여받지 못한 일반 사선들의 무분별한 행위로 국제법 위반 여부를 둘러싸고 관련국 간에 발생할 수도 있는 불필요한 마찰과 분쟁을 사전에 예방하는 등 추적권이 적절한 한계 내에서 행사되도록 함에 있다.

(3) 정선신호

추적은 시각적 또는 청각적 정지신호가 외국선박이 보거나 들을 수 있는 거리에서 발신된 후에만 개시될 수 있다(동 제111조 4항). 그러므로 무전에 의한 정선명령의 통고만으로는 부족하다. 추적 개시 요건으로서의 유효한 시각적 정선신호의 방법에는 발광신호, 수기신호, 국제신호서의 기류신호 등이 있고, 청각적 정선신호의 방법에는 기적, 사이렌, 확성기 등에 의한 음향신호가 있는데, 이들 신호는 반드시 피추적선이 인지할 수 있는 거리에서 행해져야 한다. 이와 같이 정선신호의 수단으로서 시각적, 청각적인 사항만 명시적으로 규정한 것은 무선통신에 의한 정선명령을 배제함으로써 추적권의 남용을 예방하고자 하는 의도도 포함된 것으로 해석된다.[105]

---

103) Yearbook of ILC, Vol. I, p.53.

104) 김현수, "해양법상 외국선박의 추적권에 관한 현대적 고찰", *op. cit.*, pp.357-358.

105) 최종화, *op. cit.*, p.163.

한편 연안국의 권한 있는 선박에 의한 정선신호에 단순히 불복하였다는 이유만으로 추적을 개시할 수 있는가의 문제가 제기되나, 이 문제와 관련하여 저선신호에 불응한 자체가 연안국의 법령위반이 되는가를 먼저 고려해야 할 것이다. 유엔해양법협약 제111조 1항은 "외국선박의 추적은 연안국의 권한 있는 당국이 자국의 법령을 위반한 것으로 믿을 만한 충분한 이유가 있는 있을 때 행사될 수 있다"라고 규정하고 있으므로 정선신호의 단순한 불응만으로 추적의 합법적 개시를 하기 위한 충분한 사유가 되지 못함을 알 수 있으며 또한 일반적으로 연안국의 법령을 위반하지 않은 외국선박이라면 정선명령에 응하기 때문이다.[106)]

(4) 추적의 절차(추적의 즉각성 및 계속성)

추적권의 합법적 행사에는 즉각적 추적개시(immediacy of hot pursuit)와 중단되지 않는 추적의 계속(continuity of hot pursuit)을 요한다. 추적 개시 요건이 충족되고 추적선이 정선명령을 내렸지만 이에 불응하면 추적은 즉각 개시되어야 하고, 그 추적행위는 중단되지 않는 경우에만 법적으로 유효하다(동 제111조 1항).

추적권은 공해자유에 대한 하나의 제한을 의미하며, 연안국의 관할권 행사를 위해 신속한 조치를 요하는 급박한 상황에서 행사되는 권리이므로 외국선박의 위반행위와 추적선의 추적개시 사이에 시간이 짧지 않다면 그 때의 추적권행사는 정당화되기가 어렵다 하겠다.[107)] 그러므로 위반사실을 알고도 추적을 즉시하지 아니하고 상당한 시간이 경과한 후에 추적을 한

106) 김현수, "해양법상 외국선박의 추적권에 관한 현대적 고찰", *op. cit.*, p. 348.

107) Poulantzas, *op. cit.*, pp. 208-210 참조.

다는 것은 권리의 남용으로 간주되어 국제책임을 초래할 수 있다. 그러나 실제로 연안국 관헌을 추적을 하는 데에는 어느 정도의 시간이 요구되므로 통상의 추적에 필요한 시간의 경과는 고려되어야 할 것이다.

또한 추적은 계속되어야 한다. 추적은 피추적선 또는 그 선박에 속하는 보트가 추적국의 내수, 군도수역, 영해 또는 접속수역 내에 있을 때 개시되어야 하며 또한 추적이 중단되지 않는 경우에 한하여 영해 또는 접속수역의 밖에서 이를 계속할 수 있다(동 제111조 1항). 항공기에 의한 추적의 경우에도 마찬가지다. 정선명령을 발한 항공기는 선박을 직접적으로 나포할 수 있는 경우를 제외하고는 그 항공기가 요청한 연안국의 선박 또는 항공기가 도착하여 추적을 인수할 때까지 그 선박을 직접 적극적으로 추적하여야 한다(동 제111조 6항).[108]

위반선박에 대한 추적을 계속함은 연안국 권리행사의 연속적 유지 및 관할권의 연결로서도 중요한 구실을 하고 있다. 더구나 추적의 즉각성과 계속성 요소로 인하여 공해상의 연안국 관할권 확장에 어느 정도 제한적인 역할을 하는 기능을 하게도 된다. 추적의 계속성은 추적의 비중단을 의미하며 피추적선이 자국이나 제3국의 영해로 진입함으로서 발생되는 중단은 추적의 중단이 아니라 추적의 종료를 의미한다. 추적이 중단되고 추적선의 관헌이 피추적선에 승선하여 서류조사나 기타 수색을 하고 아무런 조치를 취함이 없이 출발을 시킨 후에는 다시 추적을 할 수 없다. 이는 모든 조사를 통하여 추적의 목적을 실제적으로 달성하였기 때문에 추적의

108) 추적은 연안국의 선박이나 항공기에 의해 실행될 수 있으며 또한 계속적인 추적을 하기 위하여 상호 간 중단할 수 있다. 따라서 추적의 계속성만 유지된다면 선박이나 항공기 상호 간의 중단에 의한 추적은 하등의 국제법 위반을 발생시키지도 않으며, 더구나 연안국의 효과적인 관할권 행사를 위해서 중계가 더욱 절실히 요청된다.

종료로 간주되어야 하기 때문이다.

만일 다시 추적을 개시한다면 분명 이는 추적의 남용이 될 것이다. 추적의 계속성 여부의 결정은 객관적이고 실제적인 기준에 따라야 할 것이나, 사실상 추적선장의 추적계속에 관한 의도를 입증하기란 상당히 어려울 것이다. 다만, 추적선장의 의도가 추적중단과정에서 항해일지에 기록이 되었다면 그리고 그 기록이 사실과 다르지 않다면 이는 매우 중요한 증거로서 기능을 하게 될 것이다.[109)]

(5) 추적의 종료

추적은 피추적선이 기국 또는 제3국의 영해 내로 들어가면 종료된다(동 제111조 3항). 그런데 일국의 관할수역 내에서 나포된 피추적선이 심리를 위한 호송 도중에 공해 또는 배타적 경제수역의 일부를 통과할 경우, 이는 추적권의 연장으로 보며 이를 이유로 석방요구를 할 수 없다(동 제111조 7항).

피추적선의 기국이나 제3국의 접속수역, 배타적 경제수역 및 대륙붕이나 어업보존수역 내, 그리고 공해에서는 추적권이 소멸되지 않기 때문에 추적이 가능하다.[110)] 그런데 안전수역이나 어업보존수역에서의 추적은 약간의 고려가 필요하다. 연안국은 배타적 경제수역 및 대륙붕을 탐사하고 그 자원을 개발하기 위하여 필요한 시설과 장치를 하여 외연으로부터 500m를 넘지 않는 범위 내에서 안전수역을 설정할 권리가 있으며 모든 선박은 이 안전수역을 존중하여야 하며 연안국은 이 수역에서의 질서유지와 시설보호에 필요한 조치를 취할 수 있는바(동 제60조), 이러한 수역의 시

109) Poulantzas, *op. cit.*, pp.210-214 참조.

110) Burdick H. Brittin, *International Law for Seagoing Officers*(5th ed.), US Naval Institute, 1986, p.105.

설과 장치의 안전을 위태롭게 하는 한 안전수역에서 추적을 계속한다는 것은 타당하지 아니하다.[111] 그리고 어업보존수역에서도 추적의 계속이 이 수역에서 보호되는 특별한 이익에 해가 되지 않는 한 이 수역에서의 추적을 계속할 수 있으며, 추적권에 대한 여러 한계가 제3국의 권리에 위배되지 않는다면 상호협정에 의해 어업보존수역에서의 추적권 행사를 제한할 수 있다.[112]

한편, 추적의 종료는 추적권의 추적 포기로도 발생할 수 있는 바 이 경우 위반선박에 대한 추적을 신중하게 포기하면 연안국은 피추적선을 재추적할 수 없다. 그렇지만 포기의 주관적 요소 즉, 신중한 포기를 입증한다는 것은 추적선의 항해일지에 기록이 되어 있지 않은 한 대단히 어렵다.

그리고 각국의 국가관행 및 국내법에서 따라 추적을 종료하기 위해서는 일정한 절차가 따름을 추정할 수 있다. 추적종료의 정상적의 절차는 연안국의 권한 있는 재판소에 의한 형의 선고와 선박 및 화물의 몰수로 종료된다. 그러나 이러한 절차는 항시 그 규칙이 있는 것은 아니며 복잡한 문제가 제기될 수도 있다. 특히 외국의 위반선박이 연안국 관헌의 명령을 거

---

111) 김현수, "해양법상 외국선박의 추적권에 관한 현대적 고찰", op. cit., p.343. 공해자유의 원칙에는 어업의 자유가 당연히 포함되는 바, 수요의 격증과 기술의 발달에 따른 자유로운 남획으로 인하여 어업자원의 감소 또는 고갈화가 우려되게 되었다. 따라서 공해어업자원의 최대 지속적 생산을 유지하기 위하여 어업자원에 대해 그 어떤 보존조치가 요청된다(최재훈, 정운장 공저, 국제법강의, 부산대학교출판부, 1984, p.254.) 이러한 보존조치(어업규제조치)가 실시되는 공해상의 수역을 보존수역(Conservation Zone)이라 한다. 유엔해양법협약 제117조는 "모든 국가는 자국민에 대하여 공해생물자원의 보존에 필요한 조치를 취하거나 또는 취함에 있어서 다른 국가와 협력해야 할 의무가 있다"라고 규정하고 있어 각국이 협약채택 및 보존에 필요한 수역을 설정하고 이 수역을 통제할 수 있다면 이 수역 내에서 당사국이 아닌 제3국이 협약에 반하는 행위를 할 경우 위반선박에 대한 추적을 인정할 수 있다. *Ibid.*, p.341.

112) *Ibid.*, p.344.

부한다거나 강제조치에 저항하는 경우가 바로 그러하다.[113]

추적의 계속성과 관련하여 추적의 재개가 문제될 수 있다. 유엔해양법협약 제111조 1항은 "추적이 중단되지 않는 경우에만 영해 또는 접속수역 밖으로 추적을 계속할 수 있다"라고 규정하여 어떠한 이유로도 추적이 중단되었다면 그 때의 추적재개는 허용되지 아니한다.

(6) 부당한 추적에 대한 국가책임

정당한 이유 없이 추적권을 행사하여 외국선박을 정선시키거나 또는 나포한 경우에 외국선박이 받은 손해는 보상하여야 한다(동 제111조 8항). 이는 추적국의 권한남용을 방지하고 정당성과 합법성이 인정되는 한계 내에서 추적권이 행사되도록 하기 위함이다. 추적권의 행사에 있어 그 요건의 충족여부 및 결과에 대한 판단은 논란이 야기될 경우 1차적으로는 추적국의 주장이 보다 강조되는 것이 현실이지만 국가기관의 추적행위로 인해 국가책임이 발생될 수도 있다는 사실을 인식하는 것만으로도 불필요한 국가관할권 행사를 제한하는 효과를 가져 올 수 있을 것이다.

3. 추적권 관련 사례

가. 한·일 간 사례

(1) 신풍호 사건(2005년)

2005년 5월 31일 밤늦게까지 울산 앞바다에서 조업을 하던 장어통발어선 '502 신풍호'(이하 신풍호)는 엔진 냉각수 쪽에 이상이 발생하자 더이상

113) 김현수, "유엔해양법협약상의 추적권, *op. cit.*, pp.93-96 참조.

조업을 포기한 채 선박수리를 위해 경남 통영으로 항행하던 중, 23시 27분경 일본 해상보안청 소속 PC-215가 부산시 기장군 대변 동방 31마일 해상(35-02N 129-49E, 일본 EEZ 약 3마일 내측)에 있던 신풍호를 레이더로 확인하고, 23시 28분경 탐조등을 비추면서 확성기로 정선을 명하였다.

그러나 불빛과 확성기 소리에 놀란 신풍호는 정선명령에 불응하고 한국 측 해역으로 도주하기 시작하였다. 신풍호가 도주하자 일본 순시선은 신풍호에 접현을 시도하였으며, 이 과정에서 신풍호와 순시선이 수차례 충돌하였다. 설상가상으로 신풍호에 승선하려던 보안관 4명중 2명이 승선하고 1명은 바다에 빠졌다.

같은 날 23시 52분경 승선한 보안관의 정선명령에도 신풍호가 이를 무시하고 한국 측 수역으로 계속 항행하자 조타실 창문을 깨고 헬멧과 봉으로 조함자와 선장을 구타하기 시작했고, 이에 선실에서 대기하고 있던 선원 8명이 조타실로 올라와 보안관을 저지하는 과정에서 상호 간에 물리적인 충돌이 발생했다.

사태가 심상치 않자 선원들은 인근 어선에 무선연락으로 부산해경에 구원요청을 해줄 것을 부탁했고, 6월 1일 01시 15분경 구원요청을 접수한 부산해양경찰서는 신풍호의 항행 방향이 울산해경 관할인 점을 감안해서 울산해경에 01시 19분경 동 내용을 전파했고, 울산해경은 인근 해역을 순찰 중이던 울산해경소속 250톤급 경비정 251함을 현장에 급파했다. 승선한 일본해상보안관과 물리적 충돌이 계속되는 과정에서도 신풍호는 계속 한국 측 수역으로 항행하였으며, 01시 55분경 울산시 울주군 서생면 간절곶 남동쪽 16마일 해상 우리 측 EEZ수역에서 울산해경소속 250톤급 경비정 251함과 조우했다.

251함은 신풍호의 나포를 막기 위해 신풍호 왼쪽에 배를 대 묶었다.

뒤쫓아 온 일본 순시선도 신풍호 오른쪽에 밧줄을 던져 순시선에 묶었다. 이어 해경은 울산해경소속 250t급 2척과 부산해경 소속 1500t급 등 모두 4척의 경비정을 추가 투입했으며, 이 가운데 2척이 신풍호의 왼쪽을 여러 개의 밧줄로 계류했다. 이에 일본도 150t급 순시선 1척을 추가로 동원해 모두 3척이 신풍호 오른쪽으로 계류하며 대치가 본격화됐다. 신풍호를 사이에 두고 대치하던 두 나라는 서로 경비정과 순시선을 추가 배치하며 사실상 '무력시위'를 벌였다(한국 측 총6척, 일본 측 총7척).

이로써 불법어업 혐의를 받은 신풍호를 사이에 둔 약 40시간의 협상이 시작되었다. 하지만 서로의 견해 차이만 확인할 뿐 아무런 진전이 없자, 양국 정부는 외교채널을 본격적으로 가동하며 사태의 수습을 위해 노력한 결과 신풍호가 일본 EEZ 침범 및 검문에 응하지 않고 일본보안관 2명을 태운 채 도주한 사실을 인정하여 신풍호 선장의 '검문기피시인서'와 일본 국내법 위반이 확인될 경우 범칙금 납부를 보증하는 신풍호 선주의 '담보금 50만엔 지불약정보증서'를 일본 해상보안청에 제출하는 조건과 일본이 주장하는 불법어업과 일본 보안관 감금 및 공무집행방해죄에 대해서는 한국해양경찰청이 조사 후 그 결과를 통보하는 선에서 타결되었다.

(2) 풍운호 사건(2004년)

통영선적 69톤급 장어 통발선인 '339 풍운호'(이하 풍운호)는 2004년 5월 23일 오후 5시경부터 같은 날 오후 9시경까지 홍도 남방 17.5마일 해상 부근의 한·일 EEZ 경계선상에서 통발어구 약 13,700개(어장 길이 70마일)를 투망하는 과정에서 일본 EEZ 내측 0.5마일을 7회에 걸쳐 진입하였다. 다음 날 오전 4시부터 2시간 동안 4,500개의 통발어구를 망양하고 있던 풍운호를 일본해상보안청 순시선(500톤급 PC-208)이 발견하고 검문을 위해 계류하려 하자 풍운호는 어구줄을 끊고 도주하였다.

이에 일본 순시선은 추적을 개시하였으며, 추적과정에서 경고방송과 공중에서 터지면서 큰 소리와 빛을 내는 투척구 47발을 던져 경고한 뒤 최루탄을 발사하면서 나포를 시도하였다. 09시경 조타실에 있던 선장이 일본 순시선에서 발사된 최루탄 파편에 왼쪽 눈 부위에 중상을 입었다. 선장이 상처를 입은 얼굴을 가린 채 피가 묻은 수건을 흔들어 보여주자 순시선은 추적을 포기하고 일본 쪽으로 회항하였다.

이 사건에 대하여 일본 측은 풍운호가 일본 배타적 경제수역을 1.2마일 침범하였으며, 마이크 및 기적 등을 이용하여 계속 정선을 명하였으나 한국 측 EEZ로 도주하여 이를 추적하자 2~3미터의 봉과 같은 물건을 사용, 접근을 저지하면서 지그재그식으로 항해하고 선단선인 37부경호와 67부경호가 순시선의 접근을 방해하였다면서 이를 제지하고 나포하기 위해 한국 측 EEZ 1.55마일 내측해역인 경상남도 홍도 남방 18.8마일 해상에서 풍운호 좌측 10~30미터 거리에서 경고 투척구 47발(착색탄 13발, 폭음 및 발광탄 34발) 및 최루탄 20발 등 총 67발을 발사하였으며, 이는 일본 관계법령에 의한 정당한 행위라고 주장하였다.

(3) 삼진호 사건(2001년)

근해연승어선 부산선적 23톤급 삼진호가 2001년 9월 26일 7시 45분에 우리나라 배타적 경제수역에 해당하는 부산 대변 동방 31마일 해상에서 일본 수산청 순시선 499톤급 하쿠오마루호에 선미를 추돌당하여 침몰하고 선원 4명이 주변의 우리나라 선박에 의해 구조되는 사건이 발생하였다. 이 사건에 대하여 일본은 동 선박이 일본 배타적 경제수역을 0.4마일 침범하여 불법조업하고 있어 40~50미터 거리로 접근하여 탐조등과 확성기를 통하여 한국어로 정선명령을 내렸으나 동 선박이 한국 측 배타적 경제수역으로 도주하여 이를 추적하던 중 일본 순시선에 추돌하여 침몰하였다고 주장하였다. 하지만 삼진호 선장은 한국 측 배타적 경제수역 0.2마일에 위치하고 있어 일본의 배타적 경제수역을 침범하지 않았으며, 만일 나포되어 한국해양경찰에 인계되면 허가받지 않은 어로로 출항신고를 하지 않고 출항한 것이 밝혀져 처벌받을 것이 두려워 정선에 불응하고 한국 측 영해로 도주하였다고 항변하였다.

이에 대하여 우리 정부는 주한 일본대사관 수산관과 경제공사를 초치하여 유감을 표명하고 과잉단속에 대하여 강력히 항의하는 한편 일본 측에 대하여 한·일 수산당국자회의를 통하여 책임자 처벌, 적절한 피해배상 및 진상조사위원회 구성 등을 요구하였으나 일본 측은 동 사건은 삼진호의 불법어로행위 및 정선명령에 불응하고 도주한 점에서 비롯되었으므로 전적으로 삼진호에 책임이 있다고 주장하였다.

한편 이 사건과 관련하여 중앙해양안전심판원은 권고재결서 제2002-010호에서 삼진호는 마지막 충돌시 하쿠오마루호가 정선미에서 빠르게 접근하여 밀고가면서 들어 올려 전복되었던 것으로 판단하면서, 499톤의 하쿠오마루호가 상당한 속력으로 23톤의 목선인 삼진호에 충격을 가하면 전복될 것이라는 것은 명백한 것이기에 고의 혹은 적어도 예견가능성을 가지고 삼진호를 침몰시킨 것으로 보았다.

그리고 삼진호가 비록 일본 측 배타적 경제수역을 침범했다 하더라도 선장이 손을 흔들어 진입하지 않았다고 밝힌 점, 위치확인에 있어 오차나 실수에 의한 가능성이 큰 점 등을 들어 고의에 의한 진입이 아님을 분명히 알 수 있었음에도 0.4마일 정도 진입한 것으로 관측되었다는 이유만으로 필요 이상의 가혹한 추적을 하여 급기야 선체침몰까지 야기한 처사는 외국 선박에 대한 단속방법으로 매우 적절치 못한 것이라고 판단했다.

(4) 제52·53호 해양환(가이요마루)호 사건(1966년)

1966년 3월 14일 우리 측 해양경비정 제706호가 제주도 서방 어업전관수역(북위 33도 17분, 동경 125도 56분)[114] 안에 들어와 어로작업 중이던 일본 저인망 어선 제52·53호 해양환호를 위협 발사 끝에 나포하여 15일 새벽 제주도 연안으로 예인도중 파도가 높아 제52호를 놓쳐버리고 제53호만을 예인하여 온 사건이 발생하였다. 이에 대하여 일본 정부는 즉각적으로 반대성명을 발표하고 한국 정부에 강력히 항의하였다. 즉 추적권은 한·일어업협정에 명기되어 있지도 않으며 한국 해양경비정은 선박의 위치를 정확하게 가려내는 방위측정기도 없으며, 동 선박이 한국 전관수역에 침입하였다 하더라도 이는 어구를 격납한 무해통항이어서 한국 경비정이 전관수역 밖까지 쫓아 나와 추적하는 것은 불법적이라고 주장하였다. 그 후 우리 정부는 이 사건이 한·일어업협정 발효 후 최초로 발생된 사건이며, 향후 재발하지 않도록 일본 정부가 노력해줄 것을 조건으로 3월 30일 석방하였다. 그러나 일본 관서어업본부는 제53 해양환호에 대한 손해배상으로 67만원(일화)을 청구하였다. 이 사건에서 일본 어선이 어업전관수역을 침범하였으므로 우리나라가 동 수역, 즉 접속수역에서 추적을 개시할 수 있음은 당연한 일이며 이는 당시의 공해에 관한 제네바협약 제23조 1항에

---

114) 1965년 한·일어업협정은 양국의 전관어업수역(Exclusive Fishing Zone)을 12마일로 설정하였다. 어업전관수역은 일종의 어업목적을 위한 접속수역으로 그 범위도 영해기선으로부터 12마일을 초과하여 설정할 수 없었다. 일국의 영해 내의 어업권은 자국민에게 유보되어 있어 동 수역 내의 불법어로에 대해서는 매우 민감하므로 영해 내에서의 어업에 관한 연안국 법령을 위반한 선박이 공해상으로 도주한다면 추적을 포함한 강제조치를 취할 수 있다.

확정적인 명문으로 규정된 내용에 따른 합법적인 행위였다.[115)]

나. 기타 사례

(1) 북한 괴선박 추적 사건(2001)

2001년 12월 22일 22시 13분경 일본 가고시마현 아마미-오시마에서 북서쪽으로 390㎞ 떨어진 동중국해의 중국 측 배타적 경제수역(가상 중·일 배타적 경제수역 중간선에서 중국 측으로 22km 정도 진입한 위치)에서 일본 해상보안청 소속 순시선의 추적을 받던 국적불명선 '장어 3705호'가 추적을 받던 중 교전 끝에 침몰되었다.

해상보안청은 일본 배타적 경제수역을 국기를 게양하지 않은 채 항해하던 동 선박을 발견하고 정선명령을 내렸으나 이를 거부하고 도주하자 즉각 항공기와 순시선을 파견해 추적에 나섰고 낮 12시 48분경 순시선 '이나사'가 괴선박을 따라 잡았다. '이나사'가 정선을 명했으나 괴선박은 도주를 시작했고, 이후 5차례의 위협사격을 했으나 계속 도주하자 오후 4시 16분경 선미에 직접 사격했다.

이후 2척의 순시선도 현장에 도착해 합동 추적을 시작했고, 계속된 추적으로 괴선박은 침몰될 때까지 4차례나 정지했으나 순시선이 접근을 시도하면 또다시 도주했다. 밤 10시경 3척의 순시선이 괴선박을 둘러싸고 감시하던 중 괴선박에 있던 선원 2명이 13mm 기관총을 난사해 두 명의 해상보안관이 팔 등에 부상하자 순시선 '이나사'가 즉각 20㎜ 기관총으로 응사했고 괴선박은 수 분 후 침몰했다(동아일보 2001년 12월 23일, 24일자).

115) 한국일보, 1966년 3월 16, 18, 19, 27, 29, 30일, 4월 2일, 12일 참조. 김현수, "해양법상 외국선박의 추적권에 관한 현대적 고찰", *op. cit.*, p.340에서 재인용.

괴선박에 타고 있던 승무원 15명(추정)은 구명정을 착용하고 바다로 뛰어 들었으나 사고해역에서 3구의 사체만 발견되었으며, 이 중 한 명의 구명복에는 한글이 쓰여 있었다. 교전과정에서 괴선박 선원 2명이 자동화기를 난사해 순시선에 타고 있던 일본 해상보안관 2명이 부상당했다.

일본 정부는 괴선박의 선체가 1999년 3월 노도(能登)반도에 침범한 북한공작선(추정)[116]과 비슷하고 지그재그로 도망하는 등 항해기술이 뛰어나며 13mm 기관총 등을 사용한 점 등으로 미뤄 북한 공작선일 가능성이 매우 높다고 밝혔다. 또 순시선의 사격만으로는 배가 침몰하기 어려워 고의로 자폭했을 가능성이 크다고 말했다.

일본은 국적불명선에 대한 정선명령과 발포에 대해 자국 배타적 경제수역 내에서 국적을 명시하지 않은 목적불명의 항행이 있는 것을 발견하고 어업법 관련 규정(제74조 3항)에 따라 임검하기 위해 정선을 명하였으며, 동 선박이 이를 거부하고 도주하여 사격을 가하였다고 주장하였다. 또한 중국의 배타적 경제수역까지 추적한 것은 해양법상 계속 추적권 행사이며 국적불명선이 일본 순시선에 사격을 가한 다음 대응사격한 것은 정당방위라고 주장하였다.

그러나 괴선박은 일본의 관할수역 내에서 일본의 안전이나 경제적 이익을 해하였는지가 불분명하고 기타 일본 국내법을 위반한 사실도 밝혀지지 않았는바, 일본이 이 선박을 대상으로 추적권 행사를 했다는 것은 추적

116) 1999년 3월 일본의 영해 노도반도 부근해역에서 발견된 2척의 북한공작선 추정 선박 '第1大西丸', '第2大和丸'을 일본 해상보안청 및 해상자위대 선박이 위협사격을 하며 나포하려 했으나 동 선박들이 30노트의 빠른 속도로 북한 측 수역으로 도주함에 따라 나포에 실패하였다. 동 사건에 대하여 일본 정부는 북한에 강력 항의하였으나 북한은 동 선박과의 연관성을 부인하였고, 일본 정부는 동 선박에 대한 나포 실패를 이유로 비판적인 국내여론을 직면해야 했다.

의 개시요건인 '충분한 이유'가 결여된 다소 부당한 추적권 행사인 것으로 보인다. 또한 순시선들이 괴선박을 추적하는 과정에서 영해가 아닌 공해상에서 세 차례나 선체에 직접사격을 가했는바, 이는 정선명령을 무시했다는 이유에서였다고 하나 이 역시 과잉대응 소지가 있다고 보인다.

(2) The M/V Saiga호 사건(1999, Guinea–Saint Vincent and the Grenadies)

The M/V Saiga호는 Saint Vincent and the Grenadies 선적의 유조선으로 1997년 10월 27일 Guinea 배타적 경제수역에서 조업 중인 어선 3척에게 기름을 공급하고 다음 기름 공급을 위해 Sierra Leone의 배타적 경제수역을 항해하던 중 추적해온 Guinea 세관선에 의해 총격을 받고 1977년 10월28일 나포되었다. 이에 Saint Vincent and the Grenadies는 유엔해양법협약 제292조에 근거하여 1997년 11월 13일 국제해양법재판소에 억류 선박 및 선원의 신속한 석방을 청구하였으며 이에 재판소가 1997년 12월 4일 선박의 석방을 명령하였다.

그러나 Guinea는 Saint Vincent and the Grenadies가 납부한 보석금을 거부하고 1997년 12월 10일 선장을 형사기소하였으며, 12월 17일 지방재판소가 선장의 유죄를 판결하였다. 이에 Saint Vincent and the Grenadies는 12월 22일 Guinea가 행한 억류행위와 기소의 적법성에 관한 중재재판을 요청하였고, 1998년 1월 13일 국제해양법재판소에 유엔해양법협약 제290조에 근거한 잠정조치를 청구하였다. 1998년 2월 3일 Guinea 지방항소법원은 선장의 항소이유를 기각하고 선장의 유죄를 인정하면서 벌금과 6개월의 징역형을 부과하고 선박화물을 몰수하며 선박을 벌금납부의 보장을 위하여 유치한다는 결정을 하였다.

1998년 2월 20일 양국은 중재재판 청구사항을 국제해양법재판소에 청구하기로 합의하고 Guinea 행위의 적법성에 대한 판단을 국제해양법재판소에 부탁하였다. 1998년 2월 28일 Guinea는 선박과 선장 및 선원을 석방하였으며, 국제해양법재판소는 3월 11일 잠정조치청구에 대한 결정으로서 Guinea에 대하여 선박과 선장 및 선원과 선박소유자에 대한 사법적 행정적 조치를 삼가도록 하였다. 그리고 최종적으로 1999년 7월 1일 Guinea 행위의 적법성에 대한 판결을 통하여 Guinea가 행한 선박의 체포행위와 계속추적권에 대하여 불법성을 인정하고 Guinea로 하여금 총 미화 2,123,357달러를 보상하도록 하였다.[117)]

(3) The Onasis호 사건(1954년, 페루-파나마)

1954년 11월 13일 The Olympic Challenger호를 모선으로 하는 5집으로 구성된 파나마선적의 포경선 Onasis호가 페루 해안 약 110마일 해상에서 고래잡이 도중 페루 해군에 발견되어 도주하다가 추적을 받고 페루 해안에서 340마일 떨어진 공해상에서 페루 공군의 공격을 받아 강제로 정선되어 나포되었다.

이 사건과 관련하여 영국 정부는 페루 외무성에 각서(Note)를 보내 동 포경선이 Lloy'd에 보험을 들고 있으므로 Onasis호의 나포는 영국의 이익에 반하며 영국에 손해가 발생하면 영국정부가 손해배상권을 유보하고 있다는 것과 1952년 페루의 200해리 배타적 관할권 선언이 국제법에 반한다고 하였으나, 페루 정부는 Onasis 포경선단이 페루주권을 침해했다는 이유로 영국의 각서를 거절하고 유죄를 선고하였다.

---

117) 이용희, "국적불명선『장어 3705호』침몰사건에 대한 법적 고찰", 『국제법학회논총』 제47권 1호, 2002, p.152, 주)58.

이 사건에 대해 미국, 영국, 파나마 등의 일부국가가 항의를 제기하였으나 긍정적 결과를 하나도 얻지 못하였고, 페루에 대한 어떠한 강제조치도 취하지 못하였다. 결국 이 사건은 연안국의 선례가 없는 그리고 불법적 주장을 체험한 공해자유의 심각한 위기를 초래하게 되었다.[118] 이 사건은 생물자원 보존조치 의도가 아닌 자국의 관할권 확장 의도에서 일방적 선언으로 공해상 수백 마일까지 확장된 연안국의 법률을 적용하고 관할권을 행사하기 위한 배타적 권한을 주장하는 보존수역에서 추적을 개시할 수 있는가와 관련된 사례이다.

국제판례 및 유엔해양법협약에 따라 적어도 배타적 어업을 위한 200해리 배타적 경제수역 설정은 국제법에 반하지 않으나 그 이원을 넘어서 배타적 관할권을 일방적으로 확장함은 적법하지 않으며 공해자유의 기본원칙에도 반한다고 할 수 있다.[119]

(4) The I'm Alone 사건(1935년, 미국-캐나다)

미국은 禁酒法을 실효적으로 잡행하기 위하여 1922년에 관세법 적용수역을 영해로부터 12해리까지 확장하였으나 영국의 항의를 받고 교섭한 결과 1924년에 미-영주류밀수방지조약(The U.S.-Great Britain Liquor Anti-Smuggling Convention)이 체결되었다. 이 협약은 미국항으로 향하는 모든 외국선박에 대하여 주류 밀수단속을 위하여 피의선박의 속력으로 미국연안으로부터 1시간 항정의 범위까지 미국의 임검 및 수색을 인정하는 규정을 두었다.

---

118) A.J.I.L., 1955, pp.575-577 참조. 김현수, "해양법상 외국선박의 추적권에 관한 현대적 고찰", *op. cit.*, p.342 재인용.

119) *Ibid.*, p.342.

1929년 3월 20일 캐나다 선적의 밀무역선 I'm Alone호가 미국 연안 6.5해리 해상에서 미국 해안경비정 The Wolcott호의 정선명령을 받고 도주하자 추적을 개시하였고,[120] Wolcott호는 추적중 포를 이용하여 연안 당국에 군함 요청을 하였다. 2일 후 다른 경비정 The Dexter호가 도착하여 추적을 인계받아 계속 추적하여 정선을 명하였으나 이에 응하지 않자 포격을 가하여 격침시켰다. 동 사건에서 미국 측은 The I'm Alone호가 격침될 당시 미국 연안에서 10.8마일의 거리 즉 1시간 항해거리 내에 있었다고 주장하는 한편, 캐나다 정부는 연안에서 14.5마일 즉 미국 관할권 한계밖에 위치했었다고 서로 다른 주장을 하였다.

또한 캐나다는 외교각서를 통해 "The Dexter호는 처음부터 추적에 가담한 것이 아니라 2일 후에 전혀 다른 방향에서 나타났으므로 이의 추적은 불법적인 것이다"라고 하였다. 그러나 이는 문제에 타당한 접근이 아니었기 때문에 합동중재위원회에서도 더 이상 중계의 합법성 문제를 다루지 않았다.

이 사건에 대하여 미국-캐나다합동위원회(Joint Commission)는 1935년 1월 최종보고서에서 미국에 의한 추적권 행사의 정당성은 인정하였으나 선박을 나포하지 않고 격침시킨 것은 조약 및 일반국제법상 위법이므로 미국은 이를 인정하고 사죄할 것과 2만 5천 달러의 배상금을 지불할 것을

120) 추적과정에서 The Wolcott호는 피추적선에 접근하여 선장이 승선하여 약 1시간 가량 화물의 서류조사를 요구하였으나 거절당하고 다시 돌아와 추적을 계속하였다. 이를 두고 캐나다는 비록 거절당하기는 했지만 추적선 선장이 피추적선에 승선하여 화물과 서류조사를 요구한 것은 추적의 중단이므로 다시 추적할 수 없다고 하였으나 미국은 이러한 사유는추적이 중단된 것으로 간주되기에 충분한 이유가 되지 못하며 단지 단순한 추적의 일시적 정지에 불과하다고 하였다.

결정하였다.[121]

(5) The Grace and Ruby호 사건(1922, 영국-미국)

영국선박 그레이스호와 루비호가 부속 소형범선을 이용하여 미국에서 금지된 火酒를 미국으로 실어 나르다가 미국 연안으로부터 4해리 되는 곳에서 미국 당국에 의하여 부속 범선이 나포되고, 모선도 공해상에서 나포되었다.

이 사건에 대하여 1922년 메사추세튜 지방법원(US Massachusetts District Court)은 비록 모선이 공해에 있었지만, 하역행위를 비록 3해리 밖에서 시작하였다 하더라도 주류가 하역될 때까지 계속되었으며, 이 목적으로 3명의 선원과 부속선에 의해 능동적으로 도움을 받고 있었으므로 즉, 자선이 미국 수역 내에서 미국 법령에 위반하여 추적대상이 되었으므로 모선도 추정적 존재원칙에 근거하여 계속 추정의 대상이 된다고 판결하였다.[122]

(6) The Vinces호 사건(1927, 미국-영국)

영국 선박 The Vinces호는 주류밀매에 종사하는 선박으로 1927년 3월 14일 미국 해안 약 7.5마일 거리에서 미 연안경비정 The Mascoutin호에 의해 발견되었다. 당시 이 선박은 1922년 미국 관세법 제581조에 규정된 12마일 한계 내에 있었다. The Mascoutin호가 경적으로 정선 신호를 보냈으나 이에 응하지 아니하고 도주하자 1시간을 추적한 뒤 접근

121) P. Siedel, "The I'm Alone", *Encyclopedia of Public International Law*, Vol. Ⅱ, 1999, p.937.

122) Briggs, *op. cit.*, 1952, pp.360-362 참조.

하여 확성기를 사용하여 정선을 요구했으나 또 다시 이에 응하지 않고 도주하자 공해상까지 추적하여 무력으로 정선시켜 나포하였다. 이 사건에서 Coghran 판사는 "12마일 한계 내에서부터 공해상까지의 추적은 관세법으로 정당화되므로 연안국은 위반선박을 검색, 나포할 권리가 있으며, 만일 공해상으로 도주하다면 추적하여 나포할 수 있다"라고 하여 추적권을 인정하였고, 따라서 선장에게 73,589달러의 벌금을 선고하였다.[123) 이 사건은 연안국의 관세법 위반으로 추적되어 나포된 사건으로 유사한 The Newton Bay호 사건(1927), The Katina호 사건(1928)[124) 및 Mason V. The King호 사건(1935) 등이 있다. 관세법 적용을 위해 영해 범위를 초과하는 일정 수역에서의 관할권 주장은 1736년 영국의 "밀수금지법"(Smuggling Act) 제정 이후 각국에 의해 주장되었다.

(7) The James Hamilton Lewis호 등 사건(1891-1892, 러시아-미국)

미국 선박 The James Hamilton Lewis(1891)호, The Cape Horn Pigeon(1891)호, C. H. White(1892)호 및 The Kate Anna(1892)호 사건에서, 동 선박들은 러시아 영수에서 불법어로를 이유로 러시아 해안경비선의 추적을 받아 베링해에서 나포되었다.

이 사건의 중재관 Asser는 "군함이 자국 영수에서 불법행위에 해당된

123) Annual Digest, 1927-1928, Case No.128, p.128. 김현수, "해양법상 외국선박의 추적권에 관한 현대적 고찰", *op. cit.*, p.340 재인용.

124) 알렉산드리아 합동상고법원은(The Mixed Court of Appeals of Alexandria)은 "추적선 The Emir Farouk의 항해일지로부터 위반선박 The Katina호가 로제테 등대로부터 약 4마일의 거리, 즉 관세수역 한계 내에 있었음을 알 수 있다. 따라서 The Katina호에 대해 정선명령을 하였으나 이에 불응하자 추적하여 나포한 것은 합법적인 추적권 행사이다"라고 하였다.

다고 여겨지는 선박을 영수를 넘어 서 추적을 함이 인정된다는 러시아 정책이 국제법에 일치하는 것으로 간주될 수 없다. 왜냐하면 특별협정으로 이러한 규칙이 훼손되지 않는 한 국가관할권을 영해 밖까지 확장하는 것은 아니기 때문이다"라고 하여 일반적으로 추적권을 부인하는 것을 의미하는 것으로 생각될 수 있으나 이 판결에 관하여 많은 논쟁이 있었으며 이는 추적권을 부인하는 것이 아니라 이 사건의 특유한 사유, 즉 공해상의 추적개시라는 사유에서 러시아 경비정의 행위를 경고함을 의미한다고 한다.[125]

(8) The Araunah호 사건(1890년, 캐나다-러시아)

1888년 캐나다의 범선 아라우나호가 러시아領 Copper Island 西南 16해리에서 러시아 당국에 나포된 사건이었는데, 그 이유는 승무원의 일부가 카누를 타고 연안에서 0.5해리 되는 곳까지 들어가 러시아 법령을 위반하여 물개를 잡았기 때문이다.[126] 동 사건은 존재의 추정이론이 적용된 최초의 사례로서, 영국 정부를 대표하여 Salibury는 "나포 당시 The Araunah호가 영해한계 밖에 있었다 하여도 허가 없이 보트를 이용하여 러시아 영역 내에서 어로행위를 했다는 사실은 영수에 관한 국내법 규정에 따라 몰수와 나포를 정당하게 한다"고 하여 나포의 정당성을 문제 삼지 않았다.

이외에도 존재의 추정원칙이 적용된 사례로는 다음을 들 수 있다. 일본선박 The Tenyu Maru호가 미국 영수 내에서 소형선을 이용하여 바다

---

125) Colombos, *op. cit.*, p.169 참조. 김현수, "해양법상 외국선박의 추적권에 관한 현대적 고찰", *op. cit.*, p.339에서 재인용.

126) Briggs, *op. cit.*, p.374 참조. Colombos, *op. cit.*, p.173.

표범 어로행위를 하다가 미연안경비정에 의해 나포되었다. 재판소는 객관적 영토관할권이론을 들어 동 선박의 나포 및 몰수를 정당하다고 판결하였다.[127)]

4. 추적권 행사의 정당성 및 무력사용의 합법성

가. 추적권 행사의 정당성

연안국은 영해에서 "무해하지 아니한 통항을 방지하기 위하여 필요한 조치를 취할 수 있으며"(해양법협약 제25조 1항(연안국의 보호권)) 접속수역에서는 "연안국의 영해 내에서의 관세, 재정, 출입국 관리 또는 위생법규의 위반 방지 및 연안국 영토 또는 영해 내에서 발생한 그러한 법규의 위반을 처벌하기 위해 필요한 통제를 행할 수 있다"(해양법협약 제33조(접속수역)). 또한 EEZ에서의 어업에 관한 연안국의 주권적 권리를 보호하기 위하여 "연안국이 어업에 관한 주권적 권리를 행사함에 있어 연안국이 해양법협약에 일치하게 입법한 법규의 이행을 보장하기 위하여 필요한 경우 승선·검색·나포 및 사법절차를 취할 수 있다"(해양법협약 제73조(연안국의 법령시행)).

따라서 외국선박이 연안국 영해, 접속수역 및 EEZ에서 당해 연안국이 해양법협약과 일치하도록 채택한 어업에 관한 법규를 위반한 경우, 연안국의 권한 있는 당국은 당해 선박을 자국의 EEZ 이원까지 추적하여 법령위반에 대한 필요한 조치를 취할 수 있다.[128)] 이러한 연안국의 해양에서의

---

127) Poulantzas, *op. cit.*, pp.71-73..

128) 우리나라도 '영해 및 접속수역법' 제6조 및 '배타적 경제수역법' 제5조 3항에서 이러한 권한을 규정하고 있다. 관련 조항의 내용은 다음과 같다.
1. 영해 및 접속수역법 제6조(정선 등)

이익보호를 위한 법령시행 및 이의 보장을 위한 조치권한은 군도수역 및 공해에서도 당연히 인정된다(협약 제48조 및 제77조).

해양에서의 주권 및 관할권이 미치는 수역에서의 자국 법령 및 이익을 침해하고 도주하는 선박에 대한 연안국의 법령시행 및 그 보장을 위한 조치의 하나가 추적권이다. 해양법협약은 추적권 행사 원인에 대해 "연안국의 권한 있는 당국이 외국선이 자국의 관할해역에서 당해 관할 해역에 적용가능한 자국의 법규를 위반하였다고 믿을만한 충분한 이유(good reason)가 있을 경우 자국의 관할권 외측한계를 넘어서 타국의 영해 외측한계에 이르기까지 위반선박을 추적하여 법령위반에 따른 필요한 조치를 할 수 있다"(해양법협약 제 111조(추적권))고 규정하고 있다.[129]

이처럼 추적권의 행사가 정당하기 위해서는 추적을 개시하게 된 충분한 이유가 있어야 한다. 추적국의 국내법을 위반하였다고 믿을만한 '충분한 이유'란 무엇을 의미하는가? 그런데 이에 대해 해양법협약은 아무런 구체적인 규정을 두지 않고 않다. 따라서 추적을 정당화시키는 불법행위의

외국선박(외국의 군함 및 비상업용 정부선박을 제외한다)이 제5조(외국선박의 통항)의 규정을 위반한 혐의가 있다고 인정된 때에는 관계 당국은 정선, 검색, 나포 기타 필요한 명령이나 조치를 할 수 있다.

2. 배타적 경제수역법 제5조(대한민국의 권리 행사 등) 3항

③ 대한민국의 배타적 경제수역에서 제3조의 규정에 의한 권리를 침해하거나 당해 배타적 경제수역에 적용되는 대한민국의 법령을 위반한 혐의가 있다고 인정되는 자에 대하여 관계기관은 해양법협약 제111조의 규정에 의한 추적권을 행사하여 정선, 승선, 검색, 나포 및 사법절차를 포함하여 필요한 조치를 취할 수 있다.

129) 제111조의 계속추적권은 제73조(연안국의 법령시행)의 보완적 성격을 갖는 규정으로서 연안국이 제 73조에 따라 자국의 EEZ 내에서 어업에 관한 법규 위반 외국선박에 대한 법집행행위를 동 선박이 도주함으로서 완료하지 못한 경우, 제111조의 계속추적권을 근거로 그 법집행권한을 배타적 경제수역 이원의 공해 또는 타국의 EEZ으로까지 연장하여 행사할 수 있도록 허용한 것이다. 이용희, *op. cit.*, p.151.

유형과 정도에 대해서는 관행과 해석에 의존할 수밖에 없다.

M/V Saiga호 사건에서 국제해양법법원은 Saint Vincent and the Grenadies 선적의 유조선 M/V Saiga호가 1997년 10월 27일 04시와 14시 사이에 Guinea의 EEZ에서 어선 3척에 경유를 주입하고, 타 선박에 기름을 공급을 위하여 Sierra Leone의 EEZ로 향하던 중 다음 날인 28일 09시 11분경에 추적해온 2척의 Guinea 세관선에 의해 총격을 받고 Sierra Leone EEZ에서 나포된 점에 주목하여 Guinea 당국이 M/V Saiga호에 대한 계속추적권을 행사하고자 할 때 단순히 동 선박이 자국의 EEZ에서 법규를 위반하였다는 혐의(suspicion)만을 가지고 있을 뿐 해양법협약 제111조 제1항에서 규정하는 충분한 이유의 요건은 충족시킨다고 볼 수 없다고 판결하였다.[130)]

최근 한·일 간 발생한 추적권 관련 사례의 정당성을 살펴보면, 먼저 2004년 풍운호 사건에서 동 선박이 일본의 EEZ를 침범한 사실로 확인되었고, 일본 순시선의 정선명령에 불응하고 도주한 것도 분명하므로 순시선의 추적권 행사는 유엔 해양법협약 제73조 1항(연안국 법령의 시행)과 제111조(추적권)에 의해 적법한 것이었음을 알 수 있다.

다음으로 2005년 신풍호 사건에서 일본은 신풍호가 자국 EEZ에서 불법조업을 하였기 때문에 추적권을 행사할 수 있다고 주장하였으나 우리측의 불법조업에 대한 증거 제시요구에 아무런 증거를 보여주지 못하였다. 그러자 일본은 정선명령에 불응하고 도주하는 과정에서 승선하려던 일본해상보안관 중 1명이 승선방해로 바다에 빠져 중경상을 입고, 또 다른 2명이 승선하여 조타실을 점거하려 하자 선원들이 물리적으로 저항했

---

130) The M/V "Saiga"(No. 2) case, Judgement of 1 July 1999, paras. 139, 147.

으며, 이들 보안관을 감금한 채 한국수역으로 2시간가량 도주한 신풍호의 행위는 일본 어업법 제141조 2호의 '검사방해죄', 일본 형법상 '공무집행방해죄' 및 '감금죄'에 해당되기 때문에 해상보안청 순시선이 신풍호를 추적한 것은 자국의 국내법 위반에 대한 현행범 체포를 위한 정당한 추적권 행사라고 주장하였다.[131]

그러나 울산해경의 조사결과 신풍호가 일본 EEZ 내를 항행할 당시 냉동기 고장으로 조업을 할 수 없는 상황이었고, 9000개나 되는 통발도 적재함에 격납되어 있었으며, 선장과 갑판장을 제외한 나머지 선원들 모두 선실에서 잠을 자고 있었고, 당시 신풍호는 조업속도인 4~5노트가 아니라 정상항해 속도인 9노트였다는 점을 고려할 때 불법조업을 하지 않은 것으로 최종 확인되었다.[132]

따라서 일본 해상보안청 순시선이 정선명령을 내린 시점에 있어 신풍호의 불법조업에 대한 충분한 이유, 즉 객관적이고 사실적인 증거 없이 시

131) 일본 해상보안청 순시선은 자국 EEZ 내에서 항행하고 있던 신풍호를 발견하고 불법어업을 이유로 "어업감독관 또는 어업감독조사원은 필요성이 인정되는 경우 어장, 선박, 사업장, 사무소 및 창고 등에 들어가서 그 상황 또는 서류 및 기타 물건을 검사하거나 관계자에게 질문할 수 있다"고 규정하고 있는 자국의 어업법 제74조 제 3항에 기초하여 검문·검색하기 위해 정선을 명하였으나 신풍호가 이를 거부하고 도주함에 따라 해양법협약상 인정되는 계속추적권 법리에 따라 한국 EEZ까지 추적하여 신풍호를 나포하려 했다고 주장하였다.

132) 해경은 선장과 선원들을 울산해경으로 데려와 불법조업 여부에 대해 조사한 후 신풍호가 일본측 EEZ를 1.5~5해리 정도 침범했지만 불법조업은 하지 않은 것으로 확인되었다고 밝혔다. 신풍호 측 주장에 따르면 기관 고장이 일어나 급히 모항으로 돌아가기 위한 지름길을 택하다 보니 일본 EEZ를 통과하게 된 것 뿐이지 일본 EEZ 내에서 불법조업한 일은 결코 없었다는 것이다. 해경은 신풍호가 당시 냉동기가 고장나 조업을 할 수 없는 상황이었고 통발어구도 모두 격납고에 보관돼 있는 등 조업 혐의가 없는 것으로 확인됐으며 이 사실을 일본 측도 시인했다고 설명했다.

작된 부당한 추적이라고 할 수 있다.

이처럼 단순히 정선명령에 불응하는 것만으로는 추적권행사 요건에 있어 충분한 이유가 되지는 못한다. 신풍호가 불법조업을 하지 않았다는 것이 명백히 밝혀진 이상 일본이 어업법 위반에 따라 추적권을 행사했다는 주장은 정당성이 없다. 신풍호가 어업활동을 했거나 아니면 그 예비행위로 조업을 위하여 갑판상에 선원이 배치되고 통발을 수중에 투입할 태세를 갖춘 상태로 일본의 EEZ를 향해 중이었다면 불법어업의 혐의를 받을 수 있지만, 단순한 타국 EEZ 내를 통항했다고 해서 추적권 대상이 되는 것은 아니다. 그러나 일본의 입장에서 볼 때 임검 불응과 감금죄 및 공무집행방해죄에 해당되는 현행범 체포를 위한 추적권 행사로서 신풍호에 대한 추적 그 자체는 정당한 것이었다고 주장할 여지도 있을 것이다.

따라서 추적 권한을 부여받은 정부선박이 어떤 선박이 규정된 위반행위에 개입되어 있다고 믿을 만한 충분한 이유를 가지고 있지 않다 하더라도 정선 명령에 불응하고 명백히 도주할 경우 이는 권한 있는 정부선박의 추적을 정당화시킬 수 있음을 유의하여야 할 것이다.[133]

이상의 추적권 사례들과 그 해석을 통해 볼 때 추적권 행사의 정당성 여부를 판단하는 기준은 다음과 같이 요약, 정리될 수 있다. 추적권은 전통적인 공해에서의 항행의 자유를 제한하는 것인 만큼 외국선박이 동 수역에서 자국의 법규를 위반하였다고 믿을 만한 충분한 이유의 정도는 단순한 혐의만으로는 부족하고,[134] 법규의 위반을 의심할 만한 반드시 사실

133) 김현수, "유엔해양법협약상의 추적권 : 협약 111조의 해석을 중심으로", 『해양전략』 제91호, 1996, p. 89 참조.

134) D. P. O'Connel, *The International Law of the Sea*, Vol. Ⅱ, Oxford University Press, 1984, p. 1088.

에 기초한 확신이 있어야 한다는 것이다.[135] 다시 말해 '충분한 이유'라는 것은 위반이 실질적으로 분명히 행해졌다는 것을 보다 확신케해주는 것을 전제로 한 것으로 단순히 정선명령에 불응한 것으로는 부족하고, 그 위반에 대한 명백한 객관적 증거(clear objective evidence)를 가지고 있어야 한다는 것을 의미한다.[136]

구체적으로 추적권 행사의 대상이 되는 행위는 연안국의 국가안보, 관세법, 출입국 관리법, 어업관계 법령, 환경범죄 등과 같이 연안국의 주권 관할권 행사에 직접적인 영향을 미치는 행위이므로 사소한 통항규칙의 위반, 보고의무의 위반, 선박서류의 불비 또는 출입항 절차의 위반과 같은 경미한 위반은 추적권 발동 대상이 되지 않는다고 보아야 할 것이다.[137]

나. 추적과정에서의 합법적 무력사용

추적권 행사와 관련하여 이해관련국 간에 가장 빈번하게 발생하고 있는 분쟁의 하나가 바로 그 과정에서 추적국이 피추적선을 추적, 나포하기 위해 사용한 무력이 국제법상 용인될 수 있는 정도 내의 것인가? 아니면 합법적 범위를 넘어선 과도한 무력사용이었는가 하는 점이다. 그러나 아쉽게도 국제법은 그 기준에 대해 침묵하고 있다.

관련 국제법규를 살펴보면, 1958년 공해협약이나 1982년 유엔해양법협약은 추적권 행사시 연안국이 추적대상 선박의 임검, 검사를 위하여 사

---

135) Kwiatkowska, *The 200 Mile Exclusive Economic Zone in the Law of the Sea*, Martinus Nijhoff Publishers, 1989, p. 221.

136) 김현수, "추적권에 관한 국제법적 고찰", *op. cit.*, p. 41.

137) 최종화, 『현대국제해양법』, *op. cit.*, p.162.

용할 수 있는 무력의 정도에 대해서는 아무런 규정을 두고 있지 않다. 그러나 연안국에게 추적권이 부여되었다면 이러한 권한을 행사하기 위한 합리적인 범위 내의 무력사용은 허용된다고 보아야 할 것이다. 왜냐하면 추적을 효과적으로 수행하기 위하여 이에 상응하는 무력을 사용할 수 없다면 이 경우의 추적권은 무의미해지기 때문이다. 이는 자기방어적인 수단과 공무집행에 필요한 경우 최소한의 무력사용을 인정하고 있는 다음과 같은 1995년의 '공해어업협정' 제22조 1항 (f)호에서도 확인되고 있다.

> "검사관의 직무집행상 안전을 보장함에 있어 그 필요한 경우 및 검사관의 직무집행이 방해받는 경우를 제외하고는 무력사용을 회피하여야 하며, 사용되는 무력의 정도는 그 상황에 합리적으로 요구되는 정도를 넘어서서는 안 된다."

동 규정은 피의선박에 대한 무력사용은 그 선박의 효과적 나포를 위해 무력 이외의 다른 어떤 실제적 수단의 사용이 불가피한 경우 나포 거부에 대한 대응조치로 합리적 범위 내에서 행사되어야 한다는 것을 강조하고 있다. 즉 필요한 경우 무력을 사용할 수는 있지만 무력사용은 신중하여야 하고, 사용되는 무력은 필요성과 비례성을 충족시키는 범위 내의 것이어야 한다는 것이다.

이러한 요구는 1929년 I'm Alone 사건, 1961년 Red Crusader 사건 및 1999년 M/V Saiga 사건 등에서 확인되고 있는 바, '다른 방법'을 강구하지도 않고 인명을 살상할 수도 있는 실력행사에 나선 것은 적법한 무력사용이 아니라는 것이다. 여기서 '다른 방법'이란 장비나 속력 측면에서 월등한 우위를 차지하는 경비정이 피추적선을 추월해 진로를 차단하면 피추적선은 정선하지 않을 수 없다는 것이며, 그럼에도 실력에 호소한다는 것은 국제법상 인정되지 않는다는 게 위에서 언급한 사례들의 입장이다.

1929년 3월 20일 영국선박 I'm Alone호가 주류 밀수 혐의로 미국연안경비정의 정선명령을 받았으나 이에 따르지 않고 달아나다가 결국 공해상에서 경비정에 의해 격침되었다. 격침의 적법성 문제를 둘러싸고 영국과 미국 간에 분쟁이 일어나 영미주류밀수방지조약(The U.S.-Great Britain Liquor Anti-Smuggling Convention)[138]에 따라 공동위원회에 회부되었는데, 위원회는 단속권을 행사함에 있어 추적권에 피추적선을 격침시킬 수 있는 권리는 포함되지 않지만 '필요하고도 합리적인 실력'은 행사할 수 있을 뿐만 아니라 이러한 실력행사의 결과 부수적으로 발생한 격침은 비난할 수 없지만, 이 사건의 경우 여러 가지 정황에 비춰 의도적 격침이 명백하므로 국제법의 어떤 원칙에 의해서도 정당화될 수 없다는 결론을 내렸다.[139]

그리고 1961년 5월 29일 영국 트롤선 Red Crusader호가 덴마크 수역에서 불법조업을 하다가 덴마크 경비정에 나포되어 덴마크 항구로 예인되던 도중 경비정에서 파견된 감시관 2명을 감금한 채 달아나자 추격해 온 경비정이 40밀리 포를 발포하여 선수, 마스트, 무선안테나 및 레이더 시설 등이 파괴되었다. 국제심사위원회는 어선이 덴마크 감시관을 감금

138) 1924년에 체결된 동 조약은 주류 밀수단속을 위하여 미국으로 향하는 모든 선박에 대하여 피의선박의 속력으로 연안으로부터 1시간 항정거리 내에서 미국의 임검권을 인정하는 규정을 두고 있다.

139) Joint Interim and Joint Report of the Commissioners in the Case of the I'm Alone, RIAA, vol. 3, pp. 1615-1617 참조. 2001년 12월 21일과 22일 양일간 동중국해에서 일본 해상보안청 소속 순시선이 미식별 선박을 추적하던 중, 중국 EEZ 내에서 선체를 명중시켜 미식별 선박을 격침시킨 사건에서 무력사용의 과잉 문제가 논란이 되자 일본은 자위권 차원의 무력사용이었다고 발표한 바 있다.

한 채 달아나고 정선명령에 불응한 데 대해 경비정이 분노한 점은 이해되지만 그것이 경비정의 폭력적 행동을 정당화할 수는 없으며, 경고 없이 정조준 사격한 경비정의 행동은 적법한 무력사용의 범위를 초과했다고 비판하였다. 경비정이 어선에 비해 장비와 속력 면에서 월등히 우위에 있는데도 불구하고 '다른 방법'(other means)을 강구하지 않고 인명을 손상할 수도 있는 실력행사에 나선 것은 적법한 무력사용의 범위를 넘어섰다는 것이다.[140)]

특히 1999년의 M/V Saiga 사건은 추적권 행사시 무력사용과 관련하여 주목할 기준을 제시하고 있다. 국제해양법법원(ITLOS)은 판결문에서 비록 해양법협약이 도주 선박의 나포시 사용할 수 있는 무력에 대해서는 명백한 규정을 두고 있지 않지만, 국제법상 무력의 사용은 가능한 한 회피되어야 하며, 회피할 수 없는 경우에도 '당시 상황에 합리적이고도 필요한'(reasonable and necessary in the circumstance) 정도를 초과하여서는 안 된다고 판시하였다.

또한 다른 국제법 분야에서 그러한 것과 마찬가지로 인도주의에 대한 고려가 반드시 되어야 한다고 강조하였다. 법원은 더 나아가 바다에서 선박을 정지시키는 통상적인 관행으로서 첫째, 국제적으로 인정되는 청각 또는 시각신호를 하여야 한다, 둘째, 신호에 의해 선박이 정지하지 않는 경우 선수방향에 사격 등을 비롯한 조치들을 취할 수 있다. 셋째, 이상의 적절한 조치들이 실패한 경우 최후의 수단으로서 무력의 사용이 가능하지만, 반드시 사전에 경고하여야 하며 인명이 위험하지 않도록 모든 노력을

140) E. D. Brown, *The Law of the Sea*, Vol.1, Dartmouth Publishing Company, 1994, p.229; 이용희, op. cit., p.156 참조.

기울여야 한다고 했다.[141)]

이상의 추적권 행사과정에서의 합법적 무력사용의 기준을 최근의 한·일 간 사례에 적용해 볼 때 2004년 풍운호 사건에서 일본은 무허가 불법조업 혐의로 추적하는 과정에서 최루탄 수십 발을 발사하여 선장에게 중상을 입혔으며, 이에 대해 일본 언론은 "일본 순시선이 EEZ를 침범한 풍운호에 한국어로 여러 번 정선명령을 내렸으나 달아나, 공중에서 터지면서 큰 소리와 빛을 내는 투척구 47발을 던져 경고한 뒤 최루탄을 발사했다"며 합법적 조치라고 보도하였다.

그러나 현대적 장비를 갖춘 500톤급 순시선이 여러 번 정선명령을 했음에도 이에 응하지 않는다고 해서 69톤급 어선에 최루탄 수십 발을 정조준, 발사하여 선장에게 중상을 입힌 사건은 합법적 조치를 넘어선 과잉조치로 볼 수밖에 없다. 따라서 이에 대해 일본 측은 통상적 국가책임의 해제방법에 따른 조치를 취하여야 할 것이다.[142)]

---

141) The M/V "Saiga"(No.2) Case, Judgement of 1 July 1999, paras. 155–156.

142) 해군작전사령부 해군법무감실 주최 2004년 제11회 해군작전법회의에서 해양경찰청 오상권 경장은 동 사건과 관련하여 "배타적 경제수역 관계법 위반 외국어선에 대한 최루탄 사용의 적법성 검토"라는 발표문에서 풍운호가 일본 배타적 경제수역과 관련한 일본 단속법령 위반이 당해 해역에서 일어났으므로 일본 해상보안청 순시선의 추적권 행사는 유엔해양법협약 제73조 1항과 제111조에 의해 적법하게 행사되었으나, 경고투척구와 최루탄을 사용한 것은 국제적으로 그 적법성이 문제가 된다고 하면서 그 논거로 첫째, 풍운호의 위반사항은 한국과 일본이 동일하게 입법화하고 있는 '배타적 경제수역에서의 외국인어업 등에 대한 주권적 권리의 행사에 관한 법률'의 적용을 받는 위반사범으로 신체형이 없는 벌금형 대상이다, 둘째, 풍운호는 추적에 저항하지 않고 도주만하여 위해를 가하지 않는 민간선박이었다, 셋째, 최루탄은 용법상 사람이 살상될 수 있는 무기로서 그 사용에 엄격한 제한이 요구되고 있는 바(해상보안청법 제20조 및 경찰관직무집행법 제7조), 무기사용이 '필요하다고 인정되는 상당한 이유'가 있는 경우에도 보다 엄격하게(즉, 제한적으로) 해석되어야 한다는 등의 사유를 들고 있다. 이에 대한 자세한 설명은 작전법회의 발표논문집(2004. 11. 12) pp. 26–35 참조.

다음으로 2005년 신풍호 사건에서 일본 해상보안청 순시선이 행한 물리력은 합법적 범위 내의 것이었는가? 일본 순시선은 신풍호가 정선명령에 불응하고 도주하자 추적을 시작하였고, 추적하는 과정에서 신풍호에 접근해 인근거리에서 탐조등과 확성기를 통해 정선 신호를 보냈으나 신풍호가 이를 무시하고 계속 도주하자 위협 수단으로 경고탄을 발사하고, 신풍호에 접현하는 과정에서 수차례 충돌했다. 이러한 물리력 사용은 추적권 행사과정에서 통상적으로 인정되는 물리력의 범위를 일탈한 것으로 판단되지는 않는다. 문제는 신풍호를 정선시키기 위하여 일본해상보안관 2명이 조타실을 점거하는 과정에서 조타실의 유리를 깨고 사전 경고 없이 갑판장과 선장을 경찰봉과 안전모로 구타했으며 무선송수신기도 파괴하였는바, 이러한 일본의 조치가 필요한 범위 내의 것인가 하는 점이다. 즉, 도주가능성도 없고 비무장으로 아무런 저항 의사도 없는 선장과 갑판장을 상대로 경찰봉과 안전모를 사용해서 폭력을 행사하는 것이 적법한 무력의 사용인가 하는 점이다.

국제판례를 통해 형성된 추적권 행사에서 허용되는 합법적 무력사용의 기준에 비추어 신풍호 사건을 판단할 때 조타실 점거과정에서 기물을 파손하고 사전 경고 없이 폭행한 사실 등 일본 보안관의 물리력 행사는 선박을 나포하기 위한 최후의 수단으로 보기에는 지나친 것이었으며, 명백히 고의적이고 의도적인 것으로써 필요성과 비례성을 일탈한 것이었음을 알 수 있다. 따라서 신풍호를 나포하기 위한 과정에서 일본해상보안관 2명이 행사한 물리력은 합법성이 부인되며, 신풍호와 선원의 피해에 대해 일본은 배상책임이 있다 할 것이다.

5. 결론

오늘날 대륙붕의 탐사 및 이용, 공해생물자원의 보호 및 해양오염방지와 같은 새롭게 발전되고 있는 해양법 분야의 활발한 전개에 있어서 추적권의 중요성은 점차 증대되고 있으며, 해양에서의 불법행위를 예방하고 불법행위자를 처벌하기 위해서는 추적권에의 의지가 요구된다.

연안국 법집행의 실효성 보장수단인 추적권은 공해에서 전통적으로 인정되어 오던 항행의 자유와 기국의 배타적 관할권에 대한 예외로 인정되었기 때문에 추적이 합법적인 것으로 인정되기 위해서는 연안국의 권한 있는 당국(추적의 권한을 부여받은 정부선박이나 항공기)에 의한 추적일 것, 피추적선이 추적국의 법규를 위반하였다고 믿을만한 '충분한 이유'(good reason)가 있을 것, 추적개시 시 피추적선은 연안국이 보호하고 자 하는 법익을 침해한 수역에 존재할 것, 추적은 즉각적이고 계속적일 것, 피추적선이 인식할 수 있는 거리 내에서 시각신호나 청각신호를 이용하여 정선을 명한 후 추적할 것, 피추적선이 타국 또는 제3국의 영해에 들어가면 중지할 것 및 해양법협약과 일치하는 국내법 위반사실이 있을 것 등의 엄격한 요건을 구비하여야 한다.

그러나 추적권 자체의 정당성이나 추적수단의 합법성을 둘러싸고 대부분의 사례들에서 추적국과 피추적국 간 외교적 갈등이 발생되고 있음은 앞에서 본 바와 같다. 동일한 현상을 바라보는 양자의 관점이 다른 탓도 있겠지만 추적권이 순수한 의미의 연안국 법집행 수단으로 행사되는 것 외에도 관련국과의 정치, 외교 및 군사적 관계 안에서 그리고 대내외에 자국 정책의 정당성을 선전하는 차원에서 자위권이 행사되는 사례가 많은 것도 그러한 현상에 대한 한 이유이다.

따라서 추적권을 둘러싼 인접한 국가 간 해양에서의 불필요한 갈등을 사전에 차단하고, 설령 추적권이 발생했다 하더라도 그 정당성과 합법성에 대한 관련국의 대립과 마찰을 감소시키기 위해서는 사전에 추적권 행사요건 및 무력사용의 한계에 대해 명확하게 해 둘 필요가 있다.

추적권은 해양에서의 자국이익을 침해하였거나 침해한 것으로 의심스러운 선박에 대한 주권적 법집행이고, 이러한 조치에 불응한 채 도주하거나 대항하는 경우 일정 범위 내에서 무력을 사용하게 된다. 왜냐하면 임검에 저항하고 정선명령에도 불응하고 도주하는 피의선박을 나포하기 위해 무력 이외의 다른 어떤 실제적 수단의 사용이 불가능한 경우 합리적 범위 내의 무력사용이 보장되지 않는다면 실효적 법집행이 불가능할 것이기 때문이다.

1958년 공해협약 및 1982년 유엔해양법협약은 추적권 행사는 인정하면서도 추적과정에서의 무력사용의 합법적 기준에 대해서는 아무런 언급을 않고 있다. 그러나 무력사용은 신중을 기하여 사용되어야 하며, 그 경우에도 사용되는 무력은 필요성과 비례성을 충족시키고 최후의 수단이어야 한다는 일반국제법상의 무력사용에 관한 일정 제한들을 충족하여야 할 것이다. 이러한 입장은 1995년 공해어업협정(제22조)과 1929년 I'm Alone 사건, 1961년 Red Crusader 사건 및 1999년 M/V Saiga 사건 등의 관련 사례들에서 확인되었다. 특히 M/V Saiga 사건에서 국제해양법법원은 국제법상 무력의 사용은 가능한 한 회피되어야 하나 회피할 수 없는 경우에도 '당시 상황에 합리적이고도 필요한'(reasonable and necessary in the circumstance) 정도를 초과하여서는 안 되며 인도주의에 대한 고려가 반드시 우선되어야 한다고 하였다. 향후 유사한 사례들에서 참고할 중요한 기준으로 삼을 필요가 있겠다.

추적권 행사에 있어 무엇보다도 중요한 것은 당사국 간의 긴밀한 협조관계 유지, 충분한 사전협의 및 상황발생 후 문제를 원만히 해결하기 위한 협력체제 구축이다. 추적권 행사는 그 정당성 및 무력사용의 합법성에 관해 분쟁을 야기할 가능성이 높기 때문이다. 향후 우리의 해양정책 계획수립 및 집행에 유의해야 할 부분이라고 본다.

제4절 타국 정부선박에 대한 관할권 제한

1. 서론

1982년에 채택된 '바다의 헌장'인 해양법협약은 기존의 해양질서를 근본적으로 바꿔놓았다. 이제 해양은 세계 각국의 첨예한 이해관계가 얽혀있는 생존이 터전이 되었으며, 해양영토 확장과 해양자원 확보를 둘러싼 경쟁과 대립의 장이 되었다. 특히 한반도 주변국들은 인접국과의 갈등과 마찰을 예상하면서도 자국의 이익을 극대화하기 위하여 해양법협약에서 인정하고 있는 권리들을 최대한 확대 해석·적용하고 있다. 이러한 해양질서의 변혁은 해양을 지역안보의 핵심대상으로 자리매김하게 했으며, 나아가 우리의 경우 해양안보의 유지는 구체적이고 현실적인 생존문제가 되었다.

21세기 해양경쟁 시대에 주변국들은 해양관할권 확대, 해양자원개발권을 둘러싼 충돌, 해상테러 및 해적행위 등과 같은 비전통적 해상안보 위협요소의 증가 및 해상교통로 확보를 위해 정치외교 법과 제도 군사적인 측면에서 다양한 노력들을 결집시키고 있다.

한편, 해양은 국가 간의 경제 문화의 교역과 교류를 위한 중추적인 통로이다. 상품과 서비스의 대부분이 해양을 통해 운송되고 있다. 이처럼 오늘날 해양은 경제발전의 토대요 화해와 협력의 터전이 되었다. 국가 간 교역과 교류에 있어 해양활동의 주요 운송수단은 선박인 바, 항행이나 기타 해상활동에서 선박은 활동수역 및 활동내용은 물론 그 종류에 따라 법적 지위를 달리한다.

특히, 어느 일국의 선박이 공해상에 있는 경우와 타국의 주권 및 관할권이 미치는 해역(영해 및 배타적 경제수역)에 있는 경우, 그 선박에 대한 관할권 행사주체와 관련하여 문제가 된다. 우선 공해상의 선박은 그 기국(旗國)의 배타적 관할권에 복종한다는 것은 국제법상의 확립된 원칙이다(기국주의(Flag State Jurisdiction), 선적국주의라고도 함).[143] 그러나 타국 영해 및 배타적 경제수역 등 그 국가의 주권 및 관할권이 미치는 수역에 있는 경우 어선 및 상선 등과 같은 상업용 선박은 연안국의 국내법이나 국제법을 위반한 경우 일정한 제한이 가해지기는 하지만 해당 법령에 따라 연안국의 주권이나 관할권에 따라야 한다. 반면에 공해든 타국 주권이나 관할권이 미치는 수역이든 법령위반 선박이 비상업용 정부선박인 경우에는 상업용 선박과는 달리 취급된다. 이는 전통 국제법상의 주권면제이론에 따른 것으로 국가는 국제법상 그 행위나 재산에 관하여 타국의 재판권에 따르지 않는다. 즉, 자발적 의사에 의한 경우를 제외하고 국가는 타국의 재판권으로부터 면제된다. 이는 19C초 국내판례나 국가관행을 통해 확립된 일반국제

143) R. Jennings and A. Watts(ed.), *Oppenheim's International law*, 9th ed., vol. I, Longmans, 1992, pp.734, 736; 小田 滋, 海洋法の源流を探る:海洋の國際法構造, 有信堂, 1989, p.37.

법상의 원칙(국가면제(state immunity) 또는 재판권면제(jurisdic tional immunity)원칙)이다.[144)]

문제는 우리 관할수역에서의 타국 비상업용 정부선박에 대한 관할권 행사의 제한이 해양안보적 측면에서 상당한 불안요인이 된다는 점이다. 왜냐하면 이러한 선박이 불순한 의도로 우리 관할수역에 들어와도 군함과 마찬가지로 주권면제가 인정되기 때문에 그 대응에는 한계가 있을 수밖에 없기 때문이다.

제4절은 최근의 해양안보 환경을 고려하고 주변국과 해양갈등으로 비화할 수 있는 비상업용 정부선박에 대한 관할권 제한에 관한 연구이다. 연구목적은 비상업용 정부선박의 법적 지위를 명확히 함으로써 이들 선박에 대한 관할권 제한으로 인한 우리 해양안보에 미치는 영향을 최소화하는데 있다. 이를 위해 이하에서는 우선 비상업용 정부선박의 의의 및 이들 선박에 대한 관할권 행사 제한의 성립과정을 사례와 국제조약을 통해 고찰하고자 한다. 그런 다음 2006년 4월 한·일 간 군사충돌 직전까지 비화되었던 독도주변 수역에 대한 일본의 수로측량 시도 사태를 분석할 것이다.

2. 비상업용 정부선박의 법적 지위

가. 비상업용 정부선박의 의의

국제법상 선박은 일반적으로 일국의 정부가 소유하고 운영하는지의 여부에 따라 공선(公船)과 사선(私船)으로 구별된다. 정부가 소유·운영하는 공선에는 군함과 정부선박이 있는데, 정부선박도 그 용도에 따라 상업용

144) 杉原高嶺, "政府船舶に對する裁判權免除の展開", 法學論叢, 第140卷 第3/4号, 1997, pp.1-2.

정부선박과 비상업용 정부선박으로 나뉘어진다.

군함은 “일국의 군에 소속하여 그 국가의 국적을 갖고 있음을 나타내는 외부표식을 가지며, 그 국가의 정부에 의해 정당히 임명되고 또한 그 성격이 그 국가의 군적 또는 이와 동등한 명부에 명시되어 있는 장교의 지휘하에 있으며, 정규군율에 따르는 승무원이 배치된 선박”이다(유엔해양법협약 제29조). 해양법협약상의 이러한 군함에 대한 정의는 1907년의 헤이그 제7조약(상선의 군함으로의 변경에 관한 조약, 제2조~제4조), 1958년 공해협약(제8조 2항)에서도 이미 확인된 바 있다. 일부국가에서는 연안경비대 선박도 군에 소속되어 군함으로 간주되기도 한다.[145)]

반면에 비상업용 정부선박과 관련하여 해양법협약은 매우 포괄적인 정의 규정을 두고 있다. 영해 및 접속수역에서의 주권면제를 규정하고 있는 해양법협약 제32조는 아무런 정의없이 협약의 어떠한 규정도 군함 및 비상업용 정부선박이 갖는 면책특권에 영향을 미치지 않는다고 하고 있으며, 공해에서의 주권면제를 규정하고 있는 제96조는 “어느 국가가 소유 또는 운영하고 오직 비상업용 정부 역무에 사용되는 선박”이라고만 정의하고 있다. 이처럼 해양법협약은 군함에 대해서는 비교적 상세히 정의하고 있는 반면에 비상업용 정부선박에 관해서는 매우 제한적으로 정의하고 있을 뿐이다.

다만 1991년 국제법위원회(International Law Commission: ILC)가 편찬한 ‘국가와 그 재산의 재판관할권 면제에 관한 협약 초안’ 주석서는 구체적으로 어떠한 선박이 비상업용 정부선박의 범주에 속하는지 예시하고 있는

145) L. Doswald-Beck(ed.), *San Remo Manual on International Law applicable to Armed Conflicts at Sea*, Cambridge University Press, 1995, p.90.

데, 동 주석은 국가가 소유하거나 운영하고 정부의 비상업적 목적으로 사용되거나 의도되는 경찰경비선, 세관선, 병원선, 해양지질조사선, 훈련선 및 준설선을 예시하고 있다.[146)]

이상을 조합해 보면, 비상업용 정부선박은 그 범위가 확정되지 않은 이른바 불확정 개념으로, 위에 예시된 경찰경비선, 세관선, 병원선, 해양지질조사선, 훈련선, 준설선 및 국가소유 요트로 한정되는 것이 아니라 소유권 여부와 관계없이 그 운영의 성질과 목적에 비추어 판단되는 개념이라고 보아야 할 것이다.[147)]

나. 비상업용 정부선박과 주권면제

국가는 그 행위 또는 국유재산을 둘러싼 쟁송에 관하여 일반적으로 외국 법원의 관할에 복종하는 것으로부터 면제되며, 그 국내법상의 책임을 추궁당하지 않는다. 국가는 원고로써 외국 법원에 소를 제기할 수는 있어도, 자발적으로 면제를 포기하여 응소하는 경우를 제외하면 그 동의없이 피고로서 제소되고 외국의 재판관할권에 종속하도록 강제되지 않는다.[148)]

이러한 국가면제는 19세기에서 20세기 초까지 영역국 내에서 행해진 외국의 모든 행위와 재산에 대해 인정되었다(절대적 면제론). 이러한 관행은 당시의 국가주권 절대주의에서 비롯되었는데, 어떠한 경우에도 국가는 스스로의 동의없이 타국 법원에서 재판받지 아니하며 그 재산은 타국 법원

---

146) U.N. Doc. A/CN.4/SER.A/1991/Add.1(Part2), *Yearbook of the International Law Commission*, 1991, vol. Ⅱ, p.52, para.11.

147) 김동욱, "비상업용 정부선박의 법적 지위", 『국제법학회논총』, 제52권 제1호, 2007, p.14.

148) 박배근(역), 『국제법』, 국제해양법학회, 1999, p.270.

에 의해 강제집행될 수 없다는 관념이었다. 그러나 20세기에 들어와 양차 대전 후 국가 자신이 상업적 활동에 직접 참여하는 경우가 급격히 증대하면서 절대적 면제론에 대한 비판이 대두되었다. 즉, 사경제(私經濟) 자체를 부인하는 사회주의국가는 물론 자본주의국가도 주권행사에만 머물지 않고 상업적 활동을 적극적으로 담당하게 됨에 따라 국가기능의 양상이 크게 달라져 국가면제의 기준과 범위가 변화가 불가피하게 된 것이었다.[149)]

국제통상의 발전은 정부선박의 증가를 불러왔고, 외국과의 무역 발달로 국가의 활동범위가 개인이나 사기업 경영분야로까지 확대되면서 정부선박이 상업적 목적에 사용되는 경향이 증가하였다.[150)] 이러한 현상은 절대적 면제론에 따른 상거래 당사자의 일방인 외국의 재판권면제가 다른 일방인 자국 국민이나 기업의 이익구제를 불가능하게 할 수도 있다는 비판으로 이어졌다.

그리하여 국가의 행위를 공적인 행위와 사적인 행위로 나누어 전자에 대해서만 주권면제를 인정하는 제한적 면제론이 등장하였다. 제한적 면제론에서는 주권면제를 주권에 관해서 혹은 국가의 공적 활동에만 인정하고 사적활동에는 인정하지 않는다는 입장이다. 즉, 사적인 개인 자격으로 활동하는 국가는 면제를 받는 유리한 지위에 놓이지 않고 동일한 조건하의 사인과 동등하게 취급되나, 전통적으로 매우 민감했던 주권사항인 정치적이거나 공적인 행위에는 면제가 인정되어야 한다는 것이다.[151)]

정부선박과 관련한 주권면제원칙의 절대적 면제론에서 제한적 면제

---

149) 이병조·이중범, 『국제법신강』, 일조각, 2008, pp.188-189.

150) (財)日本海運振興會·國際海運問題研究會, 海洋法と船舶の通航, 成山堂書店, 2002, p.19.

151) 김정균·성재호, 『국제법』, 박영사, 2006, pp.166-167 참조.

론으로의 발전은 실제 사례에서도 확인되고 있다. 과거 정부선박의 역무에 관계없이 연안국의 재판관할권으로부터 면제를 인정한 대표적 사건으로는 1880년의 '빠알르망 벨지號 사건'(The Parlement Belge)이 있다. 벨기에 국왕 소유의 '벨지'호는 벨기에와 영국 간을 운항하는 우편선(공선)으로 영국 선박과 충돌, 피해를 입은 영국인이 손해배상을 청구했다. 영국 항소법원은 이 사건의 판결에 있어 주권자의 신체는 물론 재산에 대해서도 재판권면제를 인정할 수 밖에 없다고 판정했다. 더욱이 동 선박이 교역선으로도 사용되고 있었다 하더라도 주로 우편물의 운반에 이용되고 있었고, 이러한 본래의 목적에서 벗어나지 않는 범위 내에서 교역을 행하고 있다고 하더라도 그것이 벨지호의 재판권면제를 부인하는 것은 아니라고 하였다.[152]

그러나 모든 정부선박에 대한 절대적 면제론은 많은 사선들이 징발되어 공선에 편입되었던 제1차 세계대전 이후 변하기 시작하였다. 1951년 '한·미선박충돌사건'에서는 상업용 정부선박의 국가면제는 인정되지 않았다. 이 사건은 1955년 부산항에서 양곡을 하역하던 중, 이 작업을 원조하던 한국 정부선박과의 충돌로 파손된 미국 선박 '버지니아 시티 빅토리'(Virginia City Victory)號가 뉴욕에 귀항한 후 대한민국 정부를 상대로 제기한 손해배상 소송인데, 미국 뉴욕연방지방법원은 상업용 정부선박의 주권면제 주장을 인정하지 않았다. 그렇지만 미국 선주의 한국정부예금에 대한 압류신청에 대해서는 국가면제이론을 적용하여 기각하였다.[153]

152) (財)日本海運振興會·國際海運問題研究會, *op. cit.*, p.20. 이 사건을 처음 판결은 영국 해사법원은 벨지호의 선박충돌로 인한 손해배상청구소송을 인정하였으나, 고등법원은 절대적 면제론에 의거하여 이를 파기한 것이다.

153) 이병조·이중범, *op. cit.*, pp.130-131 주)30.

이러한 입장 변화는 여러 국제조약에서 성문화되었다. 1926년 '국가소유선박의 면제에 관한 일정 규칙의 통일을 위한 브뤼셀협정'(제3조 1항)과 1934년 동 추가의정서, 1958년 '해양법에 관한 제네바협약'(영해 및 접속수역 협약 제21조, 공해협약 제8, 9조)) 및 1982년 '유엔해양법협약'(제27, 28, 95 및 96조) 및 1991년 'ILC의 국가와 그 재산의 관할권면제에 관한 협약 초안'(제16조 2항)은 명시적으로 상업용 정부선박의 주권면제를 인정하지 않고 있다.

3. 관할권 제한의 유형

가. 영해 내 불법행시 대응조치에 있어서의 제한

국가의 영토에 접속하고 있는 일정범위의 수역으로서 연안국의 주권이 미치는 국가영역인 영해(territorial sea)에서 국가는 국제법상 제한이 없는 한 영해에 대하여 배타적인 주권, 즉 경찰권, 어업권, 연안무역권, 해양오염규제권 및 해양과학조사권을 행사한다. 하지만 영해에 대한 국가권능에는 영토에 대한 것에 비하여 국제법상 일정한 제한을 받는데, 그러한 제한의 하나가 재판관할권의 행사에 대한 제한이다.

영해 내에서의 타국 선박에 대한 관할권 행사는 선박의 유형과 관할권 대상, 즉 상선 및 상업용 정부선박인가 아니면 비상업용 정부선박인가, 그리고 민사관할권인가 아니면 형사관할권인가에 따라 다르다.

상선 및 상업용 정부선박에 대해 연안국은 영해통항과 관련되지 아니한 민사책임의 이행을 위한 선박나포의 경우를 제외하고 연안국은 자국 영해 내에서 완전한 민사관할권을 행사할 수 있다. 그리고 연안국은 원칙적으로 그 영해를 통과하는 외국선박 내에서 일어난 범죄에 대한 형사관할권을 향유하나, 범죄의 결과가 연안국에 미치거나 연안국의 평화와 질서를 침해하거나 기국에 의해 연안국의 개입이 요청되거나 마약 밀매를 단속하기 위한 경우 이외에는 국제예양상 통항선박에 대한 형사관할권을 행사하지 않는다(해양법협약 제27조~제28조).

그러나 타국의 군함을 포함한 비상업용 정부선박은 영해 내에서 관할권이 면제된다. 이들 선박은 관습국제법상 면책특권이 인정되기 때문에 연안국 재판관할권의 행사 대상이 되지 않는 것이다. 연안국의 입법적 관할하에 들어와 있지만 주권면책을 이유로 연안국의 법집행은 면제되는 것이다. 또한 영해 내에서 비상업용 정부선박이 연안국 법령을 위반하거나 법령준수요청을 거부 또는 무시하는 경우, 연안국은 이들에 대하여 나포하여 소송을 제기하는 등의 법적 절차를 진행할 수는 없고, 다만 연안국의 영해를 즉시 떠날 것을 요구할 수 있다. 연안국 법령을 위반하여 발생시킨 손해에 대하여는 기국에 국가책임을 물을 수 있다(동 제30조~제32조).

우리 영해에 타국 선박이 들어와 불법행위를 하는 경우 어떠한 조치를 취할 수 있는가? 어떤 경우에 이들 선박에 대해 무력을 사용할 수 있는가? 불가항력이나 조난에 의해 불가피한 정선과 투묘는 통항으로 간주하여야 하지만, 피난요건의 불충족 등 외국선박이 통항중 유해한 행위를 할 경우 통항을 일시적으로 정지시킬 수 있으며, 정선·검색·나포 등 기타 필요한 조치를 취할 수 있고(영해 및 접속수역법 제6조), 제반조치에 불응코 도주하는 선박에 대해 제3국 영해진입전까지 추적권을 행사할 수 있다(해양법협약 제111조).

그러나 이러한 조치는 일반 사선의 경우에 해당될 뿐이며 타국의 비상업용 정부선박에 대해서는 그 선박이 우리나라의 법령을 위반하거나 법령준수 요청을 무시하는 경우에도 처벌할 수 없고 다만 시정이나 즉시 영해를 떠날 것을 요구할 수 있으며(영해 및 접속수역법 제8조), 우리나라의 법령을 준수하지 않음으로 인하여 발생한 손해에 대하여는 기국에게 책임을 물을 수 있다.

문제는 시정 및 퇴거 요구에도 불구하고 이에 응하지 않는 경우 어떠한 조치를 취할 수 있는가 하는 것이다. 이 경우 함정의 고속기동에 의한 항로차단, 함정세력 집결, 항공기의 근접 선회비행 등 무력시위를 통해 아측의 영해 수호의지를 환기시킬 수 있다.

물론 자위권을 발동할 수 있을 정도의 상황으로 발전한 경우에는 자위권행사의 일환으로 경고발사(warning shot), 위협발사(threatening shot) 등의 적극적 행동을 취하고 최후의 경우 나포, 격침 등의 강경조치를 취할 수 있다. 이 경우에도 외국 비상업용 정부선박은 이러한 조치에 대해 민감하게 반응하여 자칫하면 사태가 국지적인 교전 혹은 무력분쟁으로 비화될 가능성이 농후하므로 강제력 사용은 최후까지 신중하게 고려하여야 한다.[154] 즉, 무력 이외의 모든 조치가 우선 취해져야 하며, 이와 같은 경고에도 불구하고 이에 응하지 않을 경우 필요한 최소한도 내에서 유효, 적절하게 강제력이 행사되어야 할 것이다.[155]

나. 임검 및 추적권 행사에 있어서의 제한

공해 영유금지 및 사용자유를 핵심내용으로 하는 '공해자유원칙'의 논리적 귀결로 공해상의 선박은 그 기국의 배타적 관할권에 복종한다. 1926년 터키 부근 공해상에서 프랑스 기선 '로터스'(The Lotus)號가 터키 석탄운반

154) 해군본부, 『해양법연구』, 제11집, 1996. 7, pp.55-56 참조.

155) 김현수, "국제법상 미식별 잠수함의 처리에 관한 연구", 『해양연구논총』, 제24집, 2000, p.36 참조.

선과 충돌하여 터키선박을 침몰시키고 8명의 터키인을 익사케 한 로터스 호사건(1927년)에서 상설국제사법법원(PCIJ)은 재판관할권이 가해선박국에게만 있다는 기국주의를 주장하는 프랑스의 주장과 피해자의 본국에도 있다는 터키의 주장에 대해 양자 모두에게 관할권을 인정하여 경합관할주의를 판시하였다. 판결 후 많은 비판이 제기되었으며, 그 결과 1952년 형사재판관할협약(제1조), 1958년 공해협약(제5조 및 제6조) 및 1982년 해양법협약(제91조 및 제92조)에서 기국주의가 채택되었다.[156)]

그러나 이러한 원칙에는 일정한 예외가 인정되고 있다. 각국은 공해의 법질서 확립 및 위반선박 처벌을 위해 국제법이 인정하는 범위 내에서 외국선박에 대하여 관할권을 행사할 수 있다. 평시 공해상의 선박에 대한 기국의 배타적 관할권 행사에 대한 예외로는 해적행위, 노예거래행위, 무허가방송, 무국적선 또는 외국국기를 게양하거나 또는 국기제시를 거절하는 선박에 대하여 장교지휘하의 소형선을 파견하여 그 선박서류를 검사함으로써 혐의 선박의 국기를 검사할 수 있는 임검권(right of visit, 해양법협약 제110조)과 연안국 관할수역에서 위법행위를 범하고 도주하는 선박에 대해 타국 영해에 진입하기전까지 추적하여 나포, 인치하여 처벌할 수 있는 추적권(right of hot pursuit, 동 제111조)이 있다.[157)]

그러나 기국의 관할권을 제한하는 임검권과 추적권은 사선과 상업용 정부선박에 대해서만 가능한 조치이며, 비상업용 정부선박(군함 포함)은 임검과 추적의 대상이 되는 행위를 하였다고 의심되는 경우에도 공해상에서 기국이 아닌 어떠한 국가로부터도 완전한 면책특권을 가진다(동 제95조 및

156) 이병조·이중범, *op. cit.*, p.485 주)10 참조.

157) 이민효, "공해의 군사적 이용과 공해자유원칙",『성균관법학』, 제16권 1호, 2004, pp.662-663.

제96조).

다. 해양오염의 규제에 있어서의 제한

해양의 자정능력(self-cleaning capability)은 모든 인간활동을 수용할 수 있으리라 기대되었으나 인구의 폭발적 증가와 급격한 산업발전으로 인한 육상 폐기물 및 해상교통량 증가, 해저자원의 개발과 대형 유조선의 해난사고로 인한 기름유출, 걸프전에서의 이라크의 고의적인 해양환경 파괴 등으로 오늘날 해양오염은 국제적 관심사로 부각되었다.[158]

빈번하게 발생하고 있는 심각한 해양오염을 방지하고 해양을 각종 오염원으로부터 보호하기 위해 각국은 국내법을 통해 자국 연안의 해양오염을 규제하고 있을 뿐만 아니라 지역적, 국제적 차원에서 다양한 규범과 조치들이 합의되거나 취해지고 있다.

그러한 국제규범중 가장 일반적인 것이 유엔해양법협약이다. 모든 협약당사국은 해양환경을 보존하고 보호할 책임이 있고, 해양오염의 방지·경감·억제·확산·이전 방지를 위한 필요한 모든 조치를 취할 의무가 있으며, 해양환경에 중대하고 해로운 변화를 초래할 기술의 사용 또는 고의적이고 우발적인 해양오염을 발생하는 외래 종(種)이나 새로운 종의 도입을 규제하기 위한 적절한 조치를 취하여야 한다(동 제192조~제196조).

그리고 협약당사국들은 각종 오염원으로 인한 해양오염을 방지, 경감 및 억제하고 해양환경을 보존 및 보호하기 위해 국제적으로 합의된 규칙과 기준 및 권고된 관행과 절차를 고려하여 국내법령을 제정하고 필요한 조치를 취할 수 있으며, 관련 법령을 절차에 따라 집행할 권한을 갖는다(동

---

158) 이영준, 『국제환경법론』, 법문사, 1995, p.146 참조.

제207조~제212조). 특히 투기에 의한 오염 관련 법령집행, 기항국에 의한 법령집행 및 연안국에 의한 법령집행을 위해 외국선박을 조사할 수도 있다(동 제226조).

해양환경을 위협하는 것은 어선, 상선 및 상업용 정부선박만이 아니다. 구체적 통계는 공개되지 않아 정확한 수치를 알 수 없지만 비상업용 정부선박에 의한 해양오염도 심각한 상황이다. 비상업용 정부선박은 상선이나 유조선 등에 비해 많은 인원이 승선하고 있고 장기간 해양에서 체류하며 여유공간이 협소하여 발생되는 쓰레기의 보관이 어려워 발생되는 막대한 쓰레기를 종종 해상에 그대로 투기하기도 한다.

그러나 해양환경의 보호 및 안전에 관한 해양법협약의 규정, 즉 해양오염을 방지, 경감 및 억제하기 위한 각종 법령 및 조치는 군함, 해군보조함정, 국가가 소유·운영하며 정부의 비상업적 역무에 사용되는 선박 또는 항공기에는 적용되지 않는다(동 제236조 전단). 해양법협약외에도 해양환경의 보호와 보존에 관한 대부분의 국제협약들은 비상업용 정부선박(군함 포함)에 대해 그 적용을 배제하고 있다. MARPOL 73/78, 1972년 런던협약, 1996년 런던협약 개정의정서 등이 그 대표적인 것들이다.

그렇지만 당사국들은 운항 또는 운항능력에 지장을 주지 않는 범위 내에서 이러한 선박 또는 항공기가 합리적이고 실행가능한 범위 내에서 해양법협약에 부합되는 방법으로 행동하도록 보장하여야 한다(동 제236조 후단). 이는 비상업용 정부선박의 주권면제를 인정하면서도 해양환경의 보호 및 보존을 위한 일정한 의무를 부과하고 있음을 보여준다.

4. 결론

비상업용 정부선박은 국가가 소유·운영하는 선박으로 군함과 마찬가지로 타국의 재판관할권으로부터 면제된다. 과거에는 그 사용 형태에 관계없이 모든 정부선박에 대해 주권면제가 인정되었지만, 국가에 의한 상업적 목적에 이용되는 정부선박이 증가함에 따라 이들 정부선박은 면제대상에서 제외되기에 이르렀다. 이러한 변화는 1926년 브뤼셀협정에서 명문화된 이후 1982년 유엔해양법협약에 이르기까지 여러 국제법 문서에서 확인되고 있다.

비상업용 정부선박에 대한 관할권이 제한되는 경우는 영해 내 불법행위시 대응, 공해상에서 임검 및 추권권 행사 및 선박기인 해양오염 규제에 있어서의 제한 등이 있다.

이러한 비상업용 정부선박의 주권면제는 중국과 일본과의 사이에 위치하고 있고, 더군다나 중간에 공해대가 존재하지 않으며 아직 명확한 해양경계가 확정되지 않은 우리의 입장에서는 매우 중요한 문제이다. 지금도 추적권 행사가 드물지 않게 발생하고 있고, 독도와 조어도를 둘러싼 한·일, 중·일 간 영유권 갈등이 해결되지 않은 상태여서 2006년의 독도주변 EEZ 수역에서의 일본의 수로측량 시도와 같은 사태가 언제든지 재발될 수 있기 때문이다. 의도적이든 우발적이든 이러한 사태는 우리의 해양안보를 위협할 것이다.

또한 향후 해양질서의 확립과정에서 해양영토의 확장과 해양자원의 확보를 위한 인접국 간의 해양갈등은 보다 심화될 것이며, 해적이나 해상테러와 같은 전쟁이외의 해양안보 위협요소는 더욱 빈번해질 것이다. 따라서 주권 및 관할권이 미치는 수역뿐만 아니라 공해에서의 타국 선박에 대한 온전한 관할권 행사는 국가의 발전과 번영에 필수적인 해상교통로 확보를 위해 필수적이지만, 당해 선박이 비상업용 정부선박인 경우에는 관할권이 제한된다는 데에 문제가 있다.

이와 같은 상황에서 유효하고 적절한 대응방안의 수립과 집행이 요구되고 있다. 우선 상대국이 의도적으로 조장하는 갈등상황에 극단적으로 대응하는 우를 범해서는 안 된다. 강경한 대응을 요구하는 국내여론과 정치권을 의식해 극단적인 정책을 선택하는 경우 일시적인 이익은 얻을 수도 있겠지만, 분쟁이 장기화·일상화되는 상황에 빠져 우리에게 남겨진 선택의 폭이 축소되거나 향후 협상에서 사용할 카드를 미리 소진시켜 버릴 수도 있기 때문이다.

다음으로 작은 불씨가 큰 분쟁으로 격화되지 않도록 상황을 관리하여야 한다. 이를 위해서는 제반 관련 국제규범과 사례들을 명확히 하여 외교적·군사적 대응에 있어 합법적이고 이성적인 정책이 결정·집행되어야 할 것이다. 그래야만 불필요한 빌미를 제공하여 상대국이 의도한 것 이상의 성과를 우리 스스로 안겨주는 어리석음을 방지할 수 있을 것이기 때문이다.

제5절 해양법상 도서의 법적 지위 : 필리핀과 중국 간 중재재판과 독도의 지위

1. 서론

오랫동안 관습법의 형식으로 존재해오던 해양법은 19세기 말부터 국제사회의 변화와 과학의 발전에 따라서 여타 국제법 분야와 마찬가지로

점차 성문화가 요구되었지만, 당시에는 별다른 진전이 없었으며 20세기에 들어 결실을 맺었다.[159)]

20세기 중반 해양을 둘러싼 국제정세는 급격하게 변화하였는데, 1945년 트루먼선언[160)] 이후 각 연안국들은 자국의 관할권을 보다 많이 확보하려는 경향을 서슴없이 드러내 보이기 시작하였다. 그로티우스 이후 공해자유원칙을 표방한 자본과 기술력을 앞세운 서구 선진열강에 대항하여 신생독립국을 비롯한 제3세계 국가들은 자국의 해양관할권과 그 부존자원을 지키기 위한 조치들을 취하는 동시에 국제해양질서의 재편을 요구하였다.[161)]

그 결과 최종적으로 채택된 것이 1982년 'UN해양법협약'(United Nations Convention on the Law of the Sea, 이하 해양법협약)[162)]이다. 해양법에 관한 마그

159) 이민효, 해양에서의 군사활동과 국제해양법, 연경문화사, 2013, p.17.

160) 1945년 9월 28일 미국 트루먼 대통령은 이후 해양법 발전에 중대한 영향을 미친 '대륙붕의 자연자원에 대한 미국 정책에 관한 대통령 선언'(제2667호)과 '공해 일정 지역의 연안 어로에 관한 미국 정책에 관한 대통령 선언'(제2668호)이라는 2개의 정책선언을 발표한 바 있다. 전자는 미국 연안 수심 약 180미터까지 대륙붕에서의 천연자원은 미국의 관할권과 통제권에 복종한다는 내용이었다. 단, 상부수역은 공해로서의 성격을 유지한다. 후자는 미국 연안에 인접한 일정한 공해수역을 어업자원 보존수역으로 선포하고, 다만 타국도 이 수역에서 어업활동을 하고 있던 경우에는 그 국가와의 협정을 통하여 어족자원을 보존하겠다는 내용이었다. 단, 이 수역은 공해로서의 성격과 자유항행은 보장된다고 첨부하였다. 트루먼선언은 훗날 국제사회에서 대륙붕 제도와 배타적 경제수역 제도가 정립되는 계기를 제공하였다. 정인섭, "1952년 평화선 선언과 해양법의 발전," 서울국제법연구, 2006, pp.12-13.

161) 권문상, "UN해양법협약상 기선제도에 관한 연구," 정일영·박춘호 공편, 한·일관계 국제법 문제, 백상재단, 1998, p.240.

162) United Nations Convention on the Law of the Sea, opened foe signature Dec. 10, 1982, UN Doc.A/CONF.62/122(1982), reprinted in United Nations, Official Text of the United Nations Convention on the Law of the Sea with Annexes

나 카르타(Magna Carta)로 일컬어지는 동 협약은 영해범위를 최초로 12해리까지로 명문화하였으며, 대륙붕의 범위를 최대 350해리까지로 확대하였고, 군도수역 및 배타적 경제수역제도를 신설하고, 군도수역에서의 군도항로대통항과 국제해협에서의 통과통항 제도를 도입하는 등 해양법 질서에 중요한 변화를 가져왔다. 하지만 협약 규정이 불충분하고 그 내용이 불명확할 뿐만 아니라 해양이용을 둘러싼 각국들의 이해가 맞물려 분쟁이 발생될 가능성을 내포하고 있다.[163)]

도서(섬)의 법적 지위에 관한 문제도 당사국 간 해석과 주장이 첨예하게 대립되는 문제이다. 해양법상 도서의 지위와 관련하여 논쟁이 있어온 가장 중요한 이유는 도서는 배타적 경제수역이나 대륙붕을 갖지만, 도서로 인정되지 않는 암석(바위)은 이러한 해양수역이 인정되지 않기 때문이다. 이처럼 도서는 해양관할권 확대에 있어 중요한 의의를 갖는다. 이외에도 도서의 영유권 자체에 대한 분쟁과 기선의 기점으로서의 지위 인정 문제 등도 오늘날 도서와 관련하여 제기되고 있는 핵심적 해양분쟁의 한 유형이다.

이하에서는 이러한 의의를 갖는 도서의 법적 지위를 관련 해양법 조약을 기초로 살펴보고, 최근의 필리핀과 중국 간의 중재재판에서의 남중국

---

and Inde, UN Sales No.E.83.V.5, 1983. 해양법협약은 전문과 본문 17부 320개조, 9개 부속서 및 4개의 결의안으로 구성되어 있는 이른바 '해양헌장'으로서 해양에 관한 국가관할권, 해양환경보호, 해양과학조사 및 해양분쟁해결 등 연안국과 해양이용국의 권리 의무를 망라하는 한편, 협약당사국의 이해관계를 조정하고 해결하기 위한 제반 기구설립을 규정하고 있다.

163) J. Guoxing, "Missions and Contributions of the PLA Navy in the Post-Cold War and the EEZ Era," Choon Kun Lee(ed.), The Middle Power Navies, The Korean Institute for Maritime Strategy, 1998, pp.81-86 참조.

해 해양개체에 대한 법적 판단 내용과 그 의의를 검토한 후 독도의 법적 지위에 대해 간략하게 알아보고자 한다. 다만 분량과 목적상 도서의 영유권이나 기점과 관련한 문제는 다루지 않을 것이다.

2. 해양법상 도서의 정의 및 요건

가. 도서의 정의

제2차 세계대전 이후 새로이 설립된 UN은 국제법의 점진적 발전과 법전화를 장려하기 위하여 1947년 국제법위원회(ILC)를 설치하였는데, 동 위원회는 공해 및 영해제도에 관한 문제를 우선적으로 토의하여 1956년에 73개 조항의 초안을 작성하였다. ILC는 이 초안을 총회에 보고하는 동시에 이를 조약이나 기타 형식으로 명문화하기 위한 국제회의를 소집할 것을 건의하였다. 이 건의에 따라 1958년 제네바에서 제1차 UN해양법회의가 개최되었는데, 9주간(1958.2.24.~4.27)의 회의 끝에 '영해 및 접속수역에 관한 협약', '공해에 관한 협약', '공해의 어업 및 생물자원의 보호에 관한 협약' 및 '대륙붕에 관한 협약' 등 4개 협약이 채택되었다.[164]

제1차 UN해양법회의에서 채택된 협약 중 도서를 규정하고 있는 것은 "도서란 자연적으로 형성된 육지로서 물로 둘러싸이고 만조시에도 수면 위에 있는 것을 말한다"고 규정하고 있는 '영해 및 접속수역에 관한 협약' 제10조이다. 동 규정에 의하면 인공도를 도서로 인정하지 않음은 분명하며 면적, 거주가능성 및 독자적 경제생활 등과 같은 요건들이 충족되어야

164) 김현수·이민효, 국제법(제3판), 연경문화사, 2015, p.129. 이들 협약의 내용에 대해서는 I. Brownlie(ed.), *Basic Documents in International Law*, Oxford University Press, 1983, pp.85-121 참조.

한다는 내용도 없다.

제1차 UN해양법회의에서 합의되지 못한 영해의 폭에 관한 문제를 해결하기 위하여 1960년 제2차 UN해양법회의가 제네바에서 개최되었다. 이 회의에서는 영해의 폭을 6해리로 하고 그 외측의 6해리는 어업수역으로 하자는 강대국을 포함한 일단의 주장과 영해를 12해리로 하자는 국가들의 주장이 대립되어 결국 합의를 보지 못하고 말았다. 그 후 해양관련 국제관계는 급격히 변화하였으며, 그 결과 얼마 지나지 않아 1958년 제네바 4개 협약도 상당부분 그 의미를 상실하게 되었다.[165] 그리고 1960년대 이후 국제사회에 대거 등장한 신생독립국들은 자국의 독립 이전에 형성된 전통국제법에 대한 부정적인 입장을 취하면서 해양법의 포괄적인 검토와 진보적 입법을 위한 제3차 UN해양법회의의 개최를 지지하였다. 더구나 공해에서의 어족자원 남획 문제, 연안에 인접한 해양오염 등 새롭게 제기된 해양법상의 문제들은 1958년 협약 체계만을 가지고는 해결할 수 없는 것들이어서 제3차 UN해양법회의의 개최는 필연적인 것이었다.[166]

1967년 몰타(Malta)의 UN 대사였던 파르도(Pardo)의 '해저자원의 평화적 공동개발 및 이용에 관한 제의'를 기폭제로 하여 UN에서의 일련의 논의과정을 거쳐 1973년부터 공식적으로 시작되어 1982년에 막을 내린 제3차 UN해양법회의에서 찬성 130, 반대 4(미국, 터키, 이스라엘, 베네수엘라), 기권 17[167]로 해양법협약이 채택되었다.

165) 이민효, *op. cit.*, p.18.

166) 김영구, 한국과 바다의 국제법, 한국해양전략연구소 · 효성출판사, 2002, p.15.

167) 기권국은다음과 같다. 소련, 우크라이나, 체코슬로바키아, 동독, 헝가리, 벨로루시, 몽고, 폴란드, 불가리라, 벨기에, 서독, 이탈리아, 룩셈부르크, 네덜란드, 스페인, 태국, 영국이다.

해양법협약에서 도서의 정의를 규정하고 있는 조항은 제123조이다. 동 조의 내용은 다음과 같으며, 도서의 정의는 1958년의 '영해 및 접속수역에 관한 협약'의 그것을 그대로 따르고 있다.

제121조 도서제도

1. 도서라 함은 자연적으로 형성된 육지로서 물로 둘러싸이고 만조시에도 수면 위에 있는 것을 말한다.
2. 제3항에 규정된 경우를 제외하고 섬의 영해, 접속수역, 배타적 경제수역 및 대륙붕은 다른 영토에 적용될 이 협약의 규정에 따라 결정된다.
3. 인간의 거주 또는 독자적 경제생활을 지탱할 수 없는 암석은 배타적 경제수역 또는 대륙붕을 가질 수 없다.

나. 섬의 요건

해양법협약은 제121조 1항에서 도서의 요건을 첫째, 자연적으로 형성된 육지일 것, 둘째, 물로 둘러싸여 있을 것, 셋째, 만조시에도 수면위에 있을 것 등 3가지를 들고 있다. 이하에서는 이러한 요건들의 의미를 살펴보고자 한다.

첫째, 자연적으로 형성된 육지일 것. 해양법협약은 도서를 자연적으로 형성된(naturally formed) 육지라고 정의함으로써 자연적으로 형성된 것이 아니라 인위적인 가공을 통해 형성된 인공도(artificial island)를 도서에서 제외하고 있다. 따라서 인공도는 비록 크기가 통상의 도서보다 클지라도 도서 같이 관할수역을 갖거나 해양경계의 기점으로 사용할 수 없다. 다만 도서의 일부분을 매립하는 경우 그 부분은 인공도가 아니라 도서의 일부분이 된다.

둘째, 물로 둘러싸여 있을 것. 이 기준은 도서의 성질로부터 당연히(ex naturare) 자명한 것이라고도 말할 수 있다. 그러나 실제로는 각 해역의 특별한 사정에 따라 논의를 발생시킨 경우도 적지 않다. 특히 이는 도서가 매우 넓고 낮은 해역에 의해 본토로부터 분리되어 있는 경우에는 그 중간에 있는 해역이 저조시에 노출되는지의 여부 등 '물로 둘러싸여 있을 것'의 요건을 구체적으로 검토할 필요도 발생하기 때문이다. 예를 들면, 사주(沙洲) 등 반도모양의 돌출된 지형으로 저조시에는 노출되는 것으로 인해 근해 지형이 본토와 연결되는 경우에는 이 요건을 충족하지 못함으로서 도서로 인정되지 않을 것이다.[168)]

셋째, 만조시에도 수면위에 있을 것. 도서는 만조시에도(즉, 언제나) 수면위에 있어야 한다. 따라서 저조시에는 수면 위에 돌출되나 만조시에는 수면 밑으로 들어가는 간출지 혹은 저조시 융기(low-tide elevation)는 도서가 아니다. 일찍부터 ILC는 만조시에도 해상에 돌출하는 융기만을 도서로 간주해 왔다. 이러한 입장은 해양법협약에도 동일하게 반영되어 있다. 협약은 제13조[169)]에서 간출지에 관한 규정을 따로 두어 규율하고 있다.[170)]

---

168) 이덕성, "UN해양법협약 섬(Islands)의 법적 지위에 관한 연구," 대전대학교 대학원 논문집, 제8권 제1호(통권 제8호), 2006, p.184 및 주 14).

169) 제13조의 내용은 다음과 같다. ① 간출지는 물로 둘러싸이고 간조시에 수면위에 출현하나 만조시에는 수면하에 있는 자연적으로 형성된 육지의 지역을 말한다. 간출지의 전부 또는 일부가 본토 또는 도서로부터 영해의 폭을 초과하지 아니하는 경우에는 그 간출지상의 저조선이 영해의 폭을 측정하기 위한 기선으로 사용될 수 있다. ② 간출지의 전부가 본토 또는 도서로부터의 영해의 폭을 초과하는 거리에 위치하는 경우에는 그 자체의 영해를 갖지 아니한다.

170) 제성호, "국제법상 도서의 요건과 독도의 법적 지위," 중앙법학, 제7집 제4호, 2005. 12, p.180.

3. 도서의 법적 지위와 해양관할권

가. 도서의 해양관할권

해양법협약 제121조 2항은 도서는 영해, 접속수역 배타적 경제수역 및 대륙붕은 다른 영토에 적용될 이 협약의 규정에 따른다(the territorial sea, the contiguous zone, the exclusive economic zone and the continental shelf of an island are determined in accordance with the provisions of this Convention applicable to other land territory)고 명규하고 있다. 여기서 '이 협약의 규정'은 해양법협약에서 영해 및 접속수역에 관한 제2장, 배타적 경제수역에 관한 제5장 및 대륙붕에 관한 제6장을 말하는 것으로, 이들 규정에 따른다는 것은 육지 영토와 마찬가지로 섬도 영해, 접속수역, 배타적 경제수역 및 대륙붕을 갖는다는 것을 의미한다.

이들 각 수역들에서 연안국은 주권과 관할권에 따라 해양법협약이 정하고 있는 제반 권리를 행사하고 의무를 이행하여야 하며, 이를 위반한 선박에는 협약과 관련 국내법에 따라 정선, 검색 및 나포할 수 있으며, 이에 응하지 않고 도주하는 선박은 타국 영해에 들어가기 전까지 추적하여 처벌할 수 있다.

도서의 관할수역 결정에 있어 기준이 되는 기선(baseline)도 육지 영토와 마찬가지로 연안국이 인정하는 대축척 해도에 기재되어 있는 연안의 저조선인 통상기선(normal baseline)을 설정하는 것이 원칙이지만(해양법협약 제5조), 해안에 인접하여 암석이나 도서가 산재해 있거나 해안선이 심히 굴곡되고(deeply intended) 돌입한(cut into) 경우 최원방의 적당한 지점을 연결한 직선기선(straight baseline)[171]을 설정할 수 있다(동 협약 제7조 1항).

나. 암석의 해양관할권

해양법협약 제121조 3항은 다음과 같이 암석을 구분하여 정의하고 있다. "인간의 거주 또는 독자적 경제생활을 지탱할 수 없는 암석은 배타적 경제수역 또는 대륙붕을 가질 수 없다"(Rocks which cannot sustain human habitation or economic life of their own shall have no exclusive economic zone of continental shelf).

도서와 달리 암석은 단지 영해 및 접속수역만을 설정할 수 있고 배타적 경제수역이나 대륙붕을 갖지 못하는데, 이 둘의 구별기준으로 '인간의 거주'와 '독자적 경제생활'을 들고 있다. 협약은 이의 의미에 대해 어떠한 규정도 두고 있지 않기 때문에 이를 둘러싸고 논란이 있어 왔으며, 그 결과 도서(또는 암석)의 영유권 분쟁에서 해양관할권 확대를 위해 자의적으로 해석되고 주장되어 왔다. 도서로 인정되면 배타적 경제수역이나 대륙붕이라는 엄청남 관할수역을 확보할 수 있지만, 암석으로 판정되는 경우 이들 수역을 주장할 수 없기 때문에 당연한 것이었다.

그렇다면 도서와 암석을 구별하는 '인간의 거주'와 '독자적 경제생활'의 구체적으로 무엇을 말하는가? 이들 기준의 내용과 의미가 불명확하고 국가관행도 많지 않은 실정이다. '인간의 거주' 또는 '독자적 경제생활'의 가

171) 직선기선은 해안의 일반적 방향(general direction of the coast)으로부터 현저히 벗어나서는 안 되며(해양법협약 제7조 3항), 항상 해면상에 있는 등대 또는 유사한 시설이 설치된 경우 외에는 어떠한 간출지로부터 그을 수 없다(동 4항). 이러한 직선기선 제도는 1935년 노르웨이가 국왕령으로 처음 채택한 이후 1951년 영국-노르웨이 어업분쟁 사건에 대한 ICJ 판결을 통하여 해양법상 확립된 제도이다. 이민효, *op. cit.*, p.39.

능성 여부는 해석에 따른 의견 대립이 초래될 수 있는 것이다. 특히 오늘날은 인위적인 시설을 통한 거주 조건 및 환경의 조성이 가능하고 도서 자신이 보유하고 있는 어업자원 까지도 고려한다면 독자적인 경제생활이 가능한 범위는 훨씬 확대될 수 있을 것이다.[172)]

또한 '인간의 거주' 또는 '독자적 경제생활' 요건은 자원의 가치 및 주택과 기타 시설을 건설하는 것과 같이 거주한다든가 또는 그 지역을 경제적으로 개발하는 인간의 능력의 변화를 통해 시간의 흐름에 따라 변화할 수 있는 요소로 보아야 할 것이다.[173)]

'인간의 거주'와 '독자적 경제생활'의 의미에 대해서는 통일된 의견이 일목요연하게 확인되지 않는다. 다만 '인간의 거주'는 현재 인간이 거주하고 있어야 한다는 것이 아니라 거주할 수 있는 가능성 또는 능력을 의미하는 것으로 일시적인 것이 아니라 일정기간 지속적으로 거주할 수 있어야 하며 대체로 식수와 경작 가능한 토양 등이 그 기준이 된다.[174)] 그리고 '독자적 경제생활'은 도서 자체가 갖는 자원에 의한 경제활동에 국한되는 것은 아니지만, 다른 영토로부터의 보급에 전적으로 의존하는 경우는 배제되는 것으로 본다.[175)]

---

172) 김부찬, "이어도 및 이어도 주변수역의 해양법적 지위," 제주대학교 사회과학연구소, 법과 정책, 제13집 제2호, 2007. 8, p.8.

173) 이환규, "UN 해양법협약상의 섬의 법적 지위와 독도," 동아법학, 제43호, 2009, p.440.

174) Barbara Kwiatkowska & Alfred H. Soon, "Entitlement to Maritime Areas of Rocks Which Cannot Sustain Human Habitation or Economic Life of Their Own," 12 Netherlands Yearbook of International Law, 1990, p.161; 山本草二, 海洋法, 三省堂, 1992, pp.90-91 참조.

175) Derek W. Bowett, The Lsgal Regime of Islands in International Law, Oceana Publications, 1979, p.34; Jonathan I. Charney, "Rocks that cannot sustain

4. 필리핀과 중국 간의 남중국해 중재재판 판결과 그 함의

가. 필리핀의 제소와 중국의 대응

2012년 4월 10일 필리핀 함정 2척이 스카보러(중국명 황옌다오)에서 조업하던 중국어선 8척을 나포하려다 이를 저지하는 중국 해양감시선과 대치하는 사건[176]이 있은 후 중국이 남중국해에 대한 영유권 확보를 강화해 나가자, 2013년 1월 22일 중국을 상대로 남중국해 문제를 유엔해양법재판소(ITLOS)에 소송을 제기하였다. 당시 ITLOS 소장이었던 야나이 지(柳井俊二)는 5명의 판사로 구성된 중재법정을 상설중재재판소(PCA)에 구성하였다.[177]

필리핀은 남중국해 문제를 15개 항목으로 나눠 PCA에 제소했는데,[178]

Human Habitation," 93 AJIL, 1999, p.870 참조. 김영구 교수는 '독자적 경제생활' 요건은 섬의 자원에 의한 농경이나 어업 등 전통적인 산업활동이 현실적으로 지속되는 것에 국한되지 않고, 섬이 가지고 있는 독자적인 자원의 가치가 인간의 다양한 경제활동을 유발시키는 포괄적인 상태를 의미한다고 본다. 그러므로 자원이 현실적으로 개발되는 상태를 요구하는 것이 아니라 가치있는 자원의 발견과 그러한 자원을 개발할 수 있는 인간의 과학적 기술이 갖추어지는 경우에 잠재적 상태에 있는 자원의 경제적 가치까지도 이러한 요건을 충족하는 것으로 보고 있다. 김영구, 독도 영토 주권의 위기, 다솜출판사, 2006, p.69.

176) 동 사건은 미국의 중개로 일시적으로 수습되었지만, 중국은 남중국해 관할 샨사(Shansha, 三沙)시를 정식으로 설립(2012년 6월 21일)하는 등 남중국해 도서에 대한 행정적·군사적 권리 행사를 강화하였으며, 이에 대한 대응으로 필리핀 아키노(Aquino) 대통령은 남중국해 일부를 '서필리핀해'로 명명하는 행정명령 제29호를 공포하였다(2012년 9월 13일). 유준구, 필리핀 vs. 중국 남중국해 중재재판의 내용과 시사점, 국립외교원 외교안보연구소, 주요국제문제분석 2016. 30, p.9.

177) 동 중재사건에 대한 자세한 설명은 정갑용, "필리핀과 중국의 남중국해 도서분쟁," 해사법연구, vol.25, no.2, 2013, pp.137-158 참조.

178) 이에 대한 자세한 설명은 김현수, "남중국해 분쟁에 대한 중재재판소 판정 분석," 충남

그중 남중국해 해양지형들의 법적 지위와 관련된 내용들은 다음과 같다. ① Mischief Reef와 Mckenna Reef는 필리핀 대륙붕의 일부를 구성하는 수중지형이다. 당해 지형에 대한 중국의 점유 및 건설행위는 필리핀의 주권을 침해하는 것이므로 이는 중단되어야 한다. ② Gaven Reefs와 Subi Reefs는 간조노출지로 협약상의 섬이 아니며 중국 대륙붕에 위치하지도 않는다. 이 지형에 대한 중국의 점유와 건설행위는 위법이므로 중단되어야 한다. ③ Scarborough Shoal 및 Johnson Reefs 등 5개 지형은 만조시 수면 위로 드러나는 아주 작은 돌출부분을 제외하고는 수면 아래에 잇는 지형으로 해양법협약 제121조 3항의 '암석'에 해당된다.

이처럼 필리핀은 남사군도 내에 있는 해양지형들에 대한 중재재판소의 관할권을 요청하였는 바, 이는 동 사건의 판결을 통하여 향후 필리핀이 남중국해에서의 자국 해양관할수역 결정 주장시에 직접적이고 결정적인 영향을 미칠 수 있기 때문으로 해석된다. 필리핀은 현재까지 남중국해 해양지형 중 어느 것도 200해리 배타적 경제수역을 설정할 만한 법적 요건을 갖추지 못하였으며, 그 결과 이들 지형 주변 12해리 영해정도만을 향유할 수 있다고 주장한다.[179]

나. 판결내용

필리핀의 청구내용을 검토한 중재재판소는 해양법협약 제121조 상의 '도서'와 '암석'의 구분 기준을 명확히 한 후 각 지형들이 '도서', '암석' 또는

대학교 해양안보포럼 E-Journal, 제13호, 2016. 7 참조.

179) 김현수, "남중국해 해양개체의 법적 지위와 그 역할에 관한 소고 : 필리핀·중국 간 중재판정을 중심으로," 인하대학교 법학연구, 제19집 제1호, 2016. 3, p.32.

영해도 갖지 못하는 '간출지'인지를 판단하였다. 특히 필리핀의 청구내용에는 없었지만 남사군도에서 가장 큰 지형인 이투아바(중국명 태평도)를 도서가 아니라고 함으로써 다른 모든 지형들이 도서가 될 수 없음을 분명히 하였으며, 필리핀 연안으로부터 200해리 이내에 있는 미스치프 암초와 세컨드 토마스 숄을 간출지로 판단하였다.[180)]

남중국해 지형들의 해양법협약상 법적 지위 문제와 관련 재판부는 해양 지형들이 도서, 암석 또는 간출지에 해당하는지 여부는 간척 등에 의한 변형 이전의 '자연적 상태'(natural condition)가 기준이 된다는 점을 강조하였다. 특히 간출지 판단 여부에 있어 자연적 상태와 관련 재판부는 고문서 자료(archival materials) 및 역사적 수로학 조사(historical hydrographic survey)의 기준을 제시하였으며 간출지 및 그 위에 설치된 시설물의 크기는 무관하다는 점을 확인하면서 간출지의 법적 지위는 자체로서 영해를 가질 수 없음은 물론 영해 밖에 있는 간출지의 경우 점유될(appropriated) 수도 없다고 판단하였다.[181)]

---

180) 박영길, "필리핀 vs 중국 간 남중국해 사건 중재재판의 동아시아 역내 함의," Strategy 21, 통권 제40호, 2016, p.133.

181) 유준구, *op. cit.*, pp.13-14. 중국은 남중국해에 흩어져 있는 250여개 지형들과 암석으로 이루어진 난하이 제도(Nanhai Zhudao)는 자신들의 고유한 영토이며, 이러한 중국의 주권은 역사적으로 확립되었다는 입장을 견지해왔다. 이러한 입장을 갖고 있는 중국은 당연히 필리핀의 제소 이후 재판 참여를 공식적으로 거부하였고, 판결도 절대 수용할 수 없음을 줄곧 천명해왔다. 위 판결이 과정으로나 법적으로 설득력이 덜어지고 증거와 사실을 잘못 파악한 부분이 많아 받아들일 수 없다는 것이다. 이는 판결 다음 날인 2016년 7월 13일 중국 국무원신문판공실이 발표한 '중국은 협상을 통해 중국과 필리핀 간 남중국해 관련 분쟁을 해결할 것이다'라는 제하의 50쪽 분량의 백서에 잘 나타나 있다. The State Council Information Office of the People's Republic of China, China aAdheres to the Position of settling Through Negotiation the Relevant Disputes Between China and Philippines in the South China Sea, 13

다. 판결의 한국에의 함의 : 독도의 법적 지위, 도서인가? 암석인가?

중재재판부는 해양법협약 제121조 3항의 도서와 암석의 판단기준으로 해양 지형의 객관적 능력(objective capacity), 자연적 상태(natural condition), 안정적 주민집단(stable community of people) 또는 독립적 경제활동(economic activity that is neither dependent on outside resources nor purely extractive in nature) 유지 등의 요건을 구체화하였다. 또한 어부들에 의한 일시적인 지형의 사용은 안정적 주민집단의 거주로 보지 않았고, 남중국해에서 행해진 모든 역사적 경제활동을 본질적으로 채집적인 경제활동으로 확인하여 문제된 남중국해 지형들의 도서로서의 요건이 미흡하다고 판단하였다. 이러한 기준으로 재판부는 스카버러 암초가 도서의 지위를 가지지 못함은 물론 미스치프 암초 및 세컨드토마스 암초의 경우 필리핀 소유 도서인 팔라완(Palawan)으로부터 200해리 내에 위치한 암석이어서 중국의 배타적 경제수역과 중첩될 여지가 없으므로 영유권 및 해양경계획정과는 무관하다는 필리핀의 주장을 인정하였다.[182]

이처럼 중재재판소는 '인간의 거주'와 '독자적인 경제생활'이라는 조건에 대하여 매우 엄격한 기준을 적용하였다. 이러한 기준은 기존의 국가들의 실행에 비추어보면 지나치게 엄격한 것일 수 있지만, 이번 판결은 독도문제와 관련하여 많은 시사점을 보여 주고 있다. 판결내용은 역사적 권원, 생태환경파괴, 도서의 조건 등과 관련된 새로운 판단기준을 제시한 것으로 평가된다. 주목할 부분은 중재재판소가 관할권 성립에 대해 매우 적극적 입장이라는 점, '도서'의 기준을 매우 엄격하게 판단하고 있다는 점, '인

July 2016 참조.

182) 유준구, *op. cit.*, pp.14-15.

공도' 공사가 해양생태계를 파괴했기 때문에 해양법협약을 위반했다는 부분 등이다. 특히 중국의 역사적 권리 인정에 대해 소극적으로 판단한 사실도 실효지배와 관련하여 유의해야 할 부분이다. 독도문제를 국제사법재판소에서 해결하자는 일본의 주장에대한 대응책을 강구할 필요성이 제고되었고, 역사적 권원에 의존하는 우리의 대응정책의 보강도 필요하다.[183)]

다만 독도가 '도서'의 요건을 갖추고 있는가? 아니면 '암석'일 뿐인가? 하는 문제에 대해 이번 판결이 미친 영향에 대해서는 대체로 2가지 견해로 대별되고 있다. 하나는 독도의 '도서'으로서의 지위에 대한 부정적 견해이다. 이번 중재재판소 판결의 취지를 그대로 적용하면 우리나라의 독도를 비롯해 국제적인 관심사인 대부분의 해양지형은 배타적 경제수역이나 대륙붕을 가질 수 없는 암석으로 격화될 것이라는 입장이다.[184)] 이러한 견해가 다수의 입장인 것으로 보인다.

또 다른 견해는 배타적 경제수역을 가지는 도서의 조건과 관련해서도 독도의 경우 1965년부터 한국의 어부 최종덕씨가 독도에서 거주했고, 그 이후 김성도 부부와 편부경 시인이 주민으로 살고 있어 자연상태에서 집단거주가 이루어진 것으로 보아야 하며, 그런 점들을 고려하면 인공시설을 건설한 이후 사람들이 거주하기 시작한 남중국해해의 도서들과는 구별되는 완전한 도서로서의 조건을 가지고 있다는 것이다. 때문에 중재재판의 결과는 한국이 독도영유권을 가지는 권리주체인 동시에 독도가 배

183) 이정태, "남중국해 인공섬 건솔과 국제상설중재재판소 판결, 대한정치학회보," 제24집 제4호, 2016, pp.182-183.

184) 이석용, "남중국해 중재판정의 국제해양법상 도서제도에 대한 영향," 영토해양연구, vol.12, 2016, p.136. 중재재판소의 판결이 독도의 버벅 지위에 미치는 함의에 대한 자세한 분석은 김원희, "남중국해 해양분쟁 관련 '국제법 전쟁(Lawfare)의 성과와 과제," 국제법학회논총, 제61권 제4호(통권 제143호), 2016, pp.113-116 참조.

타적 경제수역을 가지는 완전한 도서라는 근거를 확인시켜준 판례라고 본다.[185)]

5. 결론

해양법협약의 체결과정에서 다수의 도서를 갖고 있는 국가들은 모든 섬(도서와 암석 포함)이 일반 육지와 동등하게 배타적 경제수역과 대륙붕을 가져야 한다고 주장한 반면, 개도국과 지리적 불리국들은 섬의 크기와 주민의 수 등 여러 가지 요소를 종합적으로 고려하여야 한다는 입장을 취하였다. 도서의 지위에 대하여 합의점을 찾을 수 없자, 결국 동 협약은 상기 양측의 입장을 거슬리지 않게 모호하게 관련 규정을 채택하였는데,[186)] 협약 제121조가 그것이다.

이러한 결과로 연안국들은 도서와 암석을 구분하지 않고 이들 해양지형들을 둘러싼 배타적 경제수역과 대륙붕을 주장하여 자국의 해양관할수역의 확장은 물론 심지어는 이들 수역 내에서 주권행사까지도 하려는 경향을 보이고 있어 오늘날 국제사회에 또 다른 많은 문제점을 제기하고 있다. 특히 해양경계 대상해역의 폭이 400해리가 되지 않는 상대적으로 좁은 수역에서 대상국가의 일방이 해양법협약상 도서가 아닌 암석 등을 대상으로 무리하게 해양수역을 주장할 경우 그 해결점을 찾기란 대단히 어

---

185) 이정태, *op. cit.*, p.183. 이 교수는 이번 판결이 오히려 일본처럼 법적인 근거마련을 위한 일시적인 국가행위는 영유권의 권원을 판단하는 근거가 될 수 없다는 점을 적시함으로써 일본의 역사적 권원에 근거한 최근의 영유권 주장논리를 무력화시키는 근거가 되었다면서, 일제침략시기 일본의 일시적인 조업행위나 체류가 역사적 권원의 근거가 될 수 없다는 것으로 판단한 것으로 볼 수 있다고 본다. *Ibid.*

186) 정인섭, 신국제법강의, 박영사, 2010, p.401.

려울 수 있다.[187]

이러한 상황에서 남중국해 해양지형의 법적 지위에 대해 판정을 내린 필리핀과 중국 간의 분쟁에 대한 중재재판소의 판결은 도서와 암석을 구분하는 기준을 제시한 최초의 판결로써 해양법상 그 의미는 실로 크다고 할 수 있을 것이다. 도서의 요건을 매우 엄격하게 해석하고 있는 동 판결은 도서와 암석을 구분하지 않고 이들 모두 해양관할수역을 갖는다고 주장해 온 국가들의 정책에 향후 상당한 영향을 미칠 수도 있을 것이며, 특히 우리나라와 관련하여 독도의 법적 지위와도 관련있다. 물론 이번 판결로 인해 지금까지 취해오고 있는 독도에 대한 정책이나 주장을 폐기하거나 변경할 필요는 없다고 본다. 그렇지만 독도에 대한 우리의 주권행사는 정당하게 행사하되 이번 판결이 미칠 수 있는 영향을 세밀히 분석하고, 그에 대한 대응책을 체계적으로 마련해 나가는 일이 어느 때보다 중요하다.

187) 김현수, *op. cit.*, p.31.

맺으며

해양은 예로부터 교통과 통상의 요로, 자원의 채취, 과학조사, 폐기물 처리 나아가서는 군사활동 등의 많은 목적을 위하여 이용되었으며, 국가 상호 간의 경쟁과 대립의 장소가 되어 왔다. 이러한 해양문제들을 규율하는 해양법은 국제법 중에서도 가장 오랜 전통을 가진 분야의 하나로써 해양의 이용관계를 둘러싼 각 시대의 요청을 반영하여 그 규제내용에 현저한 변화를 가져 왔다.

새로운 해양법질서가 형성되고 과학기술이 고도로 발달하고 있는 오늘날 해양의 이용은 점차 활성화되고, 그 중요성이 더욱 증대되고 있다. 하지만 해양은 그 중요성의 증대 못지않게 분쟁의 근원이 되기도 한다.

1982년 유엔해양법협약은 변화하는 해양현실에 발맞추어 국가 관할 수역에 관한 전통국제법을 대폭 수정하여 내수, 영해 및 공해와 같은 전통적인 해양체제 외에 다양한 수역(zones), 즉 군도수역, 배타적 경제수역, 심해저 등을 포함하는 새로운 해양체제를 확립하였다. 기존의 해양법에 비하여 내용적으로도 많은 면에서 발전이 있었다. 영해범위가 최초로 12해리까지로 확정되었고, 대륙붕의 범위를 최대 350해리까지로 확대하였으며, 군도수역 및 배타적 경제수역제도가 신설되었고, 국제해협에서의 통과통항제도가 도입되는 등 해양법 질서에 중요한 변화를 가져 왔다.

그러나 해양(법) 질서의 안정과 해양의 평화적 이용의 확보를 지향하고 있는 해양법협약 규정의 대부분은 기본적으로 평시의 통항, 해양자원의 관리 및 해양환경의 보호와 보존 등 해양의 평화적 사용에 관련된 것들이며, 해양법협약의 협상과정에서 해양의 군사적, 전략적 사용문제 혹은 해양군비통제에 관한 논의는 비교적 적었으며, 따라서 해양의 군사적 사용문제에 대한 직접적인 규정은 그리 많지는 않다. 제3차 해양법회의에서 군사적 측면에서 다루었던 문제라면 해저의 군사적 활용과 관련된 군비축소 협상 정도라고 할 수 있다.

비록 회의에서 해양에서의 군사활동에 관한 논의가 충분치 못하기는 하였지만 오랜 협상을 통해 참가국들의 주장 및 의견들을 조정하는 과정을 통해 자연히 각국의 해양(군)이익은 타협점을 찾기도 하였다. 하지만 이러한 타협으로 새로운 해양수역들에서의 군함의 통항 및 각 수역의 군사적 이용과 관련된 각국의 해양정책 간에 상반되는 이해의 충돌과 갈등을 모두 아우를 수는 없었으며, 이러한 충돌과 갈등은 오늘날 현실문제로 제기되고 있다. 즉, 협약 규정의 불충분성과 그 내용의 불명확성은 해양이용을 둘러싼 각국들의 이해와 맞물려 분쟁이 발생될 가능성을 내포하고 있는 것이다.

또한 해양법협약에서 채택된 이러한 새로운 수역들은 해전법규, 특히 교전국과 중립국 간의 관계를 규율하는 중립법규에 심대한 영향을 미쳤다. 이러한 영향은 그 폭이 12해리로 확대된 영해에서 가장 뚜렷했는데, 기존 3해리 영해에 적용되던 규칙들이 관할권이 확대된 12해리 영해에 그대로 적용됨으로써 분쟁지역을 확대시키고 중립국을 분쟁에 끌어들이는 등 교전국과 중립국 간에 새로운 긴장을 가져왔다. 또한 영해 외에도 접속수역 및 배타적 경제수역 등 연안국의 관할권이 행사되는 수역의 확대와 국제해협에서의 새로운 통항질서도 해전중립법규에 영향을 미쳤다.

그리고 해양법협약의 채택 및 발효는 우리의 해양안보 및 해군작전에도 상당한 영향을 미쳤다. 일본과 중국은 군사력을 강화하고 있는 바, 이는 동해 및 황해에서 우리의 해상안보이익과 충돌될 수밖에 없다. 일본은 1997년 미·일신방위협력지침을 체결에 따라 군사정치적 활동영역이 아시아·태평양 지역으로 확대되게 되었는데 이 경우 우리나라와 해양활동을 둘러싼 긴장상태가 야기될 수 있으며, 중국은 남사군도 영유권 분쟁 및 양안갈등 등 현안문제 해결과 해양이익을 최대한 확보하기 위하여 해양진출을 적극 추진하고 있어 황해에서 우리나라와 긴장상태가 발생할 위험이 매우 크다. 더욱이 한일·한중어업협정 체결에 따른 각국의 어업이익 확보 및 향후 배타적 경제수역 경계획정에서도 한·중·일 3국은 충돌될 수밖에 없는 바, 동 수역 내에서의 군사활동의 가능성 및 한계문제에 대한 법적인 검토와 예견 가능한 상황에 대처하기 위한 사전준비가 시급히 요구되고 있다.

배타적 경제수역제도의 채택으로 우리나라의 주권적 권한이 미치는 영역이 확대되었을 뿐만 아니라 동 수역 내에서의 불법어로행위 및 환경오염행위에 대한 단속이 가능해지고, 타국의 군사활동 시 아국의 이익을 정당히 고려할 수 있도록 요구할 수 있게 되었다.

따라서 해군은 평시 작전수행 시 아국의 국익보호를 위하여 해상감시활동을 강화할 필요가 있으며, 각 수역에서의 타국선박의 불법어로 및 환경오염사례 등 발생가능한 상황에 대비한 세부행동지침을 수립하여야 하며, 아국 군함의 타국 배타적 경제수역 내 군사활동상의 제한사항과 타국 군함의 아국 배타적 경제수역 내 군사활동상의 제한사항을 연구하여 군사작전에 참고하고, 관할권 확대와 관련된 실질적 권한 행사를 위해 국제적 해난구조 능력을 갖추고, 원해 작전능력 구비 및 작전소요 증가에 따른 세력 확보 등 적정 해군력 건설을 추진하여야 할 것이다.

21세기에 접어든 현재 우리나라는 새로운 해양질서에 대한 능동적이고 적극적인 참여를 통한 선진 해양국가 건설이라는 절박한 시대적 과제를 안고 있다. 해양법협약의 발효에 따라 우리나라가 당면한 가장 큰 해양문제는 주변국가와의 협의에 따라 해양경계를 획정하고, 배타적 경제수역체제에 입각한 어업질 서의 재편에 따른 어족자원의 합리적 보존 및 해양환경의 보호 등이다.

이러한 현안문제들을 해결하고 해양이익을 지속적으로 보장하기 위해서는 해양법에 대한 철저한 연구로 국가해양정책을 뒷받침하고, 안전한 수출입을 보장하기 위한 해상교통로를 확보·보호하며, 해양경계획정 및 어업문제 등 주변국 간의 이해관계를 해결하기 위한 지역적 협력체제를 구축하여야 하고, 다양한 분야들에서 요구되는 해양활동을 수행할 수 있는 능력과 태세를 갖추어야 하며, 상호신뢰에 바탕을 둔 해양안보협력을 강화하여야 할 것이다.

참고문헌

1. 국내문헌

강덕동, "21세기 해양안보 환경 변화와 대응방향 : 해군과 해양경찰 역할을 중심으로", 『한국해양전략연구소 제7회 학술세미나 논문집』, 2000. 12. 7.

강영훈, "잠수함의 국제법상의 지위(I)", 『해양연구논총』, 제12집, 1994. 3.

강영훈, "한국 · 일본간의 해양문제", 이춘근(편), 『한국의 해양문제』, 한국해양전략연구소, 1997.

강영훈, 『군함의 법적 지위』, 연경문화사, 1984.

권문상, "배타적 경제수역 선포와 광역관리체계 구축에 관한 연구(II)", 『정책자료 96』, 한국해양수산개발원, 1997. 12.

권문상, "UN해양법협약상 기선제도에 관한 연구", 정일영·박춘호 공편, 『한일관계 국제법 문제』, 백상재단, 1998.

권문상·이용희, "유엔해양법협약상 배타적 경제수역 내 외국의 군사활동에 대한 대응방안", 한국해양전략연구소, 『Strategy 21』, 1999.

권문상·이용희·박성욱, "한·중·일 EEZ 어업관리체제 및 새로운 어업협정에 관한 고찰", 『국제법학회논총』, 제44권 제1호, 1999. 6.

김경민, "중국의 해양전략", 『중소연구』, 제24권 제4호, 한양대학교 아태지역 연구센터, 2000/2001.

김동욱, 군함에 의한 해양오염의 국제법적 규제:1982년 유엔해양법협약 제236조를 중심으로, 고려대학교 박사학위논문, 2000. 12.

김석현(역), "새로운 해양법의 도래", 『국제법평론』, 통권 제4호, 1995.

김선표·홍성걸·이형기, 한·일간 동해 배타적 경제수역 경계획정에서 독도 기점사용에 대한 연구, 한국해양수산개발원(기본연구 2000-18), 2000. 12.

김영구, "서해에서의 어자원 관리와 '한·중어업협정'", 『해양전략』, 제108호, 2000. 9.

김영구, "한·일간 해양경계획정을 위한 법적 문제 고찰", 『Strategy 21』, No. 1, 1998.

김영구, 『한국과 바다의 국제법』, 한국해양전략연구소·효성출판사, 2002.

김재원(역), 『국제분쟁의 해결방법』, 교육과학사, 1998.

김종헌, 『해양과 국제정치』, 세종출판사, 1997.

김찬규, "신풍호 사건이 남긴 법적 논란", 6월 3일자 문화일보.

김찬규, "한·일간의 해양분쟁에 관한 제문제", 이장희(편), 『한·일간의 국제법적 현안문제』, 아시아사회과학연구원, 1998.

김현수, "국제법상 미식별 잠수함의 처리에 관한 연구", 『해양연구논총』, 제24집, 2000.

김현수, "배타적 경제수역에서의 군사활동과 그 법적 규제", 『해양연구논총』, 제16집, 1996.

김현수, "신해양법상 군사활동과 무력사용의 한계", 『해양전략』, 제94호, 1997. 3.

김현수, "유엔해양법협약상의 추적권 : 협약 111조의 해석을 중심으로", 『해양전략』, 제91호, 1996.

김현수, "작전수역으로서의 영해 및 접속수역에 관한 연구", 『전투발전연구』, 제8호, 2001.

김현수, "중국의 해양정책에 관한 소고", 『해양전략』, 제108호, 2000. 9.

김현수, "추적권에 관한 국제법적 고찰", 『해양전략』, 제110호, 2001. 3.

김현수, "한·중어업협정의 영향과 향후과제에 관한 법적 고찰", 『해양전략』, 제105호, 1999. 12.

김현수, "해양과학조사에 있어서의 무인잠수정의 법적 규제", 『해양전략』, 제115호, 2002. 6.

김현수·이민효, 『현대국제법』, 연경문화사, 2005.

박배근(역), 『최신국제법』, 국제해양법학회, 1999.

박배근, "1965년 한·일어업협정과 일본의 신영해법에 관한 법적 문제점 : 909 대동호 사건과 제3만구호 사건을 소재로", 『서울국제법연구』 제6권 제1호, 1999.

박춘호·유병화, 『해양법』, 민음사, 1986.

백진현, "한국-중국 간의 해양문제", 이춘근(편), 『한국의 해양문제』, 한국해양전략연구소, 1997.

신각수, "국제법상 군함의 무해통항권", 『서울국제법연구』, 제2권 제1호, 1995.

오윤경 외, 『현대국제법 : 외교실무자들이 본 이론과 실제』, 박영사, 2000.

유병화, 『국제법총론』, 일조각, 1984.

이병조·이중범, 『국제법신강』, 일조각, 1999.

이상면, "신한·일어업협정상 독도와 그 주변수역의 법적 문제", 『서울대 법학』, 제40권 제3호, 1999.

이서항, "유엔해양법과 세계 해양문제", 이춘근(편), 『한국의 해양문제』, 한국해양전략연구소, 1997.

이석용, "해양의 군사적 이용에 관한 연구", 『Strategy 21』, vol. 3, no.2, 2000.

이수근·강한구·김광식, 유엔해양법협약 발효에 따른 국방정책 연구, 한국국방연구원, 1997.

이용일, "한·중·일 3국 사이의 양자어업협정과 동중국해 어업질서", 『국제법 동향과 실무』, Vol. 2, No. 3 2003.

이용희, "국적불명선 『長魚 3705』호 침몰사건에 대한 법적 고찰", 『국제법학회논총』, 제47권 1호, 2002. 6.

정용현, "배타적 경제수역(EEZ)의 안보적 의미와 한반도 해양안보에 관한 소고", 『전투발전연구』, 제8호, 2001.

최종화, "한반도 주변해역 해상치안수요 변화와 해양경찰", 한국해양전략연구소, 『21세기 해양시대 개막과 한국해양경찰(제7회 학술세미나논문집)』, 2000. 12. 7.

최종화, 『현대 해양국제법』, 도서출판 두남, 2004.

최홍배(역), 『해양법』, 지산출판사, 2002.

해군본부, 『해양법연구』, 제11집, 1991.

해군작전사령부, 『작전법사례집』, 제1집, 1997. 7.

2. 국외문헌

A. V. Lowe, "Some Legal Problems arising from the Use of the Seas for Military Purpose", 10 *Marine Policy*, 1986.

B. A. Boczek, "Peacetime Military Activities in the Exclusive Economic Zone of Third Countries", 19 *Ocean Development and International Law*, 1988.

Bernard H. Oxman, "The Regime of Warships under the United Nations Convention on the Law of the Sea", 24 *Virginia Journal of International Law*, 1984.

Bernard H. Oxman, "United States Interests in the Law of the Sea Convention", 88 *AJIL*, 1994.

D. P. O'Connell, *The Influence of Law on Sea Power*, Manchester, Manchester University Press, 1975.

D. P. O'Connell, *The International Law of the Sea*, Vol. 1, Clarendon Press, 1982.

D. P. O'Connell, *The International Law of the Sea*, Vol. 2, Oxford University Press, 1984.

E. D. Brown, *The Law of the Sea*, Vol. 1, Dartmouth Publishing Company, 1994.

F. Francioni, "Peacetime Use of Force, Military Activities and the New Law of the Sea", 18 *Cornell International Law Journal*, 1985.

H. Grotius, *Mare Liberum*, Clarendon Press, 1916.

Harold J. Kearsley, *Maritime Power and the Twenty-first Century*, Brookfield, Dartmouth Publishing Co. Ltd., 1992.

J. Guoxing, "Missions and Contributions of the PLA Navy in the Post-Cold War and the EEZ Era", Choon Kun Lee (ed.), *The Middle Power Navies*, The Korean Institute for Maritime Strategy, 1998.

John R. Stevenson and Bernard H. Oxman, "The Future of the United Nations Convention on the Law of the Sea", 88 *American Journal of International Law*, 1994.

Kwiatkowska, *The 200 Mile Exclusive Economic Zone in the Law of the Sea*, Martinus Nijhoff Publishers, 1989.

O. Bring, "Naval Arms Control and the Convention on the Law of the Sea", Richard Fieldhouse (ed.), *Security at Sea: Naval Forces and Arms Control*, SIPRI, Oxford U.P., 1990.

Roland J. Stanger, *Criminal Jurisdiction over Visiting Armed Forces*, U.S. Naval War College International Law Studies 1957- 1958, vol. 52, 1965.

R. P. Anand, *Legal Regim of the Sea-Bed and the Developing Countries*, Thomson Press, 1975.

Robin R. Churchill and Alan V. Lowe, *The Law of the Sea*, Manchester, Manchester University Press, 1983.

부록

유엔해양법협약

(1982. 4. 30 채택, 1994. 11. 16 발효)

본 협약의 당사국은,

상호 이해와 협약의 정신으로 해양법에 관한 모든 문제를 타결하기 위하여 그리고 세계 모든 인민을 위한 평화, 정의 및 진보의 중요한 공인으로서 본 협약의 역사적 중요성을 인식하며,

1958년 및 1960년에 제네바에서 개최된 국제연합 해양법회의로부터 이루어진 발전이 일반적으로 승인될 수 있는 새로운 해양법협약의 필요성을 고무하였음에 유의하고,

해양의 문제는 밀접하게 상호 연합되어 있고, 또한 전체로서 고려되어야 할 필요가 있음을 인지하고,

본 협약을 통하여 그리고 모든 국가의 주권에 대한 정당한 고려를 하여, 국제통상을 촉진하고 해양의 평화적 이용, 해양자원의 공평하고 효율적인 이용, 해양환경의 연구, 보호 및 보전과 해양생물자원의 보존을 증진하는 해양에 대한 법적 질서를 확립하려는 희망을 인성하고,

상기 목표의 성취는 인류 전체의 이익과 필요성 및 특히 연안국 또는 내륙국임에 관계없이 개발도상국가의 특별이익 및 필요성을 고려한 정당

하고 공평한 세계경제질서의 실현에 기인할 것임을 명심하고,

국제연합총회가 국가관할권 이원에 있는 해저, 해상과 그 하층토 및 그 자원은 인류의 공동재산이며, 그에 대한 심사 및 개발은 국가의 지리적 위치에 관계없이 인류 전체의 이익을 위하여 대행되어야 한다고 특별히 엄숙하게 선언한 1970년 12월 17일 2749결의에 의하여 발전시킬 것을 희망하고,

본 협약에 성취된 해양법의 법전화 및 점진적 발전은 정의 및 권리 평등의 원칙에 따라 모든 국가 간에 평화, 안전, 협약 및 친선관계의 강약에 기인할 것이며, 국제연합헌장에 규정된 국제연합의 목적 및 원칙에 따라 세계 모든 인민의 경제적, 사회적 진보를 증진할 것임을 믿고,

본 협약에 의하여 규정되지 않는 사항은 일반국제법의 규칙 및 원칙에 의하여 계속 규율될 것으로 확신하며, 다음과 같이 합의하였다.

제1장 총칙

제1조 (용어의 정의 및 적용범위)

① 본 협약의 적용상 :

가. "심해저"는 국제관할권 이원의 해저, 해상 및 그 하층토를 뜻한다.

나. "심해저기구"는 국제심해저기구를 뜻한다.

다. "심해저 활동"은 심해저의 자원을 탐사 및 개발하는 모든 활동을 뜻한다.

라. "해양환경의 오염"은 생물자원 및 해양생태에 대하여 유해하며 인간의 건강에 대하여 위험하고 어업 및 해양의 합법적 사용을 포함

한 해양활동을 방해하며, 해수이용을 위한 수질의 악화 및 쾌적도의 손상 등 유해한 영향을 초래하거나 초래할 수 있는 물질 또는 '에너지'를 인간이 직접 또는 간접적으로 해양환경(하구포)에로 반입하는 것을 뜻한다.

마. ⑴ "투기"는 하기사항을 뜻한다.

(가) 선박, 항공기, 승강장 또는 기타 해양인공구조물로부터 폐물 또는 기타 물질의 고의적인 방기.

(나) 선박, 항공기, 승강장 또는 기타 해양인공구조물의 고의적 방기.

⑵ "투기"는 하기사항을 포함하지 아니한다.

(가) 선박, 항공기, 승강장 또는 기타 해양인공물조물 및 그 장비의 통상적인 운용에 부수되거나 파생되는 폐물 또는 기타 물질의 방기, 단, 그러한 방기를 목적으로 하여 운용되는 선박, 항공기, 승강장 또는 기타 해양인공구조물에 의하거나 그것으로 수송되는 폐물, 기타 물질 또는 그러한 선박, 항공기, 승강장 또는 기타 해양인공구조물상에서 그러한 폐물, 기타 물질의 처리로부터 파생되는 폐물, 기타 물질은 이를 제외한다.

(나) 단순히 폐물 이외의 것을 목적으로 하는 물질의 배치 단, 그러한 배치는 본 협약의 목적에 위배되지 아니하여야 한다.

② 가. "당사국"은 본 협약에 기속받기로 동의하고 이에 대하여 본 협약이 효력을 발생중인 국가를 의미한다.

② 나. 본 협약은 제 305조 제①항 가호, 나호, 다호, 라호, 마호, 및 바호에 규정된 주체로서 각기 관련되는 조약에 따라 본 협약에 당사국이 된 주체에 준용되며, 그 범위 내에서 "당사국"은 이러한 주체를 포함한다.

제2장 영해 및 접속수역

제1절 총칙

제2조 (영해, 영해의 상공, 해저 및 하층토의 법적 지위)

① 연안국의 주권은 그 국가의 영토 및 내수를 넘어 군도국가인 경우에는 군도수역을 넘어 영해라고 부르는 인접해대에까지 미친다.

② 이러한 주권은 영해의 상공과 해저 및 하층토에까지 미친다.

③ 영해에서의 주권은 본 협약 및 기타 국제법에 따라 행사된다.

제2절 영해의 한계

제3조 (영해의 폭)

모든 국가는 본 협약에 따라 결정된 기선으로부터 12해리를 초과하지 아니하는 범위까지 영해의 폭을 설정할 권리를 갖는다.

제4조 (영해의 외측한계)

영해의 외측한계는 기선상의 최근점으로부터의 거리가 영해의 폭과 같은 모든 점을 연속한 선이다.

제5조 (통상기선)

본 협약에 달리 규정된 경우를 제외하고는 영해의 폭을 규정하는 통상기선은 연안국에 의하여 공인된 대축척해도에 표시된 연안의 저조선으로 한다.

제6조 (암초)

환초상의 도서 또는 초를 가진 도서의 경우에 영해의 폭을 측정하는 기선은 연안국에 의하여 공인된 해도에 적당한 기호로 나타난 암초의 해양 측 저조선으로 한다.

제7조 (직선기선)

① 해안선이 깊게 굴곡하고 돌입한 지역 또는 바로 인근의 해안에 연하여 일련의 도서가 산재한 경우에는 적당한 지점을 연결하는 직선기선의 방법을 영해의 폭을 측정하는 기선을 획정하는데 사용할 수 있다.

② 삼각주와 기타 자연조건으로 인하여 해안선이 극히 불안정한 경우, 저조선의 해양측 최장범위를 따라 적당한 지점이 선택될 수 있으며, 그 후 저조선이 후퇴되더라도 그러한 기선은 본 협약에 따라 적당한 지점이 선택될 수 있으며, 그 후 저조선이 후퇴되더라도 그러한 기선은 본 협약에 따라 연안국이 변경할 때까지는 유효하다.

③ 직선기선의 획선은 해안의 일반적 방향으로부터 현저히 일탈하여서는 아니 되며, 직선기선 내 수역은 내수제도에 종속되도록 육지본토에 충분히 인접되지 않으면 아니 된다.

④ 직선기선은 간출지로부터 획선할 수 없다. 단. 등대 또는 유사시설이 해상에 항구적으로 설치되어 있거나, 또는 간출지로부터의 기선획선이 일반적으로 국제적 승인을 받는 경우에는 가능하다.

⑤ 상기 ①항에 따라 직선기선 방법이 적용되는 경우, 특정기선을 결정함에 있어서 관계지역에 특수한 경제적 이익으로서 그 사실과 중요성이 장기관행에 의하여 명백히 증명된 것은 이를 참작할 수 있다.

⑥ 직선기선제도는 어느 국가가 타국의 영해를 공해 또는 배타적 경제수역으로부터 격리시키는 방법으로 적용되지 아니한다.

제8조 (내수)

① 제4장에 규정된 경우를 제외하고는 영해의 기선상의 육지 측 수역은 그 국가의 내수의 일부를 구성한다.

② 제 7조에 따른 직선기선의 설정으로 종전 인정되지 아니하였던 수역을

내수로서 포함하는 효과를 가져오는 경우, 본 협약에 규정된 무해통항권이 그 수역에 그대로 인정된다.

제9조 (하구)

하천이 직접 바다로 유입하는 경우 하천의 양제방의 저조선상 지점 간의 하구를 가로질러 연결하는 직선을 기선으로 한다.

제10조 (만)

① 본 조는 그 해안이 단일국가에 정하는 만에 한하여 적용된다.

② 본 협약의 적용상 만이라 함은 뚜렷한 굴곡으로서 그 입구의 넓이에 비하여 내륙해를 포함할 정도로 굴곡하고 해양의 단순한 굴곡이상인 것을 말한다. 그러나 굴입면적이 그 굴입의 입구를 연결한 선을 직경으로 한 반원에 미달하는 경우에는 만으로 보지 아니한다.

③ 굴입면적은 굴입해안에 연한 저조선과 양 자연적 입구지점의 저조선상의 지점을 연결하는 선 사이에 입직한 수역으로 측정한다. 도서의 존재로 인하여 굴입이 1개 이상의 입구를 가지는 경우에 반원은 상이한 입구를 연결하는 선의 길이를 합한 길이의 선상에 그어야 한다. 굴입 내의 도서는 그 굴입수역의 일부로서 포함된다.

④ 만의 양 자연적 입구의 저조선상의 지점 간의 거리가 24해리를 초과하지 아니하는 경우에는 양 저조선상의 지점 간에 폐쇄선을 획선하고 이에 포함된 수역은 이를 내수로 본다.

⑤ 만의 양 자연적 입구의 지점 간의 거리가 24해리를 초과하는 경우에는 24해리의 직선기선을 그 선으로서 가능한 한 최대의 수역을 포함할 수 있는 방법으로 만 내에 획선하여야 한다.

⑥ 상기 제항의 규정은 소위 "역사적" 만 또는 제7조에 규정된 직선기선제도가 적용되는 경우에는 적용되지 아니한다.

제11조 (항)

영해의 경계를 획정함에 있어서 항만제도의 불가분의 일부를 구성하는 최외측의 항구적 항만시설은 해안의 구성부분으로 본다. 근해시설 또는 인공도서는 항구적인 항만시설로 보지 아니한다.

제12조 (정박지)

선박의 적하, 양하 및 투묘를 위하여 통상적으로 사용되고, 전부 또는 일부가 영해의 외측한계 밖에 존재하는 정박지는 이를 영해에 포함한다.

제13조 (간출지)

① 간출지는 수면으로 둘러싸이고 간조 시에 수면 위에 출현하나, 만조 시에는 수면 하에 있는 자연적으로 형성된 육지의 지역을 말한다. 간출지의 전부 또는 일부가 본토 또는 도서로부터 영해의 폭을 초과하지 아니하는 거리에 위치하는 경우에는 그 간출지상의 저조선이 영해의 폭을 측정하기 위한 기선으로 사용될 수 있다.

② 간출지의 전부가 본토 또는 도서로부터의 영해의 폭을 초과하는 거리에 위치하는 경우에는 그 자체의 영해를 갖지 아니한다.

제14조 (기선획정방식의 혼합)

연안국은 기선을 획정함에 있어서 상이한 여러 조건에 적합하도록 상기제 조항에 규정된 여러 가지 방법을 혼합사용할 수 있다.

제15조 (대향, 인접국 간의 영해의 경계획정)

2개국의 해안이 상호 대향 또는 인접하고 있는 경우에는 양국 중 어느 국가도 양국 간의 별개의 합의가 없는 한 양국의 각 영해의 폭을 측정하는 기선상의 최근점에서 같은 거리에 있는 모든 점의 연결인 중간선을 넘어서 영해를 확장하지 못한다. 단, 본 조의 규정은 역사적 근원 또는 기타 특수사정으로 인하여 본 규정과 상이한 방법으로 양국의 영해를 확정할 필요가 있는 경우에는 적용되지 아니한다.

제16조 (해도 및 지리적 좌표목록)

① 제7조, 제9조 및 제10조의 규정 또는 그로부터 연유된 제한에 따라 확정된 영해의 폭을 측정하기 위한 기선이나 제12조와 제15조의 규정에 따라 획정된 경계선은 이들을 확인하기에 적당한 단수 또는 복수의 축척해도에 표시하여야 한다. 단, 측정자료를 명기한 지리적 좌표점의 목록으로 대표될 수 있다.

② 연안국은 상기 해도나 지리적 좌표점의 목록을 적절히 공표하여야 하며, 그러한 해도나 목록의 사본을 유엔사무총장에게 기탁하여야 한다.

제3절 영해에서의 무해통항

제1관 모든 선박에 적용되는 규칙

제17조 (무해통항권)

본 협약에 따를 것을 조건으로, 연안국 또는 내륙국을 막론하고 모든 국가의 선박은 영해에서 무해통항권을 향유한다.

제18조 (통항의 의미)

① 통항은 다음의 목적을 위하여 영해를 항해함을 뜻한다.

가. 내수에 들어가지 아니하고 영해를 횡단하거나 내수 밖의 묘박지 또는 항구시설을 방문할 목적, 또는

나. 내수를 향한 또는 내수로부터의 항진이나 상기 묘박지 또는 항구시설을 방문할 목적

② 통항은 부단, 신속하여야 한다. 단, 통상적인 항해에 부수적이거나 불가항력 또는 조난이나 위험 또는 조난사태에 있는 사람, 선박 또는 항

공기를 구조하기 위한 목적인 경우의 정선 및 투묘는 통항에 포함된다.

제19조 (무해통항의 의미)

① 통항은 연안국의 평화, 공공질서 또는 안전보장을 위해하지 아니하는 한 무해이다. 이러한 통항은 본 협약 및 기타 국제법의 규칙에 따라 행하여야 한다.

② 외국 선박의 통항은 영해에서의 다음 활동 중 어느 것에 해당하는 경우, 그 통항은 연안국의 평화, 공공질서 또는 안전보장을 해하는 것으로 본다.

가. 연안국의 주권, 영토보전 또는 정치적 독립에 대한, 또는 유엔헌장에 구현된 국제법원칙을 위반하는 기타 방법에 의한, 무력의 위협 또는 행사

나. 어떠한 종류이던 무기를 사용하여 행하는 훈련 또는 연습

다. 연안국의 국방 또는 안전보장에 유해한 정보수집을 목적으로 하는 행위

라. 연안국의 국방 또는 안전보장에 영향을 미치는 것을 목적으로 하는 선전행위

마. 항공기의 이륙, 착륙 또는 탑재

바. 군사장치의 선상발진, 착륙 또는 탑재

사. 연안국의 관세, 재정, 출입국관리 또는 위생법규에 위반한 물품, 통화의 양하, 적하 또는 사람의 승선, 하선

아. 본 협약에 위배되는 고의적이고 중대한 위반행위

자. 일체의 어로활동

차. 조사 또는 측량활동의 수행

카. 연안국의 통신체제 또는 기타설비, 시설의 방해를 목적으로 하는

행위

타. 통항과 직접관련이 없는 기타 행위

제20조 (잠수함 및 기타 잠수정)

영해에서의 잠수함 및 기타 잠수정은 해면위에 부상하고 그 기를 게양하여 항해하여야 한다.

제21조 (무해통항에 관한 연안국의 법령)

① 연안국은 다음의 전부 또는 일부에 관하여 본 협약 및 기타 국제법의 규칙에 따라 영해에서의 무해통항에 관한 관련법령을 제정할 수 있다.

가. 항해의 안전과 해상교통 규제

나. 항해의 보조수단, 설비 기타의 설비 또는 시설 등의 보호

다. 해저전선 및 도관의 보호

라. 해양생물자원의 보존

마. 연안국 어업법규에 대한 위반의 방지

바. 연안국의 환경보존과 그 오염의 방지, 경감 및 억제

사. 해양의 과학적 조사와 수로측량

아. 연안국의 관세, 재정, 출입국관리 또는 위생법규에 대한 위반의 방지

② 상기의 법령은 일반적으로 승인된 국제법이나 기준을 실시하는 것이 아닌 한 외국 선박의 설계, 구조, 승조원 배치 또는 장비에는 적용되지 아니한다.

③ 연안국은 상기 법령을 적절히 공표하여야 한다.

④ 영해에서의 무해통항권을 행사하는 외국 선박은 상기 법령 및 해상충돌방지에 관한 일반적으로 승인된 국제법규를 준수하여야 한다.

제22조 (영해 내의 항로대와 통항분리제도)

① 연안국은 항해의 안전을 고려하여 필요한 경우에 영해에서의 무해통항

권을 행사하는 외국 선박에 대하여 선박의 통항을 규제하기 위하여 지정하거나 제정된 항로대와 통항분리제도를 이용하도록 요구할 수 있다.

② 특히 유조선, 핵추진선박 및 핵물질 또는 기타 본래적으로 위험하거나 유독한 물질을 운반하는 선박은 상기 항로대만을 통항하도록 요구할 수 있다.

③ 연안국이 본 항에 따라 항로대를 지정하고 통항분리제도를 제정함에 있어서 다음 사항을 고려하여야 한다.

가. 권한 있는 국제조직의 권고

나. 실제적으로 국제항해에 이용되는 수로

다. 특정선박과 수로의 특수사정; 그리고

라. 교통량의 척도

④ 연안국은 상기 항로대와 통항분리제도를 해도에 명시하고 이를 정당히 공표하여야 한다.

제23조 (외국의 핵추진선박 및 핵물질 또는 기타 본래 위험하거나 유독한 물질을 운반하는 선박)

외국이 핵추진선박 및 핵물질 또는 기타 본래 위험하거나 유독한 물질을 운반하는 선박은 영해에서의 무해통항권을 행사하는 경우에 서류를 휴대하고, 국제협정에 의하여 그러한 선박에 대하여 독립된 특별예방조치를 준수하여야 한다.

제24조 (연안국의 의무)

① 연안국은 본 협약에 따르는 경우를 제외하고는 외국 선박의 영해에서의 무해통항을 방해하여서는 아니 된다. 특히 본 협약 또는 본 협약에 따라 제정된 법령의 적용에 있어서 특히 다음 사항을 시행하여서는 아니 된다.

가. 외국 선박에 대하여 실질적으로 무해통항권을 부정하거나 침해하는 결과를 초래할 요건의 부과; 또는

나. 어느 국가의 선박, 어느 국가로 향하여 또는 어느 국가로부터 화물을 운반하는 선박이나 어느 국가를 위하여 화물을 운반하는 선박에 대한 형식적 또는 실질적인 차별

② 연안국은 자국이 알고 있는 영해 내의 항해에 대한 위험을 적절히 공표하여야 한다.

제25조 (연안국의 보호권)

① 연안국은 무해하지 아니한 통항을 방지하기 위하여 영해에서의 필요한 조치를 취할 수 있다.

② 연안국은 또한 선박이 내수로 향하여 항행하거나 내수 외측의 항구시설을 방문하는 경우, 그 선박의 내수와 항구시설에의 입항을 허용하는 조건의 위반을 방지하기 위하여 필요한 조치를 할 권리를 갖는다.

③ 연안국은 무력행사를 포함하여 자국의 안전보장을 위하여 무해통항을 정지시키는 것이 불가피한 경우에는 외국 선박 간에 차별을 두지 않고, 영해의 특정수역에 있어서 외국 선박의 무해통항을 일시적으로 정지시킬 수 있다. 이러한 정지는 정당히 공표한 후에만 효력을 발생한다.

제26조 (외국 선박에 부과할 수 있는 수수료)

① 외국 선박에 대하여 단순히 영해를 통과한다는 이유만으로 어떠한 수수료도 부과되지 아니한다.

② 영해를 통항하는 외국 선박에 제공된 특별역무에 대한 합의로서만 그 선박에 대해 수수료가 부과될 수 있다. 이 수수료는 차별이 없어야 한다.

제2관 상선 및 상업용 정부선박에 적용되는 규칙

제27조 (외국 선박에 관한 형사재판관할권)

① 연안국의 형사재판관할권은 아래 경우를 제외하고는 영해를 통항하는 외국 선박에서 발생한 어떠한 범죄와 관련하여서도 사람의 체포나 수사를 행하기 위하여 그 선박 내에서 행사할 수 없다.

가. 범죄의 효과가 연안국에 미치는 경우

나. 범죄가 연안국의 평화 또는 영해의 공공질서를 교란하는 종류인 경우

다. 그 선박의 선장 또는 영사가 연안국의 현지당국에 대하여 그 협조를 요청하는 경우; 또는

라. 마약 또는 향정신성물질의 불법거래를 억제하기 위하여 필요한 경우

② 제①항의 규정은 연안국이 내수를 떠난 후 영해를 통항하는 외국 선박 내에서 체포 또는 수사를 하기 위하여 자국의 법령이 정하는 조치를 취할 수 있는 권리에 영향을 미치지 아니한다.

③ 제①항 및 제②항에 규정된 경우에 있어서 연안국은 선장이 요청하는 경우에 어떠한 조치라도 이를 취하기 전에 기국의 외교관이나 영사에게 통고하여야 한다. 다만 긴급한 경우에는 조치를 취함과 동시에 통고를 할 수 있다.

④ 현지당국은 체포의 여부 또는 그 방법을 고려함에 있어서 항해의 이익을 정당히 고려하여야 한다.

⑤ 제12장 또는 제5장에 따라 제정된 법령의 위반에 관한 경우를 제외하고 연안국은 외국 선박이 외국의 항구를 떠나 연안에 들어가지 않고 단순히 영해를 통과하는 경우, 동 선박이 영해에 들어가기 이전에 발생한 어떠한 범죄와 관련하여서도 사람의 체포 또는 수사를 하기 위하여 그 선박 내에서 어떠한 조치도 취할 수 없다.

제28조 (외국 선박에 관한 민사재판관할권)

① 연안국은 영해를 통항하는 외국 선박 내에 있는 사람에 관한 민사재판관할권을 행사하기 위하여 그 선박을 정지시키거나 항로를 변경시킬 수 없다.

② 연안국은 연안국의 수역을 통항하는 과정에 있거나 또는 통항할 목적인 선박자체가 부담하거나 인수한 책임에 관한 경우를 제외하고는 민사소송절차를 위하여 그 선박에 대하여 강제집행 또는 억류를 행할 수 없다.

③ 제②항 규정은 연안국이 영해에 있거나 내수를 떠난 후 영해를 통항중인 외국 선박에 대하여 자국의 법령에 따라 민사소송절차를 위하여 강제집행이나 압류를 행하는 권리를 해하는 것이 아니다.

제3관 군함 및 기타 비상업용 정부선박에 적용되는 법규

제29조 (군함의 정의)

본 협약의 적용상 군함이라 함은 일국가의 군에 소속하여 그 국가의 국적을 가지고 있음을 나타내는 외부표식을 가지며, 그 국가의 정부에 의하여 정당히 임명되고 또한 그 성격이 그 국가의 적절한 군적 또는 이와 동등한 명부에 명시되어 있는 장교의 지휘하에 있으며 정규군율에 따르는 승무원이 배치된 선박을 말한다.

제30조 (군함에 의한 연안국의 법령위반)

군함이 영해통항에 관한 연안국의 법령을 준수하지 아니하고 연안국의 준수요청을 무시하는 경우에 연안국은 군함에 대하여 영해에서 즉시 퇴거할 것을 요구할 수 있다.

제31조 (군함 또는 기타 비상업용 정부선박에 의한 손해에 대한 기국의 책임)

군함 또는 비상업용 정부선박이 영해통항에 관한 연안국의 법령, 본 협약 및 기타 국제법의 규칙을 준수하지 아니함으로써 일어나는 손실 또는 손해에 대하여 그 선박의 기국이 국제책임을 진다.

제32조 (군함 및 기타 비상업용 정부선박의 면책특권)

제1관 제30조 및 제31조의 규정에 포함된 경우를 제외하고 본 협약의 어떠한 규정도 군함 및 비상업용 정부선박이 가지는 면책특권에 영향을 미치지 아니한다.

제4절 접속수역

제33조 (접속수역)

① 연안국은 접속수역이라고 일컫는 영해에 접속한 일정 수역에서 아래 사항에 필요한 통제를 행사할 수 있다.

가. 연안국의 영해 내에서의 관세, 재정, 출입국관리 또는 위생법규의 위반방지.

나. 연안국의 영토 또는 영해 내에서 발생한 전호에 규정된 법규의 위반에 대한 처벌.

② 접속수역은 영해의 폭을 측정하는 기선으로부터 24해리를 넘어서 확장할 수 없다.

제3장 국제항행에 이용되는 해협

제1절 총칙

제34조 (국제항행에 이용되는 해협을 형성하는 수역의 법적 지위)

① 본 장에서 확립된 국제항행에 이용되는 해협의 통항제도는 다른 면에 있어서 국제항행에 이용되는 해협을 형성하는 수역의 지위나 해협연안국이 동 수역, 그 상공, 해저 및 하층토에 대하여 행사하는 주권 또는 관할권에 영향을 미치지 아니한다.

② 해협연안국의 주권 또는 관할권은 본장 및 기타 국제법의 규정에 따라 행사한다.

제35조 (본 장의 적용범위)

본 장에서 어떠한 규정도 하기사항에 대하여는 영향을 미치지 아니한다.

가. 제7장에 규정된 방법에 따른 직선기선의 설정으로 인하여 종래에는 그러하지 아니하였던 수역을 내수화 하게 되는 경우를 제외한 해협 내의 내수의 전 수역;

나. 배타적 경제수역 또는 공해로서 해협연안국의 영해 이원수역의 법적 지위;

다. 일정 해협에만 특히 유효하게 장기간 지켜온 국제협약에 의하여 통항의 전부 또는 일부가 규제되는 해협의 법적 제도

제36조 (국제항행에 이용되는 해협을 통과하는 공해항로 또는 배타적 경제수역을 통과하는 항로)

본 장은 항해 또는 수로상의 특성에 있어서 유사한 편의를 가진 공해를 통과하는 항로 또는 배타적 경제수역을 통과하는 항로가 국제항행에 이용되는 해협을 지나서 존재하는 경우, 그 국제항로에 이용되는 해협에는 적용

되지 아니한다. 이러한 항로에 있어서는 통항 및 상공비행의 자유에 관한 규정을 포함한 본 협약의 다른 장이 적용된다.

제2절 통과통항

제37조 (본 절의 적용범위)

본 절은 공해 또는 배타적 경제수역의 일수역과 공해 또는 배타적 경제수역의 타수역 간의 국제항행에 이용되는 해협에 적용된다.

제38조 (통과통항권)

① 제37조에 규정된 해협 내에서 모든 선박과 항공기는 방해받지 않는 통과통항권을 소유한다. 단, 해협이 해협연안국의 도서와 본토에 의해 형성되어 있는 경우 항해 및 수로상의 특성에 있어서 유사한 편의를 가진 공해를 통과하는 항로 또는 배타적 경제수역을 통과하는 항로가 동 도서의 해양 측으로 존재한다면 통과통항권은 허용되지 아니한다.

② 통과통항이라 함은 공해 또는 배타적 경제수역의 일수역과 공해 또는 배타적 경제수역의 타수역 간의 해협을 부단 신속하게 통과하기만을 위한 항해와 비행의 자유를 본장의 규정에 따라 행사함을 말한다. 그러나 부단 신속한 통과의 요구는 해협연안국의 입항조건에 따라서 해협연안국에 출입항하거나 회항할 목적으로 그 해협을 통항함을 배제하지 아니한다.

③ 해협을 통항하는 통과통항권 이외의 활동은 본 협약의 다른 규정에 따라야 한다.

제39조 (통과통항중인 선박과 항공기의 의무)

① 통과통항권을 행사하는 선박과 항공기는 다음 사항을 준수하여야 한다.

가. 해협과 그 상공의 지체 없는 항행

나. 해협연안국의 주권, 영토보존 또는 정치적 독립에 대한 또는 유엔 헌장에 구현된 국제법 원칙을 위반한 기타방법으로서의 무력에 의한 위협, 행사로부터의 회피

다. 불가항력 또는 조난으로 인하여 필요한 경우가 아닌 한 부단 신속한 통과의 통상적인 방법에 부수되지 아니하는 기타 활동으로부터의 회피

라. 본장의 기타 관계규정의 준수

② 통과통항중인 선박은 다음 사항을 준수하여야 한다.

가. 국제해상충돌예방규칙을 포함한 일반적으로 승인된 국제해상안전규정, 절차 및 관행;

나. 선박으로부터의 오염방지, 경감 및 억제를 위한 일반적으로 승인된 국제규정, 절차 및 관행;

③ 통과통항중인 항공기는

가. 민간항공기에 적용되는 국제민간항공기구가 제정한 항공규칙을 준수하여야 한다. 정부항공기도 통상 이러한 안전조치를 준수하면서 항상 비행의 안전을 위한 정당한 고려를 하면서 비행하여야 한다.

나. 권한 있는 지정된 항공교통관제기구가 배정한 무선주파수 또는 적절한 국제조난무선주파수를 항상 청취하여야 한다.

제40조 (조사 및 측량활동)

통과통항중인 해양조사선 및 해양측량선을 포함한 외국 선박은 해협연안국의 사전허가 없이는 어떠한 조사 또는 측량활동도 수행할 수 없다.

제41조 (국제항행에 이용되는 해협의 항로대 및 통항분리제도)

① 해협연안국은 본 장에 따라 선박의 안전통항을 증진하기 위하여 필요한 경우 해협 내 항행을 위한 항로대를 지정하고 통항분리제도를 제정

할 수 있다.

② 해협연안국은 필요한 경우 정당한 공시를 한 후에 이미 지정하거나 제정한 항로대 또는 통항분리제도를 타 항로대 또는 통항분리제도로 대체할 수 있다.

③ 이러한 항로대와 통항분리제도는 일반적으로 승인된 국제법규를 따라야 한다.

④ 해협연안국은 항로대의 지정, 대체 또는 통항분리제도의 지정, 대체를 하기 전에 그 선택을 위하여 권한 있는 국제조직에 이에 관한 제안을 회부해야 한다. 국제조직은 해협연안국이 동의하는 항로대 및 통항분리제도만을 선택할 수 있으며, 그 후에 해협연안국은 이를 지정, 제정 또는 대체할 수 있다.

⑤ 2국 이상의 해협연안국의 수역을 통과하는 항로대 또는 통항분리제도가 제안된 해협의 경우에 관계국은 권한 있는 국제조직과 협의하여 제안 작성에 상호협력하여야 한다.

⑥ 해협연안국은 자국이 지정하거나 제정한 항로대 및 통항분리제도를 정당히 공시된 해도상에 명시하여야 한다.

⑦ 통과통항중인 선박은 본 조에 따라 설정된 적용 가능한 항로대 및 통항분리제도를 존중하여야 한다.

제42조 (통과통항에 관한 해협연안국의 법령)

① 본 절의 규정에 따라서 해협연안국은 다음 사항의 일부 또는 전부에 관하여 해협의 통과통항에 관한 법령을 제정할 수 있다.

가. 제41조에 규정되어 있는 항해의 안전과 해상교통의 규제;

나. 해협에 유류, 폐유 및 기타 유독성물질의 배출에 관한 적용 가능한 국제규칙을 시행함으로써 오염의 방지, 경감 및 억제;

다. 선박에 관하여서는 어구의 적재를 포함한 어로의 금지;

라. 해협연안국의 관세, 재정, 출입국관리 또는 위생법규에 위반되는 물품이나 통화의 양하, 적하 또는 사람의 승선, 하선

② 상기 법령은 형식적 또는 실질적으로 외국 선박 간에 차별을 두어서는 아니 되며, 또는 그 적용상 본 절에 정의된 통과통항권을 부정하거나 방해 또는 침해하는 실질적인 효과를 미쳐서도 안 된다.

③ 해협연안국은 상기 모든 법령을 정당히 공시하여야 한다.

④ 통과통항권을 행사하는 외국 선박은 상기 법령을 준수하여야 한다.

⑤ 주권상의 면책특권을 가지는 선박 또는 항공기가 상기 법령 또는 본 장의 기타 규정에 위반되는 행위로 해협연안국에 손실 또는 손해를 끼친 경우에는 그 기국이 국제책임을 진다.

제43조 (항해안전구조물 및 기타 개선책과 오염의 방지, 경감, 통제)

해협연안국과 해협이용국은 합의에 의하여 다음 사항에 관해 상호 협력하여야 한다.

가. 국제항해에 도움되는 필요한 항해안전구조물 또는 기타 개선책을 해협에 설치 유지하는 것; 그리고

나. 선박으로부터의 오염을 방지, 경감 및 통제하는 것.

제44조 (해협연안국의 의무)

해협연안국은 통과통항을 방해할 수 없고 자국이 알고 있는 해협 내 또는 그 이원해역에 있어서의 항해 또는 비행에 대한 어떠한 위험도 이를 적절히 공시하여야 한다. 통과통항의 정지는 있을 수 없다.

제3절 무해통항

제45조 (무해통항)

① 제2장 제3절의 규정에 따라 무해통항제도는 하기 국제항행에 이용되는 해협에 적용된다.

가. 제38조 제①항에 의거한 통과통항제도가 적용되지 아니하는 국제항행에 이용되는 해협; 또는

나. 공해 또는 배타적 경제수역의 어느 한 수역과 외국의 영해 간의 국제항행에 이용되는 해협

② 상기 해협을 통과하는 무해통항은 정지되지 않는다.

제4장 군도국가

제46조 (용어의 정의)

본 협약의 적용상,

가. "군도국가"는 전체적으로 하나 또는 그 이상의 군도에 의하여 구성된 국가를 말하며, 기타 도서를 포함할 수 있다.

나. "군도"는 상호 밀접히 관련되어 있어서 고유의 지리적, 경제적 및 정치적 실체를 형성하거나 또는 역사적으로 그러한 실체로 간주되어 온 제 도서의 부분, 이들을 상호 연결하는 수역과 기타 자연적 특성을 포함하는 도서군을 뜻한다.

제47조 (군도기선)

① 군도국가는 군도의 최외곽 도서 및 건암초의 최외곽점을 연결한 직선군도기선을 획선할 수 있다. 단, 그 직선군도기선은 본도와 수역의 면

적과 환초를 포함한 육지지역의 면적의 비율이 1 대 1에서 9 대 1인 수역을 포함한다.

② 상기 직선군도기선의 길이는 100해리를 초과할 수 없다. 단, 어떠한 군도를 획선하는 직선기선의 전체수의 3%까지는 최장 125해리까지로 할 수 있다.

③ 상기 직선군도기선의 사용은 군도의 전반적 형태로부터 현저히 일탈해서는 아니 된다.

④ 직선군도기선은 간출지와 연결하여 그을 수 없다. 단, 등대 또는 해면상에 영구적으로 있는 유사한 시설이 간출지에 건설되어 있거나 간출지가 전체적 또는 부분적으로 최근 도서로부터 영해폭을 초과하지 아니하는 거리에 있는 경우에는 그러하지 아니한다.

⑤ 군도국가는 타국의 영해를 공해 또는 배타적 경제수역으로부터 분리시키는 방법으로 상기 직선군도기선제도를 적용할 수 없다.

⑥ 만약 군도국가의 군도수역의 일 정부분이 바로 인접한 국가의 두 부분 사이에 있는 경우에는 그 인접국가가 그 수역에서 전통적으로 행사하여 온 기존의 권리와 기타 모든 합법적 이익 및 관계국 간의 합의에 따라 정하여진 모든 권리는 계속되고 존중되어야 한다.

⑦ 제①항에 규정된 수역과 육지의 비율을 계산함에 있어서 육지면적은 그 해양고원의 주변에 있는 일련의 석회암 도서와 건암초에 의하여 둘러싸였거나 거의 둘러싸인 급경사 해양고원의 수역을 포함하여 도서의 건초 및 환초 내에 있는 수역을 포함할 수 있다.

⑧ 본 항에 따라 획선된 직선기선은 그 위치를 확인하기에 적절한 단수 또는 복수 축적의 해도에 표시되어야 한다. 단, 측지자료를 명기한 지리적 좌표목록에 의하여 대체될 수 있다.

⑨ 군도국가는 상기 해도 또는 지리적 좌표목록을 정당히 公示하여야 하며, 상기 해도 또는 목록 사본을 유엔 사무총장에게 기탁하여야 한다.

제48조 (영해, 접속수역, 배타적 경제수역 및 대륙붕의 폭측정)

영해, 접속수역, 배타적 경제수역 및 대륙붕의 폭은 제47조에 따라 획선한 군도기선으로부터 측정한다.

제49조 (군도수역, 그 상공, 해저 및 하층토의 법적 지위)

① 군도국가의 주권은 군도수역의 깊이나 해안으로부터의 거리의 관계없이 군도수역이라고 부르는 제47조에 따라 획선된 군도기선에 의하여 둘러싸인 수역에 미친다.

② 이 주권은 군도수역의 상공, 해저 및 하층토와 그 속에 포함된 자원에 미친다.

③ 이 주권은 본 항에 따라서 행사된다.

④ 본 항에 따라 제정되는 군도항로대제도는 다른 점에 있어서 항로대를 포함한 군도수역의 지위 또는 군도수역, 그 상공, 해저 및 하층토와 그 속에 포함된 자원에 대한 군도국가의 주권행사에 영향을 미치지 아니한다.

제50조 (내수의 경계획정)

군도수역 내에서 군도국가는 제9조, 제10조 및 제11조에 따라서 내수의 경계획정을 위한 폐쇄선을 획선할 수 있다.

제51조 (기존 협정, 전통적 어업권 및 기존 해저전선)

① 제49조를 침해함이 없이 군도국가는 타국과의 기존 협정을 존중하고, 군도수역 내의 특정수역에 있어서의 바로 인접한 국가의 전통적 어업권 및 기타 합법적 활동을 존중하여야 한다. 그 성격, 규모 및 적용수역을 포함한 이러한 권리행사 및 활동의 조건은 관계국의 요청에 의하여

그들 상호 간의 쌍무협정으로 규율된다. 그러한 권리는 제3국이나 그 국민에게 이전되거나 나누어 가질 수 없다.

② 군도국가는 타 국가에 의하여 부설되고 육지에 근접하지 아니하고 군도국가의 수역을 통과하는 기존의 해저전선을 존중하여야 한다. 군도국가는 상기 전선의 위치 및 그 수리 또는 대체 의도를 정당히 통지받는 경우에는 그러한 전선의 보선 및 대체를 허용하여야 한다.

제52조 (무해통항권)

① 제53조에 따르고 제50조를 침해하지 않는 한 모든 국가의 선박은 제2장 제3절에 따라 군도수역의 무해통항권을 향유한다.

② 군도국가는 자국의 안전보장을 위하여 통항을 정지시키는 것이 불가피한 경우에 외국 선박 간에 형식적 또는 실질적 차별을 두지 아니하고 군도수역의 특정한 수역에 있어서 외국 선박의 무해통항을 일시적으로 정지시킬 수 있다. 이러한 정지는 정당히 공시를 한 후에만 효력을 발생한다.

제53조 (군도항로대 통항권)

① 군도국가는 자국의 군도수역이나 인접한 영해 또는 그 상공을 통과하는 외국 선박이나 항공기의 부단, 신속한 통항에 적합한 항로대나 항공로를 지정할 수 있다.

② 모든 선박과 항공기는 이러한 항로대와 항공로에서 군도항로대 통항권을 향유한다.

③ 군도항로대 통항은 본 협정에 따라 공해나 배타적 경제수역의 일부분과 공해나 배타적 경제수역의 타 부분 간을 부단, 신속하며, 방해받지 아니하는 통과만을 목적으로 하는 통상적인 항행권과 비행권의 행사를 뜻한다.

④ 상기 항로대와 항공로는 군도수역과 인접한 영해를 가로지르고 군도수역을 통과하는 국제항행 또는 비행의 통로로 이용되는 모든 통상적인 통항을 포함하여야 하며, 그러한 통항로 내에서 선박에 관한 한, 동일한 진입지점과 출입지점 사이에 유사한 편의를 가진 통로의 중복은 필요 없이 모든 통상적인 수로를 포함한다.

⑤ 상기 항로대 및 항공대는 통항로의 진입지점으로부터 출입지점까지를 잇는 일련의 연속축선에 의하여 획정된다. 군도항로대에 있는 선박 및 항공기는 그 항로대와 인접한 도서의 최근점간의 거리의 10%이상 해안에 근접하여 항행하지 아니함을 조건으로 하여 통과중 그러한 축선의 어느 쪽으로든 25해리 이상 벗어나서는 아니 된다.

⑥ 본 항에 따라 항로대를 지정하는 군도국가는 그러한 항로대 내 협수로를 통과하는 선박의 안전통항을 위하여 또한 통항분리제도를 설정할 수 있다.

⑦ 군도국가는 필요한 상황이 발생한 경우 그에 관한 정당한 공시를 한 후에 이미 지정하거나 설정한 항로대 또는 통항분리제도를 다른 항로대나 통항분리제도로 대체할 수 있다.

⑧ 이러한 항로대와 통항분리제도는 일반적으로 승인된 국제규정을 따라야 한다.

⑨ 항로대를 지정 또는 대체하거나 통항분리제도를 제정 또는 대체함에 있어서 군도국가는 그 채택을 위하여 관할 국제조직에 그 제안을 회부하여야 한다. 그 국제조직은 군도국가의 동의를 얻은 후에야만 항로대 및 통항분리제도를 채택할 수 있으며, 그 후에 군도국가는 이를 지정, 제정 또는 대체할 수 있다.

⑩ 군도국가는 자국이 지정하거나 제정한 항로대 및 통항분리제도의 축을

정당히 공시된 해도에 명확히 표시하여야 한다.

⑪ 군도항로대를 통과중인 선박은 본 조에 따라 확립된 적용 가능한 항로대 및 통항분리제도를 존중하여야 한다.

⑫ 군도국가가 항로대 또는 항공로를 지정하지 아니하는 경우에 군도항로대통항권은 국제항행에 통상적으로 이용되는 통로를 통하여 이를 행사할 수 있다.

제54조 (통항, 조사 및 측량활동중인 선박 및 항공기의 의무, 군도국가의 의무 및 군도항로대통항에 관한 군도국가의 법령)

제39조, 제40조, 제42조 및 제44조의 규정은 군도항로대통항에 이를 준용한다.

제5장 배타적 경제수역

제55조 (배타적 경제수역의 특정법적제도)

배타적 경제수역은 본 항에 확립된 특정법적제도에 따르는 영해 이원 및 영해와 인접한 수역이다. 그 특정법적제도 하에서 연안국의 권리와 관할권 및 타국의 권리와 자유가 본 협정의 관계규정에 의하여 규율된다.

제56조 (배타적 경제수역에서의 연안국의 권리, 관할권 및 의무)

① 배타적 경제수역에서 연안국은 하기 권리를 향유한다.

가. 해저, 하층토 및 상부수역의 생물 또는 비생물에 관계없이 천연자원의 탐사, 개발, 보존 및 관리를 목적으로 하는 주권적 권리와 해수, 해류 및 해풍을 이용한 "에너지" 생산 등에 관한 동 수역의 경제적 개발 및 탐사를 목적으로 한 기타활동에 관한 주권적 권리

나. 하기사항에 관하여 본 협정의 관계규정에서 규정한 관할권

(1) 인공도서 건설 및 구조물의 설치와 사용

(2) 해양의 과학적 조사

(3) 해양 환경의 보호 및 보존

다. 본 협약에 규정된 기타 권리와 의무

② 배타적 경제수역에서 본 협약에 따라 권리를 행사하고 의무를 이행함에 있어서 연안국은 타국가의 권리 및 의무를 정당히 고려하여야 하며, 본 협약 규정에 모순되지 아니하게 활동하여야 한다.

③ 해저 및 하층토에 관하여 본 조에 규정된 권리는 제6장에 따라 행사되어야 한다.

제57조 (배타적 경제수역의 폭)

배타적 경제수역은 영해의 폭을 측정하는 기선으로부터 200해리를 초과할 수 없다.

제58조 (배타적 경제수역에서의 타국의 권리와 의무)

① 배타적 경제수역에서 연안국이나 내륙국에 관계없이 모든 국가는 본 협약의 규정에 따라 제87조에 규정된 항해, 비행 및 해저 전선과 도관 부설의 자유와 선박, 항공기 및 해저 전선과 도관의 운행에 관계되거나 또한 본 협약의 기타 규정에 모순되지 아니하는 상기 자유와 관계되는 기타 합법적인 국제적 해양이용의 자유를 향유한다.

② 제88조 내지 제115조 및 기타 국제법의 적절한 규정은 본 장과 모순되지 아니하는 한 배타적 경제수역에 적용된다.

③ 배타적 경제수역에서 본 협정에 따라 권리를 행사하고 의무를 이행함에 있어서 각 국가는 연안국의 권리와 의무를 정당히 고려하여야 하며, 본 협약의 제 규정 및 본장의 규정과 모순되지 않는 한 기타 국제법규

정에 따라 연안국이 채택한 법령을 준수하여야 한다.

제59조 (배타적 경제수역에서의 권리와 관할권의 귀속에 관한 분쟁해결의 기초)

본 협약이 배타적 경제수역 내에 있어서의 권리나 관할권을 연안국 또는 타 국가에 귀속함을 정하지 아니하고, 그 연안국과 타 국가 간에 이해관계를 둘러싼 분쟁이 발생하는 경우 그 분쟁은 국제사회 전체로써 뿐만 아니라 당사국에 관계된 각 이해관계의 중요성을 고려하여 형평의 원칙에 입각하고 또한 모든 관계 상황에 비추어서 해결되어야 한다.

제60조 (배타적 경제수역에서의 인공도서, 시설 및 구조물)

① 배타적 경제수역에서 연안국은 하기사항을 건설하는 배타적 권리 및 동 사항의 건설, 운용, 이용을 허가하고 규제하는 배타적 권리를 가진다.

가. 인공도서

나. 제56조에 정한 목적과 기타 경제적 목적을 위한 시설 및 구조물

다. 배타적 경제수역에서의 연안국의 권리행사에 방해가 될 수 있는 건설 및 구조물

② 연안국은 관세, 재정, 위생, 안전, 출입국관리법령에 관한 관할권을 포함하여 상기 인공도서, 시설 및 구조물에 대하여 배타적 관할권을 가진다.

③ 상기 인공도서, 시설 또는 구조물의 건설은 정당히 공시되어야 하며, 그 존재에 대한 경고를 위한 항구적 수단을 유지하여야 한다. 방기하거나 사용되지 아니하는 시설 또는 구조물은 완전히 철거하여야 한다.

④ 연안국은 필요한 경우 항해와 인공도서, 시설 및 구조물의 안전을 보장하기 위하여 적절한 조치를 취할 수 있는 합당한 안전수역을 상기 인공도서, 시설 및 구조물의 주위에 위치할 수 있다.

⑤ 연안국은 적용할 수 있는 국제적 기준을 고려하여 안전수역의 폭을 결

정하여야 한다. 이러한 안전수역은 인공도서, 시설 또는 구조물의 성격 및 기능과 합리적인 연관이 보장되도록 고안되어야 하며, 일반적으로 승인된 국제기준 또는 관련 국제조직에 의한 권고에 의하여 인정된 경우를 제외하고는 인공도서, 시설 또는 구조물의 외연의 각점으로부터 측정하여 500미터를 초과하여서는 아니 된다. 안전수역은 정당히 공시되어야 한다.

⑥ 모든 선박은 상기 안전수역을 존중하여야 하며, 인공도서, 시설, 구조물 및 안전수역주변에서의 항해에 관한 일반적으로 승인된 국제기준을 준수하여야 한다.

⑦ 인공도서, 시설, 구조물 및 그 주위의 안전수역은 국제항행에 긴요하다고 인정된 항로대의 이용에 방해될 만한 장소에 설치되어서는 아니 된다.

⑧ 인공도서, 시설 및 구조물은 도서의 지위를 갖지 아니하며, 그 자체의 영해를 갖지 아니한다. 그리고 그 존재는 영해, 배타적 경제수역 또는 대륙붕의 경계획정에 영향을 미치지 아니한다.

제61조 (생물자원의 보존)

① 연안국은 자국의 배타적 경제수역에서의 생물자원의 허용어획량을 결정하여야 한다.

② 연안국은 입수 가능한 최선의 과학적 증거를 고려하여, 過産개발로 인하여 배타적 경제수역에서의 생물자원의 유지가 위태롭게 되지 아니하도록 적당한 보존 및 관리조치를 통하여 이를 보장하여야 한다. 적당하다고 인정되는 경우 연안국과 소지역적, 지역적, 전 세계적임에 관계없이 권한 있는 국제조직은 이를 위하여 상호협력하여야 한다.

③ 상기 조치는 또한 연안어업사회의 경제적 필요성과 개발도상국의 특별

한 요구를 포함한 관련 환경적, 경제적 요인에 의하여 확정되고, 또한 어로형태, 어족 간의 상호의존성 및 소지역적, 지역적, 전 세계적임에 관계없이 일반적으로 권고된 국제최소기준을 고려하여 최대지속가능생산량을 생산할 수 있는 수준으로 어획된 어족의 자원량이 유지 또는 회복되도록 계획되어야 한다.

④ 상기 조치를 취함에 있어서 연안국은 그 재생산에 현저한 위협을 줄 수 있는 수준 이상으로 관련 또는 의존 어족의 자원량을 유지, 회복시키기 위하여 어획어족과의 관련 또는 의존어족에 미치는 영향을 고려하여야 한다.

⑤ 입수가능한 과학적 정보, 어획 및 어업활동계획, 수산자원의 보존과 관계된 기타 자료는 적절한 경우 소지역적, 지역적, 또는 전 세계적인 권한 있는 국제조직을 통하여 또한 소속국민이 배타적 경제수역에서 입어가 허용된 국가를 포함하는 모든 관계국가의 참여하에 정기적으로 제공되고 교환되어야 한다.

제62조 (생물자원의 이용)

① 연안국은 제61조의 규정을 해하지 아니하고 배타적 경제수역에서의 생물자원의 최적이용목적을 촉진시켜야 한다.

② 연안국은 배타적 경제수역에서의 생물자원에 대한 자국의 어획능력을 결정하여야 한다. 연안국이 전체 허용어획량을 어획할 능력이 없는 경우에는 제69조 및 제70조의 규정, 특히 그 규정에 언급된 개발도상국가에 관한 특별고려를 하고 합의 또는 기타 약정 그리고 제4항에 규정된 조건, 법령에 따라 허용어획량의 잉여분에 대한 타국의 입어를 인정하여야 한다.

③ 본 조에 따라 배타적 경제수역에 타국의 입어를 인정하는 경우 연안국

은 모든 관계요소를 고려하여야 한다. 특히 동 수역 생물자원의 관계연안국의 경제 및 기타 국제적 이익에 대한 중요성, 제69조와 제70조의 규정, 잉여분 어획에 대한 소지역 또는 지역 내의 개발도상국의 요구, 소속국민이 동 수역에서 관습적으로 어로행위를 행하여 왔거나, 어족의 조사 및 식별에 실질적 노력을 행한 국가에 있어서의 경제적 혼란을 극소화할 필요성을 고려하여야 한다.

④ 배타적 경제수역에서 어로행위를 하는 타국의 국민은 연안국의 법령에 의하여 확립된 보존조치 및 조건을 지켜야 한다. 상기 법령은 본 협약에 따라야 하고, 특히 하기사항과 관련하여야 한다.

가. 입어자 어선 및 장비의 허가, 개발도상연안국의 경우에는 수산업에 관한 재정, 장비 및 기술 분야에 있어서 적절한 보상이 되는 입어료 및 기타 형태의 요금의 지불에 대한 허가를 포함한다.

나. 어획가능한 어종의 결정, 그리고 특정어족, 어군 또는 일정기간동안의 어선당 어획량에 관하여나 특정기간동안 어느 국가의 국민에 의한 어획량에 관하여거나 간에 어획량 "쿼타"의 결정

다. 어로기와 어로수역, 어구의 형태, 규모, 양 및 이용 가능한 어선의 형태, 규모, 수의 규제

라. 어획가능한 생선 및 기타 어종의 연령, 크기의 결정

마. 어획량과 어업활동통계 및 어선의 위치보고를 포함한 어선에 대하여 요구되는 정보의 명시

바. 연안국의 허가와 통제에 따른 특정어업조사계획의 실험요구 및 어획물의 견본작성, 견본의 처리 및 관련 과학자료의 보고를 포함한 상기 조사의 실시에 대한 규제

사. 연안국에 의한 감시원 또는 훈련원의 승선배치

아. 연안국 항구에서의 상기 선박에 의한 어획량의 전부 또는 일부의 양륙

자. 합작투자 또는 기타 상호협력 약정에 관한 조건

차. 어로조사의 수행을 위한 연안국의 능력강화를 포함한 요원의 훈련 및 어로기술의 이전에 대한 요구

카. 시행절차

⑤ 연안국은 보존 및 관리관계법령을 정당히 공시하여야 한다.

제63조 (2개국 이상 연안국의 배타적 경제수역에 걸쳐 출현하거나 배타적 경제수역과 그 바깥의 인접수역에 출현하는 어족)

① 2개국 이상 연안국의 배타적 경제수역에 동일어족 또는 관련어종의 어족이 서식하는 경우, 관련연안국은 본 조의 다른 규정을 침해하지 아니하고 상기 어족의 보존 및 개발을 상호 조정하고 확보하는데 필요한 조치를 직접 또는 적절한 소지역 또는 지역조직을 통하여 합의하도록 노력하여야 한다.

② 배타적 경제수역 내와 동 수역 이원 및 인접한 수역의 양쪽에 걸쳐 동일어족 또는 관련어종의 어족이 서식하는 경우, 연안국 및 그 인접수역에서의 상기 어족의 어로국가는 그 인접수역 내에 있는 상기 어족의 보존에 필요한 조치를 직접 또는 적절한 소지역 또는 지역조직을 통하여 합의하도록 노력하여야 한다.

제64조 (고도회유성 어종)

① 연안국 및 소속국민이 제1부속서에 기재된 고도회유성어종이 있는 수역에서 이를 어획하는 타 국가는 배타적 경제수역 내와 그 이원의 수역에 걸쳐 동 어종의 보존을 확보하고 최적이용 목표를 촉진시키기 위하여 직접 또는 적절한 국제조직을 통하여 상호협력하여야 한다. 적절한

국제조직이 없는 수역에서는 연안국과 그 수역에서 소속국민이 동 어종을 어획하는 타 국가는 상기 조직의 설립을 위하여 상호협력하고 또한 그 어업에 참여하여야 한다.

② 제①항의 규정은 본장의 다른 규정에 추가하여 적용된다.

제65조 (해양포유동물)

본 협약의 어떠한 규정도 본장에 규정된 것 보다 더 엄격하게 해양포유동물의 포획을 금지, 제한 및 규제하는 연안국의 권리 또는 적절한 경우, 국제조직의 관할을 제한하지 아니하다. 각 국가는 해양포유동물의 보존을 위하여 상호협력하여야 하며, 고래의 경우에는 그 보존, 관리 및 연구를 위하여 적절한 국제조직을 통한 특별사업에 상호협력하여야 한다.

제66조 (소하성 어족)

① 소하성 어족이 발생하는 모천국은 이들 어족에 대한 일차적 이익과 책임을 진다.

② 소하성 어족의 모천국은 그 배타적 경제수역의 외측한계의 육지 측 수역에서의 어로와 제③항 제나호에 규정한 어로에 대하여 적절한 규제조치를 확립함으로써 그 보존을 확립하여야 한다. 모천국은 제③항과 제④항에 규정된 기타 이들 어족 어로국과 협력한 후 모천에서 발생하는 어족의 전체 허용어획량을 확립할 수 있다.

③ 가. 소하성 어족의 어획은 배타적 경제수역의 외측한계의 육지 측 수역에서만 행하여진다. 단, 본 규정이 모천국 이외의 국가에 경제적 혼란을 초래하는 경우에는 그러하지 아니하다. 배타적 경제수역 외측한계 이원의 어획에 관하여서는 관계국은 보존요구 및 어족에 관한 모천국의 필요성을 정당히 고려하여 어획활동의 조건에 대한 합의에 도달하기 위하여 계속 협의 하여야 한다.

나. 모천국은 소하성 어족의 기타 어획국가의 통상 어획량과 조업형태 및 어획이 행하여지는 모든 지역을 고려하여, 이들 국가의 경제적 혼란을 극소화시키는데 상호협력하여야 한다.

다. 나항에 규정한 국가 중 모천국과의 합의에 의하여, 특히 그 경비를 분담하는 등 소하성 어족을 재생시키는 조치에 참여한 국가는 모천국의 모천에서 발생한 동 어족의 어획에 있어서 모천국에 의하여 특별히 배려를 받는다.

라. 배타적 경제수역 이원의 소하성 어족에 관한 규칙의 시행은 모천국과 기타 관계국 간의 합의에 의한다.

④ 소하성 어족이 모천국 이외 국가의 배타적 경제수역의 외측한계의 육지 측 수역을 회유하는 경우, 그 국가는 동 어족의 보존 및 관리에 관하여 모천국과 상호협력하여야 한다.

⑤ 소하성 어족의 모천국과 그 어족의 타 어획국은 본 조의 규정을 실시하기 위하여 필요한 경우, 지역조직을 통하여 약정을 체결시켜야 한다.

제67조 (강해성 어족)

① 강해성 어족이 그 생활환의 대부분을 보내는 수역의 연안국은 그 어종의 관리에 대한 책임을 지며, 그 회유어의 출입을 보증하여야 한다.

② 강해성 어종의 어획은 배타적 경제수역의 외측한계의 육지 측 수역에서만 행하여진다. 배타적 경제수역에서 어획이 행하여지는 경우 그 수역 내의 어획에 관한 본 조의 규정 및 본 협약의 기타 규정에 따라야 한다.

③ 강해성 어종이 다른 국가의 배타적 경제수역을 회유하는 경우 그 어종이 유어이든 성어이든 간에 어획을 포함한 동 어종의 관리는 제1항에서 규정한 국가와 관계국 간의 협정에 의하여 규제된다. 상기 협정은 그 어종의 합리적 관리를 보장하여야 한다, 동 어종을 유지하기 위한

제1항에 규정된 국가의 책임을 고려하여야 한다.

제68조 (정착성 어종)

본 장의 규정은 제77조 4항에서 정의한 정착성 어종에는 적용되지 아니한다.

제69조 (내륙국의 권리)

① 내륙국은 모든 관계국의 관련 경제적, 지리적 환경을 고려하고 본 조 및 제 61조와 제62조의 규정에 따라 형평의 원칙 위에서 동일 소지역 또는 지역연안국의 배타적 경제수역의 생물자원 잉여분의 적절한 배분의 개발에 참여할 권리를 갖는다.

② 상기 참여의 조건 및 양식은 특히 하기 요인을 고려하여 쌍무 소지역 또는 지역협정을 통하여 관계국에 의하여 확립된다.

가. 연안국의 어업지역사회 또는 수산업에 유해한 영향의 회유 필요성;

나. 본 조의 규정에 따라 내륙국이 기존 쌍무 소지역 또는 지역협정에 의하여 다른 연안국의 배타적 경제수역 생물자원의 개발에 참여하거나 할 권리가 주어져 있는 범위;

다. 타 내륙국 및 지역적 불리국이 연안국의 배타적 경제수역 생물자원의 개발에 참여하는 범위 및 어느 단일 연안국 또는 그 연안국 일부에 대한 특별한 부담을 회피할 결과적 필요성;

라. 각국 인구의 영양상 필요

③ 연안국의 어획능력이 배타적 경제수역에 있는 생물자원의 총허용 어획량을 어획할 수 있는 경우에, 연안국 및 타 국가는 쌍무, 소지역 또는 지역적 기초에 입각하여 환경에 적절하고 모든 당사국이 만족하는 조건 위에서 동일한 소지역 또는 지역개발도상 내륙국이 동일 소지역 또는 지역연안국이 배타적 경제수역 생물자원의 개발에 참여하는 것을

허용하는 약정을 체결하도록 상호협력 하여야 한다. 본 규정의 시행에 있어서 제 2항에 규정된 제 요인이 또한 고려되어야 한다.

④ 선진내륙국은 연안국이 그 배타적 경제수역 생물자원에 타국의 입어를 허용함에 있어서 어업지역사회에 대한 유해한 영향 및 그 소속국민이 관습적으로 그 배타적 경제수역에서 어획활동을 하여 온 국가의 경제적 혼란을 극소화할 필요성을 고려하는 정도를 참작하여, 본 조의 규정에 의하여 동일 소지역 또는 지역 선진연안국의 배타적 경제수역에 한하여 생물자원 개발에 참여할 권리가 있다.

⑤ 상기 규정은 연안국이 배타적 경제수역 생물자원의 개발에 대한 동등한 또는 우선적인 권리를 동일 소지역 또는 지역 내륙국에게 부여하는 소지역 또는 지역에서 합의된 약정을 침해하지 아니한다.

제70조 (지리적 불리국의 권리)

① 지리적 불리국은 모든 관계국의 관련 경제적 및 지리적 환경을 고려하고 본 조 제61조 및 제62조의 규정에 따라서 형평의 원칙 위에서 동일 소지역 또는 지역연안국 배타적 경제수역 생물자원 잉여분의 적절한 부분에 대한 개발에 참여할 권리를 갖는다.

② 본 협약의 적용상 "지리적 불리국"은 그 지리적 상황이 국가 인구 또는 일부 인구의 영양섭취 목적에 적합한 어류공급을 소지역 또는 지역적 타국가의 배타적 경제수역 생물자원의 개발에 의존하는 폐쇄해 또는 반폐쇄해 국가를 포함한 연안국 및 그 자체의 배타적 경제수역을 주장할 수 없는 연안국을 포함한다.

③ 상기 참가의 조건 및 양식은 특히 하기요인을 고려하여 쌍무, 소지역 또는 지역협정을 통하여 관계국에 의하여 확립된다.

가. 연안국의 어업사회 또는 수산업에 유해한 영향의 회피 필요성

나. 본 조의 규정에 따라 지리적 불리국이 기존, 쌍무, 소지역 또는 지역협정에 의하여 다른 연안국의 배타적 경제수역 생물자원의 개발에 참여하거나 참여할 권리가 주어져 있는 범위

다. 타 지리적 불리국 및 내륙국이 연안국의 배타적 경제수역 생물자원의 개발에 참여하는 범위 및 어느 단일 연안국 또는 그 연안국의 일부에 대한 특별한 부담을 회피할 결과적 필요성

④ 연안국의 어획능력이 배타적 경제수역에 있는 생물자원의 총허용 어획량을 어획할 수 있는 경우에, 연안국 및 타 국가는 쌍무, 소지역 또는 지역적 기초에 입각하여 환경에 적절하고 모든 당사국이 만족하는 조건 위에서 동일 소지역 또는 지역에 있는 개발도상 지리적 불리국이 동일 소지역 또는 지역 연안국의 배타적 경제수역 생물자원의 개발에 참여하는 것을 허용하는 공평한 약점을 해결하도록 상호협력하여야 한다. 본 규정의 시행에 있어 제③항에 규정된 제 요인이 또한 고려되어야 한다.

⑤ 선진 지리적 불리국이 연안국의 그 배타적 경제수역 생물자원에 타국가의 입어를 허용함에 있어서 어업지역사회에 대한 유해한 영향 및 그 소속국민이 관습적으로 그 배타적 경제수역에서 어획활동을 하여 국가의 경제적 혼란을 극소화할 필요성을 고려하는 정도를 참작하여, 본 조의 규정에 의하여 동일 소지역 또는 지역선진연안국의 배타적 경제수역에 한하여 생물자원개발에 참여할 권리가 있다.

⑥ 상기 규정은 연안국이 배타적 경제수역 생물자원의 개발에 대한 동등한 또는 우선적인 권리를 동일 소지역 또는 지역내륙국에 부여하는 소지역 또는 지역에서 합의된 약점을 침해하지 아니한다.

제71조(제69조 및 제70조의 부적용)

제69조 및 제70조의 규정은 그 경제가 배타적 경제수역 생물자원의 개발

에 압도적으로 의존하고 있는 연안국의 경우에는 적용하지 아니한다.

제72조 (권리이전의 제한)

① 생물자원의 개발에 관하여 제69조 및 제70조에 의하여 규정된 권리는 관계국에 의한 다른 합의가 없는 한 임대차 또는 면허, 합작 투자의 설립 또는 이전의 효과를 가져오는 기타 방법으로 제 3국이나 그 국민에게 직접 또는 간접으로 이를 이전할 수 없다.

② 제 1항의 규정은 관계국이 제69조 및 제70조에 따르는 권리의 행사를 촉진시키기 위하여 제3국 또는 국제조직으로부터 기술적 또는 재정적 원조를 받는 것을 배제하지 아니한다. 또, 제①항에 규정된 효과를 초래하여서는 아니 된다.

제73조 (연안국의 법령시행)

① 연안국은 배타적 경제수역 생물자원을 탐사, 개발 보존 및 관리하는 주권적 권리를 행사함에 있어서 본 협약에 따라 채택된 법령의 준수를 확보하기 위하여 필요한 승선, 감시, 나포 및 사법절차를 포함한 조치를 취할 수 있다.

② 나포된 선박 및 승무원은 상당한 보석금, 기타 보증금을 예치한 후 즉시 석방하여야 한다.

③ 배타적 경제수역에서의 어업법규의 위반에 대한 연안국의 처벌도 관계국 간에 반대의 합의가 없는 한 금고 또는 기타의 체형을 포함하지 아니 한다.

④ 외국 선박을 나포 또는 억류한 경우, 연안국은 적절한 경로를 통하여 그 기국에 취한 조치 및 그에 부과된 형에 대하여 즉시 통고하여야 한다.

제74조 (인접 또는 대향국 간의 배타적 경제수역의 경계획정)

① 인접 또는 대향국 간의 배타적 경제수역의 경계획정은 공평한 해결에

도달하기 위하여 국제사법재판소 규정 제38조에 규정된 대로 국제법을 기초로 하여 합의에 의하여 성립되어야 한다.

② 상당한 기간 내에 합의에 도달할 수 없는 경우에 관계국은 제15장에 규정된 절차에 의존하여야 한다.

③ 제 1항에 규정된 합의에 이르는 동안 관계국은 이해 및 상호협력의 정신으로 그 과도기 동안 최종 합의에 도달함을 위협하거나 해하지 아니하고 실제적인 잠정약정을 체결하기 위하여 모든 노력을 하여야 한다. 상기 약정은 최종경계획정을 침해하지 아니한다.

④ 관계국 간에 유효한 협정이 존재하는 경우에 배타적 경제수역의 경계획정에 관한 문제는 그 협정의 규정에 따라 결정한다.

제75조 (해도 및 지리적 좌표점의 목록)

① 본 장에 따라 배타적 경제수역의 외측한계선 및 제74조의 규정에 따라 획선된 경계획정선은 그 위치를 확인하기에 적당한 단수 또는 복수의 축척해도에 표시되어야 한다. 단 적절한 경우 측지자료를 명기한 지리적 좌표점의 목록으로 대체할 수 있다

② 연안국은 상기 해도나 지리적 좌표점의 목록을 정당히 공시 하여야 하며, 동 해도 또는 목록의 사본을 유엔사무총장에게 기탁하여야 한다.

제6장 대륙붕

제76조(대륙붕의 정의)

① 연안국의 대륙붕은 영해 밖으로 육지영토의 자연적 연장을 통하여 대륙변계의 외선까지 또는 대륙변계의 외선이 200해리까지 미치지 아니

하는 경우에는 영해의 폭을 측정하는 기선으로부터 200해리까지의 거리에 있는 해저 및 하층토로 이루어진다.

② 연안국의 대륙붕은 제4항 내지 제6항에 규정된 한계이원으로 확장되어서는 아니 된다.

③ 대륙변계는 연안국 본토의 해저연안으로 이루어지며, 대륙붕의 해저 및 하층토, 대륙사면 및 대륙융기로 구성된다. 대륙변계는 심해상과 그에 부속한 해양산맥 또는 하층토는 포함되지 아니 한다.

④ 가. 본 협약의 적용상 연안국은 그 변계가 영해의 폭을 측정하는 기선으로부터 200해리 이원까지 미치는 경우에는 언제나 대륙변계의 외선을 하기 선중 하나로 확정하여야 한다.

(1) 퇴적암의 두께가 각 최외각 확정지점으로부터 대륙사면의 최저부까지의 최단거리의 최소한 1%인 최외곽 확정지점을 제7항에 따라 연결한 선; 또는

(2) 대륙사면의 최저부로부터 60해리 이하인 확정지점을 제7항에 따라 연결한 선.

나. 반대의 증거나 없는 한 대륙사면의 최저부는 그 기저에서 경사도의 최대변경지점으로 결정된다.

⑤ 제4항 가(1) 및 (2)에 따라 획선된 해저에 있는 대륙붕의 외측한계선을 이루는 확정지점은 영해의 폭을 측정하는 기선으로부터 350해리를 초과하지 아니하거나 2,500미터 수심을 연결하는 선인 2,500미터 등심선으로부터 100해리 초과하지 아니하여야 한다.

⑥ 제5항의 규정에도 불구하고, 해저산맥의 경우에 대륙붕의 외측한계는 영해의 폭을 측정하는 기선으로부터 350해리를 초과하지 아니하여야 한다. 본 항은 해양고원, 융기, 캡, 뱅크 및 스퍼와 같은 대륙변계의 자

연적 구성요소인 해저고지에는 적용되지 아니한다.

⑦ 연안국은 대륙붕이 영해의 폭을 측정하는 기선으로부터 200해리 이원에 까지 미치는 경우에는 경위도 좌표로 표시된 확정지점을 연결하여 그 길이가 60해리를 넘지 아니하는 직선에 의하여 대륙붕의 외측한계를 그어야 한다.

⑧ 영해의 폭을 측정하는 기선으로부터 200해리를 초과하는 대륙붕의 한계에 관한 정보는 연안국에 의한 공평한 지리적 대표원칙에 입각하여 제2부속서에 따라 설립된 대륙붕한계위원회에 제출되어야 한다. 동 위원회는 대륙붕의 외측한계 확정에 관한 사항에 대하여 연안국에 권고를 행하여야 한다. 이러한 권고를 기초로 하여 연안국에 의해 확정된 대륙붕의 경계는 최종적이며 구속력을 갖는다.

⑨ 연안국은 측지자료를 포함하여 항구적으로 대륙붕의 외측한계를 표시하는 해도 및 관련정보를 유엔 사무총장에게 기탁하여야 하며, 유엔 사무총장은 이를 정당히 공시하여야 한다.

⑩ 본 조의 규정은 인접 또는 대향국 간의 대륙붕의 경계획정문제를 침해하지 아니한다.

제77조(대륙붕에 대한 연안국의 권리)

① 연안국은 대륙붕에 대하여 대륙붕을 탐사하고 그 천연자원을 개발하기 위한 주권적 권리를 행사한다.

② 제1항에 규정된 권리는 연안국이 대륙붕을 탐사하지 아니하거나 또는 그 천연자원을 개발하지 아니하더라도 다른 국가는 연안국의 명백한 동의 없이는 이러한 활동을 행할 수 없다는 의미에서 배타적이다.

③ 대륙붕에 대한 연안국의 권리는 실효적이나 관념적인 점유 또는 명시적 선언에 의존하는 것이 아니다.

④ 본 장에 규정된 천연자원이라 함은 정착성 어종에 속하는 생물, 즉 수확가능 단계에서 해저의 표면 또는 그 아래에서 움직이지 아니하거나 해저 또는 그 하층토에 항상 밀착하지 아니하고는 움직일 수 없는 생물과 해저 및 하층토의 광물과 기타 비생물자원으로 구성된다.

제78조 (대륙붕의 상부수역 및 상공의 법적 지위와 타국의 권리 및 자유)

① 대륙붕에 대한 연안국의 권리는 그 상부수역 또는 상공의 법적지위에 영향을 미치지 아니한다.

② 대륙붕에 대한 연안국의 권리 행사는 항행 및 본 협약에 규정된 타국의 기타 권리 및 자유를 침해 하거나 부당한 간섭을 초래하여서는 아니된다.

제79조(대륙붕에서의 해저전선 및 관선)

① 모든 국가는 본 조의 규정에 따라 대륙붕에서 해저전선과 관선을 부설할 권리를 갖는다.

② 대륙붕의 탐사, 그 천연자원의 개발 및 도관으로부터의 오염의 방지, 경감 및 억제를 위하여 합당한 조치를 취하는 권리에 따라 연안국의 상기 전선 또는 관선의 부설이나 유지를 방해할 수는 없다.

③ 대륙붕에서의 상기 관선의 부설을 위한 "코스"의 획정은 연안국의 동의를 받아야 한다.

④ 본 장의 어느 규정도 자국의 영토나 영해에 부설되는 전선 또는 도관에 대한 조건을 설정하는 연안국의 권리 또는 대륙붕의 탐사나 그 자원의 개발 또는 자국의 관할하에 있는 인공도서, 시설, 구조물의 운영과 관련하여 부설되거나 사용되는 전선과 관선에 대한 연안국의 관할권에 영향을 미치지 아니한다.

⑤ 해저 전선 및 도관을 부설하는 경우에 각 국가는 이미 설치되어 있는

전선이나 도관에 대하여 정당한 고려를 하여야 한다. 특히 기존 전선이나 관선을 수리할 수도 있는 가능성은 침해 받을 수 없다.

제80조 (대륙붕상의 인공도서, 시설 및 구조물)

제60조의 규정은 대륙붕에서의 인공도서, 시설 및 구조물에 이를 준용한다.

제81조 (대륙붕 시추)

연안국은 모든 목적을 위하여 대륙붕에서 시추하는 것을 허가 및 규제를 하는 배타적 권리를 갖는다.

제82조 (200해리 이원 대륙붕개발에 관한 불입금 및 현물공여)

① 연안국은 영해의 폭을 측정하는 기선으로부터 200해리 이원 대륙붕의 비생물자원의 개발에 관한 불입금을 납부하거나 현물공여를 행하여야 한다.

② 투입금 및 현물공여는 생산개시 5년 이후부터 생산지점에서의 모든 생산물에 관하여 매년 납부되어야 한다. 제6년째의 투입금 또는 현물공여의 비율은 생산지점의 생산총액 또는 생산량의 1%로 하며, 그 비율은 12년째까지 매년 1%씩 증가하고, 그 이후는 7%로 한다. 생산에는 개발과 관련하여 사용된 자원을 포함하지 아니한다.

③ 자국의 대륙붕에서 생산되는 광물자원의 순수입국인 개발도상국은 동 광물자원에 관한 불입금 또는 현물공여로부터 면제된다.

④ 투입금 및 현물공여는 심해저기구를 통하여 납부되어야 하며, 심해저기구는 이를 개발도상국, 특히 최저개발도상국 및 내륙국의 이익과 필요성을 고려하여 공평분배기준에 입각하여 본 협약의 당사국에게 분배하여야 한다.

제83조 (인접 또는 대향국 간의 대륙붕 경계획정)

① 인접 또는 대향국 간의 대륙붕의 경계획정은 공평한 해결에 도달하기

위하여 국제사법재판소 규정 제38조에 규정된 대로 국제법을 기초로 하여 합의에 의하여 성립되어야 한다.

② 상당한 기간 내에 합의에 도달할 수 없는 경우에 관계국은 제15장에 규정된 절차에 의거하여야 한다.

③ 제1항에 규정된 합의에 이르는 동안 관계국은 이해 및 상호협력 정신으로 그 과도기 동안 최종합의에 도달하는 것을 위협하거나 방해하지 아니하고 실무적 성격의 잠정약정을 성립하기 위하여 모든 노력을 다하여야 한다. 상기 약정은 최종경계획정을 침해하지 아니한다.

④ 관계국 간에 시행중인 협정이 있는 경우에 대륙붕의 경계획정에 관한 문제는 그 협정의 규정에 따라 결정된다.

제84조 (해도 및 지리적 좌표목록)

① 본 장에 따라 대륙붕의 외측 한계선과 제83조에 따라 그어진 경계획정선은 그 위치를 확인하기에 적당한 단수 또는 복수축적의 해도에 표시되어야 한다. 적절한 경우 측지 자료를 명기한 지리적 좌표목록으로 상기 외측 한계선을 대신할 수 있다.

② 연안국은 상기 해도 또는 지리적 좌표목록을 적당히 공표하여야 하며 또한 상기 해도 또는 목록의 사본을 유엔 사무총장에게 기탁하고 대륙붕의 외측 한계선을 표시하는 해도 또는 목록의 경우에 이를 심해저기구 사무총장에게 기탁하여야 한다.

제85조 (터널)

본 장의 규정은 하층토 상부의 수심에 관계없이 터널에 의하여 하층토를 개발하는 연안국의 권리를 침해하지 않는다.

제7장 공해

제1절 총칙

제86조 (본 장 규정의 적용)

본 장의 규정은 어느 국가의 배타적 경제수역, 영해, 내수 또는 군도국가의 군도수역에 포함되지 아니하는 모든 해역에 적용된다. 본 조의 규정은 제58조 규정에 따라 배타적 경제수역 내에서 모든 국가가 향유하는 자유의 축소를 수반하지 아니한다.

제87조 (공해의 자유)

① 공해는 연안국이나 내륙국을 막론하고 모든 국가에 개방된다. 공해의 자유는 본 협약과 국제법의 기타 규칙에 정하여진 조건에 의거하여 행사된다. 공해의 자유는 연안국과 내륙국에 대해 특히 다음과 같은 것을 포함한다.

가. 항해의 자유

나. 비행의 자유

다. 제6장의 규정에 따른 해저 전선 및 도관 건설의 자유

라. 제6장의 규정에 따라 국제법이 허용하는 인공도서 및 기타 시설의 설치자유

마. 본 장 제2절에 정하여진 조건에 따른 어로의 자유

바. 제6장 및 제8장의 규정에 따른 과학적 조사의 자유

② 모든 국가는 공해의 자유를 행사함에 있어서 타 국가의 이익과 심해저 활동에 관하여 본 협약에 규정한 권리에 대하여 정당한 고려를 하면서 상기의 자유를 행사하여야 한다.

제88조 (평화적 목적을 위한 공해의 자유)

공해는 평화적 목적을 위하여 유보되어야 한다.

제89조 (공해에 대한 주권주장의 무효)

어떠한 국가도 공해의 어느 부분을 유효하게 그의 주권에 복속 시킬 수 없다.

제90조 (항해의 권리)

모든 국가는 연안국 또는 내륙국을 막론하고 공해상에 자국의 국기를 게양한 선박을 항해하게 할 권리를 갖는다.

제91조 (선박의 국적)

① 모든 국가는 선박에 대한 자국의 국적, 허용, 자국영해 내에 있어서의 선박의 등록 및 자국의 국기를 게양할 권리에 관한 조건을 정하여야 한다. 선박은 그 국기를 게양할 권리를 가진 국가의 국적을 가진다. 국가와 선박 간에는 진정한 관련이 존재하여야 한다.

② 모든 국가는 자국의 국기를 게양할 권리를 허용한 선박에 대하여 그 증명을 발급하여야 한다.

제92조 (선박의 지위)

① 선박은 일 개국만의 국기를 게양하고 항해 하여야 하며 또한 국제조약 또는 본 협약에 명백히 규정된 예외적 규정의 경우를 제외하고는 공해상에서 그 국가의 배타적 관할하에 있는 것으로 한다. 선박은 소유권의 진정한 양도 또는 등록 변경의 경우를 제외 하고는 항해 중 또는 기항 중에 그 국기를 변경할 수 없다.

② 2개국 이상의 국기를 편의에 따라 게양하고 항해하는 선박은 다른 국가와의 관계에서 그 어느 국적도 주장할 수 없으며, 또한 무국적 선박과 동일시 될 수 있다.

제93조 (유엔, 유엔전문기구 및 국제원자력 기구의 기를 게양한 선박)

제92조의 규정은 유엔, 유엔전문기구, 또는 국제원자력기구의 공무에 사용되고 그 기구의 기를 게양하는 선박에 대하여 적용되지 아니한다.

제94조 (기국의 의무)

① 모든 국가는 행정적, 기술적 및 사회적 사항에 관하여 자국의 국기를 게양하는 선박에 대하여 자국의 관할권과 통제권을 효과적으로 행사할 수 있다.

② 특히 모든 국가는 다음 사항을 실시하여야 한다.

가. 크기가 작기 때문에 일반적으로 승인된 국제법규에서 제외되는 선박을 제외하고는 자국 국기를 게양하는 선박의 선명과 세부사항을 포함하는 선박등록부의 유지;

나. 자국 국기를 게양한 선박, 그 선박의 선장, 사관 및 승무원에 대하여 동 선박에 관한 행정적, 기술적 및 사회적 사항에 대한 국내법에 의거한 관할

③ 모든 국가는 국기를 게양하는 선박에 대하여 해상에서의 안전을 확보하기 위하여 특히 다음 사항에 관하여 필요한 조치를 취하여야 한다.

가. 선박의 건조, 장비 및 내항성

나. 적용할 수 있는 국제통례를 고려한 선박의 선원 배치, 승무원의 근로 조건 및 훈련

다. 신호의 사용, 통신의 유지 및 충돌의 방지

④ 상기 조치는 다음 사항을 확보하기 위하여 필요한 사항을 포함하여야 한다.

가. 각 선박은 등기전과 등기 후 적당한 간격으로 자격 있는 선박 검사원에 의하여 검사받아야 하고 선박의 안전 항행에 적당한 해도, 항

해서적, 항해 장비 및 기구를 선박에 보유하여야 한다.

나. 각 선박은 적당한 자격 특히 조함술, 항해, 통신, 해양 엔지니어링에 관한자격을 가지고 있는 선장과 사관의 책임하게 있어야 하고 승무원은 그 선박의 형태, 크기, 기기, 및 장비에 적당한 자격과 인원이어야 한다.

다. 선장, 사관, 및 적당한 범위의 승무원은 해상에서의 생명안전, 충돌의 방지, 해양오염의 방지, 경감, 억제 및 무선에 의한 통신유지에 관하여 적용할 수 있는 국제법규에 완전히 정통하여야 하고, 또한 준수할 것이 요구된다.

⑤ 제3항 및 제4항의 규정에서 요구되는 조치를 취함에 있어서 각 국가는 일반적으로 승인된 국제법규, 절차 및 관습을 따라야 하고 그 준수를 보장하게 위하여 필요한 수단을 취하여야 한다.

⑥ 선박에 관하여 적절한 관할 및 통제가 행사되지 아니하였다고 확신되는 명백한 근거를 가지고 있는 국가는 기국에 그 사실을 통보할 수 있다. 이러한 통보를 접수한 기국은 그 사실을 조사하여야 하고 적절한 경우 그에 대한 시정을 위하여 필요한 조치를 취하여야 한다.

⑦ 각국은 자국의 국기를 게양한 선박에 연계되고 타국의 국민에 대한 인명손실이나 중대한 상해, 타국의 선박, 시설 또는 해양 환경에 대한 중대한 손해를 끼친 공해상의 항해에 관한 모든 사고나 재난에 관하여 단수 또는 복수의 유자격자에 의하여 또는 그의 참가하에 조사를 행하여야 한다. 기국 및 기타 국가는 그러한 타국가가 상기 해상사고나 재난에 관한 조사를 실시함에 있어서 상호 협력하여야 한다.

제95조 (공해상 군함의 면책특권)

공해상의 군함은 기국이 아닌 다른 어떠한 국가의 관할권으로부터도 완전한 면책특권을 가진다.

제96조 (비상업용 정부선박의 면책특권)

어느 국가가 소유하거나 운영하고 오직 비상업용 정부역무에 사용되는 선박은 공해상에서 기국이 아닌 어떠한 국가의 관할로부터도 완전한 면책특권을 가진다.

제97조 (충돌 또는 기타 항해사고에 관한 형사관할권)

① 공해상에서 선박에 관한 충돌 또는 기타 항해사고가 발생하고 그 선박에 근무하는 선장 또는 기타자의 형사 또는 징계책임을 포함하는 경우에, 그들에 대한 형사 또는 징계소송절차는 그 선박의 기국 또는 그들의 국적국가의 사법당국이나 행정국가만이 제기할 수 있다.

② 징계문제에 대하여는 선장의 증명서, 자격증 또는 면허증을 발급한 국가만이 정당한 법적절차를 거친 후에 이러한 제증명서의 철회를 선언할 권리를 가진다. 이 경우에 있어서 그 증명서의 소지자는 반드시 증명서를 발급한 국가의 국민임을 요구하지 아니한다.

③ 선박의 나포 또는 억류는 비록 수사상의 수단으로서 행하여지는 경우라도 선박 기국의 당국 이외의 누구도 이를 명령할 수 없다.

제98조 (원조제공의무)

① 모든 국가는 자국의 국기를 게양하고 항해하는 선박의 선장에 대하여 선박, 승무원, 선객에 대한 중대한 위험이 없는 한 다음 각호의 사항을 이행하도록 요구하여야 한다.

가. 해상에서 발견된 자로서 실족이 될 위험에 처한 자에 대하여 원조를 제공할 것.

나. 원조를 필요로 한다는 통보를 받은 경우에는 그 조치가 선장에게 합당하게 기대될 수 있는 것이라면 가능한 한 전속력으로 조난자의

구조에 착수할 것.

다. 충돌이 있은 후에는 타방의 선박, 승무원 및 선객에 대하여 원조를 제공하고 가능한 경우에는 타방의 선박에 대하여 자기 선박의 선명, 선적항 및 최근 거리에 있는 기항 예정지를 통보할 것.

② 모든 연안국은 해상에 있어서의 안전에 관하여 적절하고 실효성 있는 수색 및 구조 기관의 설치, 운영 및 유지를 촉진 시키고 또한 필요한 경우에는 상호 지역협정의 방법으로 이 목적을 위하여 인접제국과 상호 협력하여야 한다.

제99조 (노예수송금지)

모든 국가는 자국의 국기를 게양함이 허가된 선박에 의한 노예의 수송을 방지하고 처벌하기 위하여 또는 노예의 수송을 위한 자국 국기의 불법 사용을 방지하기 위하여 실효성 있는 조치를 취하여야 한다. 국기의 여하를 막론하고 어떤 선박에 피난하는 노예는 그 사실에 의하여 자유의 몸이 된다.

제100조 (해적행위 진압을 위한 협력의무)

모든 국가는 가능한 최대한도로 공해 또는 어느 국가의 관할권에도 속하지 않는 기타 장소에서 해적행위를 진압하는데 상호 협력하여야 한다.

제101조 (해적행위의 정의)

해적행위라 함은 다음 행위를 말한다.

가. 사유의 선박 또는 항공기의 승무원 또는 승객이 사적목적을 위하여 범행하는 불법적 폭력행위, 억류 또는 약탈행위로서 다음의 것에 대하여 행하여지는 것이다.

(1) 공해에 있어서의 타 선박, 항공기 또는 그 선박, 항공기 내의 인원이나 재산

(2) 어느 국가의 관할권에도 속하지 아니하는 장소에 있는 선박, 항

공기, 인원 또는 재산

나. 당해 선박 또는 항공기가 해적 항공기라는 사실을 알고 그 선박 또는 항공기의 활동에 자발적으로 참가하는 행위

다. 가호 및 나호에 규정된 행위를 선동 또는 고의적으로 조작하는 모든 행위.

제102조 (승무원이 반란을 일으킨 군함, 정부선박 또는 정부항공기에 의한 해적행위)

군함, 정부선박 또는 정부항공기의 승무원이 반란을 일으켜서 그 군함, 선박 또는 항공기를 지배하는 경우에 그 군함, 선박 또는 항공기가 행하는 제 101조에 정의된 해적행위는 사유의 선박 또는 항공기에 의한 행위와 동일시된다.

제103조 (해적선·해적항공기의 정의)

선박 또는 항공기를 지배적으로 관리하고 있는 자가 제101조에 규정된 행위를 범하기 위하여 사용할 것을 기도하는 경우에 그 선박 또는 항공기는 해적선 또는 해적 항공기로 간주된다. 선박 또는 항공기가 전기의 어떤 행위를 범하기 위하여 사용된 경우에 그 선박 또는 항공기가 그대로 행위를 한자의 지배하에 있는 한 그 선박 또는 항공기도 해적선 또는 해적 항공기로 간주된다.

제104조 (해적선·해적항공기의 국적보유 또는 상실)

선박 또는 항공기가 해적선 또는 해적항공기로 된 경우에도 그의 국적을 보유할 수 있다. 국적의 보유 또는 상실은 그 국적의 본래 유래한 국가의 법률에 의하여 결정된다.

제105조 (해적선·해적항공기의 나포)

공해상 또는 어느 국가의 관할권에도 속하지 아니하는 기타 장소에서 모

든 국가는 해적선, 해적 항공기 또는 해적행위에 의하여 탈취되고 또한 해적의 지배하에 있는 선박 또는 항공기를 나포하고 선박 또는 항공기 내에 있는 사람을 체포하고 재산을 압수할 수 있다. 나포를 행한 국가의 법원은 부과할 형벌을 결정하며, 또한 그 선박, 항공기 또는 재산에 대하여 취할 조취를 결정할 수 있다. 단 선의의 제 3자의 권리는 보호된다.

제106조 (충분한 근거 없는 나포에 대한 책임)

해적행위의 혐의로 인한 선박 또는 항공기의 나포가 충분한 근거 없이 행하여 진 경우에는 나포국이 그 선박 또는 항공기의 국적국에 대하여 그 나포로 인하여 발생한 손실 또는 손해에 대하여 책임진다.

제107조 (해적을 이유로 한 나포의 권한 있는 선박 및 항공기)

해적행위를 이유로 한 나포는 군함, 군용항공기 또는 기타 정부역무에 종사하는 것이 명백히 표시되고 식별되며, 이에 대한 권한이 부여된 선박이나 항공기에 의하여서만 행사될 수 있다.

제108조 (마약 또는 향정신성 약물의 불법거래)

① 모든 국가는 국제협약에 위배하여 공해상에서의 선박에 의한 마약 및 향정신성 물질의 불법거래의 금지를 위하여 협조하여야 한다.

② 자국의 국기를 게양한 선박이 마약 또는 향정신성 물질의 불법거래에 종사하고 있다고 확신되는 합리적인 증거를 가지고 있는 국가는 타 국가에 대하 여 이러한 거래를 금지하도록 협조를 요청할 수 있다.

제109조 (공해로부터의 무허가방송)

① 모든 국가는 공해로부터의 무허가방송을 금지함에 있어서 상호협력하여야 한다.

② 본 조약의 적용상 "무허가방송"은 국제법규에 반하여 일반 대중에 의한 수신을 목적으로 하여 공해상의 선박 또는 시설로부터의 음성, 무선방

송 또는 TV방송의 송신을 뜻한다. 단, 조난신호의 방송은 제외한다.

③ 무허가방송에 종사하는 인원은 하기 국가의 법원에 기소될 수 있다.

가. 선박의 기국

나. 시설등록국

다. 그 인원의 국적국

라. 송신이 수신될 수 있는 모든 국가, 또는

마. 허가된 무선통신이 방해받고 있는 국가

④ 공해상에서 제③항에 따라 관할권을 가지는 국가는 제110조에 따라 무허가 방송에 종사하는 인원이나 선박을 체포하거나 나포할 수 있고, 방송기기를 압수할 수 있다.

제110조 (임검권)

① 간섭행위가 조약에 의하여 부여된 권한에 의거하는 경우를 제외하고는 제 95조 및 제96조에 따라 완전한 면책특권을 가진 선박을 제외한 외국 선박을 공해상에서 조우한 군함은 다음 사항에 해당하는 어떤 혐의에 대한 합리적 근거가 없는 한 그 선박을 임검하는 것은 정당화되지 아니한다.

가. 그 선박이 해적행위에 종사하고 있을 것

나. 그 선박이 노예거래에 종사하고 있을 것

다. 그 선박이 무허가방송에 종사하고 있고 그 군함의 기국은 제109조에 따라 관할권을 가지고 있을 것

라. 그 선박이 국적이 없을 것, 또는

마. 그 선박이 외국의 국기를 게양하고 있거나 또는 그 선박의 국기를 제시함을 거절하였으나 실질적으로는 그 선박이 군함과 동일한 국적을 가지고 있을 것

② 제①항에 규정된 경우에 있어서 군함은 해당 선박이 그 국기를 게양할 권리를 가지는가를 확인할 수 있다. 이러한 목적을 위해서 군함은 혐의가 있는 선박에 대하여 장교에 지시 하에 「보트」를 파견할 수 있다. 서류를 검색한 후에도 여전히 혐의가 있는 경우에 군함은 그 선박 내에서 재차 조사를 행할 수 있는데 그 검사는 가능한 한 신중히 행하여야 한다.

③ 혐의가 근거 없는 것으로 판명되고 또한 임검을 받고 있는 선박이 혐의를 정당화하는 어떠한 행위도 범하지 않았을 경우에는 그 선박은 지속가능성이 있는 손실 또는 손해에 대하여 보상을 받는다.

④ 제①항 내지 제③항의 규정은 군용항공기에 준용된다.

⑤ 제①항 내지 ③항의 정부역무에 종사하는 것이 명백히 표시되고 식별되는 정당한 권한이 부여된 기타 모든 선박 또는 항공기에도 적용된다.

제111조 (추적권)

① 외국 선박의 추적은 연안국의 권한 있는 당국이 자국의 법령을 그 외국 선박이 위반한 것으로 믿을 만한 충분한 이유가 있을 때 이를 행사할 수 있다. 이러한 추적은 그 외국 선박 또는 그 선박에 소속하는 「보트」가 추적국의 내수, 군도수역, 영해 또는 접속수역 내에 있을 때 개시되어야 하며, 또한 추적이 중단되지 아니하는 경우에 한하여 영해 또는 접속수역의 밖에서 이를 계속할 수 있다. 영해 또는 접속수역 내에 있는 외국 선박이 정선명령을 받았을 때 정선명령을 발하는 선박이 동시에 영해 또는 접속수역 내에 존재할 필요는 없다. 외국 선박이 제32조에 규정된 접속수역 내에 있을 경우에, 추적은 그 수역의 설정에 의하여 보호하는 법익의 침해가 있는 경우에 한하여 행할 수 있다.

② 추적권은 배타적 경제수역 또는 대륙붕 시설주위의 안전수역을 포함한

대륙붕 상부에서 본 협약에 따라 배타적 경제수역 또는 상기 안전수역을 포함한 대륙붕의 적용 가능한 연안국의 법령을 위반한 경우에 준용된다.

③ 추적권은 추적선박이 자국 또는 제3국의 영해에 들어감과 동시에 종료된다.

④ 추적은 추적선이 취할 수 있는 실질적인 방법에 의하여 추적선박이나 그「보트」중의 하나 또는 하나의 선단을 형성하여 활동하고 또한 그 추적선박을 모선으로 사용하는 기타의 소형선박이 영해의 한계 내 또는 경우에 따라서는 접속수역, 배타적 경제수역 또는 대륙붕 상부에 있다는 사실을 확인하지 아니하는 한 이를 개시한 것으로 인정되지 아니한다. 추적은 시각 또는 청각에 의한 추적신호가 외국 선박이 이를 견문할 수 있는 거리에서 발신된 후에 비로소 이를 개시할 수 있다.

⑤ 추적은 군함, 군용항공기 또는 기타 정부역무에 종사하는 것이 명백히 표시되고 식별되며 이에 대한 권한이 부여된 선박이나 항공기에 한해서만 행사될 수 있다.

⑥ 추적이 항공기에 의하여 행하여지는 경우에는

가. 제①항 내지 제④항의 내용은 이를 규정한다.

나. 정선명령을 발한 항공기는 선박을 직접으로 나포할 수 있는 경우를 제외하고는 그 항공기가 요청한 연안국의 선박 또는 항공기가 도착하여 추적을 인수할 때까지 그 선박을 직접 적극적으로 추적하여야 한다. 선박이 당해 항공기 또는 중단하지 아니하고 계속하여 추적을 행하는 타의 항공기 또는 선박에 대하여 정선명령을 받아 추적당하는 것이 아닌 한 그 선박이 범법 또는 범법혐의가 있다고 그 항공기에 의하여 단순히 발견된 것만으로 공해 밖에서의 나포는 충분

히 정당한 것으로 인정되지 아니한다.

⑦ 어느 국가의 관할권 내에서 나포되고 또한 권한 있는 당국의 조사를 받기위하여 그 국가의 항구에 호송된 선박은 그 항해 도중에 사정에 의하여 필요한 경우 배타적 경제수역 또는 공해의 일부분을 지나 호송되었다는 이유만으로써 그 석방을 주장할 수 없다.

⑧ 추적권의 행사가 정당화되지 않는 선박이 영해 밖에서 정지 또는 나포되는 경우에 그 선박은 그로 인하여 입은 지속가능성 있는 손실 또는 손해에 대하여 보상을 받는다.

제112조 (해저전선·관선의 부설권)

① 모든 국가는 대륙붕 이원의 공해해저에서 해저전선과 관선의 부설권을 가진다.

② 제79조 ⑤항은 상기 전선과 도관에 적용된다.

제113조 (해저전선 또는 관선의 파괴나 훼손)

모든 국가는 자국의 국기를 게양하는 선박 또는 자국의 관할권에 종사하는 사람이 전신 또는 전화통신을 중단하거나 방해할 우려가 있는 방법으로 공해 밑에 있는 해저전선을 고의 또는 과실로 파괴 또는 훼손하는 것과 또한 이와 똑같이 해저관선 또는 고압전선을 파괴 또는 훼손하는 것은 가벌범죄를 구성한다는 것을 규정하기 위하여 필요한 법령을 채택할 수 있다. 본 조는 또한 기도된 행위 또는 상기 파괴 또는 훼손을 초래할 수 있는 행위에도 적용된다. 그러나 본 조는 그 파괴 또는 훼손을 회피하기 위하여 필요한 모든 예방조치를 취한 후에 자기의 생명이나 선박을 구조하는 합법적인 목적만을 가지고 행동한 사람들에 의하여 야기된 파괴 또는 훼손에 대하여는 적용되지 아니한다.

제114조 (해저전선 또는 관선의 소유자에 의한 타 해저전선이나 관선의 파괴

또는 훼손)

모든 국가는 그 관할권에 복종하며, 공해 밑에 있는 해저전선이나 관선의 소유자인 사람이 그 전선 또는 관선의 매설 또는 수리를 함에 있어서 다른 전선 또는 관선을 파괴 또는 훼손한 경우에는 수리비용을 부담한다는 것을 규정하기 위하여 필요한 법령을 채택하여야 한다.

제115조 (해저전선 또는 도관의 훼손을 회피하기 위한 손실의 보상)

모든 국가는 선박의 소유자가 해저전선 또는 관선의 훼손을 회피하기 위하여 닻, 어망 또는 기타의 어구를 희생시켰음을 증명할 수 있을 때에는 그 선박소유자가 사전에 모든 합리적인 예방조치를 취했음을 조건으로 그 전선 또는 관선의 소유자로부터 보상을 받을 것을 보장하기 위하여 필요한 법령을 채택하여야 한다.

제2절 공해생물자원의 관리 및 보존

제116조 (공해어업권)

모든 국가는 다음 각호에 규정한 사항에 따를 것을 조건으로 그 국민이 공해에서 어업에 종사할 권리를 가진다.

가. 협약상의 의무;

나. 특히 제63조 제②항, 제64조 내지 제67조에 규정된 연안국의 권리의무 및 이익;

다. 본 절의 규정

제117조 (공해생물자원의 보존을 위한 조치를 자국민에게 적용해야 할 각국의 의무)

모든 국가는 자국민에 대하여 공해생물자원의 보존에 필요한 조치를 취하거나 취함에 있어서 다른 국가와 상호협력해야 할 의무가 있다.

제118조 (생물자원의 보존 및 관리에 있어서 국가 간 협력)

모든 국가는 공해의 수역에서 생물자원의 관리 및 보존을 함에 있어서 상호협력하여야 한다. 자국민이 동일 수역에서 동일 생물자원 또는 다른 생물자원을 개발하는 모든 국가는 관련 생물자원의 보존에 필요한 조치를 취하기 위한 교섭을 할 수 있다. 이를 위하여 적절한 경우 상기 국가는 소지역적 또는 지역적 어업조직을 설치하는 데 상호협력하여야 한다.

제119조 (공해생물자원의 보존)

① 공해에 있는 생물자원의 허용어획량을 규정하고 기타 보존조치를 설정함에 있어 다음 사항을 행하여야 한다.

가. 관계국이 입수가능한 최선의 과학적 증거를 기초로 하여, 개발도상국의 특별한 요구를 포함한 관련 환경적, 경제적 요인에 의하여 확정되고, 또한 어로형태, 어족 간의 상호의존성 및 소지역적, 지역적, 전 세계적임에 관계없이 일반적으로 권고된 국제최저기준을 고려하여 최대지속가능 생산량을 생산할 수 있는 수준으로 어획된 어종의 자원량이 유지 또는 회복되도록 계획된 조치를 취하여야 한다.

나. 어획어종의 관련 또는 의존어종의 자원량을 그 재생산이 심각하게 위협 받을 수 있는 수준 이상으로 유지 또는 회복시키기 위하여 그 관련 또는 의존 어종에 대한 경향을 고려하여야 한다.

② 입수가능한 과학적 정보, 어획 및 어업활동통계, 수산자원의 보존에 관련된 기타 자료는 적절한 경우 소지역적, 지역적 또는 세계적인 관련 국제조직을 통하여 또한 모든 관계국의 참여하에 정기적으로 제공되고 교환되어야 한다.

③ 관계 국가는 보존조치와 그 시행에 있어서 어떠한 국가의 어부에 대하

여도 형식적 또는 실질적 차별이 없도록 보장하여야 한다.

제120조 (해양포유동물)

제65조 규정은 또한 공해에 있는 해양포유동물의 보존과 관리에 적용된다.

제8장 도서제도

제121조 (도서제도)

① 도서는 만조시에 수면상에 있고, 물로 둘러싸인 자연적으로 형성된 육지지역이다.

② 제③항에 규정된 경우를 제외화고 도서의 영해, 접속수역, 배타적 경제수역 및 대륙붕은 기타 육지영토에 적용 가능한 본 협약의 규정에 따라 결정된다.

③ 사람이 거주를 지속할 수 없거나 또는 그 자체의 경제생활을 영위할 수 없는 암석은 배타적 경제수역 또는 대륙붕을 가질 수 없다.

제9장 폐쇄해 또는 반폐쇄해

제122조 (정의)

본 협약의 적용상 "폐쇄해 또는 반폐쇄해"라 함은 2개국 이상으로 둘러싸이고 협소한 출구에 의하여 타 해양에 연결되거나 또는 전부나 주된 부분이 2개 이상 연안국의 영해 및 배타적 경제수역으로 구성되어 있는 만, 내만 또는 해를 말한다.

제123조 (폐쇄해 및 반폐쇄해 연안국 간 협약)

폐쇄해 또는 반폐쇄해의 연안국은 본 협약에 따라 그들의 권리를 행사하고 의무를 이행함에 있어서 상호협력하여야 한다. 이러한 목적을 위하여 그들은 직접적으로 또는 적절한 지역조직을 통하여 다음 사항을 위하여 협력하여야 한다.

가. 동 해역 생물자원의 관리, 보존, 탐사 및 개발의 상호조정

나. 해양환경의 보호 및 보존에 관한 각국의 권리행사 및 의무이행의 상호조정

다. 각국의 과학적 조사정책의 상호조정 및 적절한 경우 동 해역에 있어서의 공동과학조사계획의 실시

라. 적절한 경우 본 장의 규정을 정함에 있어 그 상호협력을 위한 기타 이해관계국 및 국제조직의 초청

제10장 내륙국의 해양출입권과 통과의 자유

제124조 (용어의 정의)

1. 본 조약의 목적상

가. "내륙국"은 해안이 없는 국가를 의미한다.

나. "통과국"은 해안이 있든 없든, 내륙국과 해양사이에 위치하여 통과교통이 그 영토를 통과하는 국가를 의미한다.

다. "통과교통"은 환적, 입고, 적하손상 또는 수송방식 변화의 유무에 관계없이, 통과국 영토의 통과가 내륙국 영토 내에서 시작하거나 끝나는 완전한 여정의 일부인 경우, 1개 이상 통과국의 영토를 지

나는 사람, 화물, 상품 및 수송수단의 통과를 의미한다.

라. "수송수단"은 다음을 의미한다.

⑴ 철도차량, 해상, 호상, 하천용 선박 및 육로차량

⑵ 지방사정이 필요로 할 경우 운반인부 또는 짐 싣는 동물

2. 내륙국과 통과국은 상호합의에 의하여 관선, 가스관 및 제1항에 규정된 것 이외의 다른 수송수단을 수송수단에 포함시킬 수 있다.

제125조 (해양출입권과 통과의 자유)

1. 내륙국은 공해의 자유 및 인류공동유산에 관한 권리를 포함한, 본 협약에 규정된 권리를 행사하기 위하여 해양출입권을 갖는다. 이를 위하여 내륙국은 모든 수송수단으로서 통과국의 영토를 통한 통과의 자유를 향유한다.

2. 통과의 자유를 행사하기 위한 조건 및 양식은 내륙국과 관계통과국 간에 양자적, 소지역국 또는 지역적 협정을 통하여 합의되어야 한다.

3. 통과국은 자국 영토에 대한 완전한 주권을 행사함에 있어서, 내륙국을 위하여 본장에 규정된 권리 및 편의가 결코 통과국의 적법한 이익을 침해하지 않도록 보장하기 위하여 모든 필요한 조치를 취할 권리를 갖는다.

제126조 (최혜국대우조항의 적용제외)

본 협약의 규정 및 내륙국의 특수한 지리적 위치를 이유로 권리 및 편의를 설정한 해양출입권의 행사에 관한 특별협정은 최혜국대우조항의 적용으로부터 제외된다.

제127조 (관세·조세와 그 밖의 부과금)

1. 통과교통은 이러한 교통과 관련하여 제공된 특별의무에 대하여 부과되는 비용 외에는 어떠한 관세, 세금 또는 기타 비용도 부과되지 않는다.

2. 내륙국에 의해 제공되고 사용되는 통과수송수단 및 기타 시설은 통과

국의 수송수단의 사용에 부과되는 것보다 높은 세금이나 비용이 부과되어서는 안 된다.

제128조 (자유지역과 그 밖의 세관시설)

통과교통의 편의를 위하여, 자유지역 또는 기타 세관시설이 통과국과 내륙국 간의 협정에 의하여 통과국 내의 출입항에 세워질 수 있다.

제129조 (수송수단의 건조·개선을 위한 협력)

통과국에 통과의 자유를 시행할 수 있는 수송수단이 없거나 항구시설 및 장비를 포함하여 기존수단이 어떤 면에서 부적합한 경우, 통과국과 관계 내륙국은 이들을 건조하고 개선하는 데 상호 협력할 수 있다.

제130조 (통과교통에 있어서의 지연 또는 기타 기술적 성격의 어려움을 피하거나 제거하기 위한 조치)

1. 통과국은 통과교통에 있어서 지연 또는 기타 기술적 성격의 어려움을 피하기 위하여 모든 적절한 조치를 취하여야 한다.
2. 이러한 지연이나 어려움이 발생한 경우, 통과국과 내륙국의 권한 있는 당국은 이를 신속히 제거하기 위하여 상호 협력하여야 한다.

제131조 (海港에 있어서 동등대우)

내륙국의 국기를 게양한 선박은 해항에서 다른 외국 선박에 부여된 것과 동등한 대우를 향유한다.

제132조 (통과편의 확대허용)

본 협약은 어떠한 방법으로든 본 협약에 규정된 것보다 크고, 본 협약상 당사국 간에 합의되거나, 일방당사국에 의하여 허용된 통과편의의 허용을 배제하지 않는다.

영해 및 접속수역법

(1977. 12. 31, 법률 제3037호, 개정 1995. 12. 6, 법률 제4986호)

제1조 (領海의 範圍)

대한민국의 領海는 基線으로부터 측정하여 그 외측 12해리의 선까지에 이르는 水域으로 한다. 다만, 대통령령이 정하는 바에 따라 일정수역에 있어서는 12해리 이내에서 領海의 범위를 따로 정할 수 있다.

제2조 (基線)

① 領海의 폭을 측정하기 위한 통상의 基線은 대한민국이 공식적으로 인정한 대축척해도에 표시된 해안의 저조선으로 한다.

② 지리적 특수사정이 있는 水域에 있어서는 대통령령으로 정하는 基點을 연결하는 直線을 基線으로 할 수 있다.

제3조 (內水)

領海의 폭을 측정하기 위한 基線으로부터 육지측에 있는 水域은 內水로 한다.

제3조의2 (接續水域의 範圍)

대한민국의 接續水域은 基線으로부터 측정하여 그 외측 24해리의 선까지에 이르는 水域에서 대한민국의 領海를 제외한 水域으로 한다. 다만, 대통령령이 정하는 바에 따라 일정水域에 있어서는 基線으로부터 24해리 이내에서 接續水域의 범위를 따로 정할 수 있다.〔본조신설 95. 12. 6〕

제4조 (隣接 또는 對向國과의 境界線)

대한민국과 隣接하거나 對向하고 이는 국가와의 領海 및 接續水域의 경계선은 관계국과의 별도의 合意가 없는 한 양국이 각기 領海의 폭을 측정하는 基線상의 가장 가까운 지점으로부터 같은 거리에 있는 모든 점을 연결하는 중간선으로 한다. 〈개정 95.12.6〉

제5조 (外國船舶의 通航)

① 외국 선박은 대한민국의 평화·공공질서 또는 안전보장을 해하지 아니하는 즉 대한민국의 領海를 無害通航할 수 있다. 외국의 軍艦 또는 비상업용 정부선박이 領海를 通航하고자 할 때에는 대통령령이 정하는 바에 따라 관계당국에 사전통고하여야 한다.

② 외국 선박이 通航시 다음 각호의 행위를 하는 경우에는 대한민국의 평화·공공질서 또는 안전보장을 해치는 것으로 본다. 다만, 제2호 내지 제5호·제11호 및 제13호의 행위로서 관계당국의 허가·승인 또는 동의를 얻은 경우에는 그러하지 아니하다.

1. 대한민국의 주권·영토보전 또는 독립에 대한 여하한 힘의 위협이나 행사 기타 국제연합헌장에 구현된 국제법원칙을 위반한 방법으로 행하는 여하한 힘의 위협이나 행사

2. 무기를 사용하여 행하는 훈련 또는 연습

3. 항공기의 이함·착함 또는 탑재

4. 군사기기의 발진·착함 또는 탑재

5. 잠수항행

6. 대한민국의 안전보장에 유해한 정보의 수집

7. 대한민국의 안전보장에 유해한 선전·선동

8. 대한민국의 관세·재정·출입국관리 또는 보건·衛生法規에 위반되는 물품이나 통화의 양·적하 또는 사람의 승·하선

9. 대통령령이 정하는 기준을 초과하는 오염물질의 배출

10. 어로

11. 조사 또는 측량

12. 대한민국 통신체제의 방해 또는 설비 및 시설물의 훼손

13. 通航과 직접 관련 없는 행위로서 대통령령이 정하는 것

③ 대한민국의 안전보장을 위하여 필요하다고 인정되는 경우에는 대통령령이 정하는 바에 따라 일정水域을 정하여 외국 선박의 無害通航을 일시적으로 정지시킬 수 있다.

제6조 (停船 등)

외국 선박(외국의 軍艦 및 비상업용 정부선박을 제외한다. 이하 같다)이 제5조의 규정을 위반한 혐의가 있다고 인정되는 때에는 관계당국은 정선·검색·나포 기타 필요한 명령이나 조치를 할 수 있다.

제6조의2 (接續水域에서의 關係當局의 權限)

대한민국의 接續水域에서 관계당국은 다음 각호의 목적에 필요한 범위

안에서 法令이 정하는 바에 따라 그 직무권한을 행사할 수 있다.

1. 대한민국의 영토 또는 領海에서 關稅·財政·出入國管理 또는 保健·衛生에 관한 대한민국의 法規를 위반하는 행위의 방지
2. 대한민국의 영토 또는 領海에서 관세·재정·출입국관리 또는 보건·위생에 관한 대한민국의 法規를 위반한 행위의 제재 〈본조신설 95·12·6〉

제7조 (罰則)

① 제5조 제2항 또는 제3항의 규정을 위반한 외국 선박의 승무원 기타 승무자는 5년 이하의 징역 또는 2억 원 이하의 벌금에 처하고 정상이 중한 때에는 당해 船舶·器材· 擔保物 기타 위반물품을 몰수할 수 있다. 〈개정 95·12·6〉

② 제6조의 규정에 의한 명령이나 조치를 거부 ·방해 또는 기피한 외국 선박의 승무원 기타 승선자는 2년 이하의 징역 또는 1,000만 원 이하의 벌금에 처한다.

③ 제1항 및 제2항의 경우 징역형과 벌금형은 이를 병과할 수 있다.

④ 이 조의 적용에 있어서 그 행위가 이 法 이외의 다른 법률에 규정된 죄에 해당하는 경우에는 그중 가장 중한 형으로 처벌한다.

제8조 (軍艦 등에 대한 特例)

외국의 軍艦이나 비상업용 정부선박 또는 그 승무원 기타 승선자가 이 法이나 기타 다른 法令을 위반한 때에는 이의 시정이나 領海로부터의 퇴거를 요구할 수 있다.

부 칙

이 法은 공포일로부터 4월 이내에 대통령령으로 정하는 날로부터 시행한다.

[1978. 4. 29 대통령령 제8994호에 의하여 1978. 4. 30부터 시행]

부 칙 〈95. 12. 6〉

이 法은 공포한 날로부터 1년의 범위 내에서 대통령령이 정하는 날부터 시행한다.

[1996. 7. 31 대통령령 제15133호에 의하여 1996. 8. 1부터 시행]

영해 및 접속수역법 시행령

〔1978. 9. 20 대통령령제9162호〕
개정 1991. 9. 7 대통령령제13463호
(海洋汚染防止法施行令)
1996. 7. 31 대통령령제15133호
(領海法중改正法律의시행일에관한규정)

제1조 (目的)

이 슈은 領海 및 接續水域法(이하 "法"이라 한다)에서 위임된 사항과 그 시행에 관하여 필요한 사항을 규정함을 목적으로 한다.

제2조 (直線基線의 基點)

領海의 폭을 측정함에 있어서 法 제2조 제2항의 규정에 따라 直線基線을 基線으로 하는 각 水域과 그 基點은 별표 1과 같다.

제3조 (대한해협에 있어서의 領海의 범위)

국제항행에 이용되는 대한해협을 구성하는 水域에 있어서의 領海는 法 제1조 단서의 규정에 따라 별표 2에 게기하는 선을 연결하는 선의 육지 측에 있는 水域으로 한다.

제4조 (外國軍艦등의 通航)

외국의 軍艦 또는 비상업용 정부선박이 領海를 通航하고자 할 때에는 法 제5조 제1항 후단의 규정에 따라 그 通航 3일전까지(공휴일은 제외한다) 외무부장관에게 다음 각호의 사항을 통고하여야 한다. 다만, 전기 선박이 통과하는 水域이 국제항행에 이용되는 해협으로서 동 水域에 공해대가 없을 경우에는 그러하지 아니하다.

1. 당해선박의 선명·종류 및 번호
2. 通航목적
3. 通航항로 및 일정

제5조 (外國船舶의 領海內 활동)

① 외국 선박이 領海 內에서 法 제5조 제2항 제2호 내지 제5호·제11호 또는 제13호의 행위를 하고자 할 때에는 외무부장관에게 다음 각호의 사항을 기재한 신청서를 제출하여 관계당국의 허가·승인 또는 동의를 얻어야 한다.

1. 당해선박의 선명·종류 및 번호
2. 활동목적
3. 活動水域·항로 및 일정

② 法 제5조 제2항 제2호 내지 제5호 또는 제11호의 행위에 관하여 다른 法令에 의하여 관계당국의 허가·승인 또는 동의를 얻은 때에는 이 令에 의한 허가·승인 또는 동의를 얻은 것으로 본다.

제6조 (汚染物質의 排出規制 基準)

法 제5조 제2항 제9호의 규정에 따른 오염물질의 배출규제기준에 관하여

는 海洋汚染防止法 제5조·제11조·제14조 제1항 및 제16조 제1항·제2항의 규정에 의한다.

제7조 (無害通航의 一時停止)

① 法 제5조 제3항의 규정에 따라 領海 內의 일정 水域에 있어서 외국선박의 無害通航의 일시적 정지는 국방부장관이 행하되, 미리 국무회의의 심의를 거쳐 대통령의 승인을 얻어야 한다.

② 국방부장관이 제1항의 규정에 따라 대통령의 승인을 얻은 때에는 無害通航의 일시적 停止水域·정지기간 및 정지사유를 지체 없이 고시하여야 한다.

배타적 경제수역법

〔1996. 8. 8 法률제5151호,1996.9.10 시행, 대통령령제15,145호〕

제1조 (排他的 經濟水域의 設定)

대한민국은 이 法에 의하여 海洋法에 관한 국제연합協約(이하 "協約" 이라 한다)에 규정된 排他的 經濟水域을 설정한다.

제2조(排他的 經濟水域의 範圍)

① 대한민국의 排他的 經濟水域은 協約의 규정에 맞추어 領海 및 接續水域法 제2조에 규정된 基線으로부터 그 외측 200해리의 선까지에 이르는 水域 중 대한민국의 領海를 제외한 水域으로 한다.

② 대한민국과 對向하거나 隣接하고 있는 국가(이하 "관계국" 이라 한다) 간의 排他的 經濟水域의 경계는 제1항의 규정에 불구하고 國際法을 기초로 관계국과의 合意에 따라 劃定한다.

제3조 (排他的 經濟水域에 있어서의 權利)

대한민국은 排他的 經濟水域에서 다음 각호의 權利를 가진다.

1. 해저의 상부水域, 해저 및 그 하층토의 생물이나 무생물 등 천연자원의

탐사·개발·보존 및 관리를 목적으로 하는 주권적 權利와 해수·해류 및 해풍을 이용한 에너지생산 등 經濟的 개발 및 탐사를 위한 그 밖의 활동에 관한 주권적 權利

2. 다음 각호에 관하여 協約에 규정된 관할권

   가. 인공섬·시설 및 구조물의 설치·사용

   나. 海洋과학조사

   다. 海洋환경의 보호 및 보전

3. 協約에 규정된 그 밖의 權利

제4조 (外國 또는 外國人의 權利 및 義務)

① 외국 또는 외국인은 協約의 관련규정에 따를 것을 조건으로 대한민국의 排他的 經濟水域에서 항행·상공비행의 자유, 해저전선·관선부설의 자유 및 그 자유와 관련되는 것으로서 국제적으로 適法한 그 밖의 海洋이용의 자유를 향유한다.

② 외국 또는 외국인은 대한민국의 排他的 經濟水域에서의 權利의 행사와 義務의 이행을 함에 있어서는 대한민국의 權利와 義務를 적절히 고려하고 대한민국의 法令을 준수하여야 한다.

제5조 (대한민국의 權利行使 등)

① 외국과의 협정으로 달리 정하는 경우를 제외하고 대한민국의 排他的 經濟水域에서는 제3조의 규정에 의한 權利를 행사 또는 보호하기 위하여 대한민국의 法令을 적용한다. 동조 제2호 가目의 인공섬·시설 및 구조물에서의 法律關係에 대하여도 또한 같다.

② 제3조의 규정에 의한 대한민국의 排他的 經濟水域에 있어서의 權利

는 대한민국과 관계국 간에 별도의 合意가 없는 경우 대한민국과 관계국의 중간선 외측의 水域에서는 이를 행사하지 아니한다. 이 경우 "중간선"이라 함은 그 선상의 각 점으로부터 대한민국의 基線상의 가장 가까운 점까지의 直線거리와 관계국의 基線상의 가장 가까운 전까지의 直線거리가 같게 되는 선을 말한다.

③ 대한민국의 排他的 經濟水域에서 제3조의 규정에 의한 權利를 침해하거나 당해 排他的 經濟水域에 적용되는 대한민국의 法令을 위반한 혐의가 있다고 인정되는 자에 대하여 관계기관은 協約 제111조의 규정에 의한 추적권을 행사, 停船·乘船·檢索·拿捕 및 司法節次를 포함하여 필요한 조치를 취할 수 있다.

부 칙

이 法은 공포 후 1년 이내에 대통령령이 정하는 날부터 시행한다.

해상무력분쟁에 적용될 국제법에 관한 산레모 매뉴얼

(1994년 채택)

제1부 총칙

제1절 적용범위

제1항. 해상무력분쟁의 당사국은 무력행사 개시와 동시에 국제인도법 원칙 및 규칙에 구속된다.

제2항. 본 매뉴얼 또는 여타 국제협정이 적용되지 않는 경우 민간인 및 전투원은 확립된 관습, 인도적 원칙 및 공공양심의 요구에서 유래하는 국제법원칙의 보호 및 지배하에 놓인다.

제2절 무력분쟁과 자위에 관한 법

제3항. 국제연합 헌장 제51조에 규정된 개별적 및 집단적 자위권의 행사는 특히 필요성 및 비례성 원칙을 포함하여 헌장에 규정되고 일반국제법에 근거한 조건 및 제한에 따라야 한다.

제4항. 필요성 및 비례성 원칙은 해상무력분쟁에도 적용된다. 이들 원칙

은 국가(a State)에 의한 적대행위는 무력공격으로부터 자국의 안전을 확보하기 위해 필요로 하는 무력의 정도와 형태를 초과해서는 안 된다는 것을 요구한다.

제5항. 일국의 적국에 대한 군사행동의 정당성은 적국에 의한 무력공격의 강도 및 규모, 야기된 위협의 중대성에 의해 결정된다.

제6항. 본 매뉴얼에 규정된 규칙 및 여타 어떠한 국제인도법 규칙도 분쟁당사국에 동등하게 적용된다. 이들 규칙이 분쟁당사국에 동등하게 적용되는 것은 분쟁 발발이 어느 당사국에 의해 초래되었는가 하는 국제책임에는 영향을 미치지 않는다.

제3절 안전보장이사회에 의한 무력행사

제7항. 본 매뉴얼의 규칙 또는 여타 중립법규에도 불구하고 안전보장이사회가 국제연합 헌장 제7장의 권한에 의거 하나 또는 분쟁당사국의 일방 또는 그 이상이 국제법에 위반하여 무력에 호소하였다는 것을 인정하는 경우, 중립국은 (a)당해국에 인도적 원조이외의 원조를 하지 않을 의무를 부담하며, (b)당해국에 의한 평화의 파괴 및 침략행위로 인한 피해국에 원조를 제공할 수 있다.

제8항. 국제적 무력분쟁의 경우 안전보장이사회가 헌장 제7장하에서 경제제재 조치를 포함한 예방 또는 강제조치를 취할 경우, 국제연합 회원국은 헌장 또는 안전보장이사회의 결정에 따른 의무와 양립하지 않는 행위를 정당화하기 위해서 중립법규를 원용할 수 없다.

제9항. 제7항에 따를 것을 조건으로 안전보장이사회가 무력사용을 결정하거나 또는 특정 회원국(들)의 무력사용을 승인하는 경우, 본 매뉴얼에 규정된 규칙 및 해상무력분쟁에 적용되는 기타 국제인도법

규칙은 이후의 분쟁당사국에게도 적용된다.

제4절 해전구역

제10항. 본 매뉴얼 및 기타 문서에 포함된 해상무력분쟁법에 적용되는 여타의 규칙에 따를 것을 조건으로, 해군은 다음 구역의 수중, 수상 및 상공에서 적대행위를 행할 수 있다.

(a) 교전국의 영해 및 내수, 영토, 배타적 경제수역, 대륙붕 및 적군도수역

(b) 공해

(c) 제34항 및 제35항에 따를 경우의 중립국의 배타적 경제수역 및 대륙붕

제11항. 다음을 포함하는 해역에서는 어떠한 적대행위도 하지 않을 것을 합의하도록 분쟁당사국들에게 권고한다.

(a) 희귀하거나 소멸되기 쉬운 생태계

(b) 멸종위협이나 위험에 처해있는 종(species) 또는 기타 해양생물의 서식지

제12항. 교전국은 중립국이 주권적 권리, 관할권 및 기타 일반국제법에 기초한 권리를 향유하는 수역에서 작전을 수행하는 경우에는 당해 중립국의 정당한 권리 및 의무에 타당한 고려를 하지 않으면 안 된다.

제5절 정의

제13항. 본 매뉴얼의 적용에 있어

(a) '국제인도법'은 분쟁당사국이 선택하는 전투수단 및 방법을 사용할 권리를 제한하거나 분쟁에 의해서 영향을 받거나 받을수 있는 국가, 사람 및 물자를 보호하는 조약 또는 관습에 의해서 확립된 국제규칙

을 말한다.

(b) '공격'은 공세든 방어든 관계없이 모든 폭력행위를 말한다.

(c) '부수적 사상' 또는 '부수적 상해'라 함은 민간인 및 기타 피보호자의 사상(死傷) 그리고 자연환경 또는 비군사목표물에 대한 손상 또는 파괴를 말한다.

(d) '중립국'이라 함은 분쟁당사국이 아닌 국가를 말한다.

(e) '병원선, 연안구조용 주정 기타 의료수송선'은 1949년 제네바 제2협약 1977년 제1추가의정서하에서 보호되는 선박을 말한다.

(f) '의료항공기'라고 함은 1949년 제네바협약 및 1977년 제1추가의정서하에서 보호되는 항공기를 말한다.

(g) '군함'이란 일국(一國)의 군대에 속하는 선박으로, 당해국의 국적을 갖는 선박임을 나타내는 외부표식을 게양하고, 당해국 정부에 의해 정식으로 임명되어 그 성명이 군무에 종사하는 자의 적당한 명부 또는 이에 상응하는 것에 기재되어 있는 장교의 지휘하에 있고 또한 정규군대의 규율에 복종하는 승무원이 배치되어 있는 선박을 말한다.

(h) '보조선박'이란 군함이외의 선박으로, 일국의 군대가 소유하여 그 배타적 감독하에 있는 정부의 비상업용 업무에 사용될 수 있는 선박을 말한다.

(i) '상선'이란 군함, 보조선박, 세관용 및 경찰용 선박과 같은 국가선박 이외의 선박으로 상업적 또는 사적 업무에 종사하고 있는 선박을 말한다.

(j) '군용기'는 일국 군대의 지정 부대에 의해서 운용되는 항공기로서 당해국의 군용표식을 하고 군대구성원에 의해 지휘되며 정규군대의 규율에 복종하는 승무원이 배치되어 있는 것을 말한다.

(k) '보조항공기'은 일국의 군대가 소유하여 그 배타적 감독하에 있는 정부의 비상업적 업무에 완전히 종사할 수 있는 군용기 이외의 항공기를 말한다.

(l) '민간기'는 군용기, 보조항공기, 세관용 및 경찰용 항공기와 같은 국가 소유 항공기이외의 상업적 또는 사적 업무에 종사하고 있는 항공기를 말한다.

(m) '민간여객기'는 항공운송국(Air Traffic Services)의 항로를 따라 정기 및 비정기 비행계획에 의거 민간여객의 수송에 종사하는 민간기라는 것이 명확히 표시된 항공기을 말한다.

제2부 작전해역

제1절 내수, 영해 및 군도수역

제14항. 중립국 수역은 중립국의 내수, 영해 및 군도수역으로 구성된다. 중립국 공역(空域)은 중립국 수역 및 영토의 상공으로 구성된다.

제15항. 중립국 수역(국제해협 및 군도항로대통항권을 행사할 수 있는 수역으로 이루어지는 중립국 수역 포함) 내 및 그 상공에서의 교전국 군대에 의한 적대행위는 금지된다. 중립국은 교전국 군대에 의한 중립 위반을 방지하기 위해서 제2부 제2절과 모순되지 않는 조치(이용가능한 수단에 의한 감시 포함)를 취하지 않으면 안 된다.

제16항. 제15항의 적대행위는 다음을 포함한다.

(a) 중립국 수역 또는 영토 또는 그 상공에 위치하는 자 또는 목표물에 대한 공격 또는 나포

(b) 중립국 수역 또는 그 상공에 위치한 교전국 군대가 중립국 수역 밖에

위치하고 있는 자 또는 목표물을 공격 혹은 나포하거나 중립국 수역 및 그 상공을 작전근거지로 이용하는 행위

(c) 기뢰부설

(d) 임검, 수색, 침로변경 또는 나포

제17항. 교전국 군대는 중립국 수역을 피난장소로 이용할 수 없다.

제18항. 교전국의 군용기 및 보조항공기는 중립국 공역(空域)에 진입할 수 없다. 진입한 경우에는 중립국은 이용가능한 수단을 동원하여 자국 영토 내에 착륙하도록 해당 항공기에 요구하여야 하며, 무력분쟁 기간중 기체와 승무원을 억류하지 않으면 안 된다. 항공기가 착륙명령을 따르지 않을 경우 제181항~제183항에 규정된 의료항공기에 관한 특별규칙에 따를 것을 조건으로 공격할 수 있다.

제19항. 제29항 및 제33항에 따를 것을 조건으로 중립국은 차별없이 교전국 군함 및 보조선박의 중립국 수역에의 진입 또는 통항에 조건을 부과하여 제한 또는 금지할 수 있다.

제20항. 중립국은 제21항 및 제23항~제33항에 따를 것을 조건으로 또는 중립국이 제정할 수 있는 규칙에 따라서 중립을 해하는 일없이 중립국 수역 내에서의 다음 행위를 허가할 수 있다.

(a) 교전국의 군함, 보조선박 및 포획물에 의한 영해 및 군도수역에서의 통항. 군함, 보조선박 및 포획물은 통항중에 중립국의 도선사를 이용할 수 있다.

(b) 교전국 군함 또는 보조선박이 자국영역의 항구에 도달하는데 충분한 양식, 물 및 연료의 보급

(c) 항행을 위해 중립국이 필요하다고 인정한 교전국의 군함 또는 보조선박의 수리. 이러한 수리는 교전국의 전투력을 회복하거나 증강시

키는 것이어서는 안 된다.

제21항. 교전국의 군함 또는 보조선박은 파손 또는 기상상태 때문에 불가피한 경우가 아니면 보급 또는 수리를 위하여 중립국 수역에서의 통항기간 또는 당해수역에서의 정박기간을 24시간 이상 연장할 수 없다. 이러한 규칙은 국제해협 및 군도항로대통항권이 행사되는 수역에서는 적용되지 않는다.

제22항. 교전국이 본 매뉴얼에 규정된 중립국 수역제도를 위반한 경우, 중립국은 이를 종료시키기 위하여 필요한 조치를 취할 의무가 있다. 만약 중립국이 어느 일방 교전국의 중립국 수역제도의 위반을 종료시키지 않고 있으면, 타방 교전국은 중립국에게 이를 통지하고, 교전국의 위반을 종료시키기에 필요한 합리적인 시간을 해당 중립국에 주지 않으면 안 된다. 어느 일방 교전국에 의한 중립국의 중립 위반이 타방 교전국의 안전보장에 중대하고 또한 직접적인 위협을 구성하며, 그 위반이 종료되지 않고 있는 경우 타방 교전국은 실행가능한 적절한 대안이 없을 경우에는 그러한 위협으로 인하여 발생되는 위협에 대처하기 위하여 필요한 무력을 행사할 수 있다.

제2절 국제해협 및 군도항로대

일반규칙

제23항. 교전국의 군함 및 보조선박, 군용기 및 보조항공기는 일반국제법에 규정된 중립국 국제해협의 수중, 수상 또는 상공에서의 통항권 및 군도항로대통항권을 행사할 수 있다.

제24항. 국제해협 연안국의 중립은 교전국의 군함 및 보조선박 또는 군용

기 및 보조항공기의 통과통항에 의해서도, 당해 해협에서의 교전국의 군함 및 보조선박의 무해통항에 의해서도 위협받지 아니한다.

제25항. 군도국가의 중립은 교전국의 군함 및 보조선박 또는 군용기 및 보조항공기에 의한 군도항로대통항의 행사에 의해 위협받지 아니 한다.

제26항. 중립국의 군함, 보조선박, 군용기 및 보조항공기는 교전국의 국제해협 및 군도수역의 수중, 수상 및 상공에서 일반국제법이 규정하는 통항권을 행사할 수가 있다. 중립국은 예방조치로서 교전국에게 통항권의 행사를 적절한 시기에 통지하여야 한다.

통과통항과 군도항로대통항

제27항. 평시 국제해협에 적용되는 통과통항 및 군도수역에 적용되는 군도항로대통항권은 무력분쟁시에도 계속해서 적용된다. 일반국제법에 따라 채택된 통과통항 및 군도항로대통항에 관한 해협 연안국 및 군도국가의 법령도 계속 적용된다.

제28항. 교전국 및 중립국 수상함, 잠수함 및 항공기는 통과통항권 및 군도항로대통항권이 일반적으로 적용되는 해협 및 군도수역의 수중, 수상 및 상공에서 그러한 권리를 갖는다.

제29항. 중립국은 통과통항권 또는 군도항로대통항권을 정지시키거나 방해하거나 또는 다른 방법으로 해할 수 없다.

제30항. 국제해협의 수중, 수상 및 상공에서 통과통항하거나 또는 중립국 군도수역의 수중, 수상 및 상공에서 군도항로대를 통항하고 있는 교전당사국은 지체없이 통과하여야 하며, 중립연안국 또는 군도국가의 영토보전 또는 정치적 독립에 대해 무력의 위협이나 사용

을 금지하여야 하고, 국제연합 헌장과 양립하지 않는 다른 어떠한 방법에 의한 행위도 삼가하여야 하며, 기타 적대행위 또는 통과에 부수하지 않는 다른 행동을 삼갈 것이 요구된다. 중립국의 해협 또는 군도항로대통항권이 적용되는 수역의 수중, 수상 및 상공을 통항중인 교전당사국은 안전확보에 필요한 방어적 조치 (항공기의 이착륙, 경계진 형성 및 음향전자 수단에 의한 감시 포함)를 취할 수 있다. 그러나 통과통항 및 군도항로대통항 중인 교전당사국은 적 부대에 대해 공세행동을 취하거나 피난장소 및 작전근거지로 중립국 수역을 사용할 수 없다.

무해통항

제31항. 통과통항권 및 군도항로대통항권의 행사외에 교전국의 함선 및 보조선박은 제19항 및 제21항에 따르는 것을 조건으로 일반국제법에 따라 중립국의 국제해협 및 군도수역에서 무해통항권을 행사할 수가 있다.

제32항. 중립국 선박은 교전국의 국제해협 및 군도수역에서 무해통항권을 행사할 수 있다.

제33항. 국제법에 의해 특정 국제해협에 부과되는 정지되지 않는 무해통항권은 무력분쟁시에도 정지되지 않는다.

제3절 배타적 경제수역 및 대륙붕

제34항. 적대행위가 중립국의 배타적 경제수역 내 또는 대륙붕에서 행해지는 경우, 교전당사국은 해상무력분쟁법의 여타 적용 가능한 규칙의 준수외에 연안국의 권리와 의무, 특히 배타적 경제수역 및 대륙붕의 경제자원의 탐사 및 개발, 해양환경의 보호 및 보전에

타당한 고려를 하지 않으면 안 된다. 교전국은 특히 배타적 경제수역 및 대륙붕에 중립국이 설정한 인공섬, 시설물, 구조물 및 안전구역에 타당한 고려를 하지 않으면 안 된다.

제35항. 교전당사국이 중립국의 배타적 경제수역 또는 대륙붕에 기뢰부설이 필요하다고 생각하는 경우 교전국은 그 중립국에 통보하지 않으면 안 되고 또한 기뢰부설원의 규모 및 사용기뢰의 종류가 인공섬, 시설물 및 구조물에 위험을 미치지 않고 출입을 저해하지 않도록 하여야 한다. 또한 교전국은 가능한 한 중립국의 해당 구역의 탐사 및 개발에 대해 실질적인 방해를 해서는 안 되며, 해양환경의 보호 및 보전에도 타당한 고려를 하지 않으면 안 된다.

제4절 공해 및 국가 관할권 밖의 해저

제36항. 공해에서의 적대행위는 국가관할권 밖의 해저 및 대양저와 그 지하의 천연자원의 탐사 및 개발에 관한 중립국의 권리행사에 대해 타당한 고려를 하지 않으면 안 된다.

제37항. 교전당사국은 그들에게 도움이 되지 않는 해저에 부설된 전선 및 관선에 대한 손상을 피하기 위하여 주의하지 않으면 안 된다.

제3부 기본규칙 및 공격목표의 구별

제1절 기본규칙

제38항. 무력분쟁에 있어 전투수단 및 방법을 선택할 분쟁당사국의 권리는 무제한적이지 않다.

제39항. 분쟁당사국은 항상 민간인 또는 피보호자와 전투원, 민간물자 또는 공격 면제물자와 군사목표물을 구분하지 않으면 안 된다.

제40항. 군사목표물은 그 성질, 위치, 용도 또는 사용이 군사활동에 효과적으로 공헌하는 것으로 그 전면적 또는 부분적 파괴, 포획 또는 무력화가 당시 상황하에서 명확한 군사적 이익을 가져오는 것에 한정된다.

제41항. 공격은 엄격하게 군사목표에 한정되어야 한다. 상선 및 민간항공기는 본 매뉴얼에서 규정하는 원칙 및 규칙에 의해 군사목표물이 되지 않을 경우에는 민간물자이다.

제42항. 분쟁당사국을 구속하는 특정 금지사항외에 다음의 전투수단 및 방법의 사용은 금지된다.

(a) 성질상 과도한 상해 또는 불필요한 고통을 주는 것

(b) 다음의 점에서 무차별적인 것

(i) 특정군사목표에 향하지 않거나 향할 수 없는 것

(ii) 본 매뉴얼에 규정된 국제법이 요구하는 전투수단 및 방법의 효과를 제한할 수 없는 것

제43항. 생존자에 대한 전멸명령과 그러한 명령으로 적을 위협하는 행위 및 생존자를 전멸시킬 목적으로 행하는 적대행위는 금지된다.

제44항. 전투수단 및 방법은 국제법의 관련규칙을 고려하여 자연환경에 타당한 고려를 해야 한다. 군사적 필요성에 의해 정당화되지 않고 또한 자의적으로 행하여지는 자연환경에 대한 손해 또는 파괴는 금지된다.

제45항. 수상함, 잠수함 및 항공기는 동일한 원칙 및 규칙에 구속된다.

제2절 공격시의 예방조치

제46항. 공격시 다음의 예방조치를 취하지 않으면 안 된다.

(a) 공격을 계획, 결정 또는 실행하는 자는 비군사목표물이 공격구역에 존재하는지 여부를 확인함에 필요한 정보수집을 위해 실행가능한 조치를 취하지 않으면 안 된다.

(b) 공격을 계획, 결정 또는 실행하는 자는 자기가 이용할 수 있는 정보에 비추어 공격이 군사목표물에 한정되도록 하기 위하여 실행가능한 모든 조치를 취하지 않으면 안 된다.

(c) 부수적인 사상 또는 손해를 회피 또는 최소화하기 위하여 전투수단 및 방법을 선택함에 있어 실행가능한 모든 조치를 취하지 않으면 안 된다.

(d) 공격에 있어 예상되는 구체적이고 직접적인 군사적 이익과 비교하여 과도한 부수적인 사상 또는 손해를 야기하는 것이 예측되면 공격해서는 안 된다. 부수적인 사상 또는 손해를 야기하는 것이 명백해진 경우에는 신속하게 공격을 취소 또는 중지하지 않으면 안 된다.

제3부 제6절은 민간항공기에 관한 추가적인 예방조치를 규정하고 있다.

제3절 공격이 면제되는 적선 및 적항공기

공격이 면제되는 선박의 종류

제47항. 다음의 적선은 공격이 면제된다.

(a) 병원선

(b) 연안구조활동에 사용되는 소주정(small craft) 및 기타 의료수송선

(c) 교전국 간 합의에 의해 안전통항권(safe conduct)이 부여된 선박

(i) 카르텔선. 예를 들면 포로의 수송에 지정되거나 그 수송에 종사하는 선박

(ii) 민간주민의 생존에 불가결한 물자를 수송하는 선박, 구호활동 및 구조활동에 종사하는 선박을 포함한 인도적 임무에 종사하는 선박

(d) 특별보호하에 있는 문화재를 수송하는 선박

(e) 민간인 수송 여객선

(f) 종교, 비군사적 학술 또는 박애임무를 지닌 선박. 그러나 군사적 이용이 가능한 과학적 자료를 수집하는 선박은 보호되지 않는다.

(g) 연안어업용 어선 및 지방적 연안무역에 종사하는 소형 선박. 그러나 이들 선박들은 당해 해역에서 작전중인 교전국 해군지휘관이 제정한 규칙 및 임검에 따라야 한다.

(h) 해영환경의 오염사고에 대처하기 위해 전적으로 건조되거나 개조된 선박

(i) 항복선

(j)구명정 및 구명 보트

면제조건

제48항. 제47항에서 열거된 선박은 다음의 경우에 공격이 면제된다.

(a) 무해하게 통상임무에 종사할 것

(b) 식별 및 검색 요구에 따를 것

(c) 전투원의 이동을 고의적으로 방해하지 않으며, 정선 또는 퇴거 요구에 따를 것

면제의 상실

병원선

제49항. 병원선의 공격면제는 제48항의 면제조건을 위반한 경우에만 정

지된다. 그 경우 면제를 위태롭게 하는 원인을 제거할 수 있는 합리적 기한을 정하여 경고하고 그 경고기간이 종료된 이후라야만 공격면제가 상실된다.

제50항. 적절한 경고후에도 병원선이 면제조건을 계속해서 위반하는 경우 복종을 강제하기 위하여 나포 또는 기타 필요한 조치를 취할 수 있다.

제51항. 다음의 경우 최후수단으로서 병원선을 공격할 수 있다.

(a) 침로변경 또는 나포가 불가능한 경우

(b) 군사적 통제를 행사하기 위한 다른 방법을 사용할 수 없는 경우

(c) 병원선이 군사목표물이 되었거나 될 것으로 합리적으로 추정할 수 있는 비준수 상황이 매우 중대한 경우

(d) 부수적 사상 또는 피해가 획득되었거나 기대되는 군사적 이익에 비례할 경우

기타 공격면제 선박

제52항. 공격이 면제되는 기타 종류의 선박이 제48항의 면제조건을 위반할 경우 다음 경우에는 공격할 수 있다.

(a) 침로변경 또는 나포가 불가능한 경우

(b) 군사적 통제를 행사하기 위한 다른 방법이 없는 경우

(c) 선박이 군사목표물이 되었거나 될 것으로 합리적으로 추정할 수 있는 비준수 상황이 매우 중대한 경우

(d) 부수적 사상 또는 손해가 획득되었거나 기대되는 군사적 이익에 비례할 경우

공격이 면제되는 항공기

제53항. 다음 종류의 적항공기는 공격이 면제된다.

(a) 의료항공기

(b) 분쟁당사국 간의 합의에 의해 안전통항권이 부여된 항공기

(c) 민간항공기

의료항공기의 면제조건

제54항. 의료항공기는 다음의 경우에만 공격이 면제된다.

(a) 의료항공기로 인정된 경우

(b) 제177항에 규정된 합의에 따라 행동하는 경우

(c) 자군 또는 우군의 통제지역을 비행하는 경우

(d) 무력분쟁 구역외에서 비행하는 경우

안전통항권이 부여된 항공기의 면제조건

제55항. 안전통항권이 부여된 항공기는 다음의 경우에만 공격이 면제된다.

(a) 합의된 역할에 무해하게 종사하는 경우

(b) 전투원의 이동을 고의로 방해하지 않을 경우

(c) 검색을 포함한 합의된 세부사항을 준수할 경우

민간여객기의 면제조건

제56항. 민간여객기는 다음의 경우에만 공격이 면제된다.

(a) 통상의 임무에 무해하게 종사하는 경우

(b) 전투원의 이동을 고의로 방해하지 않을 경우

면제의 상실

제57항. 공격이 면제되는 항공기가 제54항~제56항에 규정된 면제조건을 위반한 경우, 다음의 경우에 한해 공격될 수 있다.

(a) 착륙, 임검, 수색 및 가능한 경우 나포를 위한 침로변경이 불가능한 경우

(b) 군사통제를 행사하기 위한 이용가능한 다른 방법이 없는 경우

(c) 항공기가 군사목표물이 되었거나 될 것으로 합리적으로 추정할 수 있는 비준수 상황이 매우 중대한 경우

(d) 부수적 사상 또는 손해가 획득되었거나 기대되는 군사적 이익에 비례할 경우

제58항. 공격면제 선박 또는 항공기가 군사활동에 효과적인 기여를 하는 것으로 의심된다고 해서 당연히 그럴 것이라고 추정해서는 안 된다.

제4절 기타 적선 및 적항공기

적상선

제59항. 적상선은 제40항의 군사목표물의 정의에 합치되는 경우에만 공격할 수 있다.

제60항. 적상선이 다음의 활동을 하는 경우 군사목표물로 간주된다.

(a) 적을 대신하여 적대행위를 하는 경우. 즉, 기뢰부설 및 소해, 해저전선 및 관선 절단, 중립국 선박에 대한 승선 및 검색 또는 기타 선박들에 대한 공격

(b) 적 군대의 보조세력으로 행동하는 경우. 즉, 군대의 수송 또는 전투함에의 보급 지원

(c) 적의 정보수집체계로 편입 또는 이를 원조하는 행위. 즉, 정찰, 조기경보, 탐색 또는 통제 및 통신임무에의 종사

(d) 적 군함 및 군용기의 호위하에 항행하는 경우

(e) 정선명령을 거부하거나 적극적으로 승선, 검색 또는 나포를 거부하는 경우

(f) 군함에 위해를 가할 수 있을 정도로 무장한 경우. 해적 등으로부터 승조원의 방위를 위한 개인용 경무기와 채프와 같은 순수한 회피기

능만 갖는 무기는 제외된다.

(g) 기타 군사행위에 효과적으로 기여하는 경우. 즉, 군사물자의 수송

제61항. 이들 선박에 대한 공격은 제38항~제46항에 규정된 기본규칙에 따라 행하여야 한다.

적민간기

제62항. 적민간기는 제40항의 군사목표물의 정의에 합치되는 경우에만 공격할 수 있다.

제63항. 적민간기가 다음의 활동을 하는 경우 군사목표물로 간주된다.

(a) 적을 대신하여 적대행위를 하는 경우. 즉, 기뢰부설 및 소해, 수중음향장치의 부설 또는 수신, 전자전 수행, 여타 민항기에 대한 요격 또는 공격, 적군에게 목표물에 관한 정보 제공

(b) 적 군대의 보조항공기로 행동하는 경우. 즉, 군대 또는 군용화물의 수송 또는 군용기에 대한 재급유 등

(c) 적의 정보수집체계로 편입 또는 이를 원조하는 행위. 즉, 정찰, 조기경보, 탐색 또는 통제 및 통신임무에의 종사

(d) 적 군함 및 군용기의 호위하에 비행하는 경우

(e) 식별조치, 항로변경 명령 등을 회피하거나 항공무기체계의 사격통제 장비 운용, 교전국 군용항공기의 공격을 위해 기동하는 경우

(f) 공대공(空對空) 또는 공대함(空對艦) 무장을 한 경우

(g) 기타 군사행위에 효과적으로 기여하는 경우

제64항. 이들 항공기에 대한 공격은 제38항~제46항에 규정된 기본규칙에 따라야 한다.

적군함 및 적군용기

제65항. 제47항 또는 제53항에 따라 공격이 면제되지 않을 경우 적군함

및 적군용기, 적 보조선박 및 보조항공기는 제40항에 따라 군사 목표물이 된다.

제66항. 적군함 및 적군용기에 대한 공격은 제38항~제46항의 기본규칙에 따라 행하여야 한다.

제5절 중립국 상선 및 중립국 민간기

중립국 상선

제67항. 중립국의 기를 게양한 선박이 다음의 행위를 하지 않는 한 공격할 수 없다.

(a) 전시금제품을 수송하거나 봉쇄를 침파한다는 충분한 근거가 있다고 의심되거나, 사전경고에도 불구하고 의도적으로 명백하게 정지할 것을 거부하거나, 고의적으로 명백히 승선, 검색 및 나포를 거부하는 경우

(b) 적을 대신하여 적대행위를 하는 경우

(c) 적군대의 보조세력으로 행동하는 경우

(d) 적의 정보체계에 편입되거나 이를 원조하는 경우

(e) 적군함 또는 적군용기의 호위하에 항행하는 경우

(f) 기타 적의 군사행동에 효과적으로 기여하는 경우. 만약 군사물자를 수송하는 경우 항로변경, 물자의 하역 또는 여타 조치를 취할 수 있다는 것을 경고할 수 있다.

제68항. 중립국 상선에 대한 공격은 제38항~제46항의 기본규칙에 따라 행하여야 한다.

제69항. 단순히 중립국 상선이 무장했다는 사실이 그에 대한 공격의 이유가 되지 않는다.

중립국 민간기

제70항. 중립국 표식을 한 민간기는 다음의 경우가 아닌 한 공격받지 않는다.

(a) 전시금제품을 수송한다는 충분한 근거가 있다고 의심되거나, 사전 경고 또는 차단에도 불구하고 의도적으로 명백하게 목적지로의 항로를 변경할 것을 거부하거나, 임검 및 수색을 위하여 관련된 분류의 항공기가 안전하게 그리고 충분히 도달할 수 있는 교전국 비행장으로의 비행을 의도적으로 그리고 명백하게 거부하는 경우

(b) 적을 대신하여 적대행위를 하는 경우

(c) 적군대의 보조세력으로 행동하는 경우

(d) 적의 정보체계에 편입되거나 이를 원조하는 경우

(e) 기타 적의 군사행동에 효과적으로 기여하는 경우. 즉 군사물자를 수송하고 사전경고 또는 요격에도 불구하고 의도적으로 명백하게 목적지로의 항로를 변경할 것을 거부하거나 임검 및 수색을 위하여 동형 기종의 항공기가 안전하게 충분히 도달할 수 있는 교전국 비행장으로의 비행을 의도적으로 그리고 명백히 거부하는 경우

제71항. 중립국 민간기에 대한 공격은 제38항~제46항의 기본규칙에 따라 행하여야 한다.

제6절 민간기에 관한 예방조치

제72항. 민간기는 잠재적으로 위험한 군사작전구역을 피하여야 한다.

제73항. 해상작전 주변수역에 있는 민간기는 그 침로 및 고도에 관하여 교전당사국의 지시에 따라야 한다.

제74항. 교전국, 관련중립국 및 항공관제업무를 담당하는 기관은 군사작

전구역 내에 있는 민간기에 지정된 항로 또는 민간기가 제출한 비행계획(통신주파수, 식별 모드, 목적지, 승객 및 화물에 관한 정보 포함)을 군함 및 군용기 지휘관이 계속적으로 알 수 있는 절차를 제정하여야 한다.

제75항. 교전국 및 중립국은 위험구역 또는 임시 영공규제를 포함한 민간기에 잠재적으로 위험한 구역에서의 군사활동에 관한 정보를 제공하는 NOTAM(Notice to Airmen)의 발행을 보장하여야 한다. NOTAM은 다음의 정보를 포함한다.

(a) 항공기가 지속적으로 수신상태를 유지해야 하는 주파수

(b) 민간 기상레이더 및 식별 모드(Mode) 및 코드(Code)의 운용

(c) 고도, 침로 및 속력 제한

(d) 군용기의 통신호출에 대한 반응절차 및 교신설정 절차

(e) 만약 NOTAM이 준수되지 않고 항공기가 그러한 군사활동에 의해 위협받을 경우 군대에 의한 가능한 조치

제76항. 민간기는 요구된 등록, 목적지, 승객, 화물, 긴급통신채널, 식별 모드 및 코드, 비행중의 변경에 관한 정보를 기재한 비행계획을 항공운송국에 제출하여야 하며 등록, 내항성, 승객 및 화물에 관한 증명서를 휴대하여야 한다. 민간기는 안전 또는 조난과 같은 즉시 적절한 통보가 행해져야 하는 예측할 수 없는 상황이 발생한 것이 아니라면 항공교통관제국의 허가가 없으면 지정된 항공교통관제국의 항로 및 비행계획을 변경해서는 안 된다.

제77항. 민간기가 잠재적으로 위험한 군사활동구역에 들어가는 경우 관련 NOTAM에 따라야 한다. 군대는 특히 2차(secondary)감시레이다의 모드 및 코드, 통신, 비행계획정보와의 상호관련, 군용기에

의한 차단 및 가능한 경우 적절한 항공교통관제시설과의 연락 등을 이용하여 민간기를 식별하여 경고하기 위한 모든 이용가능한 수단을 사용하여야 한다.

제4부 해상에서의 전투방법 및 수단

제1절 전투수단

미사일 및 기타 발사체

제78항. 미사일 및 초수평선(over the horizon : OTH) 능력을 갖는 발사체는 제38항~제46항에 규정된 목표물 구별원칙에 따라 사용되어야 한다.

어뢰

제79항. 항주를 끝냈을 때 가라앉지 않거나 무해화되지 않는 어뢰의 사용은 금지된다.

기뢰

제80항. 기뢰는 적에 대한 해상거부를 포함한 정당한 군사목적으로만 사용할 수 있다.

제81항. 제82항에 규정된 규칙을 해하는 일없이 분쟁당사국은 만약 분리되거나 통제가 상실된 경우 유효하게 무력화되지 않는다면 기뢰를 부설해서는 안 된다.

제82항. 부유기뢰는 다음의 경우 이외에는 사용이 금지된다.

(a) 군사목표물에 대한 사용

(b) 통제상실후 1시간 이내에 무력화되는 경우

제83항. 폭발할 수 있는 상태로 기뢰를 부설하거나 사전에 부설된 기뢰를

폭발할 수 있는 상태로 하는 경우, 만약 그 기뢰가 군사목표물인 선박에 대해서만 폭발할 수 있는 것이 아니라면 통지되어야 한다.

제84항. 교전당사국은 부설한 기뢰의 위치를 기록해 두어야 한다.

제85항. 교전당사국은 내수, 영해 또는 군도수역에의 기뢰부설에 있어 최초의 부설시 중립국 선박의 자유통과를 보장하여야 한다.

제86항. 교전당사국은 중립국 수역에 기뢰를 부설할 수 없다.

제87항. 기뢰부설은 중립국 수역과 국제수역 간의 통항을 방해하는 실질적인 효과를 가져서는 안 된다.

제88항. 기뢰부설국은 특히 중립국 선박에 안전한 대체항로를 제공함으로써 공해의 합법적인 사용에 타당한 고려를 해야 한다.

제89항. 국제해협에서의 통과통항 및 군도항로대통항권이 적용되는 수역에서의 통항은 안전하고 편리한 대체항로가 제공되지 않으면 방해되어서는 안 된다.

제90항. 적대행위가 종료된 후 분쟁당사국은 그들이 부설한 기뢰를 제거하거나 무력화하기 위해 최선을 다해야 하며, 각 당사국은 자국의 기뢰를 제거해야 한다. 적국의 영해에 부설한 기뢰에 대해 각 당사국은 그 위치를 통고하여 최단기한 내에 제거할 수 있게 하거나 다른 방법으로 그 영해를 항행에 안전한 곳으로 하지 않으면 안 된다.

제91항. 제90항의 의무 외에 분쟁당사국들은 상호 간 또는 적당한 경우 제3국 및 국제조직 간에 기뢰원을 제거하거나 또는 다른 방법으로 무력화하기 위해 필요한 적절한 정보의 제공 및 기술적, 물질적 지원에 관한 합의에 도달하도록 노력하지 않으면 안 된다.

제92항. 중립국은 국제법에 위반하여 부설된 기뢰를 소해함으로써 중립

법규에 합치되지 않는 행위를 해서는 안 된다.

제2절 전투방법

봉쇄

제93항. 봉쇄는 모든 교전당사국 및 중립국에 선언되고 통고되어야 한다.

제94항. 봉쇄선언에는 봉쇄의 개시일, 위치 및 범위, 중립국 선박의 봉쇄해안 퇴거가능 기한을 명시하지 않으면 안 된다.

제95항. 봉쇄는 효과적이어야 한다. 봉쇄가 효과적인가 하는 것은 사실문제이다.

제96항. 봉쇄를 유지하는 병력은 군사적 요구에 의해 결정된 거리에 위치하여야 한다.

제97항. 봉쇄는 합법적인 전투수단 및 방법과 결합하여 강화되거나 유지될 수 있다. 다만 그 결합은 본 매뉴얼에 규정된 규칙들에 합치되지 않는 행위를 가져와서는 안 된다.

제98항. 합리적인 이유에 근거하여 봉쇄를 침파하고 있다고 생각되는 상선은 나포할 수 있다. 나포에 명백하게 저항하는 상선은 사전경고 후에 공격할 수 있다.

제99항. 봉쇄는 중립국 항구 및 연안에 접근하는 것을 방해해서는 안 된다.

제100항. 봉쇄는 모든 국가의 선박에게 공평하게 적용되지 않으면 안 된다.

제101항. 봉쇄의 종료, 일시적 중단, 재설정, 확대 또는 기타의 변경은 제93항 및 제94항에 규정된 바와 같이 선언되고 통고되어야 한다.

제102항. 다음의 경우 봉쇄 선언 또는 설정은 금지된다.

(a) 민간주민의 아사 또는 민간주민의 생존을 위해 필수적인 기타 물자의 금지만을 목적으로 하는 경우

(b) 봉쇄에 의해 기대되는 구체적이고 직접적인 군사적 이익과 비교하여 민간주민의 피해가 과도하거나 과도할 것으로 예상되는 경우

제103항. 봉쇄지역의 민간주민이 생존에 불가결한 식량 및 기타 물자를 충분하게 공급받고 있지 못하는 경우, 봉쇄국은 다음의 조건으로 식량 및 그 밖의 불가결한 물자의 자유통과를 허용하지 않으면 안 된다.

(a) 그러한 통과가 허용되는 경우 수색을 포함한 기술적 조건을 정할 권리

(b) 물자의 분배가 이익보호국 또는 국제적십자위원회와 같은 공정성이 보장되는 인도적 기관의 현지감독하에서 행해질 수 있다고 하는 조건

제104항. 봉쇄를 실시하고 있는 교전당사국은 그러한 통과가 인정되는 수색을 포함한 기술적 조건을 정하는 권리에 따를 것을 조건으로 민간주민 또는 군상병자에게 필요한 의약품의 통과를 허용하여야 한다.

구역(zones)

제105항. 교전당사국은 일정 해역의 합법적 사용에 불이익을 미치는 구역을 설정함으로서 국제인도법의 의무를 면할 수 없다.

제106항. 교전당사국이 예외적인 조치로써 그러한 구역을 설정한 경우

(a) 그 구역의 내측과 외측에 동일한 법이 적용된다.

(b) 그 구역의 범위, 위치, 설정기간 및 부과된 조치는 군사적 필요성 및 비례성 원칙에 의해서 엄격하게 요구되는 것을 초과해서는 안 된다.

(c) 해양을 합법적으로 사용할 중립국의 권리에 타당한 고려를 해야 한다.

(d) 다음의 경우 중립국 선박 및 항공기에 대해 구역 내에 필요한 안전통항로를 설정하여야 한다.

(i) 구역의 지리적 범위가 중립국의 항구 및 해안에의 자유롭고 안전

한 교통을 현저히 방해하는 경우

(ii) 군사적 요구가 인정되지 않는 경우를 제외한 통상적인 항로가 영향을 받는 기타의 경우

(e) 그 구역의 개시일, 기간, 위치 및 범위, 부과되는 제한은 공개적으로 선언되고 적절히 통고되어야 한다.

제107항. 봉쇄구역 내에서 일방 교전당사국에 의해 취해진 조치에 따르는 것을 타방 교전당사국에 대한 유해한 행위로 해석해서는 안 된다.

제108항. 본 절의 어떠한 규정도 해상작전 인근에 있는 중립국 선박 및 항공기를 통제할 교전당사국의 관습적 권리를 저해하는 것으로 간주해서는 안 된다.

제3절 기만, 기계(奇計) 및 배신행위

제109항. 군용기 및 보조항공기는 항상 면제되는 지위, 민간인의 지위 또는 중립국의 지위를 가장하는 것이 금지된다.

제110항. 기계(ruses of war)는 허용된다. 그러나 군함 및 보조선박은 위장기(false flag)를 게양한 채 공격하거나 항상 다음의 지위를 적극적으로 가장하는 것은 금지된다.

(a) 병원선, 연안구조용 소형 선박 및 의료수송선

(b) 인도적 임무의 선박

(c) 민간여객을 수송하는 여객선

(d) 국제연합기에 의해 보호되는 선박

(e) 카르텔(crtel) 선박을 포함한 당사자 간 사전의 합의에 의해 안전통항권(safe conduct)이 보증된 선박

(f) 적십자 또는 적신월(red cross or red crescent) 표장에 의해 확인될 수

있는 선박

(g) 특별보호하에 있는 문화재를 수송하는 선박

제111항. 배신행위(perfidy)는 금지된다. 적의 신뢰를 배반하려는 의도를 갖고 무력분쟁에 적용되는 국제법의 규칙들하에서 보호받을 권리가 있는 것처럼 또는 보호할 의무가 있는 것처럼 적을 믿게하여 적의 신뢰를 유발하는 행위는 배신행위를 구성한다. 배신행위에는 다음과 같이 가장하여 공격을 개시하는 것을 포함한다.

(a) 면제되는 지위, 민간인의 지위, 중립국의 지위 또는 국제연합의 지위

(b) 항복 또는 조난(조난신호의 송신 또는 승무원을 구명정에 옮기는 것)

제5부 공격에 이르지 않는 조치 : 차단, 임검, 수색, 침로변경 및 나포

제1절 선박 및 항공기의 적성 결정

제112항. 상선이 적국의 국기를 게양하고 있거나 민간기가 적국의 표식을 하고 있다는 사실은 그 적성의 결정적 증거이다.

제113항. 상선이 중립국의 국기를 게양하고 있거나 민간기가 중립국의 표식을 하고 있다는 사실은 그 중립성의 증거로 추정된다.

제114항. 중립국의 기를 게양한 상선이 실제 적성을 갖고 있는 것으로 의심되는 경우, 군함의 지휘관은 임검 및 수색권(제121항에 규정된 침로변경권 포함)을 행사할 수 있다.

제115항. 중립국 표식을 한 민간기가 실제로 적성을 갖는 것으로 의심되는 경우 군용기 지휘관은 차단할 권리 및 필요한 상황에서는 임검 및 수색의 목적으로 침로를 변경할 수 있는 권리를 갖는다.

제116항. 임검 및 수색후 중립국 기를 게양한 상선 및 중립국 표식을 한 민간기가 적성을 갖는다는 혐의에 합리적인 이유가 있는 경우, 해당 선박 또는 항공기는 심검에 따라 포획물로 나포할 수 있다.

제117항. 적성은 등록, 소유, 용선 또는 기타 기준에 의해 결정된다.

제2절 상선의 임검 및 수색

기본규칙

제118항. 국제적 해상무력분쟁에서 법적 권리를 행사함에 있어, 교전국 군함 및 군용기는 나포할 수 있다고 의심되는 합리적인 이유가 있을 경우 중립국 영수밖에서 상선을 임검 및 수색할 권리를 갖는다.

제119항. 임검 및 수색 대신 상선의 동의하에 중립국 상선을 선언된 본래의 목적지로부터 침로를 변경시킬 수 있다.

중립국 군함이 호송하는 상선

제120항. 다음의 조건을 충족하는 중립국 상선은 임검 및 수색이 면제된다.

(a) 중립국항으로 향하고 있는 경우

(b) 동일국적의 중립국 군함 또는 호송상선의 기국과 협정을 체결한 중립국 군함이 호송하고 있는 경우

(c) 중립국 기국의 군함이 당해 중립국 상선이 전시금제품을 수송하고 있지 않다는 것을 또는 중립국의 지위와 양립하지 않는 활동에 종사하고 있지 않다는 것을 보증하는 경우

(d) 차단하는 교전국 군함 또는 군용기의 지휘관이 요구하는 경우 중립국 군함지휘관이 임검 및 수색을 통해 확인될 수 있는 상선 및 그 화물의 성격에 관한 모든 정보를 제공하는 경우

임검 및 수색을 위한 침로변경

제121항. 해상에서의 임검 및 수색이 불가능하거나 위험한 경우, 교전국의 군함 또는 군용기는 임검 및 수색권을 행사하기 위해 적당한 해역 또는 항구로 상선의 침로를 변경시킬 수 있다.

감독조치

제122항. 임검 및 수색의 필요를 피하기 위하여 교전국은 중립국 상선 내에 있는 화물의 검사 및 동 상선이 전시금제품을 수송하고 있지 않다는 것을 증명하기 위한 합리적인 조치를 취할 수 있다.

제123항. 중립국 상선이 교전국에 의한 화물의 검사 및 비금제품 화물증명서의 제시와 같은 감독조치를 따른다는 사실이 타교전국에 대한 중립의무를 위반한 행위가 되는 것은 아니다.

제124항. 임검 및 수색을 피하기 위하여 중립국은 자국상선이 전시금제품을 호송하고 있지 않다는 것을 보장하기 위한 합리적인 통제조치 및 증명절차를 강화하도록 장려된다.

제3절 민간기의 차단, 임검 및 수색

기본규칙

제125항. 국제적 해상무력분쟁에서 자신들의 법적 권리를 행사하기 위해 교전국 군용기는 민간기가 나포의 대상이 된다고 의심되는 합리적인 근거가 존재하는 경우, 그 민간기를 중립국 영공밖에서 차단할 수 있다. 민간기가 차단된 후에도 여전히 나포의 대상이 된다고 의심되는 합리적인 근거가 존재하는 경우, 교전국 군용기는 임검 및 수색을 위해 해당 기종의 항공기가 안전하고 합리적으로 도달할 수 있는 교전국 비행장으로 향하도록 민간기에게

명할 수 있다. 만약 임검 및 수색을 위한 안전하고 합리적으로 도달할 수 있는 교전국 비행장이 없는 경우, 선언된 목적지로부터 민간기의 침로를 변경시킬 수 있다.

제126항. 임검 및 수색의 대체조치로서

(a) 선언된 목적지로부터 적민간기의 침로를 변경시킬 수 있다.

(b) 중립국 민간기는 동의를 얻어 선언된 목적지로부터 침로를 변경시킬 수 있다.

동행중인 중립국 군용기 또는 군함의 작전통제하에 있는 민간기

제127항. 중립국 민간기는 다음의 조건을 충족하는 경우 임검 및 수색이 면제된다.

(a) 중립국 비행장으로 향하고 있는 경우

(b) 다음의 작전통제하에 있는 경우

(i) 중립국 군용기 또는 동일 국적의 군함

(ii) 민간기의 기국이 통제를 규정하고 있는 협정을 체결한 국가의 군함 및 중립국 군용기

(c) 중립국 군용기 또는 군함의 기국이 중립국 민간기가 전시금제품을 수송하고 있지 않고 또는 그 밖의 방법으로 중립의 지위와 양립하지 않는 활동에 종사하고 있지 않다는 것을 보증하는 경우

(d) 차단하는 교전국 군용기의 지휘관이 요구하는 경우, 중립국 군용기 또는 군함의 지휘관이 임검 및 수색을 실시하면 알 수 있는 당해 민간기 및 그 화물의 성격에 관한 모든 정보를 제공하는 경우

차단 및 감독 조치

제128항. 교전국은 권한이 있는 국제기구가 정한 민간기의 차단에 관한 안전조치를 공포하고 준수하여야 한다.

제129항. 민간기는 해당비행계획을 관할하는 항공운송국(Air Traffic Service)에 등록, 목적지, 승객, 화물, 긴급통신주파수, 식별 모드 및 코드, 비행중의 변경에 관한 정보를 포함한 비행계획을 제출하여야 하며, 등록, 내항성, 승객 및 화물에 관한 증명서를 휴대하여야 한다. 민간기도 항공교통관제국(Air Traffic Control)의 허가가 없으면 지정된 항공교통관제국의 항로 또는 비행계획으로부터 일탈해서는 안 된다. 다만 안전 또는 조난같은 예측할 수 없는 상황이 발생하는 경우 즉시 적절한 통보를 하여야 한다.

제130항. 교전국 및 관련 중립국, 항공교통관제를 담당하는 당국은 군사작전구역 내에 있는 민간기에 지정된 항로 및 통신주파수, 식별 모드 및 코드, 목적지, 승객 및 화물에 관한 정보를 포함하는 비행계획을 군함 및 군용기의 지휘관들이 계속적으로 알 수 있도록 절차를 제정하여야 한다.

제131항. 해상작전구역 인근에 있는 민간기는 침로 및 고도에 관하여 교전국의 지시에 따라야 한다.

제132항. 임검 및 수색을 피하기 위하여 교전국은 중립국 민간기의 화물검사 및 전시금제품을 수송하고 있지 않다는 증명을 위한 합리적인 조치를 취할 수 있다.

제133항. 중립국 민간기가 화물의 검사 및 비금제품 화물증명서의 제출 등 어느 일방 교전국의 감독에 따르는 사실이 타방당사국과 관련하여 비중립국인 역무에 해당되는 행위를 하는 것은 아니다.

제134항. 임검 및 수색을 피하기 위하여 중립국은 적민간기가 전시금제품을 수송하고 있지 않다는 것을 보장하기 위한 합리적인 통제조치 및 증명절차를 실시할 것이 장려된다.

제4절 적국 상선 및 적재 화물의 나포

제135항. 제136항의 규정에 따르는 것을 조건으로 상선여부에 관계 없이 적선 및 그에 적재된 화물은 중립국 영수밖에서 나포할 수 있다.

제136항. 다음 선박은 나포가 면제된다.

(a) 병원선 및 연안구조작업에 종사하는 소형 선박

(b) 부상자, 병자 및 난선자를 위해 필요한 의료수송선

(c) 교전당사자 간의 합의에 의해 안전통항권이 발행된 다음의 선박

(i) 카르텔선. 예컨대, 포로의 수송에 지정되었거나 포로수송에 종사하고 있는 선박

(ii) 민간주민의 생존에 불가결한 물자를 수송하는 선박 및 구호 활동 및 구조작업에 종사하는 선박과 같은 인도적 임무에 종사하는 선박

(d) 특별한 보호하에 문화재를 수송하는 선박

(e) 종교, 비군사적 학술 또는 자선임무에 종사하는 선박. 군사적 목적에 적용될 수 있는 과학적 자료를 수집중인 선박은 보호되지 않는다.

(f) 소형연안어선과 연안무역에 종사하는 선박. 그러나 이 선박들은 그 해역에서 작전하고 있는 교전국의 해군지휘관이 정한 규정과 검색에 따라야 한다.

(g) 해양환경의 오염사고에 종사토록 건조 또는 개조된 선박으로 실제로 이러한 임무에 종사하는 경우.

제137항. 제136항에 열거된 선박은 다음의 경우에만 나포가 면제된다.

(a) 무해하게 통상적인 임무에 종사할 경우

(b) 적국에 유해한 행위를 하지 않을 경우

(c) 식별 및 검색이 요구되는 경우 즉시 따를 경우

(d) 교전자의 이동을 고의적으로 방해하지 않으며, 요구되는 경우 정선

또는 퇴거 명령에 따를 경우

제138항. 상선의 나포는 심검에 회부하기 위하여 해당선박을 포획물로 확보함으로써 행해진다. 군사적 상황에 의해 해상에서 해당 선박을 포획물로 확보할 수 없는 경우에는 나포를 완료하기 위해 적당한 해역 또는 항구로 향하도록 침로를 변경시킬 수 있다. 나포의 대체조치로서 지정된 목적지로부터 적상선의 침로를 변경시킬 수 있다.

제139항. 제140항에 따를 것을 조건으로 군사적 상황 때문에 나포된 적상선을 인치할 수 없는 경우, 다음의 기준이 충족되는 경우에만 예외적으로 파괴할 수 있다.

(a) 승객 및 승조원의 안전이 제공될 것. 이 경우 만약 승객 및 승조원의 안전이 당시의 해상 및 기상조건상 육지에 인접해 있거나 그들을 선내에 수용할 수 있는 선박이 확보되지 않으면 선박의 단정은 안전한 장소로 간주되지 않는다.

(b) 포획물에 관한 문서와 서류들이 안전하게 확보될 것

(c) 가능한 한 승객과 승조원의 개인용품이 안전하게 확보될 것

제140항. 오로지 민간인을 수송하는 적여객선의 해상에서의 파괴는 금지된다. 그러한 선박을 나포하기 위해서는 적당한 해역 또는 항구로 침로를 변경시키지 않으면 안 된다.

제5절 적국 민간기 및 적재 화물의 나포

제141항. 제142항의 규정에 따를 것을 조건으로 적민간기 및 그에 적재된 화물은 중립국 영공밖에서 나포될 수 있다. 나포에 앞서 임검 및 수색이 요구되는 것은 아니다.

제142항. 다음 항공기는 나포가 면제된다

(a) 의료용 항공기

(b) 분쟁당사국 간 합의에 의해 안전통항권이 발행된 항공기

제143항. 제142항에 열거된 항공기는 다음의 경우에는 나포가 면제된다.

(a) 무해하게 통상적 임무에 종사하는 경우

(b) 적국에게 유해한 행위를 하지 않은 경우

(c) 요구시 차단 또는 식별에 즉시 따르는 경우

(d) 전투원의 이동을 고의적으로 방해하지 않고 또한 요구시 그 항로로부터의 침로변경 명령에 따르는 경우

(e) 사전합의를 위반하지 않은 경우

제144항. 나포는 적민간기를 차단하여 동일 기종의 항공기가 안전하고 합리적으로 도달할 수 있는 교전국 비행장으로 향할 것을 명하고, 착륙시켜 해당 항공기를 심검에 회부하기 위한 포획물로 확보함으로써 실시된다. 나포대신 선언된 목적지로부터 적민간기의 침로를 변경시킬 수 있다.

제145항. 나포가 실시된 경우 승객 및 승조원과 그들의 개인용품의 안전이 제공되어야 한다. 포획물에 관한 문서 및 서류는 보호되지 않으면 안 된다.

제6절 중립국 상선 및 적재 화물의 나포

제146항. 중립국 상선은 제67항에 규정된 활동에 종사하는 경우 또는 임검 및 수색, 기타 다른 수단에 의해 그들이 다음의 경우에 속한다고 결정될 경우 나포된다

(a) 전시금제품 수송

(b) 적군에 편입된 개인 승객의 수송목적을 위한 항행

(c) 적의 직접적인 통제, 명령, 용선, 사용 또는 지시하에서의 항행

(d) 비정규 또는 허위문서의 제시, 필요한 문서의 결여, 문서의 파기·손상·은닉

(e) 해상작전 인근 수역 내에서 교전국이 정한 규제의 위반

(f) 봉쇄침파 또는 봉쇄침파의 기도

중립국 상선의 나포는 그러한 선박을 심검에 회부하기 위한 포획물로 확보함으로써 행해진다.

제147항. 중립국 상선에 적재된 화물은 전시금제품인 경우에만 나포된다.

제148항. 전시금제품이란 적국의 지배하에 있는 영역으로 최종적으로 향하거나 무력분쟁에 사용될 것으로 의심되는 것을 말한다.

제149항. 제146항(a) 및 제147항에 규정된 나포권을 행사하기 위해서 교전국은 전시금제품 목록을 공표하지 않으면 안 된다. 교전국의 전시금제품 목록의 엄밀한 성격은 무력분쟁의 특수한 상황에 따라 변할 수 있다. 전시금제품 목록은 합리적인 구체성을 갖지 않으면 안 된다.

제150항. 교전국의 전시금제품 목록에 게재되지 않은 품목은 자유품목이며 따라서 나포되지 않는다. 자유품목에는 최소한 다음의 품목들이 포함되지 않으면 안 된다.

(a) 종교적 용품

(b) 오로지 상병자의 치료 및 질병예방에 충당되는 물품

(c) 민간주민, 특히 여성 및 아동을 위한 의복, 침구 및 필수적인 식료품. 다만 타목적으로 전용될 것이라는 또는 그것을 군사적 목적으로 사용할 수 있는 적화를 대신하여 충담됨으로써 적에게 명백한 군사

적 이익을 줄 것이라고 믿을만한 중대한 이유가 없어야 한다.

(d) 식량, 의복 및 교육·문화·오락용 물품을 포함한 개인소포 및 집단구호품 등 전쟁포로에게 배달되는 물품

(e) 국제조약 또는 교전국 간 특별협정에 의해 특별히 나포가 면제된 기타 물품

(f) 무력분쟁에 사용될 것으로 의심되지 않는 기타 물품

제151항. 제152항에 따를 것을 조건으로, 제146항에 의거 나포된 중립국 선박은 군사적 상황이 적포획물로서 심검하기 위해 인치할 수 없을 때 다음의 조건이 충족되는 경우에만 예외적 조치로서 파괴할 수 있다.

(a) 승객 및 승조원의 안전이 제공될 것. 이 경우 만약 승객 및 승조원의 안전이 당시의 해상 및 기상조건상 육지에 인접해 있거나 그들을 선내에 수용할 수 있는 선박이 확보되지 않으면 선박의 단정은 안전한 장소로 간주되지 않는다.

(b)나포된 선박과 관련된 문서 및 서류는 보존될 것

(c) 가능할 경우 승객 및 승조원의 개인용품이 보전될 것

나포된 중립국 선박의 파괴를 피하기 위하여 모든 노력이 경주되어야 한다. 그러므로 나포된 선박이 교전국의 항구로 인치, 침로변경 또는 적절하게 석방되지 않는다는 것이 완전히 확신되지 않으면 이러한 파괴를 명하여서는 안 된다. 본 항에서 전시금제품이 가격, 중량, 용적, 또는 운임의 어느 것으로 계산하여 전 화물의 반을 넘는 경우가 아니면 전시금제품 수송을 이유로 선박을 파괴할 수 없다. 파괴는 심검에 따라야 한다.

제152항. 해상에서 민간승객을 수송하는 나포된 중립국 민간선박의 파괴는 금지된다. 승객의 안전을 위해 이러한 선박은 제146항에 규

정된 나포를 완료하기 위하여 적절한 항구로 침로를 변경시켜야 한다.

제7절 중립국 민간기 및 적재 화물의 나포

제153항. 중립국 민간기는 제70항에 규정된 활동에 종사하거나 임검 및 수색의 결과 또는 다른 수단에 의해 다음에 해당되는 것이 확인된 경우 중립국 영공밖에서 나포된다.

(a) 전시금제품의 수송

(b) 적군에 편입된 개인승객의 수송을 위한 비행

(c) 적국의 직접적인 통제, 명령, 용선, 사용 또는 지시하에서의 운항

(d) 비정규 또는 허위문서의 제시, 필요한 문서의 결여 또는 문서의 파괴·손상·은닉

(e) 해상작전 인근구역에서 교전국이 정한 규정의 위반

(f) 봉쇄침파

제154항. 중립국 민간기의 화물은 전시금제품인 경우에만 나포된다.

제155항. 제148항~제150항에 규정된 전시금제품에 관한 규칙은 중립국 민간기의 화물에도 적용된다.

제156항. 나포는 중립국 민간기를 차단하여 동일 기종의 항공기가 안전하고 합리적으로 도달할 수 있는 교전국 비행장으로 향할 것을 명하고, 착륙시켜 해당 항공기를 심검에 회부하기 위한 포획물로 확보함으로써 완료된다. 만약 안전하고 합리적으로 도달할 수 있는 교전국의 비행장이 존재하지 않는 경우, 중립국 민간기는 선언된 목적지로부터 침로를 변경시킬 수 있다.

제157항. 중립국 민간기는 나포에 대신하여 그 동의하에 선언된 목적지로

부터 침로를 변경시킬 수 있다.

제158항. 나포된 승객 및 승조원과 그들의 개인용품은 안전이 보장되어야 한다. 포획물에 관련된 문서 및 서류는 보호되지 않으면 안 된다.

제6부 피보호자, 의료수송선 및 의료항공기

일반규칙

제159항. 제171항에 규정된 경우를 제외하고 제6부의 규정은 상병자 및 난선자의 대우 및 의료수송선에 관한 상세한 규칙을 포함하고 있는 1949년 제네바협약 및 1977년 제1추가의정서의 규정들로부터 결코 일탈하는 것으로 해석되지 않는다.

제160항. 교전국은 인도적 목적을 위하여 그러한 인도적 목적에 양립되는 활동만이 허용되는 수역을 해상의 일정구역에 설정할 것을 합의할 수 있다.

제1절 피보호자

제161항. 교전국 또는 중립국의 권력 내에 놓인 선박 및 항공기 내에 있는 자는 존중되고 보호되어야 한다. 해상에 있는 동안 및 그 후 그들의 지위가 결정될 때까지 그들은 자신들에게 권력을 행사하는 국가의 관할권에 복종하여야 한다.

제162항. 병원선의 승조원은 그들이 그러한 역무에 종사하는 동안 나포되지 않는다. 구조용 주정의 승조원은 구조활동에 종사하는 동안 나포되지 않는다.

제163항. 제136항 및 제142항에 열거된 나포가 면제되는 기타 선박 또는

항공기에 승선한 자는 나포되지 않는다.

제164항. 상병자 및 난선자의 정신상 및 의료상의 간호를 담당하는 종교요원 및 의료요원은 포로로 간주되지 않는다. 하지만 그들의 역무가 포로의 의료상 또는 정신상의 요구를 위해 필요로 하는 한 억류할 수 있다.

제165항. 제162항~제164항에 규정된 자 이외의 적국민은 전쟁포로의 지위를 갖고 있으며 다음의 경우 포로가 될 수 있다.

(a) 적국군대의 구성원

(b) 적국군대를 수행하는 자

(c) 보조선박 또는 보조항공기의 승조원

(d) 나포가 면제되지 않는 적국의 상선 또는 민간기의 승조원. 단 국제법의 여타 규정하에서 보다 나은 대우를 받을 수 없는 경우에 한한다.

(e) 적국을 위하여 적대행위에 적극 참여하였거나 또는 적국을 위해 보조된 중립국 상선 및 민간기의 승무원

제166항. 중립국의 국민으로서

(a) 적국 또는 중립국의 선박 또는 항공기에 탑승한 승객은 적국군대의 구성원인 경우 또는 포획된 자에 대하여 스스로 적대행위를 한 경우 이외에는 석방되어야 하며 전쟁포로로 할 수 없다.

(b) 적국의 군함 또는 보조선박, 적군용기 및 보조항공기의 승조원은 전쟁포로의 지위를 가지며, 전쟁포로로 할 수 있다.

(c) 적국 또는 중립국의 상선 또는 민간기의 승조원은 해당 선박 또는 항공기가 제60항, 제63항, 제67항 또는 제70항에 규정된 활동을 한 경우 또는 승조원이 포획된 자에 대하여 스스로 적대행위를 한 경우 이외에는 석방되어야 하며 전쟁포로로 할 수 없다.

제167항. 제162항~제166항에 규정된 자 이외의 민간인은 1949년 제네바 제4협약에 따라 대우된다.

제168항. 중립국의 권력 내에 있는 자는 1907년의 헤이그 제5조약 및 제13조약과 1949년 제네바 제2협약에 따라 대우된다.

제2절 의료수송선

제169항. 적대행위가 개시되었을 경우 병원선에 최대한의 보호를 부여하기 위하여 각국들은 1949년 제네바 제2협약 제22조에 규정된 것과 같은 자국 병원선의 일반적 특징을 사전에 통고할 수 있다. 이러한 통고에는 해당선박이 식별될 수 있는 수단에 관한 모든 이용가능한 정보들이 포함되어야 한다.

제170항. 병원선은 차프 및 조명탄과 같은 순수한 방어용 회피수단(defective means)을 장착할 수 있다. 그러한 장착사실은 통고되어야 한다.

제171항. 인도적 임무를 최대한 효과적으로 달성하기 위하여 병원선은 암호통신장비를 사용하는 것이 허용되어야 한다. 이 장비는 다른 어떠한 방법에 의해서도 군사적 이익을 얻기 위하여 사용되어서는 안 된다.

제172항. 병원선, 연안구조작업에 사용되는 소형 단정 및 기타 의료수송선은 1977년 제1추가의정서 제1부속서에 규정된 식별수단을 실시할 것이 장려된다.

제173항. 이러한 식별수단들은 오로지 식별을 쉽게 하기 위하여 인정된 것이지, 식별수단 자체에 보호받을 지위를 부여하는 것은 아니다.

제3절 의료항공기

제174항. 의료항공기는 본 매뉴얼의 여러 항에서 규정된 바에 따라 보호되고 존중된다.

제175항. 의료항공기는 상하, 좌우 측면에 자국 국기와 함께 적십자 또는 적사자 표장을 명확하게 표시하지 않으면 안 된다. 의료항공기는 항상 1977년 제1추가의정서 제1부속서에 규정된 여타 식별수단을 실시할 것이 장려된다. 국제적십자위원회가 차용한 항공기는 의료항공기와 같은 식별수단을 사용할 수 있다. 시간부족 또는 그 특성상 특수표장을 표시할 수 없는 임시용 의료항공기는 이용가능한 효과적인 식별수단을 사용하여야 한다.

제176항. 이러한 식별수단들은 오로지 식별을 쉽게 하기 위하여 인정된 것이지 식별수단 자체에 피보호지위를 부여하는 것은 아니다.

제177항. 교전국은 특히 교전국의 어느 일방에 의한 명확한 지배가 확립되지 못한 구역에서는 항상 의료항공기의 비행을 통고하고 협정을 체결하도록 장려된다. 그러한 협정이 체결되는 경우 안전운항을 위한 고도, 시간 및 항로를 규정하여야 하고 식별 및 통신수단을 포함하여야 한다.

제178항. 의료항공기는 적국에 유해한 행위를 하기 위한 목적에 이용되어서는 안 된다. 의료항공기는 정보자료의 수집 및 전달을 위한 어떠한 장비도 탑재해서도 안 되며 또한 자위목적의 경무기외에 무장해서도 안 되고, 의료요원 및 의료장비만을 탑재하여야 한다.

제179항. 군용기·민간기이든, 적기·중립기이든 상병자 및 난선자의 수색, 구조 또는 수송에 종사하는 여타 항공기는 분쟁당사국 간의 사전협정에 따르지 않는 한 위험부담을 감수하고 활동하여야 한다.

제180항. 적국에 의해 물리적으로 지배되고 있는 지역 또는 물리적 지배가 명확하게 확립되어 있지 않은 지역의 상공을 비행하는 의료항공기는 검색을 위하여 착륙을 명할 수 있다. 의료항공기는 그러한 명령에 따라야 한다.

제181항. 교전국 의료항공기는 사전의 합의가 없는 한 중립국 영공에 진입해서는 안 된다. 협정에 따라 중립국 영공 내에 있을 경우 의료항공기는 당해 협정에 따라야 한다. 협정은 해당항공기에 검색을 위하여 중립국 내에 지정된 공항에 착륙할 것을 요구할 수 있다. 협정이 그렇게 요구하는 경우 검색 및 그 후의 조치는 제182항~제183항에 따라서 실시하지 않으면 안 된다.

제182항. 협정이 없거나 또는 협정을 일탈하여 운항상의 과오에 의하거나 안전비행에 영향을 미치는 긴급사태 때문에 중립국 영공에 진입한 경우 의료항공기는 통고하기 위하여 그리고 자신을 식별토록 하기 위하여 모든 노력을 기울여야 한다. 중립국이 동 항공기를 의료항공기로 인식하면 이를 공격해서는 안 되지만 검색을 위해 착륙을 명할 수 있다. 검색을 받은 경우 해당 항공기가 실제로 의료항공기인 것이 분명해졌을 때에는 그 항공기는 비행을 계속하는 것이 허용되어야 한다.

제183항. 검색 결과 항공기가 의료항공기가 아닌 것이 확인되면 이를 나포할 수 있으며, 탑승자는 중립국과 교전국 간의 별도 합의가 없는 한 적대행위에 다시 참가할 수 없도록 무력분쟁에 적용되는 국제법 규칙에 의거 중립국에 억류하여야 한다.

이민효

- 해군사관학교 졸업(문학사)
- 서울대학교 법과대학 졸업(법학사)
- 성균관대학교 대학원 법학과 졸업(법학석사)
- 성균관대학교 대학원 법학과 졸업(법학박사)
- 현 해군사관학교 부교수

해양에서의 군사활동과 국제해양법

개정2판 2쇄 발행 2019년 12월 31일
지은이 이민효
펴낸이 이정수
책임 편집 최민서·신지항
펴낸곳 연경문화사
등록 1-995호
주소 서울시 강서구 양천로 551-24 한화비즈메트로 2차 807호
대표전화 02-332-3923
팩시밀리 02-332-3928
이메일 ykmedia@naver.com
값 25,000원
ISBN 978-89-8298-189-0 (93360)